KB211046

한 인문학자의

# 구약성경
# 스토리텔링

# 한 인문학자의
# 구약성경
# 스토리텔링

서정철 지음

좋은땅

# 머리말

<br>

|

성경이 세계에서 가장 많이 발간되고 가장 많이 팔리는 베스트셀러임은 널리 알려진 사실이다. 그러나 그 영광 뒤에는 어두운 그림자도 있다. 정확한 통계 수치는 모르나 성경의 완독률은 매우 낮은 편이다. 가장 큰 이유는 구약성경만 해도 모두 39권으로 이루어지고 전체가 1350여 쪽이나 되니 그 두께만으로 읽고 싶은 마음을 지금이 아닌 다음 기회로 미루게 한다.

성도들은 주일날 성경을 들고 교회에 간다. 목사님이 설교에 관계되는 성경구절을 알려 주면 성경을 펴서 읽기 위해서이다. 예배가 끝나면 성경을 집에 가져와 '성경을 한번 읽어야 하는데'라고 생각하며 책꽂이에 원래대로 꽂아 놓는다. 결심을 하고 조금이나마 읽기 시작하면 분명히 끝을 낼 수 있는 것이 성경이다. 성경 속에는 수백 수천의 이야기들이 들어 있다.

일일 성경 읽기에 따라 성경을 읽어도 성경의 좋은 구절들을 많이 읽을 수 있다. 우리 집에서는 나와 아내는 주일날마다 한 시간씩 성경을 읽기 시작한 지 1년도 되지 않아 구약을 끝내고 신약에 들어갔다. 신약이 끝나면 다시 구약을 또 시작할 예정이다.

어느 장로님은 TV에 나와 성경 100회 완독을 하겠다고 선언하셨는데 그것을 이루셨는지는 모르지만 그 결심은 대단한 듯하다. 그런데 중요한 것은 몇 회 완독을 하였느냐 하는 것보다 얼마나 깊이 읽고 이해를 하였느냐가 더 중요하다고 생각된다. 왜냐하면 구약성경에는 쉽사리 이해되지 않는 부분들이 꽤 많기 때문이다.

어떤 분은 성경을 읽다가 중도에 읽기를 포기하였는데 그 이유는 성경에는 형제간의 속임과 살인 근친상간을 비롯한 불의의 음란행위, 이웃과 약자의 재산 탈취, 부당한 권력 투쟁, 이민족 영토 침탈과 무자비한 학살 등 윤리적으로 해로운 부분이 많이 있다는 것이다. 그에 비해 공자 맹자의 경전 부처님의 말씀에는 인간에게 유익하고 정신 수양에 도움이 되는 가르침이 많이 있기 때문에 읽을수록 인간에게 유익하다는 것이다.

물론 성현들의 경전들이 인간에게 유익을 준다는 것을 부정할 수는 없다. 그렇지만 성경과 다른 종교의 경전의 성격은 근본적으로 다르다는 것을 간과하면 안 된다. 성경은 천지만물과 인간을 지으신 하나님의 크신 뜻을 펼치는 텍스트로서 인간의 삶을 있는 그대로 모두 담고 있으며 하나님께서는 인간을 사랑으로 이끄시고자 하나 인간은 하나님께 경외와 순종 대신 허락하신 자유의지를 악용하여 율법으로 금하신 죄악을 저지른다.

그러한 인간을 바로 잡기 위하여 하나님께서 징계를 내리시면 인간은 자신들의 죄악을 깨닫고 고통을 호소하면 긍휼이 많으신 하나님께서는 징벌을 거두시고 인간의 평안과 행복을 회복시켜 주신다. 하나님께서 인간의 죄악을 그대로 보여 주시는 것은 그것을 '반면교사'로 삼아 죄악이 징벌의 대상임을 보여 주기 위한 것이다.

혹자는 하나님께서 아담과 하와가 죄악에 빠져들 수 없도록 선악과나무를 심지 않았으면 인간이 죄를 범하지 않았을 터인데 선악과나무가 있기 때문에 인간이 죄를 짓게 된 것이 아니냐고 주장한다. 그러나 하나님은 인간을 장난감으로 지으신 것이 아니고 죄악의 유혹을 이성과 자유의지로 그것을 극복하는 것을 원하시어 에덴동산에 선악과나무를 생명나무와 함께 심으신 것이다.

성경을 통독하는 경우 독자는 여러 가지 어려움에 봉착할 수 있다. 그것을 체험한 나는 성경의 주석들을 비교 대조하여 내 나름대로 극복하고 나의 모든 지식을 동원하여 성경의 중요 부분을 빠짐없이 아우르고 성경을 역사적 전개과정과 인물 중심으로 재구성하였다. 필요한 경우에는 별도 검토 과제로 다루었다. 나는 나의 글쓰기를 스토리텔링 방식으로 기술하였다.

나는 이 책을 쓰면서 신학전공을 하지 않은 것에 대한 일말의 두려움을 떨치기 어려웠다. 그리하여 평소에 성경에 대한 가르침을 주신 민영진 목사님과 임용희 목사님에게 내 원고를 읽어 주실 것을 부탁드렸다. 그러나 내 원고에서 드러날 수 있는 오류에 대한 책임은 전적으로 필자인 나에게 있다. 글읽기와 글쓰기를 오랜 기간 하다 보니 정신적인 피로를 느낄 때도 있었으나 가족의 응원으로 힘을 얻었고 작성 기간이 오래이고 보니 텍스트 작성과 편집에서 일관성의 문제들이 있었으나 나의 책을 몇 가지 도와준 경험이 있는 박가연 선생의 수고로 원고가 완성될 수 있었다. 어려운 시기에 이 책을 기꺼이 출판해 주신 출판사에 깊은 감사를 드린다.

여의도 우거에서

서정철

# 왜 스토리텔링인가

스토리텔링이란 영어의 '스토리', 즉 이야기와 '텔링', 즉 말하기가 합쳐진 합성어이다. 일반적으로 그것은 '꾸며진 허튼 이야기'라는 뜻으로 사용되었다. 그러나 1970년대 '서사법narative'의 이론과 연결되면서 스토리텔링은 '새롭게 이야기하기'라는 의미를 나타내게 되었다. 그러면서 그 어휘는 롤랑바르트Roland Barthes의 rewrite 즉 '다시 고쳐쓰기'와 거의 같은 의미를 가지게 된다.

성경은 수백, 수천의 인간들의 삶을 이야기로 담고 있는 매우 복합적인 구조로 이루어진 역사적 텍스트이다. 원-발화자Original speaker는 시간 공간을 초월하여 말씀하시는 하나님이시고 선지자는 그 말씀을 대언하고 전하는 '중계적 송신자interlocutory speaker'인데 때로는 하나님이 직접 말씀하시기도 한다. 그 안에는 수많은 인간들의 삶이 녹아 있다. 수신자를 비롯한 당대의 백성들은 '직접 수신자first hearer'지만 후세에 그 말씀을 접하는 모든 성경의 독자는 '초 수신자mege-hearer'가 된다. 성경은 하나님의 말씀으로 역사성을 띠고 있기 때문에 '역사 이야기historic storytelling'이지만 간단히 말하여 수많은 역사적 이야기를 품은 mega-text라고 하겠다.

스토리텔링의 기본은 비교적 간단하다. 소통이론의 중심은 송신자가 수신자에게 메시지를 보내는 것으로 이루어지는데 스토리텔링은 메시지를 수행하는 행위자actant의 행위에 초점이 맞춰진다. 그가 행하는 행위의 궤도를 따라 순차적으로 이야기를 원텍스트로 재구성하는 것이다.

원텍스트에 있어 이야기 전개에 별 도움이 되지 않는다고 생각되면 빼거나 간단히 축소될 수도 있다. 그래서 우리가 레위기를 건너뛴 것이다. 레위는 이스라엘을 구성하는 12지파 중의 하나로 대대로 제사장직을 맡는다.

레위기는 '제사장들의 율법'으로 그 어휘는 라틴어의 Leviticus 곧 '제사 율법'에서 비롯된다. 레위기는 성막에서 드리는 제사의 내용과 유대의 절기들과 관계가 있다. 이야기 전개 중 그 내용과 관계되는 부분은 이야기에 편입시켰다. 유대의 전통과 풍습을 알기 위해서는 중요하지만 우리의 판단으로는 레위기는 책으로 단독으로 펼쳐져야 한다고 생각한다.

열왕기, 역대기는 이스라엘 왕들과 왕족들의 이야기이다. 그런데 서로 중복되기도 하고 두 왕조가 교차적으로 기술되었기 때문에 혼란을 야기하기 쉽다. 신명기 민수기는 주제적 이야기에 편입되었다.

선지자 사무엘의 생애에 이스라엘 왕조를 시작한 사울과 다윗의 이야기가 들어 있어 인물 중심으로 사울, 다윗 솔로몬은 통일왕국의 왕으로 제시하였고 르호보암과 여로보암은 남유다 왕국과 북이스라엘 왕국을 시작한 왕으로 보았다.

시편, 잠언, 전도서도 이야기식으로 펼쳐 보았다. 그리고 성경 이해에 중요한 문제들 예컨대 영혼, 육의 문제, 선악과와 자유의지, 하나님의 존재, 하나님의 가치관과 사회적 배려 같은 문제들은 논제로 살펴보았다.

성경은 평이하게 기술된 부분도 있지만 모호하고 난해한 부분 그리고 다의적으로 해석되는 부분도 있다. 그리하여 구약성경은 쉽사리 읽히기 어려운 부분들이 꽤 많이 있다. 내 개인적인 체험담을 말하자면 나는 NIV의 우리말 성경을 처음 읽어 보고는 온통 어둠속을 헤매는 느낌을 받고 머리에 남는 것이 전혀 없었다. 그래서 책상을 치우고 뉴톰슨 주석 성경, 프랑스어 Osty-Seuil 성경, T.O.B-Le Cerf 성경 NIV 영어 성경 등을 펼쳐 놓고 서로 대조해 가며 읽으니 시간은 많이 소요되었으나 모호하고 어려운 부분이 거의 해소되었다. 세 번째 읽어 보니 읽는 속도가 빨라지고 텍스트의 앞과 뒤가 잘 연결되고 하나의 거대한 텍스트로서의 성경의 전체 그림이 떠오르기 시작하였다. 그래서 나는 내가 성경 읽기와 검토를 통하여 깨달은 것을 처음으로 성경 읽기를 시작하는 성도들의 접근과 이해를 돕고 싶어 스토리텔링 방식을 시작하게 되었다. 나는 필자로서의 주관을 최소화하고 신학적 다툼을 피하면서 성경 텍스트가 살아 계신 하나님의 뜻을 그려내는 히스토리 텔링임을 보여 주고자 최선을 다하였다. 나의 마음가짐이 독자들에게 공감을 얻게 되기를 간절히 기도드린다.

목차

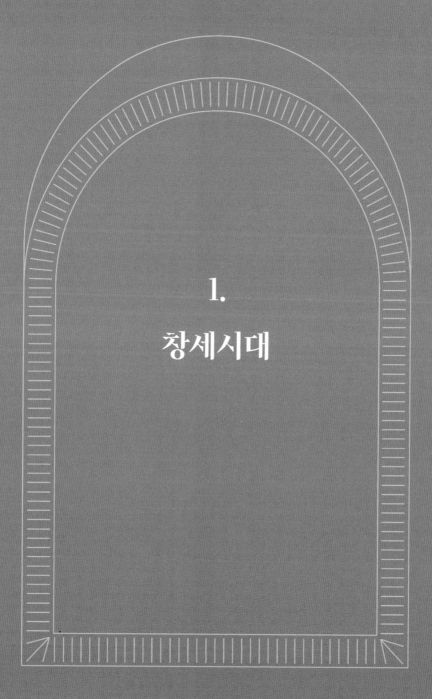

# 1.

# 창세시대

# (1) 천지창조

나는 고등학교에 들어가 영어 시간에 이양하 교수의 Living English Reader로 영어를 배웠다. 제1과 겨울이 지나고 봄이 왔는데 골짜기의 얼음이 녹아 시냇물이 졸졸 흐르고 새싹들이 돋아난다는 텍스트를 배우면서 자연의 아름다운 모습이 머릿속에 펼쳐진다. 그 순간 '이 아름다운 자연을 누가 만들었지?'라는 질문을 하게 되었다. 생각해 보니 주일학교 선생님이 '세상은 하나님이 지으셨다.'라고 한 말이 생각났다.

나는 그에 대해 더 알고 싶다는 생각이 나서 시내 여러 곳에서 열리던 부흥회에 가 보니 김창근 목사님이 "약 5000년 전에 하나님이 인간을 창조하였다."라는 말을 들을 수 있었다.

그런데 우리나라 역사도 '반만년'이라고 하니 '그것을 믿을 수 있는가, 내가 직접 성경을 읽고 확인해 보자.' 하고 다짐했다. 그러나 고교에 입학하면서 대입을 준비하여야 하고 성가대에 들어갔으니 찬송 준비, 학생회 준비 등에 바빴고 대학 입학하니 장학금으로 유학을 가겠다는 목표에 매달리게 되고 유학에 성공하여 현지에 도착해서는 학위 논문 준비에 당시 유행하던 구조주의 공부에 여념이 없었다. 유학 마치고 돌아와 교단에 서니 가르치고 논문 쓰기에 정신이 없고 결혼하고 자식을 갖게 되니 가정교육 시간도 내야 하고 그러다 보니 2000여 페이지의 성경은 펼쳐볼 엄두도 낼 시간이 없었다.

그러다가 정년을 맞이하고 보니 성경 읽기가 남은 과제였고 그리하여 그날부터 우리말 성경은 물론 영역 NIV 성경과 두 가지 프랑스어판 성경을 구하여 성경 읽기의 도전을 시작하였다. 그런데 창세기 첫 장을 펼쳐 보니 그 시작은 '태초에 하나님이 천지를 창조하셨느니라.'였다. 그것은 모든 신도가 외우는 사도신경 처음과 같은 구절이었고 제2절은 그 당시 '땅이 혼돈하고 공허하여 흑암이 깊음 위에 있고 하나님의 영은 수면 뒤에 운행하시니라.'였다.

태초에 텅 비어 있는 세상을 보시고 '하나님의 영the spirit of God'이 수면 위를 스치면서 창조를 구상하신 것이다. 그 결과 첫째 날 하나님은 천하에 어둠이 드리운 것을 보시고 먼저 '빛이 있으라.' 하고 명하시어 우선 어둠으로부터 밝음을 가르시니 밤과 낮이 나누어진다. 빛과 어두움은 태양에 의하여 만들어지는데 태양이 없는 상태에서 빛이 있을 수 있을까, 하고 생각되지만, 물리학자는 텅 빈 공간에 있는 플라스마에 열을 가하면 빛을 발한다고 설명한다. 그리하여 하나님께서 어두움을 면할 수 있는 기본적인 빛을 우선 명하신 것이 아닌가 생각된다.

둘째 날 하나님은 하늘의 허공을 궁창[1]이라 부르시고 물 가운데에 궁창이 있어 물과 뭍을 나누시고 궁창을 만드사 궁창 아래의 물과 궁창 위의 물로 나누신다.

셋째 날 하나님은 천하의 물을 한곳으로 모으시니 물이 나오고 모인 물은 바다가 된다. 하나님이 땅에 풀과 씨 맺는 채소와 열매 맺는 나무를 내라고 명하신다.

---

[1] 성경에서는 영어의 vault를 궁창으로 번역했으나 국어사전은 궁창=창천이라 함.

넷째 날 하늘의 궁창에는 해와 달과 별이 있어 하나님은 그것들이 낮과 밤을 나누게 하시고 계절과 날과 해를 이루게 하시고 땅을 비추게 하신다. 태양은 낮을 주관하게 하시고 달은 밤을 주관하게 하신다. 별들도 땅을 비추게 하신다.

다섯째 날 하나님은 물들에게 생물들을 번성케 하라 하시고 새들은 궁창을 날으라고 명하신다. 하나님은 큰 바다의 짐승들과 물에서 번성하여 움직이는 생물들을 종류대로 그리고 날개 있는 새들도 종류대로 창조하시어 그들을 복 주시고 생육하고 번성하여 바닷물에 충만하고 새들도 땅에 번성하라 하신다.

여섯째 날 전반에는 땅에게 생물을 종류대로 내게 하시고 가축과 기는 것과 땅의 짐승도 그 종류대로 내게 하신다. 하나님의 땅의 짐승들을 종류대로 가축을 종류대로 땅에 기는 모든 것을 그 종류대로 만드시니 모든 것이 마음에 드셨다. 후반에는 하나님이 '우리의 형상을 따라' 우리의 모양대로 우리가 사람을 창조하시되 남자와 여자를 창조하시고 축복하신다. 그리고 그들로 하여금 생육하여 번성하라 하시고 땅에 충만하여 땅을 정복하라 하시고 바다의 물고기와 하늘의 새와 땅에 움직이는 모든 생물을 다스리게 하신다. 그리고 모든 채소와 과실수를 먹을거리로 주신다. 땅의 짐승과 새와 기는 것에게는 모든 풀을 먹게 하신다. 하나님은 지으신 사람이 거주할 수 있도록 에덴동산을 창설하시고 아름답고 먹을 수 있는 열매를 맺는 나무들을 나게 하셨는데 그중에 선악과나무도 있었다.

하나님은 그 사람이 그것을 경작 관리하게 하시고 열매는 임의로 먹되 선악과 열매는 먹지 말라 이르시고 먹으면 반드시 죽으리라고 하신다. 그런데 창세기 1장 25절에서 하나님이 '우리의 형상을 따라' 사람을 창조하셨다고 하시고 27절에서는 하나님이 '자기의 형상 곧 하나님의 형상대로' 남자와 여자를 창조하셨다고 이르시어 차이가 나고 있다. 뉴톰슨 관주 주석 성경은 '우리'는 하나님 자신을 나타내고 성경에서 그러한 뜻으로 쓰인 예를 제시하면서 '우리'는 하나님[2] 자신에게 최상의 존귀와 위엄과 영광을 돌리는 뜻으로 쓰였다고 설명한다. 그에 비해 Osty-Seuil판 프랑스어 성경 주석은 우리는 '자문자답하는 언어학적 방법'이라고 설명하고 일부 학자들은 하나님께서 측근들에게 알려 주는 형식으로 쓰였다고 주장한다고 하면서 창세기 3장 22절도 그러한 예를 보여 준다고 알려 준다. 나는 '우리'가[3] 자기 겸양법의 표현 방식으로서 주위 측근들의 암묵적인 동참을 시사하는 표현이라고 본다.

또한 창세기 1장 27절에서는 '남자와 여자를 창조하시고'라고 하시고 2장 7절에서는 '하나님이 땅의 흙으로 사람을 지으시고 생기를 코에 불어넣으시니 사람이 생령이 되니라.'라고 하신다. 1장과 2장에도 차이가 있으나 1장은 총체적인 결과를 창조하신 것을 알려 주기 위한 총론이고 2장은 흙으로 빚으시고 코에 생기를 불어넣어 살아 있는 사람으로 만드신 과정을 보여 주시는 각론으로 쓰신 것이다. 우선 사람을 빚으시고 생령을 불어넣으시어 그를 아담이라고 하신 것은 아담이 히브리어로 흙이기 때문이고 아담의 갈비뼈로 만든 여자를 하와라고 한 것은 그가 자식을 낳아 '생명을 주는 자'이기 때문에 하나님이 그것을 먼저 예상하시고 이름을 지으신 것이다.

가장 중요한 표현은 형상이다. 하나님이 자기 형상대로 '우리의 모양대

---

2) 뉴톰슨 관주 주석 성경 2쪽 주 1:27.
3) Osty-Seuil 성경 37쪽 주 26.

로 사람을 만들고'에서 모양은 Osty에 의하면 형상과 동의어라고 설명한다. [4) 그에 비하여 뉴톰슨 관주 주석 성경은 '모양'은 '형상'을 의미한다고 하면서 또 '형상'은 '본성'을 나타낸다고 한다. [5] 그러나 모양(模樣)은 얼굴+본=외양을 나타내고 영어로는 appearance가 되지만 NIV 영역 성경에서는 likeness 즉 비슷함, 닮음이다. Osty는 프랑스어로 ressemblance 즉 흡사함이라 번역하였다. 그런데 '우리의 형상대로'는 'in our image'이고 Osty도 'à notre image'로 같은 번역을 한다. 그러면 image란 무엇일까? 라틴어의 imago 표상에서 온 image는 심리학에서는 '이미 포착된 것의 정신적 표상'[6]이고 달리 표현하면 '의식의 지향성이고 순수 역동성으로 펼쳐지며 외적 형태는 아니다.'[7] Image에 대한 저서를 낸 Sartre는 '이미지란 부재의 대상을 표상하는 자기의식의 움직임'이라고 정의한다. 말하자면 하나님은 인간에게 자기와 흡사한 '정신적 표상력 또는 기능'[8]을 주신 것이다. 즉 마음이다. 물론 개인에 따라 많은 차이가 있으나 하나님께서는 인간에게 자유의지도 주셨지만, 자제력도 주셨고 또 양심도 주셔서 악한 행위를 저지르고도 어느 시점에 가서는 마음 깊은 곳에서 우러나오는 양심의 소리를 듣고 자신의 과오를 깨닫고 양심의 가책을 느낀다.

　　그것은 하나님께서는 우리 모두에게 선과 진실을 판단하는 이성을 주셨기 때문에 가능한 것이다. 우리가 사는 세계와 사회를 보면 자신이 타고난 하나님의 형상을 실천적으로 보여 주는 사람들이 많이 있다. 가령 아프리카 오지에 선교사로 가서 그곳 원주민들에게 전도하고자 하면서

4) Osty-Seuil 성경 45쪽 주 3.
5) 뉴톰슨 관주 주석 성경 6쪽 주 3.
6) J.Russ 'Dictionnaire de Philosophie' 134쪽.
7) J.Russ 'Dictionnaire de Philosophie' 134쪽.
8) J.P. Sartre 'L'imaginaire' 34쪽 Gallimard.

원주민들의 가난과 기아와 열악함을 보고 함께 울면서 그들이 겪고 있는 수렁에서 빠져나오게 하려고 피나게 고생하는 것을 보면서 울지 않을 수 없고 미얀마 로힝야족이 겪고 있는 비극을 조금이나마 완화하기 위해 교황이 현지에 달려가 그들을 위로하고 그들을 위해 호소하는 것을 보면서 그리고 시리아와 아프리카의 난민들을 부자 나라들이 좀 더 너그러운 마음으로 받아들이라고 쓴소리하는 교황 프란치스코를 보면서 바로 하나님의 형상과 현존을 느끼게 된다.

한 가지 느끼는 회의는 아무리 하나님이라고 하셔도 이 넓은 천지의 만물을 모두 육 일에 창조하시는 것이 과연 가능하실까 하는 의문점이다. 밤에는 일하지 않으실 것이니 낮 동안 하루 열 시간 작업하신다고 해도 일주일에 도합 60시간에 인간을 포함하여 모든 동물과 식물, 곤충과 바닷속의 미생물까지 모두 종류대로 창조하실 수 있을까? 그것도 세계 구석구석에 이르기까지. 그러나 우리가 잊지 말아야 할 것은 하나님은 구상하신 것을 말씀의 명령을 통하여 모든 것을 창조하시는 전능하신 하나님이시라는 사실이다. 과학은 창조가 누구에 의하여 이루어졌다는 것을 밝혀 줄 수도 없고 하나님이 창조하셨다는 것을 부정할 만한 근거도 없고 아무것도 없는 상태에서 물속의 미생물로부터 생명이 시작되어 수십억 년의 진화를 통하여 원숭이로부터 인간이 진화하였다는 진화론이 진리라고 주장할 뿐이다.

그런데 한 가지 종에서 종의 변이는 이루어질 수 있지만 한 가지 종에서 전혀 다른 종이 태어났다는 실례를 과학이 보여 줄 수 있는가? 그것은 불가능한 일이다. 현대 과학의 연구에 의하면 바닷속 생명의 연대가 가장 오래되었고 인간의 탄생이 70만-80만 년 전에 이루어져 지구상에서 가장 늦게 출현하였다고 하는 것으로 보아 성경의 창조 순서는 과학적인 연구와 궤를 같이한다고 볼 수 있다. 물론 지금까지 과학으로 창조를 설명할 수 있거나 과학이 기독교의 설명 원리는 아니다. 그러나 모든 창조가 6일에 이루어졌다는 것은 이해하기가 좀 어려운 대목이다.

그런데 학자들의 지적에 의하면 히브리어에서 '날yom'이라고 하는 것은 24시간이라는 뜻도 있지만, 그 단어에는 무려 50여 가지의 의미가 있다고 한다.[9] 그러니 날의 해석이 중요한 열쇠를 가지고 있을 것으로 생각된다. 나는 '날'은 50여 가지의 의미와는 별도로 성경에서 많이 구사되는 비유적인 뜻으로 사용되었다고 본다. 그것은 하나님의 창조가 6가지 '단계'로 이루어진 것을 나타낸다고 생각한다.

그리고 단계와 단계 간에는 엄청나게 큰 시차가 있을 것이다. 하나님이 6일 일하시고 하루의 안식일을 가지셨다고 하는 것도 생각해 볼 문제이다.

하나님께서 6일 일하시고 하루의 안식일을 가지실 필요가 있으시다는 것은 하나님의 전지전능하심과 모순되는 말이 아닐까? 그것은 인간이 6일 일하면 하루는 휴식하여야 한다는 논리에 맞춘 시간표가 아닐까? 그리고 휴식일을 안식일이라고 한 것은 참다운 휴식은 여호와를 사모할 수 있어야 참다운 정신적 평안과 에너지를 얻을 수 있기 때문이라고 보고 싶다.

창조를 마치신 하나님은 사람이 혼자 사는 것이 좋지 않으니 여자를 만드시고 그를 아담에게 이끌어 오신다. 아담이 이르되 '이는 내 뼈 중의 뼈요 살 중의 살이라 이것을 남자에게서 취했으니 여자라 부르리라.'(창세기 2:23). 아담과 여자가 벌거벗었으나 부끄러워하지 않았다.

하루는 하나님이 지으신 들짐승 중에서 가장 간교한 뱀이 여자에게 물

---

9) 최종진, '구약성서개론', 소망사, 2000, 145-146쪽.

어 이르되 '하나님이 참으로 너희에게 동산 나무의 열매를 먹지 말라 하시더냐?'(창세기 3:13) 여자는 동산의 모든 열매는 우리가 먹을 수 있으나 동산 중앙에 있는 나무의 열매는 하나님 말씀에 '너희는 먹지도 말고 만지지도 말라. 너희가 죽을까 하노라.'(창세기 3:2-3) 하셨느니라. 뱀은 여자에게 이르되 너희가 결코 죽지 않으리라. '너희가 그것을 먹는 날에는 너희 눈이 밝아져 하나님과 같이 되어 선악을 알게 되는 것을 하나님이 아심이라.'(창세기 3:5) 여자가 그 나무를 보니 먹음직하고 탐스럽기도 하여 그 열매를 따 먹고 함께 있는 남편에게도 주니 그도 먹었다. 이에 그들의 눈이 밝아져 자기들이 벗은 것을 깨닫고 무화과 잎을 엮어 치마를 둘렀다.

어느 날 하나님이 아담을 부르시자 아담은 "내가 벗었으므로 두려워하여 숨었나이다." 하자 하나님은 "네가 벗었음을 누가 네게 알렸느냐. 먹지 말라 명한 그 나무 열매를 네가 먹었느냐."고 물으신다. 아담은 "함께하는 여자가 그 열매를 주므로 내가 먹었나이다."라고 하니 하나님이 여자에게 그 이유를 물으시자 여자는 뱀이 꾀므로 먹었다고 고백한다. 하나님은 뱀을 저주하시고 배로 다니며 흙을 먹게 하시고 여자와 원수가 되게 하신다. 여자는 임신의 고통을 겪고 자식을 낳고 남편이 너를 다스릴 것이라고 하신다. 아담에게는 "네가 명령을 어기고 선악과를 먹었은즉 땅은 너로 말미암아 저주를 받고 너는 평생 수고하여야 그 소산을 먹을 것이니라."고 이르셨다. 아담은 아내의 이름을 하와 즉 생명을 주는 자라고 불렀다.

모든 산 자의 어머니가 될 것이기 때문이다. 하나님은 그들이 생명나무 열매들을 따 먹고 영생을 하지나 않을까 두려워하여 에덴동산에서 내보내셨다. 아담이 하와와 동침하니 하나님 말씀대로 임신하여 가인 즉 '얼음'과 아벨 즉 '공허'를 낳는다. 여호와께서 아벨의 제물은 받으시고 가인의 제물은 받지 않으시자 가인이 아벨을 질투하여 끝내는 가인이 아벨을 쳐 죽인다. 여호와께서 가인의 살인을 아시고 무거운 징벌을 내리시나 죽이시지는 않고 오히려 가인의 목숨을 지켜 주신다. 가인은 에덴 동쪽 롯 땅에서 거주하며 아내와 동참하여 에녹을 낳았고 에녹도 후손에 후손을 낳는다. 아담도 아내와 동침하여 셋을 낳았고 셋은 에노스를 낳는다. 그때부터 사람들은 여호와의 이름을 부른다. 131세에 셋을 낳은 아담은 932세를 살고 죽었다.

아담은 아들 셋을 낳았고 912세를 살았다. 아담의 후손들은 800세에서 900세까지 살았다. 단군도 1500년을 살았다고 하니 우리가 믿기는 어려우나 그때의 인간들은 질병도 없고 전혀 공해가 없는 세계에서 살면서 자연 그대로의 식생활을 하였기 때문이 아닌가 생각한다.

아담은 셋을 낳고 930세를 살았으며 셋은 912세를 살고 에노스를 낳았으며 에노스는 905세를 살면서 게난을 낳았고 게난은 마할랄렐을 낳았고 910세를 살았으며 마할랄렐은 야렛을 낳았고 895세를 살았으며 야렛은 에녹을 낳았고 962세를 살았고 에녹은 65세에 므두셀라를 낳았고 하나님의 사랑을 받아 므두셀라를 낳은 후 300년을 하나님과 동행하며 살다가 365세를 살고 나서 하나님이 데리고 가셨다. 므두셀라는 라멕을 낳았고 아담의 후손으로 969세를 산 라멕이 낳은 아들이 노아이다. 노아는 500세가 된 후에 아들 셈과 함과 야벳을 낳았다. 인간의 수가 늘어나면서 각종 죄악이 세상에 가득하게 되자 하나님께서는 인간 지으신 것을 후회하시고 여호와께 은혜를 입은 의인 노아를 빼고 창조한 인간들을 모두 지면에서 쓸어버리실 것을 생각하신다. 그리하여 모든 혈육 있는 생물을 암수한 쌍씩 방주로 데려오고 새와 가축과 땅에 기는 것 각기 둘씩 끌어오라고 하시고 양식을 비축하라고 이르신다. 아울러 의인 노아에게 모든 정결한 짐승 암수 일곱씩 부정한 짐승 암수 둘씩 공중의 새도 암수 일곱씩을 데려와 그 씨를 지상에서 보전하게 하라고 이르신다. 여호와께서는 7일후 40주야 동안 비를 내려 지으신 생물들을 쓸어버리시겠다고 예고하신다. 홍수가 닥칠 때 600세의 노아는 아내와 아들들과 며느리들을 데리고 방주에 들어갔고 모든 짐승과 새와 땅에서 기는 것은 모두 하나님이 명하신 대로 모두 방주에 들어갔다.

예고하신 대로 7일 후에 홍수가 땅을 덮으니 큰 샘들이 터져 40주야 동안 비가 땅에 쏟아졌다. 땅에 물이 많아지니 방주가 물에 떠올라 떠다니게 되었고 땅 위에 물이 넘치니 높은 산도 물에 잠겼고 땅 위에서는 움직이는 생물들과 사람들이 모두 죽었다. 하나님께서 땅 위에 바람이 불게 하니 하늘의 창문도 닫히고 물이 땅에서 물러가 150일이 지나자 물이 거의 줄어들었다. 일곱째 달이 되자 방주는 아라랏산에 머물렀다.

40일이 지나자 노아가 방주의 창문을 열고 까마귀를 내놓았다. 또 비둘기를 내놓으니 지면에 아직 물이 있어 방주로 돌아왔다. 그 후 7일을 기다려 비둘기를 내보내니 저녁때 비둘기가 입에 감람나무 새 잎사귀를 물고 돌아오니 노아는 땅에 물이 줄어든 것을 알았고 또 7일을 기다려 비둘기를 내놓으니 다시 돌아오지 않았다. 땅 위에서 물이 걷히고 땅이 마르니 노아가 식구들과 함께 방주에서 나오고 하나님께서 모든 생물을 밖으로 끌어내어 번성하게 하라고 이르신다. 그리고 나신 후에 하나님께서는 모든 동물은 채소와 같이 다 먹을 수 있으나 고기는 고기의 생명이 되는 피와 함께 먹지는 말라고 명하신다. 하나님께서는 노아의 가족과 생물들에게 언약을 세우시고 다시는 모든 생물이 홍수로 멸하지 아니할 것이라고 선언하시고 언약의 증거가 구름 속에 둔 무지개라고 하신다. 구름으로 땅을 덮으실 때 무지개가 구름 속에서 나타나면 너희 가족 및 생물들과 맺은 언약을 기억하시겠다고 하신다.

노아의 가족은 셈, 함 그리고 야벳이며 함은 가나안의 아버지이다. 이 세 아들의 자손들이 온 땅에 퍼진다. 농사를 시작한 노아는 포도나무에서 얻은 포도주를 마시고 취하여 벌거벗자 그것을 함이 두 형제에게 알린다. 셈과 야벳은 뒷걸음쳐 방에 들어가 아버지의 하체를 덮고 보지 않았다. 술이 깬 노아는 함이 자기 하체를 보고 형제에게 알리고 형제들은 자기 하체를 보지 않으려고 뒷걸음으로 들어가 하체를 덮은 것을 알자 함은 그 형제들의 종이 되라고 저주하고 야벳은 하나님이 창대하게 하사 셈의 장막에 거하게 하시고 함은 그의 종이 되게 하시기를 원한다고 하였다. 노아는 950세에 죽었다.

노아 아들의 후손들은 여러 민족으로 번성하였다. 그리고 온 땅의 언어는 하나였다.

노아의 후손들은 동방으로 옮겨가다가 시날 평지를 만나 자리 잡고 살게 된다. 그들은 벽돌과 역청으로 성읍과 탑을 건설하여 그 꼭대기를 하늘과 닿게 하여 우리 이름을 내고 종족들이 흩어짐을 면하게 하고자 한다. 여호와께서는 내려와 보시고 이 무리가 한 족속으로 언어도 하나니 앞으로 무슨 일을 저지르더라도 막을 수 없을 것이라 그 족속들을 온 지면에 흩으시고 언어도 혼잡하게 하여 서로 알아듣지 못하게 하신다. 그 성읍 이름 '바벨'은 본래 '하나님으로의 문'이라는 뜻이지만 그 성읍은 '혼란스러운 말의 도시'가 되고 만다. 그리고 모든 건설도 중단된다. 셈의 자손인 나홀은 29세에 데라를 낳고 데라는 70세에 아브람(= 아브라함)과 나홀과 하란을 낳았고 하란은 롯을 낳고 갈데아인들의 우르에서 일찍 죽는다. 아브람은 사래와 결혼하였고 나홀은 하란의 딸 밀가와 결혼하였으나 조카딸과 결혼한 것이고 그것은 이상한 일이 아니다.

창세기 11장까지에 대해 몇 가지 이설이 있다.

저명한 천주교 황창연 신부는 PBC TV의 성경에 대한 강연에서 창세기 11장 즉 아브라함 출현 이전까지의 성경은 신화일 뿐이라고 공개적으로 발표하였고 개신교계 TV에서도 어느 목사가 그와 유사한 견해를 말하였다. 그렇다면 중대한 문제가 아닐 수 없다.

프랑스어로 된 초교파 성경인 T.O.B-Le Cerf는 창세기 부분 서론에서 '창세기 부분은 고대 중근동 설화들과 관련이 있다.'라고 지적하면서 '고고학적인 발굴을 통하여 보면 창세기 처음 부분은 수메르, 바벨론, 테베, 우가리트 등의 민족들이 벽돌 형태로 남긴 서정적 또는 지혜를 담은 단편들과 상당히 유사한 부분이 있음을 보여 주고 있다.'[10]라고 하였다. 또한 독일의 신학자 헤르만 만케(H. Mannke)가 창세기 창조 이야기는 '아마도 BC1000년경에 다윗 왕의 궁정에서 활동한 사람에 의하여 저술되었다고 추정한다.[11] 이상의 주장들이 역사적 사실을 반영한 면이 있겠지만 개인적으로 전적으로 동의할 수는 없다.

창세기 부분이 먼저 중동지역의 설화나 문학적인 부분들과 일부와 유사한 면이 있다고 해서 창세기 부분이 중동지역의 설화 등의 영향을 받

10)  초교파 공동 성경, 'T.O.B-Le Cerf', 17쪽, Alliance Biblique.
11)  헤르만 만케, '한 권으로 마스터하는 구약성경' 대한기독교서회, 2010, 43쪽.

고 쓰였다고 주장하면 그것은 동의하기 어렵다. 사상이나 이념과 같은 인간의 정신적인 소산은 세계의 다른 공간에서 한때 서로 유사한 것이 나올 수 있었으나 그것은 문화적 패러다임과의 관계에서 이해되어야 한다. 가령 중국 사상가들의 사상 일부가 그리스 고대 철학자들의 사상과 상통성이 있다고 해도 그것은 상호 교류와 관계없이 중국 사상의 발전과정에서 나온 것이기 때문이다.

중동의 경우 지역적으로 크게 멀지 않다고 해도 인쇄와 인터넷 같은 것이 없는 경우 성전에서 종교적인 업무에 열중하는 필자들이 다른 나라에 가서 그 나라의 문학을 익힐 수 있다고 생각할 수는 없기 때문이다. 그리고 창세기가 BC1000년 다윗 궁전에서 활동하던 사람에 의하여 서술되었다는 것도 궁정에서 활동하였다면 왕의 측근 각료이거나 경비병들일 터인데 그들이 그렇게 중요한 문서를 작성할 수 있다고는 생각되지 않는다. 성경은 성전에 있는 제사장이나 사관들이 하나님에게서 성령을 받고 쓴 것을 그 안에서 검토 수정하고 다시 첨가하고 검토해서 완성된 성스러운 경전이고 구약성서를 집필한 필자가 50여 명이라고 추정된다. 그러므로 어느 한 시기에 완결되었다고 보기는 어렵고 바벨론에서 돌아온 이후 성경에 대한 중요성이 크게 높아져 중요한 부분들이 수정 보완되었다는 것은 알려진 사실이다.

현재 알려진 것은 140억 년 전의 빅뱅에 의하여 지구가 생겨났고 바닷속의 미생물로부터 생명이 태어났고 지구 생물체 중에 가장 늦게 70만-80만 년 전에 인간이 생겨났으며 인간은 아마도 수십억 년의 진화를 통하여 원숭이가 인간이 된 것으로 추정한다. 그렇다면 빅뱅 이전 누가 혹은 무엇이 있었고 원숭이는 무엇에서 왔는지 오늘날의 원숭이가 수십억 년 후에는 인간이 될 수 있는지 하나님은 모든 생물을 종별로 지으셨는데 하나의 종은 환경에 의하여 변이를 나오게 할 수는 있으나 종을 뛰어넘어 창조가 이루어진 것은 있을 수 없다. 물론 성경의 창세기 부분의 설명이 간결하여 아쉬운 점이 있지만, 창세기 부분은 과학적인 사고에 맞춘 서술이 아니고 지구와 인간의 역사를 거시적으로 핵심만을 조명하였다고 보아야 한다고 생각한다.

나에게 한 가지 궁금한 문제는 언어학에서 모든 전언, 메시지는 발화자(또는 송신자)가 청자(혹은 수신자)에게 어떤 정보를 보낼 때 이루어진다. 창세기 창조의 경우 모든 창조는 하나님에 의하여 이루어지고 그 사실을 알리려고 할 때 그 수신 대상은 우선은 이스라엘 민족이고 추후에는 모든 기독교인이 되는데 송신자가 하나님은 아니다. 물론 아브라함 시대에 성전이나 제사장 사관 등은 없었지만 그 가족이나 주변에서 자료를 모아 그 시대의 누군가가 그 역사를 기록하여 아브라함과 관계되는 사람이 송신자가 된다고 추정될 수도 있는데 노아의 방주 이야기나 바벨탑 이야기는 역사에서부터 이루어진 것이 아니기 때문에 송신자를 추정할 수 없다.

그러므로 창세기 11장까지와 12장 이후에는 역사 이전과 역사 이후라는 뚜렷한 차이점이 있는 것이다. 창세기를 비롯한 출애굽기, 레위기, 민수기, 신명기 등 이른바 모세 5경의 저자가 모세라는 주장[12]이 1세기의 유대 역사가 요세푸스에 의하여 있었던 이후 이스라엘 민족은 그 주장을 신봉하고 있지만 모세는 아브라함 이후 약 300여 년 후에 애굽에서 태어나 그곳 왕실에서 애굽식 교육을 받은 모세가 모세 5경의 일부를 썼을 것이

---

12)  뉴톰슨 관주 주석성경 창세기 서론 참조.

라고 추정될지라도 특히 천지창조를 비롯한 창세기 초기까지 모두 그가 기록했다고 하는 것은 믿기 어렵다. 그러나 창세기 필자가 아담에서 데라까지의 족보를 구성하여 놓았기 때문에 11장에서 12장으로는 단절 없이 이어진다.

# (2) 태초의 세대

## 가. 아브라함의 시대

### ① 아브라함과 그 가족

아브라함의 조상들은 중동에서 가장 먼저 번성하였던 우르에 거주하였다. 할아버지 나홀은 29세에 데라를 낳고 119년을 살았고 데라는 70세에 아브람과 나홀과 하란을 낳았고 하란은 롯을 낳았으며 아브람은 새라(=사라)와 결혼하였으나 새라가 임신하지 못하여 자식이 없었다. 데라는 아브람과 하란의 아들 롯과 새라를 데리고 하란에 살려고 한다. 데라는 중동의 우상을 믿었다고 알려져 있다. 하나님을 모르고 살던 아브람이 어느 날 갑자기 여호와의 목소리를 듣는다.

여호와께서는 아브람에게 고향과 친척, 모든 것을 떠나 내가 보여 줄 땅으로 가라고 이르신다. 또 너로 큰 민족을 일게 하고 복을 주어 네 이름을 창대하게 하며 너를 저주하는 자는 저주를 받고 땅의 모든 족속이 너로 말미암아 복을 얻을 것이라고 하신다. 이에 아브람은 아무 주저 없이 여호와의 말씀에 따라 떠났고 롯도 그와 함께 갔다. 그때 아브람의 나이 75세였다. 드디어 그는 아내 사래, 조카 롯 그리고 자기의 모든 소유와 딸린 사람들을 이끌고 가나안 땅에 들어갔다. 그 땅을 지나 세겜 땅 마므레의 상수리나무에 가나안 주민들이 보였다. 여호와께서 아브람에게 나타나 이르시되 내가 이 땅을 네 자손에게 주리라고 하시어 아브람은 그곳에 제단을 쌓고 여호와의 이름을 부르고 점점 남방으로 내려갔다. 왜냐하면 그곳에는 기근이 심하였기 때문이다.

아브람은 애굽까지 내려갔다. 애굽 가까이 이르자 아내 사래에게 "그대는 아리따운 여인이니 내가 그대 남편이라고 하면 나를 죽이고 그대를 취할 것이다. 그러니 그대를 내 누이라고 하자. 그러면 내 목숨도 보존되고 안전할 것이다."라고 한다. 과연 애굽 사람들이 사래를 아름답게 보았고 고관들의 칭찬을 들은 바로는 사래를 궁으로 끌어들였다. 바로는 아브람을 후대하여 양과 소, 나귀와 낙타 그리고 노비까지 주었다. 그러나 여호와께서는 사래가 아브람의 아내임을 알리시고 그 일로 바로에게 재앙을 내리시겠다고 하신다. 사실을 올바로 알게 된 바로는 아브람을 불러 어째서 내게 거짓말을 했느냐고 하고 그 아내를 데려가라고 명하면서 모든 소유물도 가져가게 하였다.

바로의 궁을 떠난 아브람은 모든 식솔과 더불어 네게브로 갔다. 네게브에서 떠나기 전에 장막을 쳤던 벧엘과 아이 사이에 이르렀다. 그가 처음으로 제단을 쌓았던 곳이라 그는 거기서 여호와의 이름을 불렀다. 그런데 롯도 자기의 양과 소, 가축이 있으므로 두 사람의 소유물이 많아 동거하기가 어렵게 되었다. 그리하여 아브람이 롯에게 제의하여 헤어지자고 하면서 먼저 선택하라고 하였다. 롯은 요르단 쪽을 바라보니 물도 넉넉한 것 같아 동쪽을 택하여 떠나 소돔까지 이르렀고 아브람은 가나안 땅에 남았다. 소돔 사람들은 악하여 여러 가지 많은 죄를 짓고 있었다. 여호와께서는 아브람에게 눈을 들어 사방을 둘러보고 마음에 드는 곳이 있으면 모두 네 자손에게 주시겠다고 하시면서 일어나 그 땅을 종횡으로 다녀 보고 원하는 곳을 주시겠다고 말씀하신다. 아브람은 헤브론에 있는 상수리 수풀에 거주하며 그곳에 여호와를 위하여 제단을 쌓는다.

소돔 왕, 고모라 왕 등이 돌라오멜을 섬기다가 그를 배반하자 돌라오멜과 가까운 세 왕이 연합하여 서로 싸움을 했는데 소돔 왕과 고모라 왕은 달아나다가 역청 구덩이에 빠지고 그들의 모든 재물과 양식을 빼앗기고 소돔에 거주하는 아브람의 조카 롯도 잡히고 재물도 노략질당하였다. 마므레의 상수리 수풀 근처에 거주하던 아브람이 그 소식을 듣자 자기 집에 데리고 있던 훈련된 종 318명을 데리고 단까지 가서 적군을 쳐부수고 다메섹 근방 호바까지 추격하여 빼앗겼던 모든 재물과 롯과 부녀와 친척도 다 구해 내었다. 돌아오는 길에 소돔 왕이 환영해 주었고 살렘 왕 멜기세덱이 떡과 포도주를 가지고 나왔다. 멜기세덱은 지극히 높은 위치에 있는 하나님의 제사장이었다. 그는 '천지의 주재이시고 지극히 높은 위치에 있는 하나님이시어 아브람에게 복을 주옵소서.'(창세기 15:19) 하고 빌었다. 그러자 아브람은 얻은 것의 10분의 1을 멜기세덱에게 주었고 그것이 그 후 십일조 헌금의 시초가 되었다.

그 후 하나님의 말씀이 환상을 통하여 그에게 임하였다. 아브람이 여호와께 "무엇을 주려 하십니까? 저는 자식이 없어 다메섹 사람 엘리에셀에게 상속하고자 합니다."라고 말씀드리자 '네 몸에서 날 자가 상속자가 될 것이니라.'(창세기 15:4)라고 하시며 그를 밖으로 데리고 나가 너의 자손이 하늘의 뭇별처럼 많으리라고 이르신다. '아브람이 여호와를 믿으니 여호와께서 이를 그의 의로 여기신다.'(창세기 15:6) 그리고 여호와께서 아브람에게 3년 된 암소와 3년 된 암염소, 3년 된 숫양과 산비둘기 집비둘기 새끼를 가져오라고 하신다. 그대로 아브람이 잠이 들자 여호와께서 네 자손은 이방에서 객이 되어 그들을 섬기겠고 400년 동안 괴롭힘을 당할 것이나 그 나라를 여호와께서 징벌하시고 네 자손은 큰 재물을 얻어 나오리라고 예언하신다. 그날 여호와께서 아브람과 언약을 세워 애굽 강에서부터 큰 강 유브라데까지 땅을 주시겠다고 하시는데 그 땅은 겐 족속, 그니스 족속, 갓몬 족속, 헷 족속, 브리스 족속, 르바 족속, 아모리 족속, 가나안 족속, 기르가스 족속과 여부스 족속의 땅이었다.

아브람의 아내 사래에게는 애굽 출신의 종 하갈이 있었다. 사래는 아브람에게 자기 여종 하갈에게 들어가 자녀를 얻을 수 있으리라고 권하고 아브람은 사래의 말을 듣는다. 아브람과 동침한 하갈은 임신하자 주인을 멸시하게 된다. 사래가 그 사실을 아브람에게 알리자 아브람은 하갈이 사래의 종이니, 생각대로 행하라고 일임한다. 사래가 하갈을 학대하니 하갈이 도망하였다. 여호와의 사자가 광야의 샘물 곁에서 하갈을 만난다. 사자는 하갈에게 여주인에게 돌아가 복종하라고 타이르면서 '네 씨를 크게 번성하여 그 수가 많아 셀 수 없게 하겠다.'(창세기 16:10)라고 이른다. 또 하갈이 아들을 낳을 것이니 이름을 이스마엘 곧 '하나님의 들으심'으로 하라고 한다. 하갈이 돌아가 아브람의 아들을 낳고 이름을 이스마엘이라 하니 아브람의 나이 86세 때였다.

여호와께서 99세 된 아브람에게 나타나시어 '보라 내 언약이 너와 함께 있으니 너는 여러 민족의 아버지가 될지라.'(창세기 17:5) 하시고 그에 맞도록 이름을 아브라함, '무리의 조상'으로 하라고 지시하시고 가나안 땅을 영원한 기업으로 주신다고 하시고 '너로 심히 번성하게 하리라.' 하시면서

'너희 중 남자는 할례를 받아라. 이것이 나와 너희와 너희 후손 사이에 지킬 내 언약이라…'(창세기 17:10)라고 하시며 난 지 8일 만에 할례를 받으라고 하신다. 그리고 아내 사래는 여주인을 의미하는 사라라고 하라고 이르신다. 아브라함은 속으로 웃으며 100세 된 사람이 어찌 자식을 낳을까 사라는 90세인데 하고 생각한다. 아브라함은 하나님께 이스마엘이나 데리고 살겠다고 말씀드리자 사라가 아들을 낳으리니 '웃음'이라는 의미의 이삭으로 하라고 하신다. 이스마엘은 따로 복을 주어 번성한 큰 나라가 되게 하시겠다고 말씀을 하시고 아브라함을 떠나셨다. 아브라함은 이스마엘을 포함하여 그 집에서 태어난 자 돈 주고 산 자 중 남자에게는 모두 그 포피를 베었다.

아브라함이 눈을 들어 본즉 세 사람이 마므레의 상수리나무 맞은편에 서 있었다. 그들을 보자 아브라함이 달려가 몸을 땅에 굽혀 인사드리고 물을 가져와 발을 씻고 쉬시라고 말하고 떡을 조금 가져오겠다고 하니 그리하라고 한다. 아브라함이 사라에게 급히 떡을 만들게 하고 좋은 송아지를 잡아 요리하게 한다. 그들은 사라가 어디 있느냐고 묻고 사라에게 아들이 있으리니 내년 이맘때 반드시 오겠다고 한다. 그런데 아브라함은 늙었고 사라는 생리도 오래전에 끊어졌기 때문에 내게 무슨 즐거움이 있을까 하고 웃었다. 그러나 사자들은 여호와께 불가능한 일은 없다. 기한이 되면 네게 돌아올 것이고 사라는 아들을 얻을 것이라고 한다. 하나님의 사자들이 일어나 소돔으로 향하면서 여호와께서 아브라함에게 소돔과 고모라에 대한 부르짖음이 커서 직접 알아보시고자 한다.

그러자 아브라함이 여호와께 "의인과 악인을 모두 멸하시겠느냐 의인 50명이 있어도 그곳을 멸하시겠습니까. 의인과 악인을 모두 멸하시는 것은 부당합니다." 그러자 여호와께서 "네가 의인 50명을 찾으면 온 지역을 용서하리라." 하신다. 아브라함이 "50의인 중에 5명이 부족하다면 온 성읍을 멸하시겠습니까?"라고 하자 여호와께서는 "네가 45명을 찾으면 멸하지 아니하리라." 하신다. 아브라함이 또 "30명을 찾으시면 어찌하시겠습니까?" 하고 여쭈니 멸하지 않으시겠다고 하신다. 아브라함이 "20명을 찾으시면 어찌하시겠습니까?"고 하니 벌하지 않으시겠다고 하신다. 마지막으로 "10명을 찾으시면 어찌하시겠습니까?" 하니 멸하지 않으시겠다고 하신다. 그리고 여호와께서 떠나시고 아브라함은 자기가 머무는 곳으로 갔다.

두 천사가 저녁때에 소돔에 이르니 마침 롯이 성문에 앉아 있다가 그들을 보고 땅에 엎드려 절하고 거리에서 밤을 새우겠다는 두 천사를 자기 집으로 모신다. 롯이 그들을 위해 무교병을 굽고 식탁을 베푸니 그들이 먹었다. 그런데 밖에 사람들이 찾아와 당신 집에 찾아온 사람들을 끌어내 우리와 즐기게 하라고 한다. 롯이 문을 잠그고 문밖의 무리에게 '이런 악을 행하지 말라.'고 하고 '내게 처녀 딸이 둘 있으니 너희 좋을 대로 하라.'고 제의한다. 그러나 그들은 막무가내로 집에 들어오려고 하자 천사들이 롯을 집으로 들어오게 하고 밖의 무리가 눈을 어둡게 하니 그들이 문을 찾을 수 없게 된다. 천사들은 롯에게 모든 가족을 다 집 밖으로 데려가라고 한다. 여호와께서 이곳을 멸하려고 우리를 보내셨다고 알려 준다. 동틀 때 천사가 롯의 가족 모두를 성 밖으로 인도한다. 롯은 천사에게 도망하기에 가까운 성으로 도망하게 해 달라고 간청한다. 천사는 소알 성읍을 멸하지 않겠으니 그리로 가라고 한다. 그러자 여호와께서는 유황과 불을 내리시어 소돔과 고모라에 거주하는 모든 백성과 땅에 난 것을 엎어 멸하셨다. 뒤를 돌아본 롯의 아내는 소금 기둥이 되고 만다.

롯이 소알에 거주하기를 두려워하여 두 딸과 함께 산의 굴에 가서 거주하였다. 큰딸이 작은딸에게 "우리 아버지가 늙으셨고 우리도 배필이 없으니 우리가 아버지에게 술을 마시게 하고 동침하여 후손을 이어가자."고 하고 그날 큰딸이 아버지와 동침한다. 그 이튿날에는 큰딸이 작은딸에게 "오늘 밤에는 네가 들어가 후손을 이어가자." 하여 작은딸도 아버지와 동침하였다. 롯의 두 딸이 다 임신하여 아들을 낳자 큰딸 아들은 모압이라 하고 모압족의 조상이 되고 작은딸의 아들은 벤암미라 하여 암몬족의 조상이 되었다.

네게브 땅으로 옮겨간 아브라함은 그랄에 거주하며 사라를 누이라고 불렀다. 그랄 왕 아비멜렉은 사람을 보내 사라를 데려갔다. 그날 밤 하나님이 아비멜렉에게 현몽하시어 "네가 데려간 여인은 남편이 있으니 네가 이 여인 때문에 죽으리라."라고 알리신다. 사라와 동침하지 않은 아비멜렉은 여호와께 아브라함이 자기에게 사라가 '내 누이'라 하였고 자기는 그 여자와 동침하지 않았다고 고백한다. 하나님께서는 그 사실을 나도 알았으므로 너를 징벌하지 않겠다고 하셨다. 아비멜렉은 다음 날 일찍 일어나 종들에게 모두 이야기하고 아브라함을 불러 그를 질타하자 아브라함은 '… 내 아내로 말미암아 사람들이 나를 죽일까 생각하였음이요.'(창세기 20:11)라고 변명한다. 아비멜렉은 양과 소와 종들을 데려와 아브라함에게 주고 사라도 돌려보냈다.

아브라함이 하나님께 기도하자 하나님은 아비멜렉에게 자식을 주셨다. 여호와께서는 말씀대로 사라를 돌보셔서 임신하고 아들을 낳으니 아브라함은 하나님이 지시한 대로 이삭이라 하였고 그가 태어난 지 여드레 만에 할례를 행하였다. 그때 아브라함의 나이가 100세였다. 이삭이 젖을 떼는 날 아브라함은 큰 잔치를 베풀었다. 사라가 보니 하갈의 아들 이스마엘이 이삭을 놀리니 그 사실을 아브라함에게 알리자 아브라함은 고민에 빠진다. 사라는 아브라함에게 여종과 아이를 내쫓으라고 한다.

하나님은 아브라함에게 "네 아이나 네 여종으로 말미암아 근심하지 말고 사라가 이른 말을 들어라. 이삭에게서 나는 자라야 네 씨라고 부를 것이나 여종의 아들도 네 씨니 내가 그로 큰 민족을 이루게 하리라."라고 말씀하신다. 다음 날 아브라함이 떡과 물가죽 부대를 주고 하갈이 아들과 길을 떠나게 한다. 하갈은 브엘세바 광야에서 방황하다가 물이 떨어지자 자식을 관목 덤불에 두고 아이가 죽는 것을 차마 보지 못하겠다고 하고 아이가 떨어져 우니 하나님이 어린아이의 소리를 들으시고 사자를 보내신다. 사자는 "하나님이 아이의 소리를 들으셨으니 일어나 아이를 붙들라 그가 큰 민족을 이루게 하실 것이다."라고 하고 하나님이 하갈의 눈을 밝히셨으므로 샘물을 보고 물을 채우고 아이에게도 마시게 하였다. 하나님이 돌보신 이스마엘은 광야에서 거주하며 활 쏘는 자가 되었고 하갈은 그에게 애굽에서 아내를 얻어 주었다.

아비멜렉과 그 군대장관 비골은 아브라함이 무슨 일을 하든지 하나님이 함께하심을 안다고 하면서 자기와 자기 가족에게 거짓을 행하지 않겠다는 것을 하나님의 이름으로 맹세하라고 요구한다. 아브라함은 맹세는 하되 아비멜렉의 종들이 자기의 우물을 빼앗았다고 아비멜렉을 책망하자 아비멜렉은 자기는 전혀 몰랐다고 한다. 아브라함은 양과 소를 가져다가 아비멜렉에게 주고 암양 새끼 일곱을 따로 놓으니 아비멜렉이 그 까닭을 묻는다. 아브라함은 이 암양 새끼 일곱을 받아 내가 우물을 팠다는 증거로 삼으라고 하고 두 사람이 서로 맹세하였으므로 그곳을 브엘세바 즉

'맹세의 우물'이라 이름하였다. 그런 일이 있고 난 뒤 하나님은 아브라함을 시험하시려고 독자 이삭을 모리아 땅의 산에서 나에게 번제를 드리라고 하신다.

그다음 날 아브라함은 나귀에 안장을 지우고 두 종과 이삭을 데리고 하나님이 일러 준 곳에 가서 종들에게 나귀와 함께 기다리라고 하고 자기는 이삭과 함께 예배하고 오겠다고 한다. 번제 나무를 이삭에게 지우고 자기는 불과 칼을 들고 갔다. 이삭이 아브라함에게 묻되 "불과 나무는 있는데 양은 어디 있습니까?" 하고 묻는다. 그러자 아브라함은 번제 양을 하나님이 친히 준비하실 것이라고 답한다. 일러 주신 곳에 이르자 아브라함은 제단을 쌓고 나무를 벌여 놓은 후 이삭을 결박하여 제단 위에 놓고 칼을 잡고 아들을 잡으려 하는 순간 여호와의 사자가 하늘에서 그를 불러 이르되 "그 아이에게 손대지 말라. 네 독자까지도 내게 아끼지 아니하였으니 네가 하나님을 경외하는 줄을 알겠다." 아브라함이 눈을 들어 본즉 숫양이 있어 그것으로 번제를 드렸다. 여호와의 사자가 또다시 아브라함을 불러 '내가 네게 큰 복을 주고 네 씨가 크게 번성하여 하늘의 별과 같고 바닷가의 모래와 같게 하리니 네 씨가 그 대적의 성읍을 차지하리라. 또 네 씨로 말미암아 천하 만민이 복을 받으리니 네가 나의 말을 준행하였음이라.'(창세기 22:12-18)라고 하였다.

## ② 사라의 죽음

사라가 127세를 살고 가나안 땅 헤브론에서 죽었다. 사라를 애통하던 아브라함은 헷 족속에게 매장할 땅을 달라고 하자 그들은 아브라함은 하나님께서 세우신 지도자이니 당신에게 좋은 곳을 택하라고 한다. 이에 아브라함은 에브론이 소유하는 막벨라 굴을 사고 싶다고 하자 에브론은 그 앞에 있는 밭과 굴을 모두 드리겠다고 한다. 아브라함이 매입하겠다는 의사를 강하게 표현하자 그 땅값은 400세겔이니 그곳에 장사하라고 하여 아브라함은 그에게 400세겔을 사람들 보는 앞에서 지불하고 굴과 밭과 주변 나무를 확보하고 사라를 장사하였다.

### ③ 이삭의 결혼

아브라함은 여호와의 축복으로 행복하게 지냈으나 이삭도 결혼할 나이에 이르렀다. 이에 아브라함은 자기 집의 늙은 종을 불러 내 고향에 가서 이삭의 아내를 구하라고 지시한다. 그는 낙타 몇 마리를 끌고 좋은 선물들과 함께 떠났다. 그는 메소포타미아 나홀성 우물곁에 낙타를 꿇게 하였다. 저녁때라 여인들이 물을 길으러 나올 시간이다. '나로 물을 마시게 하라.' 해서 물과 낙타의 물까지 마시게 하면 그 소녀가 주께서 이삭을 위하여 예비하신 자라고 생각했다. 바로 그때 리브가가 물동이를 메고 나오니 아브라함의 동생 나홀의 손녀딸이었다. 보기에도 아름다워 물동이를 채워 올라오는 그에게 물을 조금 마시게 하라고 하니 낙타에게도 배불리 마시게 하라고 한다.

그러자 종이 리브가에게 반 세겔의 금 코걸이, 열 세겔의 금 손목거리 한 쌍을 주며 네 아버지 집에 유숙할 곳이 있느냐고 묻자 그녀는 자기는 나홀과 밀가가 낳은 브두엘의 딸이고 자기 집에는 짚과 사료가 족하고 유숙할 곳도 있다고 한다. 그리고 집에 달려가 어머니에게 알렸다. 그러자 리브가의 오라버니 라반이 우물가에 있는 종에게 달려가 그를 집으로 데려온다. 집에 오자 라반은 낙타에게 짚과 사료를 주고 종과 동행자들의 발 씻을 물을 주고 음식을 베풀었다. 종은 라반에게 자기가 아브라함의 종이고 아브라함에게는 늦게 얻는 아들 이삭이 있는데 아브라함은 이삭의 아내를 자기 고향에서 구하고 싶다고 하여 자기가 이곳에 왔다고 하고 리브가를 만나게 된 자초지종을 이야기했다.

라반과 브두엘은 여호와께서 정하신 일이니 어서 리브가를 데려가라고 하니 아브라함의 종이 여호와께 절하고 가져온 패물들을 리브가와 가족에게 선물했다. 리브가의 가족들은 리브가가 한 열흘 자기들과 머물렀다 떠나기를 바랐으나 종은 바로 떠나게 해 달라고 말한다. 이에 리브가를 불러 의사를 물으니 아브라함의 종과 함께 가겠다고 한다. 그리하여 가족들이 종과 함께 리브가, 유모, 동행자를 떠나게 한다. 그들을 만나게 된 이삭은 리브가를 사라의 장막으로 들이고 리브가를 아내로 맞아 사랑하였다.

후처 그두라를 맞은 아브라함은 시므란, 욕산, 므단, 미디안, 이스박, 수아를 낳는다. 아브라함은 이삭에게 자기의 모든 소유를 주었고 서자들에게도 재산을 주어 동쪽 땅에 가서 살게 했다. 아브라함은 175세에 죽어 열조에게로 돌아갔다. 이삭과 이스마엘이 그를 막벨라 굴에 어머니와 함께 장사하였다. 40에 리브가를 맞은 이삭은 리브가가 임신하지 못하자 여호와께 간구하여 리브가가 임신했다. 쌍둥이를 밴 리브가의 태 속에서 쌍둥이가 싸워 여호와께 묻자 여호와께서 이르시되 '두 국민이 네 태중에 있구나. 두 민족이 네 복중에서 나누이리라. 이 족속이 저 족속보다 강하겠고 큰 자가 어린 자를 섬기리라.'(창세기 25:23). 과연 낳고 보니 쌍둥이었다. 먼저 나온 자는 붉고 전신이 털 옷 같아서 이름을 에서라 하였고 후에 나온 아우는 손으로 에서의 발꿈치를 잡았으므로 이름을 야곱이라 하였다. 그때 이삭의 나이 60세였다. 아들들이 장성하자 에서는 들사람 사냥꾼이 었고 야곱은 늘 장막에 머무는 조용한 사람이었다. 이삭은 에서가 사냥한 고기를 좋아하였고 리브가는 야곱을 사랑하였다.

어느 날 야곱이 죽을 쑤었더니 들에서 돌아온 에서는 배고팠다. 야곱에게 그 붉은 죽을 내가 먹게 하라 하여 에서의 별명은 에돔 곧 붉음이었다. 야곱은 형의 장자 명분을 내게 팔라고 하자 내가 죽게 되었는데 장자 명분이 무슨 소용이 있나 하고 생각해서 장자 명분을 야곱에게 팔았으나 에서는 장자 명분을 너무 가볍게 생각한 것이다. 이삭이 나이가 많아 눈이 어두워 잘 보지 못하게 되자 맏아들 에서를 불러 들에 나가 사냥하여 내가 즐기는 별미를 먹게 하고 내가 죽기 전에 내 마음껏 너를 축복하게 하라고 한다. 그 말을 들은 리브가는 이삭이 에서에게 한 말을 야곱에게 알리고 빨리 새끼 염소 두 마리를 가져오면 아버지가 좋아하는 별미를 가져다드려 네게 축복하게 하라고 하였다.

야곱이 새끼 염소 두 마리를 데려오자 리브가가 이삭이 즐기는 음식을 만들었다. 리브가는 새끼 염소의 가죽을 손과 목에 두르게 하고 별미와 떡을 아버지에게 드리라고 한다. 야곱이 아버지에게 가니 누구냐고 묻기에 맏아들 에서라고 대답한다. 에서는 "명하신 것을 드시고 내게 축복하소서."라고 한다. 이삭이 야곱에게 가까이 오라고 하여 에서인지 만져 보려 한다. 가까이 가니 이삭이 "음성은 야곱이로되 손은 에서의 손이구나. 음식을 맛있게 먹고 포도주도 마신 이삭은 야곱과 입 맞추고 그에게 축복한다. 만민이 너를 섬기고 열국이 네게 굴복하리니 네가 형제들의 주가 되고 네 어머니의 아들들이 네게 굴복하며 너를 저주하는 자는 저주받고 너를 축복하는 자는 복을 받기를 원하노라."라고 하였다(창세기 27:29).

축복을 받은 야곱이 나가자 에서가 사냥에서 돌아와 별미를 만들어 아버지에게 드리니 "너는 누구냐."고 하여 "아버지의 맏아들 에서입니다."라고 하자 이삭이 떨며 "네가 오기 전에 다 먹고 그에게 축복하였은즉 그가 반드시 복을 받을 것이라고 한다."라고 하였다. 이에 에서가 울며 자기도 축복해 달라고 애원하나 이미 늦었다. 에서는 야곱이 전에는 장자의 명분을 빼앗더니 이제는 내 복까지 빼앗았다고 통탄한다. 이삭은 에서에게 내가 야곱을 너의 주로 세우고 모든 형제를 그의 종으로 주고 곡식과 포도주까지 주었으니 너 에서에게는 아무것도 줄 것이 없게 되었다고 한탄한다.

장자로서의 모든 권리와 축복도 빼앗겼다고 생각한 에서는 이삭이 돌아가실 때가 가까워지자 야곱을 죽이겠다고 하는데 그것을 들은 리브가가 야곱에게 그 사실을 알리고 하란의 라반에게로 피신하라고 하고 에서의 분이 풀리면 사람을 보내겠다고 말한다. 리브가는 야곱이 그 지방 헷족 출신을 아내로 맞는 것을 원하지 않는다고 하자 이삭은 밧단 아람의 라반에게 가서 라반의 딸과 결혼하라고 권한다. 야곱이 밧단아람으로 가자 에서는 오히려 이스마엘에게 가서 이스마엘의 딸 마할랏을 아내로 맞이한다. 하란을 향하여 가던 야곱은 해가 지자 돌베개 위에서 잠을 잔다. 꿈에서 사닥다리가 보이는데 그 끝이 하늘에 닿았고 그 위에 여호와께서서 계신다. 여호와께서는 야곱에게 '내가 네게 허락한 것이 다 이루어질 때까지 너를 떠나지 아니하리라.' 하셨다. 야곱은 일어나 돌베개를 기둥으로 삼고 그곳을 벧엘 곧 '하나님의 집'이라 하였다. 야곱은 하나님께서 주시는 10분의 1을 십일조로 하나님께 바치겠다고 서약한다.

야곱이 길을 떠나 동방에 이르러 우물가에 서서 물 긷는 사람들에게 나홀의 손자 라반을 아느냐고 묻자 안다고 한다. 조금 있으니 라헬이 와서 외삼촌 라반의 양 떼에게 물을 먹인다. 야곱이 라헬의 아버지의 생질이요 리브가의 아들이라고 하니 라헬이 달려가 그의 아버지에게 알린다. 라반이 소식을 듣고 달려와 야곱과 입 맞추며 자기 집으로 인도한다. 야곱이 한 달을 그와 함께 거주하고 나서 그의 일과 품삯에 대해 말한다. 라반에게는 레아 라헬의 두 딸이 있다. 레아는 시력이 약하고 라헬은 곱고 아름다우니 라헬을 더 사랑하였다. 야곱은 라반에게 라헬을 얻기 위하여 7년을 섬기겠다고 하니 라반은 좋아한다. 야곱이 7년을 일하고 라헬을 달라고 하자 사람을 모아 잔치하고 저녁에 큰딸 레아를 야곱에게 데려다 준다.

아침에 보니 레아여서 라반에게 따지니 라반은 아우를 먼저 주는 법이 이 지방에 없으니 7년을 더 채우면 라헬도 주겠다고 한다. 그리하여 7년을 외삼촌을 위해 일한 다음 라헬을 여종 빌하와 함께 주었다. 레아는 임신하여 아들 르우벤을 낳았으나 라헬은 자녀가 없었다. 사랑받지 못하는 레아는 그 후 또 임신하여 시므온이라 하고 그 후에도 임신하여 레위를 낳았고 그 후 유다도 낳는다. 라헬이 야곱에게 자기에게도 아들을 달라고 하니 그것은 여호와께서 하시는 일이라고 대답한다. 라헬은 자기 여종 빌하를 야곱에게 주고 아들을 낳게 한다. 그 이름을 단 '즉 억울함을 푸심'이라고 하였다. 그 후 빌하가 다시 임신하여 야곱에게 둘째 아들 납달리를 준다. 임신이 멈춘 레아는 자기 대신 여종 실바를 야곱에게 주고 아들을 얻어 갓 즉 '복되도다.'라 한다. 그리고 또 임신하여 아셀 즉 '기쁨'이라고 한다.

한 인문학자의 구약성경 스토리텔링

밀 거둘 때 르우벤이 들에서 합환채를 얻어 그의 어머니 레아에게 드리니 라헬이 레아에게 그 합환채를 요구한다. 이에 레아가 거절하니 라헬은 그것을 주면 오늘 밤에 야곱과 동침하게 하겠다고 한다. 그것을 라헬에게 양보한 레아는 그날 저녁 야곱에게 합환채로 당신을 샀노라고 하여 레아가 야곱과 동침하였더니 임신하여 하나님께서 다섯째 아들 잇사갈 곧 '대가'를 주셨고 또 임신하여 함께 살라는 뜻으로 여섯째 아들 스블론 곧 '거함'을 주셨다. 그 후에는 디나라는 딸을 얻었다. 라헬을 생각하신 하나님은 그의 태를 여시고 라헬은 요셉 즉 '더함'을 얻었다. 요셉이 태어나자 야곱이 라반에게 이제 내 고향으로 가게 해 달라고 말한다.

라반은 "너 때문에 여호와께서 내게 복을 주신 것을 아니 네가 품삯을 정하라고 그러자 야곱은 양 중에서 아롱진 것과 점 있는 것과 검은 것을 가려내고 또 염소 중에서 점 있는 것과 아롱진 것을 가려내니 이 같은 것이 내 품삯이 되리라." "후일 외삼촌께서 오셔서 내 품삯을 조사하실 때 나의 의가 대답이 될 것입니다. 나에게 염소 중 아롱지지 않은 것이나 양 중에 검지 않은 것이 있으면 다 도둑질한 것으로 인정하시라."고 하니 라반이 그 말대로 하겠다고 하고 숫염소 중 흰 바탕에 아롱진 것과 점 있는 것을 가리고 암염소 중 흰 바탕에 아롱진 것과 점 있는 것을 가리고 양 중에 검은 것들을 가려 라반이 자기 아들들에게 맡긴다. 야곱은 라반과 사흘 길이 떨어진 곳에서 라반의 남은 양 떼를 친다.

야곱은 포플러나무, 아몬드나무, 신풍나무에서 푸른 가지를 꺾어 그것들의 껍질을 벗겨 흰 무늬를 내고 그것을 양들이 먹는 개천의 구유에 세워 놓으니 양이 물을 먹으러 올 때 새끼를 배므로 얼룩얼룩한 것과 점이 있고 아롱진 것을 낳는다. 야곱은 얼룩무늬와 검은빛 있는 것을 라반의 양과 서로 마주 보게 하며 자기 양을 따로 두어 라반의 양과 섞이지 않게 하며 튼튼한 양이 새끼를 밸 때는 야곱이 개천에다가 양 떼의 눈앞에 그 가지를 두어 양이 그 가지 곁에서 새끼를 배게 하고 약한 양이면 가지를 두지 않으니 약한 것은 라반의 것이 되고 튼튼한 것은 야곱의 것이 되었다. 라반의 아들들은 야곱이 우리 아버지의 소유를 빼앗아 재산을 모았다고 입방아를 찧었고 야곱이 그것을 들었다. 라반이 그에게 대하는 태도도 달라졌다. 여호와께서는 야곱에게 "네 족속이 있는 땅으로 돌아가라. 내가 너와 함께 할 것이다."라고 하신다.

야곱은 사람을 보내어 레아와 라헬을 오게 한다. 야곱은 그들에게 그들의 아버지를 성심껏 섬겼으나 그동안 내 삯을 열 번이나 변경하였고 하나님이 그를 막으시어 나를 해치지 못하게 하였다. 라반이 점 있는 놈이 네 삯이 되리라 하면 모든 양이 점 있는 것이 나오고 또 얼룩무늬가 있는 것이 너의 삯이라고 하면 모두 얼룩무늬가 있는 것이 나오니 그것은 하나님이 그렇게 하신 것이다. 벧엘에서 내가 기둥에 기름 붓고 서원하였는데 그 벧엘의 하나님이 이곳을 떠나 내 출생지로 돌아가라고 하셨다. 그러자 레아와 라헬은 "우리 아버지가 우리를 팔고 그 돈을 다 잡수셨으니 당신은 하나님이 이르신 것을 준행하라."라고 한다. 이에 야곱이 아내들과 자식들을 낙타에 태우고 모든 소유와 함께 가나안 땅으로 돌아가려 할 때 라헬은 아버지가 없는 틈을 타 아버지의 드라빔을 훔친다. 야곱은 라반에게 말하지 않고 강을 건너 길르앗 산을 향해 도망하였다. 사흘 후 라반이 야곱의 도망을 알자 자기 형제들을 이끌고 야곱을 추격하여 라반도 길르앗 산에 장막을 쳤다. 밤에 꿈에서 하나님은 라반에게 너는 선악 간에 야곱에게 말하지 말라고 명하셨다.

한 인문학자의 구약성경 스토리텔링

야곱을 만난 라반은 '내가 즐거움과 노래와 북과 수금으로 너를 보내겠거늘 어찌하여 네가 나를 속이고 가만히 도망하고 내게 알리지 아니하였으며/내가 내 손자들과 딸들에게 입 맞추지도 못하게 하였으니 네 행위가 참으로 어리석도다/이제 네가 네 아버지 집을 사모하여 돌아가려는 것은 옳거니와 어찌 내 신을 도둑질하였느냐.'(창세기 31:27-30) 하고 따지니 야곱은 '외삼촌의 딸들을 내게서 억지로 빼앗으리라 하여 두려워하였음이니이다.'(창세기 31:31)라고 답하고 내게서 무엇이든지 외삼촌 것이 발견되면 가져가라고 대답하니 라반이 모두 뒤졌으나 아무것도 찾지 못하였다. 야곱이 라반에게 두 딸을 위하여 14년 외삼촌의 양 떼를 위하여 6년 도합 20년을 헌신하면서 고생한 이야기를 털어놓자 오히려 궁지에 빠진 라반은 야곱에게 둘 사이에 언약을 맺고 그것으로 증거를 삼자고 제안하여 야곱이 돌을 가져와 기둥으로 세우고 돌을 모아 무더기를 이루자 라반은 여갈사하두다 곧 아람어로 '증거의 무더기'라 하였고 야곱은 갈르엣 곧 히브리어로 '증거의 무더기'라 하였고 서로는 돌무더기를 넘어 상대방의 영역을 침범하지 않겠다고 서약하고 나서 라반은 고향으로 야곱은 가나안을 향하여 떠났다.

야곱이 길을 가는데 하나님의 사자들을 만난다. 야곱은 세일 땅 에돔에 있는 형 에서에게 자기보다 앞서 사자를 보내며 "그들에게 주의 종 야곱이 라반과 함께 거주하며 얻은 소와 나귀, 양과 노비들을 내 주 에서에게 드리기를 원하니 내 주께서 은혜받기를 원하나이다."라고 이른다. 사자들이 주 에서에게 이른즉 "그가 400명을 거느리고 주인님을 만나러 오더이다."라고 전한다. 두렵고 답답한 야곱은 소유한 가축을 두 떼로 나누기로 한다. 그리고 하나님께 내 형 에서의 손에서 구해 주십사 간구한다. 그는 소유 중에서 형 에서에게 줄 예물을 준비하여 종들에게 맡기고 그것을 에서에게 전하라고 한다. 그러면 형의 감정을 풀 수 있을까 하면서 야곱은 밤에 일어나 거느리는 식구들과 함께 얍복 나루를 건너면서 그의 소유도 건너게 하고 홀로 남았다. 그리고 어떤 사람과 밤새도록 씨름을 하였으나 그가 야곱을 이기지 못하자 야곱의 허벅지 관절을 쳐 그것이 어긋나게 하였다. 그가 야곱의 이름을 묻고 앞으로는 이스라엘 즉 '하나님과 겨루어 이김'으로 바꾸라고 이른다. 그 사람이 그곳에서 야곱을 축복한지라. 그곳을 브니엘 즉 하나님을 대면하여 생명을 보전하였다고 '하나님의 얼굴'이라 하였다. 그 사람이 야곱의 둔부 관절을 쳤으므로 이스라엘 사람들은 지금도 관절이 있는 둔부의 힘줄을 먹지 않는다. 야곱이 보니 에서가 수백 명의 장정과 함께 오고 있어 여종들과 그 자식들을 앞에 두고 그다음에 레아와 그 자식들을 두고 라헬과 요셉은 그 뒤에 두고 자기는 그들 앞에서 나아가 몸을 일곱 번 땅에 굽히고 에서에게 가까이 가니 에서가 달려와 그와 입 맞추고 운다.

야곱의 식구들은 여종과 그 자식들, 레아와 그 자식들 그리고 야곱과 라헬이 에서에게 절하고 야곱이 에서의 은혜를 입고 싶다고 말한다. 에서는 자기가 가진 것으로 족하니 야곱에게 "네 소유는 네게 두라."라고 이른다. 그러자 야곱은 형님의 은혜를 입었으므로 자기 예물을 받아 달라고 청한다. 야곱이 자기 소유도 족하니 예물을 받으라고 강하게 권하자 에서가 그것을 받는다. 그리고 함께 떠나자고 권하나 야곱은 자식들과 가축들이 약하니 형이 먼저 떠나고 자기는 하루 더 쉬었다가 천천히 가겠다고 한다. 에서는 종 몇 사람을 야곱과 함께 남게 하고 세일로 돌아갔다. 야곱은 그곳을 숙곳 곧 피난처라 이르고 그곳에서 장막을 지었고 그곳으로부터

한 인문학자의 구약성경 스토리텔링

가나안 세겜에 도착하여 그곳에 제단을 쌓고 '엘엘로이스' 즉 하나님 이스라엘의 하나님이라 불렀다.

레아가 낳은 딸 디나가 그 땅의 딸들을 보러 갔다가 히위 족속의 추장 세겜이 그를 강간하고 디나에게 깊이 연연하므로 그의 아버지 하몰에게 청하여 그 소녀를 아내로 삼게 하여 달라고 한다. 하몰은 그 말을 하러 야곱에게 왔고 그 소식을 들은 그의 아들들은 근심하며 노하였으나 하몰은 자기 아들이 디나를 연연하니 세겜의 아내로 삼게 하고 서로 통혼하고 여기서 머물러 기업을 얻으라고 한다. 야곱의 아들들은 하몰의 남자들이 다 할례를 받으면 서로 딸을 주고받으며 한 민족이 되겠으나 그렇지 않으면 디나를 데리고 가겠다고 한다. 그러자 세겜이 즉시 할례를 하고 디나를 자기 집안에서 귀하게 대접하였다. 하몰과 세겜은 성읍 사람들에게 이 땅이 넓어 야곱 식구들을 받아들일 만하니 그들이 이곳에 거주하며 서로 매매도 하고 통혼하자고 하면서 그 전제가 할례이니 할례를 받자고 하자 성문으로 출입하는 모든 남자가 할례를 받았다.

할례받고 그들이 아파할 때 디나의 오라버니 시므온과 레위가 칼을 들고 성읍을 급습하여 모든 남자를 죽이고 하몰과 세겜도 죽이고 디나를 집으로 데려온다. 또 레위와 시므온은 디나를 더럽힌 성읍으로 가 모든 가축과 재물을 빼앗았다. 야곱은 시므온과 레위를 꾸짖고 그들의 보복을 당할 것이라고 경고한다. 하나님이 야곱에게 이르시되 벧엘에 가서 제단을 쌓으라고 하신다. 야곱은 자기와 함께한 사람들에게 우상을 버리고 몸을 정결하게 하라고 명하고 벧엘로 올라가 제단을 쌓고자 한다. 야곱과 함께하는 사람들은 모든 이방 신상들과 장신구들을 야곱에게 주고 야곱은 그것들을 세겜 상수리나무 아래에 묻었다. 야곱은 사람들과 제단을 쌓고 그곳을 벧엘엘 즉 벧엘의 하나님이라고 불렀다. 리브가의 유모 드보라가 죽어 그를 벧엘의 상수리나무 밑에 장사하였다. 야곱이 밧단 아람에서 돌아오자 하나님이 야곱에게 나타나시어 이스라엘이라 부르시고 "큰 백성과 백성들의 총회가 네게서 나오고 왕들이 네 허리에서 나올 것이다. 내가 아브라함과 이삭에게 준 땅을 네게 물려주고 네 후손에게도 주시겠다."(창세기 35:11-12)라고 하시고 야곱을 떠나신다.

그들이 벧엘을 떠나 에브랏에 이르기 전 라헬이 해산하게 되어 고생하는데 산파가 그에게 득남하였음을 알린다. 그러나 라헬은 고통으로 죽고 야곱은 아들을 베냐민 곧 '오른손의 아들'이라 불렀고 라헬은 베들레헴 길에 장사하였다. 이스라엘은 길을 떠나 에델 망대를 지나 장막을 쳤다. 이스라엘이 그곳에 거주할 때 르우벤은 아버지의 첩 빌하와 동침하고 이스라엘이 그것을 알게 된다. 이스라엘의 아들들은 이제 열둘이라, 이스라엘 민족의 12지파를 이룬다. 이스라엘이 기럇아르바의 마므레로 가서 아버지 이삭에게 이르렀으니 그곳이 곧 아브라함과 이삭이 거주하던 헤브론이다. 이삭의 나이가 180세가 되어 죽으니 에서와 이스라엘이 장사하였다. 에서는 자기 아내들과 자녀들과 함께하는 사람들과 모든 가축과 함께 이스라엘과 헤어져 세일 산에 거주하였다. 에서와 이스라엘(= 야곱) 그 두 형제는 가축들이 많아 함께 거주할 수 없었다.

이스라엘은 이삭이 거주하던 가나안 땅에 머물렀고 17세의 요셉은 형들과 함께 양을 칠 때 아버지의 첩 빌하와 실바의 아들들과 함께 지내면서 그들의 허물을 아버지에게 일렀다. 이스라엘은 늘그막에 얻은 아들 요셉을 다른 아들들보다 더 사랑하여 그에게 채색옷을 지어 줬더니 형들이 자연히 그를 질투하게 되었다. 그런데 그의 꿈 이야기는 형들로 하여금

한 인문학자의 구약성경 스토리텔링

그를 더욱 미워하게 하였다. 요셉은 꿈에 밭에서 곡식 단을 묶는데 자기의 곡식단은 일어서고 형들의 단들이 일어서서 가기 단에게 절을 했다는 것이다. 그러니 그들의 기분이 좋지 않은데 요셉이 또 꿈을 꾸니 해와 달과 열한 개의 별들이 그에게 절을 했다는 것이다. 이에 그의 아버지가 그를 꾸짖고 "나와 네 어머니와 형들이 땅에 엎드려 네게 절해야 하겠느냐?" 한다.

그의 형들이 세겜에 가서 양들을 치고 있으니 이스라엘이 요셉에게도 세겜에 가서 양을 치지 않겠느냐고 묻자 그리하겠다고 대답하여 그리 보낸다.

형들이 도단으로 가 거기까지 찾아가니 먼 데에서 요셉이 오는 것을 본 형들이 요셉을 죽이고자 모의한다. 그를 죽여 구덩이에 던지고 악한 짐승이 그를 잡아먹었다고 하자고 한다. 그러나 르우벤은 요셉의 생명은 해치지 말고 그냥 구덩이에 던지자고 하면서 그러면 그를 구하여 아버지에게 돌려보내려고 생각한다. 형들이 요셉을 보자 먼저 그가 입은 채색옷을 벗기고 그를 구덩이에 던진다. 그들이 음식을 먹다가 보니 이스마엘 족속의 사람들이 낙타에 향품과 유향과 몰약을 싣고 애굽으로 가고 있었다.

유다는 형제들에게 요셉을 죽여야 별 이득이 없으니 이 이스마엘 족속에게 팔아넘기자고 한다. 요셉을 끌어올려 이스마엘 족속에게 은 20에 팔았고 요셉은 애굽으로 가게 되었다. 형들은 요셉의 옷에 숫염소 피를 적시고 아버지에게 가서 그것이 요셉의 옷인지 확인하라고 하여 보니 요셉의 옷이고 악한 짐승들이 그를 잡아먹었다고 하니 자기 옷을 찢고 굵은 베로 허리를 묶고 애통하였다.

요셉을 산 상인들은 그를 바로의 친위 대장 보디발에게 팔았다. 애굽에서 애굽 사람의 집에 들어간 요셉은 여호와께서 함께 계셔 형통하여 주인에게 신임을 얻어 가정 총무가 되고 주인의 소유를 모두 그가 관리하였다. 주인의 아내는 용모가 빼어나고 아름다운 요셉에게 눈짓을 하고 동침하기를 청하나 동침은 하나님께 죄를 짓는 큰 악이라고 하여도 매일같이 동침을 요구하다가 여인이 요셉의 옷을 잡자 요셉이 옷을 두고 나가매 여인이 사람들을 불러 히브리인 요셉이 나와 동침하려 하다가 내가 크게 소리치니 옷을 버려두고 도망하였다 한다. 집주인이 집에 돌아오자 주인에게 그 거짓말을 하니 주인이 그를 잡아 왕의 죄수를 가두는 감옥에 넣었다.

여호와께서 요셉과 함께하시고 간수장에게도 은혜를 받게 하시매 간수장이 죄수들을 다 요셉에게 맡기고 제반 사무도 처리하게 하였다. 그 후 바로의 술 맡은 자와 떡 굽는 자가 죄를 범하여 요셉이 감금된 친위 대장의 옥에 갇히게 되었다. 친위 대장이 요셉에게 그들의 수종을 들게 하여 요셉이 그들을 섬겼다. 하루는 그 둘이 꿈을 꾸었으나 해석할 수가 없어 고민하였다. 술 맡은 관원은 꿈에 포도나무가 있고 거기에 세 가지 있으며 싹이 나서 꽃이 되고 포도송이가 익었고 그 포도즙을 바로의 잔에 짜서 바로에게 드리는 꿈을 꾸었다. 요셉은 지금부터 사흘 안에 복직이 되어 바로에게 술을 드리게 된다고 알려 주었다. 떡 굽는 관원은 꿈에 보니 흰 떡 세 광주리가 내 머리에 있고 맨 위의 광주리에 바로를 위한 구운 음식이 있는데 새들이 광주리에서 그것을 먹는 꿈이었다. 요셉이 해몽하되 사흘 안에 바로가 당신을 나무에 달고 새들이 당신의 살을 뜯어 먹게 되는 꿈이라고 설명한다. 그 해석대로 술 관원은 복직되어 바로에게 술잔을 드리지만 그는 꿈과 요셉은 기억하지 못하였다.

그로부터 2년 후 바로가 꿈을 꾸었는데 나일강에 서 있는 아름답고 살진 암소가 강가에서 올라와 갈밭을 뜯어 먹는데 그 뒤에 흉하고 파리한 일곱 암소가 강가에서 올라와 아름답고 살진 암소를 먹어 버린다. 다시 잠들어 꿈을 꾸니 한줄기에서 무성하고 충실한 일곱 이삭이 나오고 그 후에 또 가늘고 마른 일곱 이삭이 나오더니 가는 이삭이 무성하고 충실한 이삭을 삼키는 것이었다. 아침에 번민하여 애굽의 점술가와 현인을 불러 알아보려 하였으나 제대로 해석하는 사람이 아무도 없었다. 바로 그때 술 관원이 요셉의 이야기를 하여 바로가 요셉을 불러온다. 요셉은 하나님께서 바른 대답을 하신다고 하고 바로가 자기의 꿈을 설명하니 하나님이 하실 일을 꿈꾼 것이라고 하면서 "일곱 좋은 암소는 일곱 해고 일곱 좋은 이삭도 일곱 해고 꿈은 하나인데 흉한 일곱 소도 7년이고 말라 속이 빈 일곱 이삭도 일곱 해 흉년이고 이 모든 것은 하나님이 정하셔서 속히 행하실 것이니 바로께서는 명철하고 지혜 있는 사람을 택하시어 애굽 땅을 다스리게 하시고 대비하면 흉년에 망하지는 않을 것."이라고 아뢴다.

　　그러나 명철하고 지혜 있는 자를 구하기 어려운 바로는 요셉을 총리로 앉히고 자기의 인장 반지를 요셉의 손에 끼우고 세마포를 입히고 금 사슬을 목에 걸고 버금 수레에 그를 태운다. 그가 행차하면 앞에서 엎드리라 소리쳤고 그는 애굽 전국 총리가 된 것이다.

　　그때 요셉의 나이 30세였다. 바로는 사브낫바네아라는 이름으로 그를 불렀고 온의 제사장의 딸 아스낫을 아내로 주었다.

　　흉년이 들기 전 아스낫은 장남 므낫세 즉 고난과 아버지의 집의 모든 일을 '잊어버림'이라 하였고 둘째 아들은 에브라임 즉 '수고한 땅에서 번성함'이라고 이름 지었다. 요셉의 말처럼 애굽에 일곱 해의 풍년이 그치고 흉년이 들고 먹을 것이 없자 바로는 요셉을 찾아가게 하였고 요셉은 모든 창고를 열고 백성에게 곡식을 팔았다. 외국에서도 양식을 사려고 애굽으로 몰려왔다. 야곱의 집에도 곡식이 떨어지자 야곱은 애굽에 곡식이 있다는 말을 듣고 베냐민을 뺀 열 아들이 곡식을 사러 애굽에 보내어 그들이 요셉에게 엎드려 절하였다. 요셉은 형들을 알아보았으나 그들은 요셉을 알아보지 못하였다. 요셉은 그들에게 이 나라를 정탐하러 온 것이냐고 다그치자 그들은 단순히 곡식을 사러 왔을 뿐이라고 한다. 막내아우를 뺀 형제들이 모두 왔다고 하자 요셉은 그 막내아우를 데려오지 않으면 이곳에서 나가지 못한다고 하고 사흘 동안 형들을 옥에 가두었다.

그 후 요셉은 형제 중 한 사람만 남기고 나머지는 집에 가고 막내아우를 데리고 오면 너희가 정탐꾼이 아닌 것으로 믿겠다고 하고 그들이 산 자루에 그들이 지급한 돈을 넣어주고 보냈다. 형제들은 곡식 자루에 그들이 지급했던 돈이 그대로 들어 있음을 보고 놀라 집에 가서 아버지 이스라엘에게 애굽에서 있었던 이야기를 다 알려 주었다. 그 후 그 땅에 다시 기근이 들고 애굽에서 가져온 곡식은 다 먹었다. 이스라엘이 형제들에게 또 곡식을 사 오라고 하자 유다가 이번에 막내아우가 함께 가면 곡식을 사러 가지만 만약 그와 함께가 아니면 애굽의 높은 분을 만날 수도 없다고 잘라 말한다. 아버지가 베냐민도 잃을까 하여 반대하다가 이 땅의 소산 유향과 꿀, 향품과 몰약, 유향 나무 열매, 감복숭아를 예물로 높은 분에게 드리라고 하고 베냐민이 갈 수 있게 허락한다.

형제들은 애굽에 가서 베냐민과 함께 요셉 앞에 선다. 요셉이 그들을 집으로 데리고 가자 형제들은 지난번 자루에 들어 있던 돈을 이야기하면서 누가 돈을 넣었는지 모르겠다고 하자 요셉의 청지기가 "…두려워하지 말

라. 너희 하나님, 너희 아버지의 하나님이 재물을 너희 자루에 넣어 너희에게 주신 것이니라."(창세기 43:23)라고 대답한다. 시므온도 그들을 끌어내고 요셉의 집으로 인도하여 각별한 대접을 베푼다. 요셉이 은근히 그들의 아버지 안부도 물으니 아버지가 평안하고 생존하였다고 하면서 머리 숙여 절하였다. 요셉이 베냐민을 보자 사랑하는 마음이 복받쳐 급히 안방에 들어가서 울고 얼굴을 씻고 나와 음식을 차리게 한다. 요셉이 자기 음식을 그들에게 대접하되 베냐민에게는 다른 사람보다 다섯 배나 더 주고 먹고 마시며 즐거워하였다.

그들이 떠나게 되자 요셉은 청지기에게 명하여 각자가 자루에 운반할 수 있을 만큼 채우고 각자의 돈도 함께 넣고 그의 은잔을 막내의 자루에 넣으라고 한다. 형제들이 아침 일찍 떠나자 요셉은 청지기를 보내어 그 사람들을 따라가서 '어찌하여 선을 악으로 갚느냐.'고 뒤져서 은잔이 나오는지 찾아보라고 하였다. 청지기가 그대로 하여 베냐민의 자루에서 은잔을 찾자 그들이 옷을 찢고 요셉의 집으로 돌아갔다. 유다가 자기들이 주의 노예가 되겠다고 한다. 요셉은 그럴 필요는 없다고 만류하고 은잔이 발견된 자만이 종이 되라고 한다. 그러자 아버지가 노년에 얻은 아들이라 끔찍이 사랑하고 그가 아내 라헬에게서 얻은 아들인데 그 형은 죽었고 그만 남았는데 그를 데리고 가지 못하면 아버지가 죽을 것이라 하고 그 대신 유다가 남겠다고 애원한다.

그 사정을 듣고 요셉은 정을 억제하지 못하고 그 형제들에게 자기의 정체를 밝힌다. 요셉이 큰 소리로 우니 바로의 궁중에서도 들렸다. 요셉은 형들이 나를 팔았다고 한탄하지 말라고 하고 하나님께서 애굽 사람들의 생명을 구하게 하시려고 자기를 이곳에 보낸 것이라고 설명한다. 그리고 자기가 애굽에서 누리는 영화와 이곳에서 본 것을 아버지께 전하라고 부탁하고 베냐민 그리고 형들과 부둥켜 운다. 요셉의 형들이 왔다는 소리를 듣고 바로는 기뻐하며 형들이 돌아가서 온 가족을 이끌고 이곳에 오면 좋은 땅을 주겠다고 제의한다. 그리고 수레를 가지고 가 아버지와 자녀들을 모셔오라고 명한다. 또한 많은 예물을 바리바리 실어 보낸다. 그것들을 싣고 금의환향한 형들이 요셉의 소식을 전하자 이스라엘이 기뻐하여 아들을 보러 가겠다고 한다. 이스라엘은 온 가족과 소유를 이끌고 떠나 브엘세바에 이르러 이삭의 하나님께 희생 제사를 지낸다. 그날 꿈에 하나님께서 이스라엘에게 나타나시어 애굽으로 내려가는 것을 두려워 말고 그곳에서 너는 큰 민족을 이룰 것이라 하신다. 요셉은 가족을 비옥한 고센 땅으로 인도하고 아버지를 찾아가 끌어안고 한동안 운다. 궁에 돌아가 요셉이 바로에게 그의 가족들이 도착하였고 그들이 대대로 목축에 종사하였다고 한다.

요셉이 자기 아버지를 인도하여 바로를 축복하자 바로는 이스라엘의 나이를 묻는다.

그는 130세라고 대답한다. 바로는 요셉의 가족에게 고센 땅 라암셋을 소유로 삼게 한다. 애굽과 가나안 일대에 기근이 심해지자 요셉은 쌓아둔 곡식을 팔아 애굽과 가나안의 돈을 흡수하여 바로의 궁으로 가져가고 백성들이 돈이 떨어지자 요셉은 곡물을 가축과 바꾸어 주니 말과 양과 소와 나귀를 받고 곡물을 내주고 모든 가축을 바로의 이름으로 한다. 그럼에도 기근이 계속되니 백성들은 돈과 가축도 없었다. 그러자 요셉은 곡식을 주고 토지 문서를 받아 바로에게 바쳤다. 그리고 백성들에게 곡물의 종자를 주고 그것을 심어 추수의 5분의 1은 바로에게 바치고 나머지는 각자의 양식으로 삼으라고 하니 백성들이 좋아한다.

　이스라엘 족속은 고센 땅에 거주하며 번성하고 여유가 있었다. 하나님이 말씀하신 대로 된 것이다. 이스라엘의 죽음이 가까워지자 요셉을 불러 자기가 죽으면 조상의 묘지에 장사하라고 하여 요셉이 따르겠다고 약속한다. 그 후에 이스라엘이 병들었다는 소식을 듣고 요셉이 두 아들 므낫세, 에브라임과 함께 아버지를 찾아간다. 병상의 이스라엘은 요셉이 왔다고 하자 힘을 내어 침상에 앉고 모든 것이 하나님이 주신 복이라고 아버지와 아들 손자의 혈육의 정을 말하며 손자들을 축복한다. 이스라엘은 므낫세도 크게 되겠지만 므낫세보다 에브라임을 앞세웠다.

　이스라엘은 아들들을 불러 한 사람씩 자기가 생각한 것을 이른다. 르우벤은 능력 있는 장자이나 아버지의 침상에 올라가 더럽혔다고 하고 시므온과 레위는 자기들의 혈기대로 소의 발목 힘줄을 끊었다고 한다. 유다는 사자 새끼로 형제들의 찬송을 받으며 모든 백성이 그에게 복종할 것이라고 한다. 스블론은 해변에 거주하고 그의 경계가 시돈까지라고 하고 잇사갈은 양의 우리 사이에 꿇어앉은 건장한 나귀로 압제 아래에서 섬긴다고 한다. 단은 그의 백성을 심판한다. 갓은 군대의 추격을 받으나 도리어 그 뒤를 추격한다. 아셀은 기름진 것이 있는 왕의 수라상을 차린다. 납달리는 아름다운 소리를 발한다. 요셉은 샘 곁의 무성한 나무로 하나님께서 복을 주시고 도와주신다. 베냐민은 물어뜯는 이리라. 아침에는 빼앗은 것을 먹고 저녁에는 움킨 것을 나눌 것이라. 이스라엘은 자기를 헷사람 에브론의 굴에 선조와 함께 장사하라고 유언한다.

　요셉이 아버지 얼굴에 울며 입 맞추고 몸을 향으로 처리하는데 40일이 걸리고 70일 동안 애곡하고 바로의 허가를 받아 그의 가족과 그를 따르는 모든 사람과 함께 에브론의 굴에 가서 장사하고 형제들, 호상꾼과 함께 애굽으로 돌아왔다. 애굽에 돌아온 형들은 요셉에게 자기들의 죄를 용서하라고 하자 요셉이 울고 당신들이 나에게 해치려 하였으나 하나님은 그것을 선으로 바꾸셨으니 두려워 말라고 하고 자기가 당신들과 당신들 가족을 책임지겠다고 말한다. 요셉은 아버지의 가족들과 함께 애굽에 거주하다가 110세를 살았고 에브라임의 자손 삼대를 보았다. 그는 유언에서 자기를 아브라함과 이삭과 이스라엘에 맹세한 땅에 이르게 하라고 하고 이스라엘 자손들이 그것을 맹세한다. 아브라함이 큰 대문을 세웠다면 이삭은 그 안에 민족이 살 수 있는 널찍한 집을 지었고 이스라엘은 세상으로 뻗어 나가기 위한 열두 갈래의 대로를 닦아 오늘의 이스라엘이 그 길로 질주하고 있다고 할 수 있을 것이다. 그 모든 것은 아브라함을 비롯한 자손들이 하나님 여호와께 전적으로 순종하고 하나님 여호와를 신뢰하였기 때문임을 명심하여야 한다.

## 나. 영, 혼, 육이란

사람은 영, 혼, 육으로 이루어진다. 한영사전을 보면 '영'은 spirit, soul이라 되어 있고 한불사전 역시 '영'은 esprit, l'âme라고 하여 혼란을 준다. 일반적으로는 '영혼'을 합성하여 쓰지만 성경은 그것을 구분하고 있다.

하나님이 최초의 인간 아담을 지으시고 '생기the breath of life를 그 코에 불어넣으시니 사람이 생령living being이 되니라.'(창세기 2:7) 영이 생명의 기운이고 생령이란 곧 사람이다. 아담의 자손 곧 우리는 아담의 영을 물려받고 태어나 우리가 필요한 경우에는 하나님이 우리에게 '영감

inspiration'을 불어넣어 주신다.

다른 한편으로 우리의 육체는 태어나면서 오관을 부여받아 보고, 느끼고 맛보고 생각하는 기능을 수행하는 데 그 기능을 수행할 수 없으면 '넋이 나갔다.'고 하고 넋이란 곧 혼이다.

엘리야는 사르밧 과부의 아들이 숨이 끊어지자 하나님께 그를 살려 달라고 간구한다. 그러자 '그 아이의 혼이 몸으로 돌아오고 살아난지라.'(열왕기상 17:22) 혼이 생명의 원천이고 증거이다. 혼은 하나님의 영을 포괄하여 기능한다.

사울이 블레셋과의 결전을 앞두고 그 결과를 알려 주시기 않자 신접한 여인을 찾아가 사무엘을 불러 달라고 요청하자 죽은 사무엘의 형상이 나타났다. 그것을 NIV는 'ghostly figure'라고 했는데 우리말 성경은 그 형상을 '영'이라고 번역하였다. 그러나 영은 형상이나 모습을 띨 수 없다. 육신과 관계가 있는 혼이라고 하여야 맞는 것이다.

1930년대에 카톨릭 신부들이 '초혼제' 굿에 참석하고 한국의 무당들이 사망한 조상들의 혼을 불러내어 그 후손과 대화를 나누게 하는 현장을 목격하고 한국의 무당들이 귀신의 혼과 통하는 능력이 있음을 인정하였다고 한다.

영은 삶과 함께 하나님께서 우리에게 내리시는 숨결이고 혼은 육의 생명의 원천으로 하나님이 주신 숨결 즉 영을 포괄하여 기능한다. 우리가 영적으로 소통할 수는 있으나 혼적으로 소통하는 것은 아니다. 영이 혼과 합하여 영혼으로 하여도 가능하나 혼은 영과 함께 혼영이라고 하지는 않는다. 여하튼 영과 혼과 육은 상호 동시적으로 연결되어 작용한다.

# 다. 선악과와 자유의지

아담과 하와가 에덴동산에서 하나님이 금하신 죄악의 상징 선악과를 따먹음과 함께 죄가 시작되고(창세기 3:6) 죽음이 들어왔다. 그러나 긍휼이 많으신 하나님은 그들을 에덴동산에서 내보내시면서 가죽옷을 지어 입히셨다. 선악과를 먹은 죄의 징벌로 하와는 임신하는 고통을 겪어야 하고 아담은 평생 수고하여야 땅의 소산을 먹을 수 있게 되었다. 그들은 동침하여 가인과 아벨을 낳았다.

하나님이 아벨만 예뻐하시자 아벨을 질투한 가인은 그를 살해하고 그 죄로 말미암아 땅에서 유리하게 된 가인은 에덴 동쪽의 놋 땅에 거주하게 된다(창세기 4:12). 가인은 사람들이 자기를 죽이지 않을까 하고 걱정이 되어 하나님께 호소하니 하나님께서는 그의 안전을 보장하는 표를 주신다(창세기 4:14). 사람들의 숫자가 늘어나고 사는 지역도 넓어지면서 인간들의 죄악도 늘어나자 하나님은 인간을 지으신 것을 후회하신다.

혹시 하나님께서 동산의 중앙에 선악과나무를 심지 않으셨다면 인간의 죄악과 불행도 일어나지 않았을 것이 아닌가. 어째서 하나님은 선악과를 심으셨을까.

하나님은 하나님의 형상을 따라 지으신 인간이 선악과의 유혹을 뿌리치고 늘 하나님을 경외하고 하나님의 은혜를 감사드리며 오랫동안 하나님과 함께하기를 소망하셨으나 하나님은 기계적으로 조정된 병정놀이의 자동인형을 지으신 것이 아니다. 하나님은 인간에게 자유의지free will와 욕망을 부여하시면서 자의에 의하여 악의 유혹에서 벗어나 선으로의 길을 택하기를 원하셨다. 소망이 이루어지지 않자 하나님은 '만약 의인만 남겨두면 그로부터 의로운 자손을 얻게 되고 의로운 인간들과 새로운 세상을 만들 수 있지 않을까.' 하고 생각하신다. 그러나 인간은 죄악의 유혹에서 벗어나지 못하고 새로운 죄악을 계속 만들어 낸다.

인간에 대한 소망이 큰 실망을 주자 하나님은 '모든 인간을 쓸어버리시고 의인만 남겨두면 그로부터 의로운 자손들만 얻게 되고 그런 의로운 인간들과 새로운 세상을 열 수 있지 않을까.' 하시면서 생각한 인물이 의인 노아였다.

하나님은 노아에게 큰 방주를 지어 자기 가족과 함께 생물들을 한 쌍씩 집어넣고 배에 오르라고 명하신다(창세기 6:20). 그때 그의 나이 600세였다. 대홍수가 일어나 세상을 덮고 모든 인간이 죽고 노아와 노아의 자식들만 살아남았으나 시간과 함께 성읍들이 많아지고 인간들은 여전히 죄악의 유혹에서 벗어나지 못한다.

인간들을 모두 멸하는 징벌은 다시 하지 않으시겠다고 다짐하신 하나님은 아브라함의 간절한 변호에도 불구하고 온갖 죄악과 음행의 소굴이 된 소돔과 고모라를 유황불로 멸하신다. 그 후 이스라엘을 적극적으로 돌보신 하나님은 이스라엘이 하나님께 순종하고 의로운 전쟁을 벌이면 승리하도록 도와주시지만, 우상숭배와 죄악에 빠지면 패하게 하시거나 이웃 나라를 강성하게 만들고 이스라엘을 침공하여 그것을 압제하에서 고생하게 하신다. 그러다가 이스라엘 백성이 견디기 힘들어 하나님께 회개하고 하나님께 구원을 외치면 사랑이 많으신 하나님은 백성들을 회복하게 하신다.

자유의지는 인간에게 자기 욕망에 따라 자유롭게 행동하라고 주신 것이 아니라 자기 욕망을 억제하고 순종하는 마음으로 하나님을 경외하며 우리 안에서 하나님의 형상을 실현하라고 하나님께서 우리에게 주신 하나님의 은혜인 것이다.

## 라. 신비한 인물 멜기세덱

멜기세덱은 성경에서 가장 신비에 쌓인 인물이다. 그는 창세기 14장에서 딱 한 번 등장하고 히브리서에서 소개되었고 시편 110장에서 예수 그리스도의 모형인 그가 영원한 제사장으로 높임을 받을 뿐이다.

그러나 그가 언제 태어나 어떻게 살렘[13] 왕이 되고 그의 부모는 누구이고 언제 세상을 떠났는지 모든 것이 일체 베일에 쌓였다. 우리가 아는 것은 아브라함이 자기 조카와 식솔들이 사로 잡혀간 것을 알고 자기 집 사병들을 이끌고 가 전투를 벌이고 승리하여 돌아올 때 사웨 골짜기에서 아브라함을 영접하고 그에게 술과 떡을 대접하였고 멜기세덱이 아브라함을 축복기도를 드렸다. 아브라함은 그가 전쟁에서 얻은 10분의 1을 그에게 드렸고 그것이 십일조의 시초가 되었다.

성경은 그를 살렘 왕이라고 칭하고 히브리서는 7장에서 멜기세덱을 '의의 왕'이라고 하는데 (예루)살렘은 평화라는 뜻이다. 그런데 이사야 9장은 장차 오실 메시야가 평강의 왕이시라고 하고 이사야 53장은 메시야 덕분에 우리가 평화를 누린다고 하니 성경에서 '지극히 높으신 하나님의 제사장'이라고 하는 멜기세덱은 여러 가지를 미루어 볼 때 하늘나라에서 하나님의 독생자이신 예수 그리스도와 비슷한 위치에 있는 인물로 예수 그리스도의 예표로 이 땅에 온 것으로 추정된다.

---

13) 살렘은 예루살렘의 옛 이름이다.

한 인문학자의 구약성경 스토리텔링

이렇게 볼 때 멜기세덱의 출생이나 족보를 이 땅에서 찾을 수 없고 언제까지 머물렀었는지도 알 수 없다. 우리는 멜기세덱이 어떤 사명을 띠고 왔다가 임무를 마치고 하늘나라로 돌아간 하나님을 가까이서 섬기는 천사 중의 천사라고 추정할 뿐이다.

2.

모세시대

# (1) 모세와 출애굽

애굽에 정착한 이스라엘인들은 요셉의 사후 세월이 흐르면서 여러 가지 상황이 달라진다. 우선 처음 소수의 이스라엘인은 시간과 함께 인구가 급속히 불어나게 된다. 그들이 애굽에 정착한 400여 년 동안 그들의 인구가 200여만 명에 이르자 그 당시 왕 바로는 이스라엘인들에 대해서 두려움을 느끼게 된다. 저들이 없으면 노동과 생산에서 큰 문제가 생길 것이고 앞으로 저들이 애굽의 다수가 되면 저들의 세상이 될 수도 있다는 생각이 들자 바로는 행정 명령을 내려 이스라엘인들에게 훨씬 무거운 노동을 통하여 그들의 생활을 한층 고달프게 하라고 한다. 그뿐만 아니라 산파들에게 이스라엘 여자가 여아를 출산하면 살리고 남아를 낳으면 나일 강에 던져 없애라고 명한다. 그러나 산파들은 바로에게 '히브리 여인은 매우 건강하며 산파가 이르기 전에 해산하였더이다.' 하고 대답한다. 하나님께서는 산파들에게 은혜를 베푸시니 그 백성은 번성하고 매우 강해진다. 산파들이 하나님을 경외하였으므로 하나님께서 그들의 집안을 흥왕하게 하였다.

한 인문학자의 구약성경 스토리텔링

# 가. 모세

애굽으로 이주해 가서 살던 레위인 남자가 역시 레위인 여자와 결혼하여 아들을 낳았다. 산모는 아이의 얼굴이 너무 잘생겨 3개월 숨겼으나 더는 숨길 수 없게 되자 딸 미리암에게 아이를 광주리에 담아 나일 강가 갈대숲에 버리라고 한다. 딸은 광주리에 담긴 동생이 어떻게 되나 보려고 수풀 사이로 보고 있었더니 바로의 딸이 목욕하러 왔다가 아이 우는 소리를 듣고 가 보니 너무 예쁜 아이가 울고 있어 궁에 데려와 기르기로 한다. 그러나 아이에게 젖을 줄 산모 그것도 같은 히브리족의 산모가 필요하였다. 그때 숨어 있던 누나가 바로의 딸에게 다가와 자기가 히브리 산모를 불러다가 젖을 먹일 수 있다고 하자 바로의 딸이 데려오라고 한다. 그리하여 산모가 오자 바로의 딸이 자기를 위하여 아이에게 젖을 먹이면 삯을 주겠다고 한다. 산모가 아기를 데려다 젖을 먹이다가 이유식을 할 나이가 되자 바로의 딸에게 데려가니 바로의 딸이 그 아이의 엄마가 되고 그 아이는 물에서 건져냈으니 이름을 모세 즉 '건져냄'으로 정한다.

모세는 궁에서 왕실 귀족들의 자제와 함께 교육받으며 자랐다. 그러나 그는 본래 애굽인이 아닌 히브리 출신이고 히브리인이라는 민족의식을 가지고 살았다. 가령 일제 강점기 일본인 어린이들과 같이 살던 한국 어린이들을 누가 민족의식을 특별히 심어 주지 않아도 일본 아이들은 '니혼진'이라는 자부심이 자연히 표출되고 한국 아이들에게 '조센진'이라는 차별을 무의식중에 느끼게 한다. 그와 비슷한 환경에서 자란 모세가 민족의식을 갖게 되는 것은 자연스러운 일이나 모세가 자라면서 모세는 더 강한 민족의식을 갖게 되었다. 하루는 히브리 동포들이 고된 일을 하는 것을 보는데 애굽인이 한 히브리인을 발로 차는 것을 보고 그 애굽 사람을 쳐 죽여 모래 속에 감춘다. 이튿날 나가서 두 히브리인이 싸우는 것을 보고 잘못한 사람에게 동포를 치지 말라고 하자 그 사람이 당신은 우리 재판관이 아니고 당신이 애굽 사람을 죽인 것처럼 나도 죽이려고 하느냐고 하자 자기의 살인이 탄로 났으니 모세는 바로를 피하며 미디안으로 도피한다.

우연히 우물가에 앉아 있다가 그곳 제사장 르우엘(이드로)의 딸 일곱이 그곳에 와 자기들 아버지의 양 떼에게 물을 먹이는데 떠돌이 목자들이 와서 그들이 르우엘의 딸들을 쫓아내고 물을 차지하고자 하여 모세가 그 떠돌이 목자들을 몰아내고 르우엘의 딸들을 보호하였다. 그것을 알게 돼 르우엘은 모세를 모셔오라 한다. 르우엘은 모세를 잘 보아 그를 자기의 목자로 채용하였을 뿐 아니라 자기 딸 십보라와 결혼시켜 사위로 삼는다. 십보라가 아들을 낳자 그 이름을 게르솜 즉 '내가 타국에서 나그네가 되었다.'라는 뜻으로 짓는다.

이스라엘 자손들의 노동이 더 가혹해지자 그들은 하나님께 고통을 부르짖었다. 어느 날 모세가 양 떼를 몰아 호렙산에 이르자 떨기나무 사이로 여호와의 사자가 불꽃 안에서 나타나셨다. 이에 모세가 그 광경을 자세히 보려고 가까이 가려 하자 여호와께서 모세를 부르시면서 가까이 오지 말고 이곳은 거룩한 땅이니 신을 벗으라고 하시고 자기가 '네 조상의 하나님이라고 밝히시고 애굽에 있는 백성들의 고통 소리를 듣고 그들을 애굽인의 손에서 건져내어 젖과 꿀이 흐르는 땅으로 인도하시겠다.'라고 하신다. 그 땅에는 가나안, 헷, 아모리, 브리스, 히위, 여부스 등의 일곱 부족이 거주하고 있었다. 하나님께서는 모세를 바로에게 보내어 내 백성을 애굽에서 인도해 내겠다고 하신다.

한 인문학자의 구약성경 스토리텔링

이에 모세는 '내가 누구이기에 바로에게 가며 백성들을 애굽에서 인도해 내리까.'(출애굽기 3:11) 하나님은 '내가 너와 함께 있으리라, 네가 그 백성을 애굽에서 인도하여 낸 후에 너희가 이 산에서 하나님을 섬기리니 이것이 내가 너를 보낸 증거니라.'(출애굽기 3:12)라고 답하신다. 그리하여 모세가 우리 조상의 하나님이 나를 너희에게 보내셨다고 하면 '그의 이름이 무엇이냐.'라고 물을 터인데 무엇이라고 대답하여야 하느냐고 묻자 '나는 스스로 있는 자이니라.'(출애굽기 3:14)라고 답하신다. 그리고 너는 장로들과 함께 바로에게 가서 우리 히브리 사람이 여호와 하나님께 광야에 가서 제사를 지내도록 허락해 달라고 하라고 하신다. 만약 백성들이 너 모세를 믿지 않는다면 네가 쥔 지팡이를 땅에 던지면 뱀이 되고 다시 잡으면 지팡이가 되니 그들이 믿을 것이라고 하신다. 그리고 믿지 않으면 네 손을 품에 넣으면 손에 나병이 생기고 또다시 손을 품에 넣으면 나병이 없어지는 이적을 보이면 믿을 것이라고 하신다. 그러고도 백성들이 믿지 않으면 나일 강의 물을 조금 떠 땅에 부으면 피가 될 것이라고 알려 주신다.

그런 말씀을 듣고도 자신감을 느끼지 못한 모세는 자기가 본래 입이 뻣뻣하고 둔한 자라고 하면서 뒷걸음질한다. 그러자 하나님께서는 구변이 좋은 형 아론과 함께하라고 하시고 자신이 모세의 입과 함께 있어 할 말을 가르치시겠다고 하신다. 모세가 장인 이드로에게 가서 자기는 애굽에 돌아가서 자기 형제들이 살아 있는지 알아보려고 하니 허락해 달라고 하자 장인은 평안히 가라고 한다. 모세가 애굽을 떠난 지 40여 년이 되었고 여호와께서는 모세의 목숨을 노리던 애굽인 히브리인들이 모두 죽었다고 알려 주신다. 아내와 아들들을 나귀에 태우고 가면서 모세는 하나님의 지팡이를 손에 잡았다. 그것은 하나님께서 자기와 함께하시는 증표이다. 하나님께서는 모세에게 이스라엘 백성은 하나님의 장자이니 그 백성을 보내 달라고 바로에게 요청하라고 하신다. 만약 그 요청을 거절하면 바로의 장자들을 모두 죽이시겠다고 하셨다 하라고 하신다. 그러나 여호와께서는 모세를 죽이려 하셨다. 그 이유를 깨달은 십보라는 재빨리 돌칼로 게르솜의 표피를 베어 모세의 발에 대고 '당신은 참으로 내게 피 남편이로다.'(출애굽기 5:24-25) 하니 여호와께서 모세를 놓아 주셨다. 그 후 모세와 아론이 여호와를 앞세워 거센 요구를 하자 바로는 여호와를 알지 못하니 여호와의 의사에 따르지 않겠다고 하고 히브리 백성의 노역을 더 힘들게 만든다. 여호와께 사정을 아뢰니 여호와께서는 바로에게 강한 손을 보이면 백성들은 그 땅에서 쫓아내리라고 장담하신다. 그리고 여호와께서 모세에게 말씀하시면 그것을 아론이 바로에게 전하는 대언자가 되게 하신다. 그러면서 여호와께서는 바로의 마음을 완악하게 하고 '내 표징과 내 이적을 애굽 땅에서 많이 행할 것이라/바로가 너희의 말을 듣지 아니할 터인즉 내가 내 손을 애굽에 뻗쳐 큰 심판을 내리겠다.'(출애굽기 7:3-4)라고 하신다. 그러니 바로의 마음을 한층 완악하게 하여 히브리 백성의 출국을 가로막게 하시는 것도 여호와시고 그에 따라 여호와께서는 더 큰 이적을 행하시어 여호와의 위력을 모두 실감케 하시는 것도 여호와이시다. 여호와께서는 당시 80세의 모세와 83세인 아론에게 이적을 바로에게 보이라고 하신다. 과연 모세와 아론이 바로 앞에서 지팡이를 던지니 뱀이 되었다.

바로도 애굽의 주술사들을 시켜 그들도 자기들 지팡이를 던지니 뱀이 되었으나 아론의 지팡이가 그들의 지팡이를 삼키게 된다. 그럼에도 여호와의 말씀같이 여호와께서 바로의 마음을 완악하게 하시어 모세의 요구를 허락하지 않았다. 여호와께서 모세에게 이르시되 그 지팡이로 나일강을 치면 그것이 피로 변하고 강의 고기들이 죽어 물에서 악취가 나서 그 물을 마실 수 없게 된다. 그런데 애굽의 요술사들도 같은 마술을 행하자 바로의 마음이 완악하여져 모세의 말을 듣지 않았다. 그 후 여호와께서 모세에게 이르시되 바로가 요구를 거절하면 애굽 온 땅을 개구리가 올라와 궁과 침실, 침상, 그리고 신하들의 집과 화덕과 떡 반죽 그릇에 들어가고 애굽 백성과 신하 위에 기어오르겠다고 하셨다.

과연 아론이 물 위에 손을 내미니 개구리가 올라와 온 땅이 덮이고 애굽 요술사들도 개구리가 올라와서 땅에 덮이게 하니 바로가 모세와 아론에게 개구리들이 내 백성들에게서 떠나게 하면 나도 네 백성을 떠나게 한다고 약속한다. 바로에게서 나와 모세가 여호와께 간구하자 개구리들이 나와서 모두 죽으나 바로는 다시 완악하게 되어 떠나는 것을 거부하였다. 여호와께서는 모세에게 온 땅에 파리 떼를 보내겠다고 하신다. 그날 밤 히브리 백성들이 거주하는 고센 지역을 제외하고는 애굽 전역에 파리가 들끓어 땅이 황폐해진다. 그러자 바로는 이번에도 파리 떼를 치워 주면 백성들이 떠나는 것을 허락하겠다고 한다. 모세가 여호와께 간구하니 파리 떼들이 그 나라를 떠나 하나도 남지 않았다. 그러나 이번에도 마음이 완악해진 바로는 약속을 지키지 않는다. 여호와께서는 모세에게 바로한테 가서 들에 있는 애굽인들의 가축들에게 돌림병을 내리시겠다고 하였음을 알리라고 한다. 그리고 그 이튿날 애굽의 모든 가축은 죽었으나 이스라엘 자손의 가축은 하나도 죽지 않았다. 그런데도 바로는 이스라엘 자손들이 떠나는 것을 허락하지 않았다.

여호와께서는 모세에게 화덕의 재 두 움큼을 가지고 바로의 목전에서 하늘에 날리라고 이르신다. 그러면 재는 티끌이 되어 온 땅의 사람과 짐승에게 종기가 생긴다고 하신다. 모세가 바로 앞에 서서 하늘을 향하여 재를 날리니 사람과 짐승에게 악성 종기가 생긴다. 그러나 여호와께서 바로의 마음을 완악하게 하시어 또다시 요구를 거부한다. 그러자 여호와께서 내일은 우박을 내려 들에 있는 가축들과 채소를 모두 죽이겠다고 하신다. 모세가 지팡이를 들자 여호와께서 우렛소리와 불을 내리시어 들에 있는 짐승, 채소, 사람들을 싹 쓸어버리니 바로가 모세와 아론에게 '이번은 내가 죄를 범하였노라.'(출애굽기 9:27)라고 고백하고 여호와께서 우박과 불을 그치게 하시도록 하면 너희 백성을 내보내겠다고 확언한다. 모세가 여호와를 향해 손을 펴니 우렛소리와 우박, 비등이 그친다. 그러나 바로는 재앙이 그치자 다시 마음이 완악하여 다시 죄를 범한다.

여호와께서는 자기가 바로의 마음을 완악하게 하는 것은 여호와의 표징을 그들에게 확실히 보이고 아울러 이스라엘 자손들에게도 전하여 여호와를 알게 하심이라고 이르신다. 모세와 아론은 바로에게 가서 계속 약속을 지키지 않으니 내일 메뚜기를 보내어 사람이 땅을 볼 수 없게 하고 그러면 들에서 자라는 나무들도 모두 남지 않게 된다고 하자 바로의 신하들이 이스라엘 백성에게 그들의 하나님 여호와를 섬기게 하라고 하고 애굽은 망한 나라라고 탄식한다.

그러자 바로는 모세와 아론을 불러 '너희 장정만 가서 여호와를 섬기라.'(출애굽기 10:11)라는 조건을 제시한다. 여호와께서는 모세에게 메뚜기로 땅을 덮어 우박에 상하지 않은 모든 채소를 먹어 치우게 하시겠다고 하신다. 메뚜기들이 몰려와 온 땅이 어둡게 되고 들의 채소와 열매들이

한 인문학자의 구약성경 스토리텔링

남지 않게 되자 바로는 모세와 아론을 급히 불러 '이번만 나의 죄를 용서하고 너희 하나님 여호와께 구하여 이 죽음만은 내게서 떠나게 하라.'(출애굽기 10:17)고 한다. 모세가 여호와께 구하니 서풍이 불어 메뚜기를 홍해에 몰아넣어 남지 않게 하신다. 그런데도 이번에도 완악해진 바로는 이스라엘 자손을 내보내지 아니한다. 여호와께서는 모세에게 하늘을 향해 손을 내밀어 세상을 흑암으로 덮게 하라고 하신다. 모세가 하늘을 향하여 손을 내밀자 애굽 땅에 흑암이 덮어 사흘 동안 서로 얼굴도 볼 수 없게 된다.

바로는 모세를 불러 이스라엘 자손의 어린 것들까지 데리고 가되 가축은 그 자리에 두고 가라고 한다. 그러자 모세는 왕에게 그렇다면 제사에 필요한 번제물을 주어야 하고 가축도 함께 가야 한다고 대답한다. 바로는 또다시 완악한 마음으로 기뻐하지는 않으나 모세에게 나를 떠나라고 하면서 다시 만나는 날에는 죽을 것이라고 선언한다. 여호와께서는 모세에게 한 가지 재앙을 더 내려야 너희를 내보내리라 하신다. 모세는 바로에게 애굽 땅에 있는 모든 처음 난 것은 당신의 장자로부터 가축에 이르기까지 모두 죽을 것이라고 예언한다. 여호와께서는 기적을 더 보이시겠다고 하셨고 모세와 아론이 그 기적들을 바로 앞에서 보였으나 완악한 바로는 이스라엘 자손을 내보내지 않았다. 여호와께서는 열나흘 날까지 어린 양을 간직하다가 양의 피를 집 좌우 문설주와 안방에 바르고 고기와 무교병과 쓴 나물을 먹고 나머지를 불사르라 하신다. 여호와께서는 애굽 땅을 다니시면서 모든 초태생과 애굽 신들을 치면서 피가 묻은 집은 그냥 지날 것이라고 하시고 이날을 여호와의 절기로 삼아 지키라고 하시니 그것이 유월절이다.

밤에 바로가 모세와 아론을 불러 떠나가서 마음대로 여호와를 섬기라고 한다. 이스라엘 자손은 떠나기 전 모세의 말대로 애굽 사람에게서 금은 패물과 의복을 구매한다. 그들은 라암셋을 떠나 숙곳에 이른다. 그들은 유아 외에 장정만 60만가량이고 함께 있던 다른 종족들과 많은 가축도 함께하니 대부대가 된 셈이다. 이스라엘 자손이 애굽에 거주한 지 430년이 된다. 이방인과 타국 품꾼은 원칙적으로 함께 유월절 음식을 먹을 수 없으나 타국인도 할례를 받고 유월절을 지키고자 하면 그들도 차별하지 말게 한다. 여호와께서는 이스라엘 자손을 가나안으로 직접 인도하시지 않고 홍해의 광야 길로 돌려 인도하신다. 모세는 요셉의 유언대로 그의 유골을 가지고 나온다. 그들은 숙곳에서 에담에 이른다. 여호와께서는 낮에는 구름기둥 밤에는 불기둥으로 그들을 비추신다.

여호와께서는 모세에게 바다와 믹돌 사이의 비하히롯 앞 바알스본 맞은편 바닷가에 장막을 치게 하신다. 바로는 그들이 광야에 갇혔다고 보고 600대의 병거와 다른 모든 병기를 동원하여 추격하여 이스라엘 자손이 장막 친 곳까지 미치니 이스라엘 자손이 심히 두려워 아우성친다. 애굽 사람을 섬기는 것이 광야에서 죽는 것보다 낫다고들 한다. 모세는 백성에게 여호와께서 행하시는 구원을 보라고 한다. 여호와께서 모세에게 이스라엘 자손들을 명령하여 앞으로 나아가게 하고 모세가 지팡이로 손을 바다 위로 내밀어 바다가 갈라지게 하며 이스라엘 자손은 마른 땅으로 행군할 수 있다고 하신다. 뒤따르는 애굽의 진 쪽에는 구름과 흑암이 있고 이스라엘의 진 쪽에는 밝은 빛이 있으니 애굽군이 진격하지 못한다.

밤새도록 동풍이 불어 바닷물이 물러가게 하시니 바다가 마른 땅이 되고 물은 좌우에 벽이 된다. 애굽 병거들과 마병이 따라 들어오니 여호와께서 애굽 군대를 어지럽게 하시고 그들의 병거 바퀴가 벗겨져 달릴 수 없게 된다. 여호와께서 모세에게 손을 바다 위로 내밀어 물이 다시 흐르게 하라고 하시니 모세가 손을 다 위로 내밀자 바닷물이 회복되어 바로의 군대를 덮으니 바로의 군대가 모두 죽게 된다. 이스라엘 백성들은 여호와의 큰 능력을 보자 그를 경외하고 모세를 신뢰하게 된다.

모세와 아론의 누이 미리암은 여호와께서 보여 주신 능력을 찬양하는 노래를 부른다. 모세가 이스라엘을 홍해에서 인도하여 수르 광야에 들어가 사흘을 행군했으나 물을 얻지 못하고 마라에 이르렀으나 물이 써서 마실 수 없었다.

모세가 여호와께 부르짖었더니 여호와께서 나뭇조각을 가리켜서 그것을 던졌더니 물이 달게 되었다. 여호와께서는 그들을 위하여 법도와 율례를 정하시고 백성이 여호와께 순종하고 의를 행하면 애굽 사람에게 내린 재앙을 내리지 않으시겠다고 하시고 '나는 너희를 치료하는 여호와니라.'(출애굽기 15:26)라고 하신다. 엘림에 도착하여 그곳에서 시내산 사이에 있는 신 광야에 이르니 애굽에서 나온 지 둘째 달 15일이다. 그러자 백성은 애굽에서 고기 가마 곁에 앉아 배불리 먹던 때를 그리워하고 모세와 아론을 원망한다. 그때 여호와께서 이르시되 하늘에서 양식을 비같이 내리시겠다고 하신다.

광야를 떠난 백성은 르비딤에 장막을 쳤으나 마실 물이 없었다. 그들은 모세와 아론에게 물을 달라고 아우성친다. 모세가 하나님께 부르짖으니 여호와께서 지팡이를 짚고 가서 호렙산에 있는 반석을 치면 물이 나오리라고 하신다. 모세가 반석을 재차 치니 물이 나와 그곳을 맛사 혹은 므리바라 하였다. 백성들은 그곳에서 다투었고 여호와를 시험하여 백성들과 함께 계신지 여부를 알고자 하였다. 르비딤 장막에 아말렉이 쳐들어왔다. 모세가 여호수아를 앞장서서 싸우게 하고 모세와 아론과 훌은 산꼭대기에 가서 모세가 하나님의 지팡이를 들고 있으면 이스라엘이 이기고 피곤하여 지팡이를 내리면 아말렉이 이긴다. 그리하여 아론과 훌이 모세의 손을 붙들어 올렸더니 이스라엘이 아말렉을 쳐서 물리칠 수 있었다.

모세의 소식을 들은 장인 이드로가 십보라와 두 아들을 데리고 찾아왔다. 이드로는 이스라엘을 구원하신 여호와를 찬송하였다. 이드로는 번제물과 희생제물을 하나님께 드리고 장로들과 함께 먹었다. 다음 날 모세가 재판하는 것과 백성이 길게 줄 서 기다리는 것을 본 이드로는 모세에게 홀로 앉아 어느 세월에 모두 끝낼 수 있느냐고 하면서 가중한 일을 모세 혼자서는 할 수 없는 일이니 하나님을 두려워하고 진실한 자를 골라 십부장, 오십부장, 백부장을 정하고 일을 분담시키고 짐을 덜라고 충고한다. 모세가 이드로의 충고를 따라 여러 명과 분담하고 어려운 일만 자기에게 가져오도록 한다.

애굽 땅을 떠난 지 3개월 되던 날 백성들이 시내 광야에 이른다. 모세가 하나님께 나아가니 여호와께서 그를 불러 지시사항을 말씀하시고 모세는 내려와 장로들에게 여호와의 명령을 전달하니 그들이 모든 말씀을 따르겠다고 하고 그것을 여호와께 전하자 여호와께서 빽빽한 구름 속에서 백성들이 직접 들을 수 있도록 셋째 날 시내산에 강림하시겠으니 백성들이 성결하게 옷을 입고 백성들이 산을 오르거나 경계를 침범하면 죽는다고 경고하신다. 셋째 날 모세가 하나님을 맞으려고 나오니 산에 연기가 자욱한데 나팔 소리가 나고 그 산 정상에 강림하신 여호와께서 모세를 부르심에 모세가 가까이 가니 백성에게 다시 경고하여 백성이 접근하지 못하게

한 인문학자의 구약성경 스토리텔링

하고 성결히 하라고 지시하시면서 모세에게 아론과 함께 올라오라고 지시하신다.

하나님께서는 그날 십계명을 다시 반복하여 설명하여 주시고 모세에게 백성들이 하나님의 말씀을 직접 들었으니 은이나 금으로 우상 신상들을 만들지 말고 토단을 쌓고 번제와 화목제를 드리라고 하신다. 그리고 히브리인 종에 관한 규약과 상해에 관한 규약 재산 보호에 관한 규례 사회적 책임에 관한 규례 공의와 자비에 관한 규례 안식에 관한 규례들을 일러주신다. 여호와께서는 사자를 보내시어 이스라엘 자손을 보호하고 그들을 예비한 곳에 이르게 하시겠으니 몇 가지 당부를 하신다. 우선 하나님의 사자의 목소리를 청종하고 가나안의 여러 족속이 거하는 곳에 가면 그 족속들을 여호와께서 끊을 것이니 그 족속들의 신들을 섬기지 말라고 엄명하신다. 그리고 왕벌을 보내시어 그곳의 이방 백성들을 쫓아 내보내시겠다고 계획하신다. 그리하여 이스라엘 경계가 홍해에서 블레셋 바다까지 광야에서 유브라데강까지 될 것이라고 하신다. 모세에게 전하신 여호와의 말씀과 율례들은 백성들이 준행하겠다고 약속한다. 청년들이 드린 번제와 화목제에서 나온 피를 백성에게 뿌리며 모세는 그 피가 여호와와 이스라엘 백성들이 맺은 언약의 피라고 설명한다. 여호와께서 모세를 산으로 불러 백성들을 가르칠 율법과 계명을 기록한 돌판을 주시겠다고 하신다. 모세는 여호수아와 함께 하나님의 산으로 올라가며 장로들은 그곳에서 기다리고 아론과 훌이 그곳에서 보살펴 줄 것이라고 이른다.

모세가 산에 오르매 구름이 산을 가리며 여호와의 영광이 시내산 위에 머무른다. 일곱째 날 여호와께서 모세를 부르시어 모세는 구름 속으로 걸어 들어가 40주야를 그곳에 머무른다. 여호와께서는 이스라엘 백성들이 기쁜 마음으로 드리는 예물들을 받으리라고 하시고 예물은 금, 은, 놋, 청색 자색실, 가는 베실, 염소털, 붉게 물들인 숫양 가죽, 해달 가죽, 조각목, 등유와 관유에 드는 향료, 향품, 호마노 에봇 흉패 보석 등이다. 그리고 언약궤의 재료, 길이, 장식들에 대해 자세히 지시하시고 증거판을 그 속에 두고 또 시은좌 곧 은혜의 자리 속죄소를 순금으로 만들고 길이와 크기와 함께 양쪽에 그룹을 하나씩 만들라고 하신다. 그 밖에 진설병상, 등잔대, 성막, 번제판, 성막뜰, 제사장의 예복, 에봇, 흉패 등 제사와 여호와의 경배 관련 사항들을 너무나 세세하게 지시하시는데 그 모든 것은 예식의 경건성을 지키도록 하는 데 그 목적이 있다. 그 밖에도 안식일의 중요성을 강조하시는데 안식일은 더럽히거나, 그날 일하는 자는 죽어야 마땅하다고 하신다. 왜냐하면 안식일은 여호와와 이스라엘 백성 사이의 세대를 넘는 표징이고 "나는 너희를 거룩하게 하고 여호와인 줄 너희가 알게 함"이기 때문이다. (출애굽기 31:13-14)

모세가 산에서 내려오는 날이 늦어지자 백성들은 불안을 느끼고 아론에게 몰려가 '우리를 위하여 우리를 인도할 신을 만들자.'(출애굽기 32:1)라고 한다. 요구가 거세지자 아론이 귀금속을 모아 가져오면 만들 수 있다고 하자 그것들을 모아 아론에게 가져오고 장인들이 그것을 녹여 송아지 형상을 만든다. 아론이 그것을 보고 앞에 제단을 쌓고 '내일은 여호와의 절일이니라.'라고 공포한다. 그러자 모세에게 백성이 부패했으니 네가 내려가야겠다고 진노하신 여호와께서는 '그들을 진멸하고 너를 큰 나라가 되게 하리라.'(출애굽기 32:10)라고 하신다.

모세는 애굽 땅에서 인도하여 내신 주의 백성에게 진노하시지 말라고 말리면서 애굽 사람들은 여호와께서 인도해 내신 백성들을 산에서 죽이시고 땅에서 진멸하셨다고 할 것이라고 여호와께 말씀드린다. 그러자 여호와께서는 뜻을 돌이키시고 백성에게 화를 내리시지 않았다. 모세는 하나님의 돌판을 들고 내려왔다. 진 가까이에 와 보니 그 송아지와 백성들이 춤추는 것을 보고 크게 노하여 그 판들을 산 아래로 던져 산산조각으로 만든다. 그리고 당장 그 송아지를 불살라 부수고 가루로 만들어 이스라엘 자손에게 마시게 한다. 모세는 아론에게 책임 추궁을 한 후 진 문에서서 여호와의 편에 있는 자는 내게로 나오라 하매 레위 자손이 모두 그에게로 온다. 모세는 그들에게 칼을 차고 이쪽 문에서 저쪽 문까지 왕래하며 만나는 사람들 모두 죽이라고 하니 약 3천 명 가까이가 죽임을 당하였다. 이튿날 여호와께서는 여호와의 사자를 따라 예비한 땅으로 가라고 하신다. 여호와께서 그곳에 먼저 도착한 가나안인, 아모리인, 헷인, 브리스인, 히위인, 여부스인을 쫓아내시겠다고 하신다.

여호와께서는 처음 것과 같은 돌판 두 개를 다듬어서 아침까지 가져오면 처음 판에 있던 말을 써 주시겠다고 하신다. 모세가 돌판 둘을 마련하여 시내산에 오르니 여호와께서 구름 가운데서 강림하사 그의 앞으로 지나시면서 여호와는 '자비롭고 은혜롭고 노하기를 더디 하고 인자와 진실이 많은 하나님이라/인자를 천대까지 베풀며 악과 과실을 용서하리라. 그러나 벌을 면제하지는 아니하고 아버지의 악행을 자손 삼사 대까지 보응하리라.'(출애굽기 34:6-7)라고 선포하신다. 그 밖에도 앞서 모세에게 말씀하신 것을 거듭하신다. 약속의 땅에 가서 그곳의 이방 신들에게 절하지말고 그 제단을 헐고 주상을 깨뜨리며 그 땅의 주민과 언약을 세우지 말고 결혼을 하지 말고 무교병을 들고 무교절을 지키며 모든 첫 태생은 여호와의 것이니 여호와께 바치고 안식일을 엄수하라고 하신다.

모세는 여호와와 함께하는 40일 주야 동안 먹지도 아니하고 마시지도 아니하였고 여호와께서는 언약의 말씀 곧 십계명을 준비하셨다. 모세가 두 돌판을 받아들고 내려올 때 그동안 여호와를 가까이했기 때문에 얼굴에 광채가 났다. 아론과 이스라엘 자손은 그를 가까이하기를 두려워했다. 모세는 그들을 가까이 불러 여호와께서 자기에게 이르신 말씀을 그들에게 명령하였다. 둘째 해 둘째 달 스무날 구름의 증거가 성막에 떠오르니 이스라엘 자손이 시내 광야에서 출발하여 바란 광야에 이른다. 백성이 악한 말로 원망하매 여호와께서 진노하시고 진영 끝을 불로 사르시매 백성이 모세에게 부르짖어 모세가 여호와께 기도하니 불이 꺼졌다. 그곳을 디베라라고 불렀으니 여호와의 불이 그들 중에 붙었기 때문이다. 그런데도 백성은 음식에 대한 불평이 끓어올랐다.

애굽에서는 생선, 오이, 참외, 부추, 파, 양파, 마늘 같은 식품들을 마음껏 먹었으나 지금은 여호와가 내려주시는 만나뿐이다. 만나는 갓씨와 같고 진주 같은 모양인데 맷돌에 갈거나 절구에 찧기도 하여 가마에 삶거나 과자를 만들었다. 밤이슬이 내릴 때 만나도 함께 내렸다. 그러나 그것으로만 만족하지 못하고 불평을 하니 모세도 그들을 이해하나 여호와는 진노하신다. 모세는 자기가 그들을 낳지도 않았으나 책임을 지고 있으니 '어찌하오리까?' 여호와께서는 모세에게 장로와 지도자가 될 만한 70명을 이끌고 회막으로 오라고 하신다.

그러면 네게 임한 영을 그들에게도 임하게 할 것이니 그들과 함께 짐을 나누어 담당하라고 하신다. 그리고 여호와께서는 백성들에게 고기를 주워 먹게 하시겠다고 하신다. 모세가 궁금해하는 중에 바람이 일어 메추리가 몰려와 비처럼 내린다. 지나친 욕심을 부린 백성에게는 재앙으로 치셨

한 인문학자의 구약성경 스토리텔링

으므로 그곳 이름을 기브롯핫다아와 즉 탐욕스러운 자들의 무덤이라고 부른다. 백성들은 기브롯핫다아와를 떠나 하세롯에 이른다. 모세는 구스 여자를 취하여 아내로 삼으니 미리암과 아론이 모세를 비방하면서 모세가 여호와의 말씀을 독점한다고 불평이다. 그것을 아시는 여호와께서 모세와 아론 그리고 미리암을 회막으로 부르신다.

여호와께서 구름 기둥 가운데로부터 강림하시더니 미리암과 아론을 부르신다. 여호와께서는 모세가 여호와와 백성의 충성스러운 종이기에 그와 대면하여 솔직한 말을 전하는데 '어찌 너희가 내 종 모세 비방하기를 두려워하지 아니하느냐?'(민수기 12:8)고 꾸짖으신다. 여호와께서 떠나시자 미리암은 나병에 걸린다. 모세가 여호와께 부르짖자 여호와께서는 미리암을 진영밖에 일주일 가두고 그 후에 들어오게 하라고 명하신다. 일주일 후 백성은 행진하여 하세롯을 떠나 바란 광야에 진을 친다. 백성들이 약속의 땅 가나안 가까운 곳에 이르니 여호와께서는 각 지파 중에서 한 사람씩 뽑아 가나안 땅을 정탐하게 하라고 하신다. 모세가 그 말씀대로 정탐대를 보내면서 그 땅에서 자라는 과일까지 따오라고 한다. 40일 동안 정찰을 하고 그 땅의 과일까지 가져왔다. 그들은 그 땅이 과연 젖과 꿀이 흐르는 땅이나 그 땅 주민들은 강하고 성읍은 견고하고 그 땅에 사는 백성들은 거인들이고 그에 비하면 우리는 메뚜기 같다고 비유한다. 그 보고를 청취한 백성들은 그곳에 가면 우리 모두 칼에 쓰러질 터인데 그보다는 애굽 땅이나 광야에서 죽는 것이 좋았을 것이라고 원망의 소리가 높다. 이때 눈의 아들 여호수아와 여분네의 아들 갈렙이 자기들의 옷을 찢고 이르되 우리를 보호해 주시는 여호와의 말씀대로 여호와의 믿음을 가지고 두려워하지 말고 진군하면 이길 수 있다고 하자 어떤 회중은 돌로 그 두 사람을 치려고 하는데 여호와의 영광이 나타나셨다. 여호와께서는 모세에게 이르시되 내가 행한 많은 이적을 보고도 백성들이 '어느 때까지 나를 믿지 않겠느냐.'(민수기 14:11)고 물으신다. 아울러 '내 영광과 애굽과 광야에서 행한 내 이적을 보고서도 이같이 열 번이나 나를 시험하고 내 목소리를 청종하지 아니한 그 사람들은/내가 그들의 조상들에게 맹세한 땅을 결단코 보지 못할 것이요 또 나를 멸시하는 사람은 한 사람도 그것을 보지 못하리라.'(민수기 14:22-23)라고 단언하신다.

그리고 골짜기에 아말렉인과 가나안인이 거주하니 길을 돌이켜 홍해 길을 따라 광야로 들어가라 지시하신다. 그 결과 그 가나안 땅을 악평하여 모세와 여호와를 원망한 사람들은 재앙으로 모두 죽고 여호수아와 갈렙만 생존하였다. 여호와를 원망하다가 자기들이 죄를 범하였고 여호와의 명령을 무릅쓰고 아말렉인과 가나안 인들을 무찌르겠다고 산꼭대기로 올라간 사람들은 모두 패하였다. 레위의 자손 고라와 르우벤의 자손 다단, 아비람, 온 등은 파당을 짓고 이스라엘 자손 총회에서 택함을 받은 지휘관 250명과 함께 모세와 아론이 여호와의 총회 위에 군림한다고 비난한다. 듣고 있던 모세는 그 무리에게 여호와께서 누가 자기에게 속한 사람인지 가까이 나오게 하실 것이니 각자 향로에 불을 담고 향을 담으라고 한다.

다음 날 그들이 향로를 들고 회막 문에 섰다. 고라가 온 회중을 모아놓고 그 두 사람과 대적하려 할 때 여호와의 영광이 온 회중에게 나타나시어 모세와 아론은 그 회중을 떠나라고 하신다. 두 사람이 엎드려 "한 사람이 죄를 범하였는데 온 회중에게 진노하시나이까." 하니 여호와께서 회중에게 "고라, 다단, 아비람의 장막에서 떠나라."라고 이르신다. 모세와 아

한 인문학자의 구약성경 스토리텔링

론이 다단과 아비람에게 다가가니 장로들도 뒤따랐다. 모세는 회중에게 그들의 죄로 너희도 모두 멸망할까 두려우니 그들의 장막을 떠나라고 한다. 모세는 '곧 이 사람들의 죽음이 모든 사람과 마찬가지이고 그들이 당하는 벌이 모든 사람이 당하는 벌과 같으면 여호와께서 나를 보내심이 아니거니와/… 이 사람들과 모든 소유물을 삼켜 산 채로 스올에 빠지게 하시면 이 사람들이 과연 여호와를 멸시한 것인 줄을 너희가 알리라.'(민수기 16:29-30). 그러자 땅이 갈라지며 그들과 모든 재물이 스올에 빠져 모두 없어진다.

이튿날 이스라엘 자손은 모세와 아론이 백성을 죽였다고 원망하자 구름이 회막을 덮었다. 여호와께서 모세와 아론에게 '이 회중에서 떠나라. 내가 순식간에 그들을 멸하려 하노라.' 하시매 그 둘이 엎드렸다. 모세가 아론에게 향로를 가져다 제단의 불을 담고 향을 피워 급히 회중에게 가서 그들을 위해 속죄하라. 여호와께서 진노하서 전염병이 시작되었다고 하여 아론이 회중에게 달려가니 벌써 염병이 시작되어 아론이 속죄하고 죽은 자와 산 자 사이에 서니 염병이 그친다. 염병에 죽은 자가 만 4700이었다. 여호와께서는 모세에게 각 가문별로 지팡이를 만들고 그 위에 이름을 쓰되 레위가의 지팡이에는 아론의 이름을 쓰라고 하신다. 모세는 그 지팡이들을 증거의 장막 여호와 앞에 두니 그 이튿날 아론의 지팡이에 서는 움이 돋고 순이 나고 꽃이 피어 살구 열매가 열렸다. 여호와께서는 아론의 지팡이를 증거궤 앞으로 도로 가져가 간직하여 반역한 자에 대한 표징이 되게 하여 여호와에 대한 원망을 그치고 죽지 않게 할지니라고 하신다.

가데스에서 모세가 에돔 왕에게 사신을 보내어 우리 조상들이 애굽에서 학대를 이기지 못하여 여호와께 부르짖었더니 천사를 보내사 구해 내셨는데 이제 가데스에 있사오니 '청하건대 우리에게 당신의 땅을 지나가게 하소서. 우리가 밭으로나 포도원으로 지나지 아니하고 왕의 길로만 지나간다.'라고 해도 허락하지 아니하고 충돌을 피할 수 없을 것 같으니 하는 수 없이 이스라엘이 그들에게서 길을 돌이키게 된다. 온 회중이 가데스를 따라 호르산에 이르르니 여호와께서 모세와 아론에게 이르시기를 므리바의 물에서 여호와의 거룩함을 훼손하였기 때문에 모세와 아론은 약속한 땅에 들어가지 못하고 조상들에게 돌아가게 된다고 하시고 아들 엘르아살에게 그 직을 인계하라고 하신다. 아론이 죽자 이스라엘 자손은 30일간 애곡하였다.

이스라엘이 아바림 길로 온다고 하자 네겝에 거주하는 가나안 사람 아랏의 왕은 이스라엘을 쳐 그중 몇 사람을 사로잡는다. 이스라엘은 여호와께서 이 백성을 이스라엘에 넘기시면 그들의 성읍을 멸하겠다고 하자 여호와께서 허락하서 이스라엘이 그 성을 다 멸하고 그곳 이름을 호르마 즉 '완전히 멸함'이라 하였다. 백성이 호르산을 출발하여 홍해 길을 따라 에돔을 우회하려 하자 마음이 상한 백성들이 하나님과 모세를 원망한다. 여호와께서는 불뱀들을 보내시어 백성들을 물게 하시자 죽는 사람이 많이 나온다. 그러자 백성이 모세에게 여호와와 당신에게 원망함으로 죄를 범하였으니 여호와께 기도하여 이 뱀들을 떠나게 해 달라고 한다. 모세가 여호와께 기도하매 여호와께서 불뱀을 만들어 장대 위에 매달고 물린 자가 그것을 보면 살 것이라고 하신다. 이에 모세가 놋뱀을 만들어 그것을 쳐다본즉 모두 살았다.

이스라엘 자손이 그곳을 떠나 오봇에 진치고 오봇을 떠나 모압 앞쪽 해 돋는 쪽 광야 이예아바림에 진을 쳤고 그곳을 떠나 세렛 골짜기에 진을 쳤다. 그곳을 떠나 아모리 영토에서 흘러나와 광야에 이르는 아르논강 건너편에 진을 쳤다. 아르논은 모압과 아르논 사이에서 모압의 경계가 된 곳이다. 그들은 광야에서 맛다나에 이르렀고 맛다나에서 나할리엘에 이르렀고 나할리엘에서 바못에 이르렀고 바못에서 모압 들에 있는 골짜기에 이르러 광야가 내려다보이는 비스산 정상에 이른다. 이스라엘이 아모리 왕 시혼에게 사신을 보내어 '우리에게 당신 땅을 지나가게 하소서. 우리가 밭에든지 포도원에든지 들어가지 아니하며 우물물도 마시지 아니하고 당신의 지경에서 나가기까지 왕의 큰길로만 지나가리이다.'(민수기 21:22) 하니 시혼이 그것을 용납지 아니하고 백성을 모아 이스라엘을 치므로 이스라엘이 칼로 그들을 무찌르고 아르논에서 얍복까지 점령하여 암몬까지 미쳤다.

이스라엘이 아모리 땅을 빼앗고 그곳에 거주하는데 모세가 사람을 보내어 야셀을 정탐하게 하고 그 촌락을 빼앗고 아모리인을 내쫓았다. 모세가 길을 돌이켜 바산 길로 올라가자 바산 왕 옥이 백성을 모아 에드레이에서 싸우려고 한다. 여호와께서는 그 백성과 땅을 네 손에 넘겼으니 시혼에게 행한 것같이 그에게도 행하라고 하신다. 이에 옥의 아들들과 백성들을 모두 쳐 그 땅을 점령하였다. 이스라엘이 모압평지 곧 요단 건너편 여리고 맞은편에 진을 친다.

이스라엘이 아모리인에게 행한 것을 본 십볼의 아들 발락을 비롯한 모압은 이스라엘을 두려워한다. 발락은 사신을 브올의 아들 발람에게 보내어 그에게 이스라엘을 저주해 달라고 부탁한다. 그는 하나님께서 자기에게 이르시는 대로 대답하겠다 한다. 하나님은 그들과 함께 가지도 말고 이스라엘 백성은 복을 받은 자들이니 저주하지도 말라고 하신다. 아침에 일어난 발람은 발락의 귀족들에게 여호와께서 함께 가기를 허락지 않으시니 돌아가게 한다.

　모압의 귀족들은 발락에게 사실대로 고하니 전보다 높은 고관들을 보내 발락이 발람을 크게 존귀하게 하겠으니 와서 이스라엘 백성을 저주해 달라고 애원한다. 그러나 발람은 설사 발락이 집에 가득한 금은보화를 준다 해도 여호와 하나님의 말씀을 어길 수는 없다고 하고 그날 밤 여호와께서 무슨 말씀을 하실지 보겠다고 한다.

　하나님의 대답은 그들이 부르거든 가되 내가 너에게 이른 말만 하라고 명하신다. 아침에 발람이 모압 고관들과 떠나니 여호와의 사자가 그를 막으려고 길에 서 있다. 여호와의 사자가 칼 든 것을 보고 나귀가 밭으로 들어가자 돌이키고자 채찍질한다. 여호와의 사자를 피할 수 없어 나귀가 발람 밑에 엎드리자 발람이 지팡이로 나귀를 때린다. 여호와께서 입을 열어 주신 나귀는 어째서 세 번이나 때리느냐고 하자 발람은 칼이 있었으면 네 놈의 목을 쳤을 것이라고 한다. 발람은 칼을 든 여호와의 사자를 보고 엎드린다. 여호와의 사자는 '네 길이 사악함으로 내가 너를 막으러 왔다.'(민수기 2:30) 하고 만일 나귀가 돌이켜 피하지 않았다면 내가 너를 죽이고 나귀를 살렸을 터인데 왜 나귀를 세 번씩이나 때렸느냐고 따진다. 발람은 사자에게 '이를 기뻐하지 아니하시면 나는 돌아가겠나이다.'(민수기 22:33) 그러나 발람은 자기는 '하나님이 내 입에 주시는 말씀 그것을 말할 뿐입니다.'라고 말한다.

　아침에 발락이 발람과 함께 바알 신당에 오른다. 발람은 발락에게 제단 일곱을 쌓고 수송아지 일곱 마리와 숫양 일곱 마리를 준비하라고 하자 그대로 따른다. 준비된 짐승을 제단에 드린 후 발람은 여호와께서 지시하실 것이 있을지 모르니 저쪽으로 가겠다고 한다. 여호와께서는 발락에게 돌아가서 이르신 말씀을 전하라고 하신다. 발람은 여호와께서 꾸짖지 않으신 자를 꾸짖을 수 없다고 자르자 발락은 발람에게 원수를 저주하라고 데려왔는데 오히려 축복하였다고 원망한다. 그리고 발락은 발람에게 이스라엘을 달리 볼 곳으로 가자고 한다. 이곳에서는 그들 진의 끝만 보이니 거기 가서 그들을 저주해 달라고 한다. 비스 꼭대기에 이르자 일곱 제단을 쌓고 수송아지와 숫양을 드린 후 저쪽에 가서 자기가 여호와를 뵐 동안 이곳에서 기다리라고 이른다. 여호와를 뵙고 와서 발람은 이스라엘 '백성은 암사자같이 일어나고 수사자 같이 일어나서 움킨 것을 먹으며 죽인 피를 마시기 전에는 눕지 아니하리로다.'(민수기 23:24)라고 한다. 발락은 그들을 저주하지도 말고 축복하지도 말라고 부탁한다.

발락은 또 다른 곳에 가면 '나를 위하여 그들을 저주하기를 하나님이 혹시 기뻐하리라.'(민수기 23:27)라 한다. 두 사람이 광야가 내려다보이는 브올 산꼭대기에 이르렀다. 발람은 전과 같은 제단과 번제물을 부탁하고 여호와께 드리니 여호와께서 발람에게 '너를 축복하는 자마다 복을 받을 것이요 저주하는 자마다 저주를 받을지로다.'(민수기 24:9) 하신다. 그러자 발락은 '그대의 곳으로 달아나라.' 하고 그대를 높여 존귀하게 하고자 하여도 여호와께서 막으신다고 탄식한다. 발람에게는 네 번째의 신탁이 이른다. 이스라엘이 일어나서 모압을 쳐서 이쪽에서 저쪽까지 이르고 셋, 에돔, 세일 등도 이스라엘의 유산이 된다는 것이다.

그 후 발람에게 마지막 신탁이 이른다. 아말렉이 민족 중의 으뜸이나 결국 멸망에 이르고 겐족은 거처가 견고하나 바위에 걸터있고 가인은 쇠약하여 나중에는 앗수르의 포로가 되고 깃딤 해변에서 배들이 와서 앗수르를 학대하며 에벨 또한 멸망한다고 나온다. 그 후 발람과 발락은 자기곳으로 돌아간다. 싯딤에 머물러있던 이스라엘 백성은 모압 여성들과 음행하기 시작한다. 그 여성들이 자기들 신에게 제사하고 남은 음식을 같이 먹고 그들의 신에게 절하며 모압의 신 바알브올에게 가담하자 여호와께서 진노하신다. 여호와께서는 백성 수령들의 목을 매달라고 명령하신다. 모세는 재판관들에게 바알브올에게 가담한 사람들을 죽이라고 한다.

이스라엘 자손이 회막문에서 울고 있는데 한 사람이 미디안 여인을 데리고 온다. 엘르아살의 아들 비느하스가 그들을 보고 창을 들고 그들이 막사에 들어가자 뒤쫓아 그 남자와 여자의 배를 찔러 죽이니 2만 4천 명을 죽인 염병이 그쳤다. 염병 후 여호와께서는 이스라엘 자손의 총수를 가문별로 계수하라고 명하신다. 시내 광야에서 계수된 자가 60만 1730명이었다. 여호와의 말씀대로 명수에 따라 땅을 나눠 주고 기업을 삼게 하였다. 그러나 모세와 제사장 아론이 계수한 사람들은 한 사람도 들지 못하였다. 여호와께서는 '그들이 반드시 광야에서 죽으리라.'(민수기 서장 64:65)라고 하셨다.

슬로브핫의 딸들의 경우는 아들이 없고 딸들만 있는 집의 여자들에 대한 이스라엘의 대우에 대해 보여 주는 좋은 예이다. 아버지가 자기 죄로 죽자 아들이 없다고 그들에게는 기업을 주지 않았다.

그 경우를 모세가 여호와께 아뢰니 여호와께서는 그 딸들이 아버지 형제 중에서 그들에게 기업을 주어 받게 하고 그것을 그 두 딸에게 돌리라고 하신다. 딸도 없으면 기업을 그의 형제에게 주고 형제도 없으면 그의 아버지의 형제에게 주고 그 아버지의 형제도 없으면 가까운 친족에게 주어 받게 하라고 하시니 그것이 이스라엘 자손에게 판결의 규례가 된다.

모세가 아바림 산에 올라가 이스라엘이 받은 땅을 바라보자 여호와께서는 모세에게 아론이 돌아간 것같이 '너도 조상에게로 돌아가리니.'라고 하시면서 므리바의 물가에서 여호와의 거룩함을 나타내지 않았기 때문이라고 이유를 설명하신다. 그러자 모세는 어떤 일이 있어도 '여호와의 회중이 목자 없는 양과 같이 되지 않게 하오소서.'(민수기 27:17) 하고 아뢴다. 여호와께서는 눈의 아들 여호수아는 '그 안에 영이 머무는 자.'라고 하시며 그를 모세의 후계자로 지명하신다. 그에게 안수하고 엘르아살과 온 회중 앞에 세우고 그에게 책임을 위탁하라고 하신다.

여호수아는 강력한 아말렉과의 싸움에서도 승리로 이끌었고 가나안 정탐에서도 여호와에 대한 신뢰를 보여 준 리더십이 있는 인물이라 모세 역시 그를 후계자로 생각하였으나 가나안에 가 보지도 못하고 세상을 떠날 때가 되었다는 여호와의 통보에 생각이 착잡하였으리라. 여호와께서는 모세에게 상번제, 안식일에 드리는 제물, 월삭에 드리는 제물, 유월절, 칠칠절, 나팔절, 속죄일, 장막절, 서원 등에 대해 설명하시고 마지막으로 미디안에 대한 원수를 갚은 후에 조상에게 돌아가라고 최후의 미션을 주신다. 모세는 모든 지파에서 1천 명씩 총 1만 2천 명을 선발하여 여호와께서 명령하신 대로 미디안의 남자들을 다 죽였고 미디안의 다섯 왕도 모두 죽였다.

그러나 부녀자들과 아동들과 가축, 재물들은 다 탈취하고 성읍과 촌락들은 다 불사르고 사로잡은 사람과 전리품을 가지고 여리고 맞은편에 이른다.

모세와 제사장 엘르아살과 회중의 지도자들은 군대를 영접하다가 백부장 천부장에게 노한다. 왜냐하면 발람의 꾀를 따라 미디안 여인들이 이스라엘 남성들을 유혹하여 음행을 저질러서 여호와의 분노로 염병을 내리셨는데 그 여인들을 모두 살려 주었기 때문이다. 그리하여 남자아이들은 모두 죽이고 남자와 동침한 적이 있는 여자도 다 죽이고 남자와 동침한 적이 없는 여자는 이스라엘 홀아비를 위해 살려 둔 것이다.

엘르아살은 전리품에서 금, 은, 동, 철, 주석 등 금속은 모두 불을 지나게 하여 깨끗하게 하고 정결하게 하는 물로 깨끗하게 할 것 모두 일곱째 날에 옷을 빨아 깨끗하게 하고 진영에 들어오라고 명한다.

전리품은 반분하여 절반은 전쟁에 나갔던 군인들의 몫으로 하고 절반은 회중에게 주었다. 전쟁에 나갔던 군인들은 소득의 오백 분의 일을 엘르아살을 통하여 여호와께 드리게 하고 이스라엘 자손은 소득의 절반 중 50분의 1은 성막을 맡은 레위인에게 주도록 하였다. 백부장 천부장들은 모세에게 와서 자기들이 받은 금은 패물과 각종 보화를 여호와께 드렸고 그들이 드린 거제금의 도합이 6750세겔이었다. 여호와께서 모세에게 가나안의 경계를 말씀하였다. 남쪽은 에돔 곁의 신광야이고 남쪽 경계는 동쪽으로 연해 끝에서 시작하여 돌아서 아그랍빔 남쪽에 이르고 또 하살아달을 지나 아스몬에 일고 아스몬에서 돌아 애굽 시내를 지나 바다[14]까지 이른다. 서쪽 경계는 바다가 경계가 되고 북쪽 경계는 바다에서 호르산까지, 호르산에서 하맛 어귀에 이르러 스닷에 이르고 시브론을 지나 하살에난에 이른다.

동쪽 경계는 하살에난에서 스밤에 이르고 스밤에서 리블라로 내려가 아인 동쪽에 이르고 또 내려가서 긴네렛 동쪽 해변에 이르고 또 경계가 요단으로 내려가서 염해에 이른다.

---

14) 지중해.

여호와의 인자와 구원하심으로 이스라엘 민족을 애굽 바로로부터 구해 내시어 광야에서 40년간 다니면서 백성을 연단한 모세는 120세가 되자 여호와께서 모세에게 요단을 건너지 못할 뿐 아니라 가나안 땅에 들어가지 못하고 조상들과 함께 눕게 된다고 통고한다. 모세는 후계자로 눈의 아들 여호수아라는 사실을 공포한다. 모세는 여호수아에게 '너는 이스라엘 자손을 인도하여 내가 그들에게 맹세한 땅으로 들어가게 하리니 강하고 담대하라. 내가 너와 함께 하리라.'(신명기 31:21) 한다. 그리고 모세는 이스라엘 총회에서 민수기 32장 1-40절에 기록된 그의 마지막 노래를 여호와께 바친다.

그 내용의 핵심은 그가 평생 사랑하고 순종한 여호와를 흠모하며 경외한 여호와는 '반석이시니 그가 하신 일이 완전하고 그의 모든 길이 정의롭고 진실하고 거짓이 없으신 하나님이시니 공의로우시고 바르시도다.'(신명기 32:1-43) 하고 찬양하면서 '어리석고 지혜 없는 백성이 여호와를 배신하여 우상에 빠지고 악을 행하는 것을 통탄하는 노래'인 것이다. 모세가 노래를 여호와께 드린 그날 여호와께서 '너는 여리고 맞은편에 있는 느보산에 올라가 비스가 정상에서 가나안 땅을 바라보고 네 조상에게로 돌아가라.'라고 하시며 가나안 땅에 들어가지 못하는 것은 신 광야 가디스의 므리바물에서 모세가 이스라엘 자손에게 여호와의 거룩함을 나타내지 못하였음을 지적하신다(신명기 33:2-29). 그는 숨을 거두는 순간까지 여호와께 찬양을 드리고 여호와께서 말씀하신 느보산에 올라가 생을 마감한다. 모세는 압제에 시달리는 이스라엘 민족을 언약의 땅 가나안까지 이끌었던 큰 지도자이면서 이스라엘 민족에게 여호와에 대한 사랑과 순종을 평생 보여 준 위대한 스승이다.

# (2) 하나님은 누구이신가

　우리는 흔히 악인을 보고 '하늘이 무섭지 않은가.' 혹은 '사람은 하늘이 무서운 줄 알아야 한다.'라고 말한다. 그러한 표현 속에는 하늘은 인격화된 주체로서 선악을 판별하고 벌을 내릴 수 있는 능력이 있음을 함의하고 있다. 하늘과 일월성신에 대한 숭배는 원시 종교에서 폭넓게 이루어졌고 우리 신화에 의하면 하늘의 환인의 아들 환웅이 풍백, 운사, 우사들을 동반하고 천부경을 가지고 아사달 임단수에 내려왔고 단군이 태어나 고조선을 건국하였다고 한다. 그리고 강화도 마니산에는 전방 후원의 참성단이 남아 있어 하늘에 제사 지내던 흔적을 볼 수 있다.

　참성단 앞쪽에는 정사각형의 도형과 뒤쪽에는 둥근 원의 도형이 있어 전방후원이 된다. 앞에 위치한 방 즉 사각형은 동양철학에서 음 즉 땅을 상징하고 뒤에 위치한 둥근 원은 양 즉 하늘을 상징한다. 말하자면 하나님이라는 존재는 모른 채 하늘을 하나님의 표상으로 보고 제사를 지낸 것이다. 고구려 시대에도 왕궁에는 신궁이 있어서 그곳의 신녀들은 국가의 중요한 일에 대해 하늘의 뜻을 물어 국가의 정사를 결정하였고 고려 시대의 숭불 정책 시행 후에는 그러한 전통이 국가적인 차원에서는 사라지고 일본으로 건너가 신도가 되었고 국내적으로는 민간 신앙으로 전수되면서 하늘은 의인화되어 상제라는 이름이 중국과 한국에 생겼다.

국내적으로는 보천교, 천도교, 상제교 등으로 변모하여 그 맥이 이어졌으나 일제의 민족종교 말살 정책으로 당시 600여 만의 신도와 함께 가장 큰 종교였던 보천교는 일시에 폐쇄되고 사라졌으나 그 전통이 끊어지지는 않아 천도교, 증산도, 대순진리회 등이 상당한 교세를 누리고 있다. 한편 이씨 조선 말년의 개화정책과 함께 개신교와 천주교의 선교사들이 하나님의 진리를 우리나라에 전하였다. 그러나 그 선교사들이 오기 이전에 이승훈을 비롯한 한학자들이 중국을 통하여 들어온 문헌을 통하여 독학으로 중국어로 된 성경과 교리문답 등으로 공부하여 천주교 초대교회를 만들고 대원군의 말살 정책에도 굴하지 않고 하나님에 대한 믿음을 지키기 위하여 기꺼이 순교한 초대 교인들의 역사는 세계에서 유례가 없는 일로 그 역사를 알면 눈물이 난다. 선교사들이 전한 'god'는 우리 문화적 전통에서는 용비어천가에 나오는 '하날'이 기독교에서는 하나님, 천주교에서는 천주님에서 하느님으로 되는데 모두 하늘+님에서 비롯된 용어이다. 그러나 시간이 지나면서 그 용어는 두 가지 대조적인 의미작용을 일으키고 있다.

하나님은 세상의 신 중에서 하나밖에 없는 분으로 수평적인 차원에서 즉 X선상에서 인식되고 그에 비하여 하느님은 하늘의 높은 곳에 거하시는 수직적인 차원 즉 Y선상에서 인식되고 있다. 그래도 그 두 용어가 한 어휘에서 나온 것인데 히브리어에서는 하나님을 일컫는 용어가 일곱 가지가 된다.[15] 그들 용어는 단독으로도 쓰이지만 야훼(yahweh)와 결합하여 쓰이기도 한다.

---

15) 최종진, "구약성서개론", 113쪽, 114쪽; La Bible T.O.B-Le Cerf 8쪽.

㉠ 엘 : 하나님을 나타내는 용어로 '능력 있다.' '강하다.'는 뜻을 가진다.

㉡ 엘로힘 : 원래 복수 형태이나 단수로도 취급되고 '존경의 대상' '주관자'의 뜻을 가지고 있다.

㉢ 엘샤다이 : 아브라함을 비롯한 족장들이 선호하던 용어로 구약 창세기, 출애굽기, 욥기 등에 사용되어 '전능의 하나님'의 뜻이다.

㉣ 엘오람 : 창세기 21장 브엘세바와 관련하여 '영생의 하나님'의 뜻으로 사용된다.

㉤ 엘엘리온 : 창세기 14장 살렘 왕 멜기세덱과 관련하여 '지극히 높으신 하나님'의 뜻으로 사용된다.

㉥ 야훼 : 우리말 '여호와'는 이스라엘 민족과 하나님과의 언약으로 쓰이는 명칭으로 이스라엘 민족이 창세기 출애굽기 등에서부터 구약 전반에 걸쳐 쓰는 거룩한 이름이다. 본래 '(번개를) 떨어지게 하는 이', '사물과 존재를 잇게 하는 이', '그는 창조한다' 등의 뜻을 가졌다. 야훼는 이스라엘 민족을 보호하면서도 선지자들을 통하여 그 잘못을 꾸짖기도 하고 깨닫게도 하고 벌을 내리기도 한다.

㉦ 아도나이 : 이스라엘 민족은 야훼라는 이름이 너무 거룩하고 성스러운 이름이라 야훼로 쓰인 것을 자동으로 아도나이 즉 주(Lord)라고 읽는다.

㉧ 엘로이 : 감찰하시는 하나님[16]의 뜻이다.


어째서 우리에게는 하나뿐인 '하나님'이라는 이름이 이스라엘에는 이처럼 다양한가?

---

16) 최종진, "구약성서개론".

언어학에서는 어느 문명권에서 한 용어가 중요성을 가지면 그 용어를 세분화하여 나누고 그렇지 않은 경우에는 미분화하여 하나의 통합된 이름으로 부른다고 설명한다. 예컨대 서양에서는 채소로 취급하는 쌀이 익히거나 익히지 않으나 언제나 rice로 총칭하지만, 쌀이 주식인 우리나라에서 ① 모가 ② 벼로 자라 ③ 쌀에 물 붓고 덥히면 ④ 밥이 되고 물을 많이 넣고 끓이면 ⑤ 죽이 된다. 그뿐 아니라 쌀은 크게 세 가지 즉 ① 찹쌀 ② 멥쌀 ③ 현미로 나누고 밥은 익은 정도와 물의 양에 따라 ① 선밥 ② 꼬들밥 ③ 진밥 등으로 나눈다.

눈이 많이 내리는 알래스카에서는 '지금 내리는 눈' '어제 내린 눈' '내일 내릴 눈' '쌓인 눈' 등 눈의 이름이 여러 가지로 다양하지만 우리는 한 가지뿐이고 다른 모든 눈은 적합한 형용사로 수식한다. 우리 김치는 배추에 양념을 섞고 만든 방식에 따라 '보쌈김치' '백김치' '열무김치', '경상도 김치' '전주 김치' '개성 김치' '총각김치' '이북 김치' 등 다양한 김치가 있다. 그만큼 김치가 중요하나 김치를 배워 간 일본에서는 '기무치'란 이름으로 그것을 상업화하여 미국을 비롯한 여러 나라에 수출하지만, 일본에서 그에 대한 수요는 적은 편이다.

## 가. 하나님의 정의

하나님이란 우리말 이름은 19세기 말 만주에서 선교사역을 하던 스코틀랜드 출신 존 로스가 몇몇 한국 사람들과 누가복음과 요한복음을 번역하던 중 한국인들이 어려운 일을 당하면 '아이고! 하나님이야' 하는 소리를 듣고 'oh my god'을 연상한다고 믿어 중국어 상제가 아닌 '하나님'이란 용어가 나왔다 한다. 철학적으로 하나님을 가장 먼저 정의한 아리스토텔레스는 '살아 있는 완전하고 영원한 존재로 시간과 생명은 하나님에게 속한다.'[17]라고 하였다.

그에 비하여 17세기 프랑스 철학자 데카르트는 하나님을 '영원불변의 자립적인 실체로서 전지전능하고 모든 존재와 사물을 창조하신 실체이다.'라고 정의한다. 17세기 범신론적인 철학자 스피노자도 하나님은 '무한의 속성을 가진 영원무궁한 실체이다.'라고 정의한다.[18] 스피노자보다 연하로 18세기 초까지 살았던 독일의 라이프니치는 '하나님은 온 세상에 하나뿐인 절대적 실체로 그에게서 벗어나 자주적인 것은 없으며 그에게 한계를 정할 수는 없고 모든 실재를 수용한다.'라고 정의한다.[19]

고대 그리스에서부터 프랑스, 네덜란드, 독일에 이르기까지의 철학자들은 네덜란드의 범신론자로 하나님을 믿지 않는 스피노자에 이르기까지 대부분의 철학자가 하나님을 경배하지는 않아도 하나님의 존재에 대한 이해는 기독교적 영향을 받았음을 보여 준다.

그러나 우리의 목적이 그 철학자들이 가지고 있는 하나님에 대한 관점이 아니고 성경에 나타나는 하나님을 만나고 그에 대해 알아보고 알기 위한 것이다. 성경에서 하나님을 뵈었던 사람은 없다. 하나님께서 가장 믿고 가까운 관계를 가졌던 모세도 묘사하지 못하였고 또 모든 사람이 하나님을 뵙는 것을 두려워하였다. 인간끼리의 관계는 수평적인 관계이지만 하나님과 인간관계는 수직적인 관계이다.

모든 종교의 교주와 신도와의 관계도 수직적이다. 내가 고등학교 재학

---

17)  Aristote : La Metaphysique (형이상학) 권2, 제7장 683쪽.
18)  Spinoza : Oeuvres de Spinoza, 권3, 21쪽 Garnier-Flammarion.
19)  Leibniz : La Monadologie (단자론) 40장 162쪽 Delagrave.

106      한 인문학자의 구약성경 스토리텔링

시절 친구의 아버지가 계룡산에 있는 천진교의 교주였는데 그 친구네 집에 가면 친구 아버지에게 인사는 드리지만, 어느 신도가 찾아오니 교주는 높은 데 앉아 있으나 신도는 교주를 정면으로 보지 못하고 90도 방향으로 무릎 꿇고 앉아서 교주의 말씀과 지시만을 하달받는 것을 본 적이 있다. 하물며 인간과 만물을 지으신 하나님은 차원이 다른 분이시기 때문에 인간이 뵐 수도 없고 뵈어도 안 되는 분이시다. 다만 우리가 아는 것은 하나님께서 인간을 자신의 형상에 따라 지으셨다는 것과 선지자들이 파악한 그분의 속성을 통하여 하나님에 관한 지식과 뜻을 일부 알 수 있을 뿐이다.

바티칸 시스티나의 천지창조 그림에서 미켈란젤로는 인간화된 하나님을 그렸다. 그 그림에서 하나님은 손을 뻗으시어 아담의 손가락과 닿으시려고 하지만 아담은 손을 뻗었으나 마음이 별로 내키지 않는지 손가락을 아래쪽으로 늘어뜨려 하나님의 손가락과 맞닿으려 하지는 않는다. 그것은 하나님이 사랑하심에도 불구하고 아담은 하나님께 절대 순종하지는 않는 마음가짐을 가졌다는 인상을 준다. 창세기 18장 1절은 '여호와께서 마므레 상수리나무들이 있는 곳에서 아브라함에게 나타나시니라.'라고 되었는데 세 사람이 맞은편에 서 있었고 누가 여호와이신지는 알려 주지 않는다. 18장 17절에서도 '여호와께서 이르시되 내가 하려는 것을 아브라함에게 숨기겠느냐?' 하시는데 누가 여호와이신지는 밝히지 않는다.

20절에서도 '여호와께서 또 이르시되 소돔과 고모라에 대한 부르짖음이 크고 그 죄악이 심히 무거우니'라고 하며 26절과 33절에도 여호와가 나온다. 아브라함과 말씀을 마치신 여호와께서는 떠나시고 두 천사만 소돔에 있는 롯의 집으로 가니 세 사람 중에서 두 천사를 제외하고 한 분이 여호와가 맞다. 하나님께서는 아브라함과 소돔과 고모라에 대한 변론을 가지시고 그곳을 떠나신 것이다. 그러나 하나님은 아브라함과 말씀만 나누셨을 뿐 아브라함이 하나님의 모습이나 특징에 대하여는 그 후에도 전혀 아무 언급이 없었고 그 후에는 여호와께서 다시 직접 나타나시지는 않았다.

출애굽기 3장 2절에서는 여호와의 사자가 떨기나무 가운데에서 나오는 불꽃 안에서 여호와께서 나타나는데 떨기나무는 불에 타지도 않는다. 모세가 그 광경을 자세히 보기 위하여 돌이켜 오는 것을 보고 '나는 네 조상 아브라함과 이삭의 하나님'이라고 하시자 모세는 하나님 뵙기가 두려워 얼굴을 가린다. 하나님께서 가장 사랑하시는 모세도 하나님을 뵙지 못하였으니 하나님을 뵌 사람은 아무도 없다. 하나님께서는 말씀으로 또는 꿈으로 하나님의 뜻을 전하실 뿐이다. 모세는 출애굽기 3장 14절에서 사람들에게 '하나님이 나를 너희에게 보내셨다.' 하고 사람들이 하나님의 이름이 무엇이냐고 하면 '내가 무엇이라 대답해야 하느냐'고 여쭙자 '나는 스스로 있는 자다.'[20]라고 이르신다. 하나님께서는 시간과 공간의 개념을 초월하셨을 뿐 아니라 시간 이전에 시간을 있게 하신 분으로 천지를 창조하셨다. 요한일서 3장 20절은 하나님께서 세상에서 벌어지는 모든 일을 아시는 전지전능 하나님을 알려 주고 창세기 17장에서 100세 된 아브라함에게 아들을 주신다고 하자 아내 사라는 90세라. 임신을 생각할 수도 없는데 사라를 여러 민족의 어머니가 될 것이라 하니 아브라함은 엎드려 웃을 수밖에 없었으나 창세기 21장 2절에서 하나님께서 사라의 태를 여시고 임신하고 출산할 수 있었던 것은 바로 하나님께서 전지전능하시기 때

---

20) '나는 나다.' 또는 '나는 스스로 있는 자다.'라는 언술은 언어학적으로 보자면 '나'는 지칭되는 주체이고 '나다.'나 '스스로 있는 자다.'는 지칭의 대상(지시대상)으로 지칭 대상의 본질과 속성을 포괄한다.

문이다.

무기가 없고 군사 훈련도 없는 이스라엘이 하나님의 말씀만 있으면 이웃의 강력한 군대들을 물리치고 승리할 수 있었지만, 이스라엘이 죄악을 많이 저질러 하나님의 징벌이 있으면 이스라엘이 이길 것 같은 전쟁도 패하고 이방의 압제를 받은 것이 모두 하나님의 전능하심을 나타내시는 예의 일부이다. 그뿐만 아니라 우리가 설사 죄를 짓고 도피한다면 '(…) 주의 앞에서 어디로 피하리이까/내가 하늘에 올라갈지라고 거기 계시며 스올에 내 자리를 펼지라도 거기 계시나이다.'(시편 139:7-8) 하나님께서는 계시지 않는 곳이 없으시다. 즉 무소부재하신다. 사도 바울이 로마서 1장 20절에서 '그(하나님)의 영원하신 능력과 신성이 그가 만드신 만물에 분명히 보여 알려졌나니(…)'라고 하며 모든 피조물은 하나님의 신성을 드러낸다고 설명한다.

하나님의 신성을 완전하게 보여 주신 분이 하나님께서 우리에게 보내 주신 예수 그리스도이시다. 그분은 본래 하나님과 일체이시나 하나님께서 인간의 죄를 대속하시고자 보내셨고 하나님과 같은 위격에 계신 분이다. 그리하여 예수님께서는 '나를 믿는 자는 나를 믿는 것이 아니요, 나를 보내신 분을 믿는 것이며/나를 보는 자는 나를 보내신 이를 보는 것이니라.'(요한복음 12:44-45)라고 하신 것이다. 인간은 아무도 하나님의 실체를 볼 수 없었고 또 볼 수도 없다. 예수님은 요한에게 '(…) 하나님은 빛이시라. 그에게는 어둠이 조금도 없으시다.'라고[21] 하신다. Osty에 의하면 어둠은 과오와 죄악의 상징이고 빛은 진리와 친함의 상징이다.[22] 빛은 하

---

21) 우리 민족이 흰옷을 좋아하는 것은 흰색이 빛이 색깔이라고 믿었기 때문이고 태고에 제일 먼저 우리 민족이 세운 나라 이름이 환국(桓國)이었다.
22) Osty-Seuil 2531쪽 주 5.

나님의 본질인 온전하심과 결부된 하나님의 속성이며 그것을 우리도 깨닫게 하시고자 쓰인 비유이다. 그런가 하면 예수님은 요한복음 4장 24절에서 '하나님은 영이시니 예배하는 자가 영과 진리로 예배할지니라.' 한다. 영은 시간, 공간의 제약을 뛰어넘는 초월적 정신의 기능으로 가장 순수하고 진실하다. 인간은 오직 영을 통하여 하나님과 소통할 수 있다. 그러나 그것은 누구에게나 가능한 것은 아니다. 하나님께서는 살면서 여러 가지 죄를 짓고 하나님의 뜻에 따라 살지 않은 사람은 하나님과 함께할 수 없으나 '(…) 통회하고 겸손한 자와 함께 있나니 이는 겸손한 자의 영을 소생시키며 겸손한 자의 마음을 소생시키려 함이라.'(이사야 57:15)라고 말씀하셨다.

## 나. 하나님의 심령

선지자들이 성경에서 알려 주는 바에 의하면 높고 거룩한 곳에 거하시는 하나님은 거룩하시다. 레위기 11장 45절에서 하나님께서 '(…) 내가 거룩하니 너희도 거룩할지어다.' 하고 말씀하셨다. 하나님께서 거룩하심은 너무나 당연하지만, 우리 인간이 하나님처럼 거룩하게 사는 것이 가능할까? 물론 역사적으로 모범이 될 만한 삶을 산 일부 성인들은 하나님의 뜻을 따르는 거룩한 삶을 살았다고 하겠지만 나머지 범인들은 자기들 나름대로 절제하고 노력하여 가능한 수준에서 거룩한 삶을 유지하고자 최선을 다할 수는 있다.

그러면 거룩함이란 무엇이라고 할 수 있을까? 거룩함이란 사회학자 뒤

르켐에 따르면 '속된 것에서 구별되어'[23] 성스러운 것, 한마디로 하나님의 마음을 품고 사는 것을 가리킨다. 고린도후서 7장 1절에서 바울은 '(…) 육과 영의 온갖 더러움에서 벗어나 자신을 깨끗하게 하는 것'이라고 말한다. 거룩함은 하나님과 함께하면서 온전한 삶을 이루게 한다. 마태는 마태복음 5장 48절에서 '그러므로 하늘에 계신 너희 아버지의 온전하심 같이 너희도 온전하라.'라고 권고한다. 온전함이란 참되어 거짓이 없고 완전한 자제를 유지하는 것이다. 여호와 하나님은 온전하실 뿐 아니라 우리에게도 온전하도록 요구하신다. 그리고 그분의 온전하심은 상황이나 시대에 따라 변하는 것이 아니라 우리가 하나님 여호와를 따르고 경외하면 견실하게 지켜진다.

온전은 신실함과 이어진다. 그리하여 모세는 신명기 7장 9-10절에서 '(…) 오직 네 하나님 여호와는 하나님이시오. 신실하신 하나님이시라. 그를 사랑하고 그의 계명을 지키는 자에게는 천 대까지 그의 언약을 이행하시며 인애를 베푸시되/그를 미워하는 자에겐 당장에 보응하며 멸하시나니(…)'라고 한다.

NIV 성경에 faithful이라고 된 신실하심은 '변치 않는 충실함'으로 여호와를 사랑하고 그 계명을 지키는 자에게는 천 대까지 약속을 지키신다. 모세의 언급을 통하여 하나님이 신실하신 것은 그 안에 우리를 위한 사랑이 있으시기 때문이라는 것을 확인하게 한다. 하나님의 사랑은 인애, 인자, 자비, 긍휼과 같은 개념의 어휘이다.

여호와 하나님이 애굽에서 종살이하며 부르짖는 이스라엘 백성을 여러 가지 이적을 행하시며 구원하시나 백성들은 여호와 하나님의 사랑에 감

---

23) Russ : Dictionnaire de Philosophie, 1991, 254쪽 Bordas.

사하며 광야에서의 조그만 불편을 참지 못하고 (…) 패역하여 스스로 한 우두머리를 세우고 종 되었던 땅으로 돌아가고자 하였다. 그러나 주께서는 용서하시는 하나님이시라 '은혜로우시며 긍휼히 여기시며 더디 노하시며 인자가 풍부하시므로 그들을 버리지 아니하셨나이다.' 하고 예레미야는 여호와께 감사드린다.

하나님의 사랑을 빼고 구약성경을 이해할 수는 없다. 그렇다고 하나님의 사랑이 무조건적인 것은 아니다. 하나님의 원칙은 거룩한 것이어서 죄가 쌓이면 징벌을 내리시나 이사야 57장 15절에서 하나님의 말씀을 이사야가 전한 바와 같이 죄를 짓고도 '통회하고 겸손한 자'에게는 언제나 따뜻한 사랑을 베푸시고 그와 함께하신다. 자기가 지은 죄악은 생각지 않고 여호와께서 내리시는 징벌을 보면 오해하기 쉽다.

그것은 마치 엄한 전통적인 아버지가 잘못을 저지른 아들에게 잘못을 다시 반복하지 않도록 사랑의 매를 드는 아버지와 같은 심정이신 것이다. 사랑에서 가장 중요한 것은 사도 요한이 말한바 '사랑은 여기 있으니 우리가 하나님을 사랑한 것이 아니요. 하나님이 우리를 사랑하사 우리 죄를 속하기 위하여 화목제물로 그 아들을 보내셨음이라.'(요한일서 4:10) 즉 예수님을 보내시어 십자가에서 돌아가시게 한 것이 하나님께서 우리를 얼마나 사랑하시는지를 보여 주는 증거이다.

그리고 가장 중요한 것은 거룩하시고 우리와 차원이 다른 곳에 계신 하나님을 뵈올 수는 없고 '어느 때나 하나님을 뵌 사람이 없으되 만일 우리가 서로 사랑하면 하나님은 우리 안에 거하시고 그의 사랑이 우리 안에 온전히 이루어지느니라/그의 성령을 우리에게 주시므로 우리가 그 안에 거하고 그가 우리 안에 거하시는 줄을 아느니라.'(요한일서 4:12-13)라고 요한이 우리에게 가르쳐 준다. 그렇다. 우리가 서로 사랑하는 사회를 이룩하면 우리가 하나님 안에 거하고 하나님이 우리 안에 거하시게 되는 것이다.

이상의 거룩, 온전, 신실 그리고 사랑은 우리가 하나님의 속성으로 파악한 것으로 하나님께서도 그분의 형상대로 지으신 우리도 지니기를 원하시는 덕목(moral principle)이다. 한편 인간을 평가하실 때는 적용하시는 몇 가지 기준이 있다. 물론 하나님께서는 우리가 어떤 몸가짐 마음가짐을 가지고 사회생활을 영위하여야 하는지를 판단하는 원칙으로 헌법에 해당하는 십계명과 600여 가지의 율법을 정하여 주셨다. 그러나 우리가 일상의 삶 속에서 십계명과 율법 전서를 일일이 들추어가며 생활할 수는 없는 것이다. 그리하여 보다 보편적이고 포괄적인 기준이 제시된다.

첫째로 우리는 공의를 따라야 한다. 사무엘은 '하나님은 내 공의를 따라 상을 주신다.'(사무엘하 22:21)고 표현하였고 잠언 11장 19절은 '공의를 따르는 자는 생명에 이르고 악을 따르는 자는 사망에 이르느니라.'라고 솔로몬이 이른다. 따라서 에스겔도 공의와 악을 대비시키면서 만약에 어떤 나라가 죄악으로 양식이 끊어진 상태에서 '만약 노아, 다니엘, 욥 이 세 사람이 그곳에 있다면 그들은 자기의 공의로 자기의 목숨만 건지리라. 나 주 여호와의 말이니라.'라고 여호와의 말씀을 전한다.

다니엘은 이스라엘 백성의 죄를 사하여 주십사 하고 기도하면서 '우리의 하나님 여호와께서 행하시는 모든 일이 공의로우신 데도 우리가 그의 목소리를 듣지 아니하였음이나이다.'(다니엘 9:14)라고 고백한다. 공의란 분별력 있는 사유를 바탕으로 바른 생각을 가지고 보편적 원칙에 따라 다양한 인간들의 권리와 자유를 보장하는 것이다.[24] 하나님께서는 '공의의 열매는 화평이고 공의의 결과는 영원한 평안과 안전이라.'(이사야 32:17)라고 가르쳐 주신다. 모세는 후손들에게 재판에서 '사람을 외모로 판단하지 말고 뇌물을 받지 말라.'고 역설하면서 '너는 마땅히 공의만을 따르라. 그리하면 네가 살겠고 네 하나님 여호와께서 네게 주시는 땅을 차지하리라.'(신명기 17:2)라고 하면서 공의를 따르는 것이 여호와 하나님의 뜻을 따르는 길이라고 알려 준다.

그런데 공의는 정의와 밀접한 연관이 있는 어휘 개념이다. 보다 많이 알려진 정의는 '규정된 법에 의거하여 구성원 모두와 개개인의 마땅한 권리를 동등하게 지켜 주는 것'이다.[25] 이렇게 정의되는 정의는 성경에서 함께 쓰이는 경우가 흔히 있다. 예컨대 여호와께서는 지혜나 용맹이나 부함은 자랑할 것이 못 되고 자랑하고 싶으면 '여호와를 아는 것과 나 여호와는 사랑과 정의와 공의를 이 땅에 행하는 자인 줄 깨닫는 것이라(⋯)'라고(예레미야 9:24) 알려 주신다. 예레미야는 솔로몬에게 다윗 왕이 '정의와 공의를 행하지 아니 하였느냐 그때 그가 형통하였느니라.'(예레미야 22:15)라고 하며 다윗 왕 시절 통치의 요체가 어디에 있었는지를 상기시킨다. 하나님께서는 세상의 불의를 제거하기 위하여 '다윗에게 의로운 가지를 일으킬 것이라. 그가 왕이 되어 지혜롭게 다스리며 세상에서 정의와 공의를 행할 것이며 (⋯) 보라 날이 이르리니(⋯)'(예레미야 23:5-6)라고 하시며 예수님을 보내시어 정의와 공의를 행하게 하시겠다고 예언하신다. 또 여호와께서는 아모스를 통하여 여호와의 목표는 '오직 정의를 물같이 공

---

24)  J.Russ : 'Dictionnaire de Philosophie', 1991, 79쪽 Bordas.
25)  J.Russ : 'Dictionnaire de Philosophie', 1991, 155-156쪽 Bordas.

의를 마르지 않는 강같이 흐르게 하는 것이다.'(아모스 5:24)라고 하신다.

정의와 공의는 함께 쓰이면서도 뉘앙스의 차이가 분명히 있다. 삶의 공의는 공동체 안에서 기본적인 기준이라면 정의는 행위를 판단하는 기준에 의하여 결정되는 것이다. 그것은 율례, 규례, 유례 등에서도 마찬가지이다. 공의와 정의와 밀접하게 연결된 의는 보다 높은 차원의 개념이다. 여호와께서는 에스겔을 통하여 이르시되 '사람이 의로워서 정의와 공의를 따라 행하며/산 위에서 재물을 먹지 아니하며 이스라엘 족속이 우상에게 눈을 들지 아니하며 (…) 내 율례를 따르며 내 규례를 지켜 진실하게 행할진대 그는 의인이니 반드시 살리라.'(에스겔 18:5-9)라고 하셨다. 의는 공의와 정의를 모두 포괄하는 개념이고 빌립보가 말한 바와 같이 하나님은 의의 완전한 표상이시다.

'(…) 내가 가진 의는 율법에서 난 것이 아니요 오직 그리스도를 믿음으로 말미암은 것이니 곧 믿음으로 하나님께로부터 난 의라.'고 말한다. 다윗은 그의 시에서 '여호와여 주는 의로우시고 주의 판단은 옳으시나이다.'(시편 119:137)라고 고백한다. 한자로 義는 '내가 양을 머리 위에 짊어진다.'라는 표의에서 비롯된 바 양은 백성이나 무거운 짐을 상징한다. 그것은 하나님이 없는 문화의 사고방식에서 나왔다. 그러면 우리에게 의란 무엇인가?

모세는 '우리가 그 명령하신 대로 이 모든 명령을 하나님 여호와 앞에서 삼가 지키면 그것이 곧 우리의 의로움이니라 할지니라.'(신명기 6:25)라고 하였다. 결국 하나님께서 명령하신 것을 모두 행하는 것이 바로 의로움을 드러내는 것이고 바울은 하나님이 죄가 없으신 예수님에게 우리를 대속하게 하신 것이 그리스도 안에서 우리를 하나님의 의가 되게 하려 한 것이라고 지적한다. '하나님이 죄를 알지도 못하는 그분을 우리를 대신하여 죄로 삼으신 것은 우리로 하여금 그 안에서 하나님의 의가 되게 하려 하심이라.'(고린도후서 6:17)

## 다. 십계명

하나님께서 아담과 하와를 에덴동산에서 내보내신 후 그 자손들은 시간과 함께 수가 많이 늘어나 여러 곳에 흩어져 사회를 이루면서 다양한 문제들을 일으킨다. 하나님께서는 인간들이 공의와 정의를 지키며 하나님의 뜻을 따라 살게 되기를 원하셨으나 많은 유혹에 빠진 인간은 선보다는 악에 빠지기가 쉽다. 인간 사회에 죄악이 번져 나가자 하나님께서는 사람을 지으신 것을 한탄하시고 특히 여러 가지 죄악의 소굴이 된 소돔과 고모라를 멸하기로 결심하고 유황불로 멸망시킨 하나님께서는 징벌이 이들로 하여금 악의 종말이 어떤 것인지를 깨닫게 하여 죄악에서 벗어나 하나님이 기대하시는 사회를 이루게 할 것을 희망하셨으나 실망하신다. 결국 하나님께서는 의인 노아를 발견하시고 노아와 그 가족만 구제하시고 나머지 인간들은 모두 물로 수장을 시키는 쪽으로 결정을 하시고 노아의 홍수를 일으키신다. 그리하여 40여 일의 홍수가 끝나고 노아의 가족들이 삶을 시작하여 또다시 인구가 불어나고 마을이 나라가 되고 여러 민족을 이루지만 그 노아의 후손들이 모두 노아의 DNA를 받아 과연 의인들이 탄생하였을까? 만약 그러한 꿈이 현실이 되었다면 율법이나 십계명은 필요치 않았을 것이다. 그렇지 않기 때문에 다시 인간 전체를 멸망시키지 않으시는 대신 하나님께서는 하나님의 뜻을 나타내시는 율법을 내리시었고 그것을 압축한 십계명을 돌판에 쓰시어 시내산에서 모세에게 전한 것이다. 시행령에 해당하는 율법이 먼저이지만 헌법에 해당하는 십계명을 먼저 살펴보도록 하자.

제1계명: 너는 나 외에 다른 신을 섬기지 말라.

제2계명: 너는 너를 위하여 우상을 만들지 말라.

제3계명: 너는 너의 하나님 여호와를 망령되이 일컫지 말라.

제4계명: 안식일을 거룩히 지켜라.

제5계명: 네 부모를 공경하라.

제6계명: 살인하지 말라.

제7계명: 간음하지 말라.

제8계명: 도둑질하지 말라.

제9계명: 거짓 증거하지 말라.

제10계명: 이웃의 아내 및 소유를 탐내지 말라.

## 라. 십계명의 구성과 의미

십계명은 하나님께서 성민 이스라엘 백성에 내리신 가장 기본적인 계명이다.

이스라엘 백성의 삶을 두루 관찰하신 하나님께서는 백성들의 삶에서 문제가 되는 것을 10가지로 압축하시어 '… 하지 말라.' prohibitions 8가지 '… 하라.' exhortations 2가지로 요약하시었다. 십계명은 두 부분으로 나눌 수 있다. 제1계명에서 제4계명까지는 하나님 경외와 관계되는데 그 계명들이 서로 연계되어 있다.

제1계명은 하나님은 유일신으로 한 분이니 다른 잡신들을 섬기지 말라고 한다.

제2계명은 인간들이 날조한 다른 우상들을 만들지 말라는 것이다.

제3계명은 하나님의 섬김에도 거룩한 절차와 형식이 필요하니 시도 때도 없이 아무 데서나 하나님 이름을 외쳐 욕되게 하지 말라는 것이다.

제4계명은 안식일이 생체리듬의 조절을 위하여 그냥 휴식하는 날이 아니다. 하나님께서도 6일간 창조하시고 일곱째 날 안식하신 것은 우리도 6일 동안 열심히 일을 하여야 일곱째 날 조용히 묵상하면서 하나님 여호와께 감사드리고 영·육을 재충전하고 참 평온을 누릴 수 있는 것이다.

그에 비하여 제5계명부터 제10계명까지는 가정과 사회 속에서 인간 서로 사이에 지켜야 할 계명을 주신 것이다.

먼저 제5계명에서는 나에게 육신을 주신 부로를 공경하는 것은 나를 낳아 주셨기 때문에 무조건 존경하는 것이 아니고 영과 혼을 주신 하나님의 경외와 연결되기 때문이다. 제6계명은 모든 생명은 하나님으로부터 오는 것이기 때문에 생명을 존중하는 것은 인간의 의무이다. 제7계명은 음욕이란 인간의 원초적 욕망에서 비롯되어 인간을 죄악으로 이끌기 때문에 인간은 무조건 음욕을 자제하여야 한다. 제8계명은 도둑질이 가장 힘들이지 않고 재물을 얻는 방법이지만 남이 피땀 흘려 모은 것을 빼앗아 오는 것은 죄악일 뿐 아니라 하나님이 이룩하여 놓으신 질서를 파괴하고 어지럽히는 행위인 것이다.

제9계명은 제삼자의 증언은 법적 판결에 큰 영향을 미치기 때문에 거짓 증언으로 범죄자를 무죄로 만들 수 있고 피해자를 죄인으로 만들고 범

한 인문학자의 구약성경 스토리텔링

죄를 양산하는 효과를 낼 수 있는 것이다. 제10계명은 음욕과 물욕을 인간이 가장 쉽게 충족시키는 방법은 가까운 이웃의 아내를 빼앗고 그 소유도 탈취하는 것이라고 생각하기 때문이다. '남의 떡이 커 보인다.'라는 속담은 인간의 심리 속에는 남의 여자를 자꾸 보면 그 여자가 예쁘게 보이고 남의 물건을 자꾸 보면 그것을 가로채는 것이 가장 힘들이지 않고 자기 재산을 불리는 길이라고 생각하기 쉽기 때문이다. 그러나 그것은 피해자의 가슴을 평생 멍이 들게 하고 대대로 원수가 되게 할 수 있는 길이기도 하다. 그러니 하나님 보시기에 용서할 수 없는 죄악인 것이다. 하나님께서는 이상의 열 가지 계명을 주신 것은 당시의 이스라엘 사회를 관찰하신 결과 그러한 계명을 내리셔야 할 상황이라고 판단하시어 직접 제정하신 것이다. 이 십계명을 제정하신 것은 하나님의 성민 이스라엘 백성들이 안으로는 하나님만을 섬기면서 서로 간의 평안과 평화를 이루게 하고 대외적으로는 성민 국가로서의 모범을 보여 보다 많은 나라들로 하여금 이스라엘의 뒤를 따르게 하기 위한 즉 우리 모두를 위한 것이다.

# (3) 하나님의 가치관과 사회적 배려

## 가. 공평하지 못한 사회

하나님은 백성들의 삶을 폭넓게 빠짐없이 감찰하신다. 아담과 하와에게도 하나님의 형상 즉 마음을 주셨으나 자유의지도 주셨기 때문에 인간은 하나님의 뜻과 마음을 벗어나는 행동을 하여 하나님의 마음을 상하게 한다. 인구가 팽창하고 성읍이 늘고 사회는 구조화 계층화되면서 생활에 여유가 많은 일부 상류층과 많은 중·하류 근로 계층으로 나누어진다. 하나님은 위쪽보다 아래쪽에 관심을 많이 두시고 걱정을 하신다. 재산이나 일정한 수입원이 없는 사회적 약자들은 의지할 곳이나 도움받을 곳이 없어 그날그날의 끼니를 걱정하는 처지이기 때문이다. 하나님께서는 공의와 정의를 바탕으로 하는 의로운 사회를 원하시나 부유한 사람의 부익부와 가난한 사람의 빈익빈을 보시면서 눈물을 흘리시지만 사회적 불의와 불공정은 소리 없이 퍼져나가고 빈곤층은 의지할 곳이 없다. 호세아는 '너희의 인애는 아침 구름이나 쉬 사라지는 이슬 같도다.'(호세아 6:4)고 한탄하였고 하나님께서는 '나는 (서로 간의) 인애를 원하고 제사를 원하지 않는다.'(호세아 6:2)고 하신다. 시간이 지날수록 공평사회의 소망이 깨지고 부익부 빈익빈의 현상이 가속화되자 하나님은 '가난한 자를 불쌍히 여기는 것은 여호와께 꾸이는 것이니 그 선행을 (여호와께서) 갚아 주시리라.'(잠언 19:17)라고 하시지만 그 말씀이 효과를 거두기는 어려운 사회가 되고 만다.

그렇기 때문에 하나님은 사회적 약자들이 당하는 억울한 불행에 매우 민감하시고 그들의 부르짖음에 무엇보다 먼저 귀 기울이신다. 율법이나 직접 하시는 말씀 외에 공의(righteousness)와 정의(justice)를 다스림의 기본으로 삼으시는 것도 무엇보다 사회적 약자들의 권익을 보호하고 그들의 피해가 없기를 원하시기 때문이다.

## 나. 사회적 약자들

### ① 과부와 고아

집안의 가장이 사망하면 그 아내는 과부, 자식은 고아가 된다. 그와 동시에 가장이 없으면 가족은 생활수단이 없어져 정상적인 가정생활이 불가능하게 된다. 그런데 그들의 약점을 노리고 그들이 가지고 있는 약간의 재산마저 갈취하고자 하는 악한들이 있다. 과부나 고아는 자기들 자신을 방어할 능력조차 없음을 악한들이 알기 때문이다. 그리하여 하나님의 경고가 내리는 것이다. '너는 과부나 고아를 해롭게 하지 말라/네가 만일 그들을 해롭게 하므로 그들이 내게 부르짖으면 내가 반드시 들으리라.'(출애굽기 22:23)

선지자 엘리야가 이세벨의 살해위협에 피신하자 하나님께서 엘리야에게 사르밧의 과부를 찾아가라고 하여 찾아간다. 가보니 그 과부가 가진 것이라고는 밀가루 한 움큼과 병에 조금 남은 기름뿐이었다. 그 과부는 그것으로 떡을 만들어 아들과 나눠먹고 죽으려고 한다고 말한다. 그 말을 듣고 엘리야는 이웃에게서 빈 기름병을 있는 대로 빌려 오라고 하고 자기에게 작은 떡 하나를 만들어 주면 2통의 밀가루와 병들의 기름이 없어지지 않으리라고 하고 그 과부와 아들을 가난에서 구원해 준다. (열왕기상 17:10-14)

한번은 추수의 절기 칠칠절을 맞자 하나님께서는 가족과 함께 성에 사는 레위인, 과부 그리고 고아를 초청하여 모두 함께 즐거운 축제를 보내라고 권하신다. (신명기 24:17) 아울러 고아나 객처럼 가진 것이 없는 사람들의 송사를 억울하게 하지 말며 과부는 입을 것이 없을 것이니 과부의 옷은 전당잡지 말고 다른 방안을 찾으라 명하신다. (신명기 24:17) 또한 하나님은 '가난한 자와 궁핍한 자를 구원하여 악인의 손에서 건질지니라.'(시편 82:4)라고 명하신다. 그리하여 다윗은 '(…) 하나님은 고아의 아버지이시며 과부의 재판장'이시라. 그들을 우선적으로 보호하신다고 칭송한다.


## ② 품꾼

품꾼은 일시적으로 일을 도와주는 일꾼으로 계약에 의하여 한정된 기간에만 일을 한다. 일꾼은 일터 가까이 사는 경우도 있지만 먼 곳에서 오는 경우도 있다. 노임은 일급, 주급, 월급 또는 작업이 종료되면 지불하는 경우도 있으나 품꾼들은 고정 수입이 없기 때문에 대부분 어려운 생활을 한다. 따라서 하나님은 '곤궁하고 빈한한 품꾼은 너희 형제든지 네 땅

성문 안에 우거하는 객이든지 그를 학대하지 말며/그 품삯을 당일에 주고 해 진 후까지 미루지 말라. 이는 그가 가난하므로 그 품삯을 간절히 바람 이라. 그가 너를 여호와께 호소하게 하지 않게 하라 그렇지 않으면 그것 이 네게 죄가 될 것임이다.'(신명기 24:14-15)라고 하신다.

### ③ 종

종은 노예와 동의어이다. 그러나 노예는 제도적 신분이고 종은 주인과 의 관계를 나타낸다. 고대 사회에서 종은 여러 가지 원인으로 생긴다. 전 쟁에서 패하여 이긴 쪽에 끌려가 종이 되는 경우도 있고 매매에 의하여 종이 되는 경우도 있다. 종의 자녀는 종이 되지만 좋은 주인은 그 자녀를 풀어 주기도 한다. 그런가 하면 자유인이 된 종이 주인을 떠나고 싶어 하 지 않고 종으로 머무르는 경우도 있다. 하나님은 종에 대해서도 몇 가지 원칙을 정하신다.

유월절을 맞아 식구들은 즐겁게 음식을 나누게 되는데 '돈으로 산 종은 할례를 받으면'(출애굽기 12:44) 종도 함께 참여할 수 있다. 아비멜렉이 사라를 데려갔다가 하나님의 경고를 받고 아브라함에 사라를 돌려주면서 아브라함에게 소와 양 그리고 종들을 선물로 주었다. (창세기 20:14)

### ④ 안식과 희년jubilee

하나님이 6일 동안 천지를 창조하시고 하루를 안식하시고 백성에게도 안식일을 제정하시고(창세기 2:1-3) 히브리 종은 6년 섬기면 7년째 해에 그를 자유인으로 풀어주라고 명하신다. (출애굽기 21:2-6) 그러나 안식년은 사람에게만 해당하는 것은 아니다. 땅에게도 안식년이 필요하다. 그리하여 시내산에서 하나님은 모세에게 이르시되 '너는 6년 동안 그 밭에 파종하며 6년 동안 그 포도원을 가꾸어 소출을 거둘 것이나/일곱째 해에는 그 땅이 쉬어 안식하게 할지니 여호와께 대한 안식이라. 너는 그 밭에 파종하거나 포도원을 가꾸지 말며'(레 25:3-4) 땅을 일곱째 해에 쉬게 하는 것이 여호와가 정하신 자연의 원칙을 따르는 것이고 여호와를 위하는 것이다. 아울러 그것은 생태학적으로 매우 바람직하다. 왜냐하면 인삼을 심은 지 6년 후에 캐고 또 즉시 인삼 종자를 심으면 땅의 지력이 떨어져 부실한 소출을 거두게 되나 1년 동안 쉰 후 땅의 지력이 회복된 후 다시 인삼 농사를 시작해야 하는 원리를 하나님이 천지창조와 함께 정하신 것을 우리가 깨닫고 그에 순종하여야 한다.

일곱 번의 안식년을 겪은 후 50년째는 거룩한 해로 희년이다. 희년에는 땅은 원래의 주인에게 돌아가고 그에 속해 있던 종(이방인 포함)들과 모든 사람들이 자유인이 되어 자기 가족에게 돌아간다. (레 25:10)

안식일, 안식년, 희년의 설정은 오늘날 무한 경쟁과 모든 가능성을 완전히 소진하여 온 지구의 파멸을 위해 달려가는 현대인이 새삼 숙고하며 따라야 할 지혜로우신 하나님의 배려이시다.

### ⑤ 나그네와 이방인

나그네는 집이나 가족, 일정한 직업도 없이 정처 없이 떠도는 사람을 나그네라 한다. 어떤 사람은 자기가 살던 고장이나 나라를 떠난 사람도 있고 먼 지역에서 도망 와서 헤매는 사람도 있다. 중동지방 특히 사막 지역에서는 나그네를 환대하여 음식과 휴식을 베푸는 문화가 있는데 그것은 누구나 나그네가 될 수 있기 때문이라는 생각이 든다. 하나님은 여러 차례 나그네를 잘 대접하라고 권하시면서 '너는 이방 나그네를 압제oppress하지 말며 그들을 학대mistreat하지 말라. 너희도 애굽 땅에서 나그네였음이라.'(출애굽기 22:21)라고 하시는데 엄격히 보자면 이스라엘인들은 자발적으로 애굽에 가서 농사와 목축에 종사하면서 잘 살다가 바로의 행정 명령으로 강제적인 종살이를 한 것이지 단순한 '이방 나그네foreign wanderer'라고는 할 수 없다.

하나님은 나그네를 잘 대접하라고 하시면서 이방인과는 어떤 거래나 결혼을 절대 금하라고 하신다. 왜냐하면 그들은 할례를 받지 않았을 뿐 아니라 여호와 대신 그들의 바알이나 아스다롯 등의 신들을 끌어들이게 하기 때문이다. 말년의 솔로몬이 하나님의 신뢰를 잃고 왕국이 남·북으로 나누어진 것도 그의 이방 출신 후궁과 첩들 때문이었다.

# 2장을 마무리하며

우리 인간은 하나님의 어느 한 면만 보고 주관적으로 하나님을 이해하고 판단하지만 하나님은 인간을 폭넓게 보시고 인간의 다양한 면을 포착하시기 때문에 인간의 이해를 넘어서는 분이시다.

기본적으로 하나님은 어려움 속에서 고통받는 사람들에 대해 많은 걱정을 하시기 때문에 그들에게 베푸는 선행이 있을 때마다 기뻐하시고 그들에 대한 해로운 일을 징벌하신다. 하나님은 피조물인 우리 모든 인간을 어버이의 입장에서 생각하시고 언제나 우리에게 최선의 길을 사랑으로 열어 주시기 원하시기 때문에 항상 하나님께 순종하고 따르는 것이 최상의 길이라고 하는 것을 잊지 말아야 할 것이다.

한 인문학자의 구약성경 스토리텔링

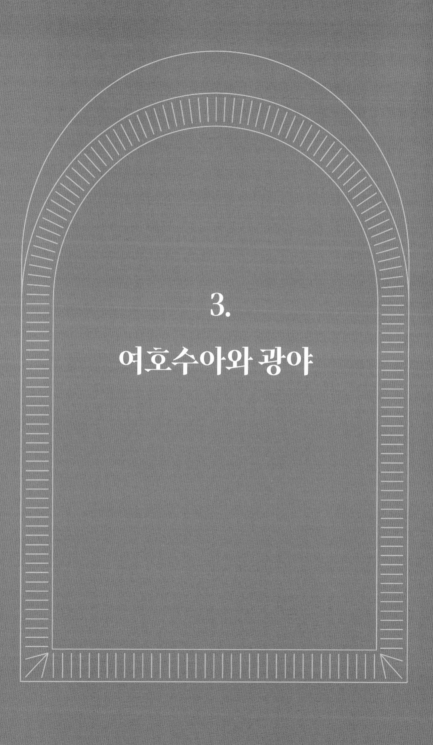

# 3.

# 여호수아와 광야

모세가 죽은 후 여호와께서는 여호수아에게 '내 종 모세가 죽었으니 이제 너는 이 모든 백성과 더불어 일어나 이 요단을 건너 내가 그들 곧 이스라엘 자손에게 주는 그 땅으로 가라.'(여호수아 1:2)고 하시면서 '네 평생에 너를 능히 대적할 자가 없으리니 내가 모세와 함께 있었던 것같이 너희와 함께 있을 것임이니라. 내가 너를 떠나지 아니하며 버리지 아니하리니.'(여호수아 1:5)라고 자신감을 주신다. 여호수아가 백성에게 이제 여호와께서 주신 땅에 들어갈 것이라고 예고하면서 부디 율법을 준수하고 그것을 묵상하라고 당부하자 백성들은 '누구든지 당신의 명령을 거역하며 당신의 말씀을 순종하지 아니하는 자는 죽임을 당하리니 오직 강하고 담대하소서.'(여호수아 1:18)라고 화답한다.

여호수아가 싯딤에서 두 정탐꾼을 보내 여리고를 엿보라고 보낸다. 그들은 라합의 집에 가서 유숙하는데 주민이 여리고 왕에게 고변하자 왕이 그 사람들을 잡으려고 한다. 라합은 이미 사람들을 지붕의 삼대에 숨겼다가 창문을 통하여 달아나게 한다. 정탐꾼들은 산에 올라 사흘간 몸을 피하였다가 내려와 강을 건너 여호수아에게 돌아가 보고한다. 사흘 후 인솔자들이 백성에게 언약궤를 멘 레위 제사장들을 뒤따르라고 명한다. 여호수아는 백성에게 여호와께서 우리에게 기이한 일을 하실 것이니 성결하라고 당부한다.

궤를 메고 앞서가던 제사장들의 발이 요단에 닿자 흘러내리던 물이 그친다. 백성들은 모두 단단한 땅을 밟고 요단을 건넌다. 여호와께서 여호수아에게 각 지파에서 한 사람씩 돌 열두 개를 오늘 밤 유숙할 곳에 두어 후일 자손에게 표징이 되게 하라고 명하신다.

요단 서쪽의 아모리 사람들과 왕들 그리고 해변의 가나안 사람의 모든 왕들은 여호와께서 이 백성들이 마른 땅을 밟고 요단을 건너게 하셨음을 알고 놀라움과 감동을 받았고 이스라엘 자손 앞에서 모든 용기를 잃었다.

여호와께서는 여호수아에게 이스라엘 백성이 광야에서 할례를 행하기 어려웠을 것이니 부싯돌로 칼을 만들어 할례를 행하라고 이르신다. 여호수아가 여리고 가까이 이르자 손에 칼을 든 사람을 본다. 그는 여호와 군대의 대장이었다. 여호수아가 엎드려 절한다. 군대 대장은 여호수아에게 이곳은 거룩한 곳이니 신발을 벗으라고 한다. 그렇게 하자 여호와께서 여호수아에게 이르신다. 여리고 왕과 용사들을 네 손에 넘겨주었으니 네 군사는 성 주위를 매일 한 번씩 엿새 동안 돌고 제사장 일곱이 양각 나팔을 잡고 언약궤 앞에서 나가며 일곱째 날은 그 성을 일곱 번 돌고 나팔을 불고 백성은 그때 큰 소리로 외쳐 '와' 하고 부르면 성벽이 무너져 내리리니 백성은 앞으로 올라갈지니라고 하신다.

여호수아는 무장한 자들이 나팔 부는 제사장들 앞에서 행진하게하고 후군은 궤를 따르고 백성은 외치지 말고 입으로 말하지 않고 내가 외치라 명령하면 외치라 한다. 그렇게 엿새를 보내고 일곱째 날 그 성을 일곱 번 돌고 제사장들이 나팔을 불 때 여호수아가 외치라고 한다. 그 성에 있는 모든 것을 진멸하되 기생 라합과 그 가족은 우리 은인이니 건드리지 말라고 이른다. 금은 동철 기구들은 다 여호와의 곳간에 들이라고 한다. 나팔 소리가 나자 백성들이 외치니 성벽이 무너지고 백성들이 그 성을 점령한다. 성 안의 남녀노소와 가축들은 모두 죽이되 라합에게는 약속을 지킨다.

여호와께서 여호수아와 함께 하시니 여호수아의 소문이 온 땅에 퍼진다. 여호수아는 벧엘 동쪽 벧아웬 곁에 있는 아이로 정탐꾼을 보내 그 땅을 정탐하게 한다. 그들이 돌아와 그들은 소수이니 많은 군대를 보내지 말고 2천-3천 명만 보내도 칠 수 있으리라 한다. 그리하여 여호수아는 3천 명만 골라 보냈더니 예상외로 36명이 포로 되고 나머지는 도망 왔다. 의외의 결과는 여호와께서 도와주시지 않았기 때문이다. 여호수아는 옷을 찢고 장로들과 함께 궤 앞에서 엎드려 티끌을 뒤집어썼다. 그리고 탄식하였다. 어찌하여 여호와께서 요단을 건너게 하시고 우리를 아모리 사람에게 넘겨 멸망하게 하시는지.

그때 여호와께서 여호수아에게 '일어나라 어찌하여 이렇게 엎드렸느냐. 이스라엘이 범죄하여 내가 그들에게 명령한 나의 언약을 어겼으며 또한 그들이 온전히 바친 물건을 가져가고 도둑질하며 속이고 그것을 그들의 물건들 가운데에 두었느니라.'(여호수아 7:11)라고 하셨다. 이스라엘의 패배에는 까닭이 있었던 것이다. '그렇기 때문에 온전히 바친 물건을 너희 중에서 없애지 아니하면 내가 다시는 너희와 함께 있지 아니하리라.'(여호수아 7:12) 하신다. 놀란 여호수아가 조사해 보니 유다 족속의 갈미의 아들 아간이 범죄한 것이다. 여호수아가 자백을 요구하자 아간은 시날산 아름다운 외투, 은 200세겔, 50세겔 되는 금덩이를 가져가 감추었다고 한다. 여호수아는 아간의 아들과 딸, 가축들과 그의 모든 소유들을 이끌고 아골 골짜기로 가서 그 이유를 묻고 그곳에 모인 이스라엘인들이 그를 돌로 쳐 죽이고 물건들도 불살랐다.

여호와께서 진노를 그치시고 아이성 공격을 허락하신다. 여호와께서 여호수아에게 두려워하지 말고 그 성읍과 땅을 네 손에 넘겼으니 아이로 올라가라 하신다. 여호와께서는 탈취할 물건과 가축은 가지고 성 뒤에 복병을 두라고 권고하신다. 여호수아는 삼만의 군사를 뽑고 작전을 짠다. 작전의 핵심은 교전하다가 후퇴하면 그들이 우리를 추격할 것이고 그때

매복군이 진격하여 성을 취하고 불사르라고 명한다. 과연 여호수아가 밤에 양쪽을 가르는 골짜기에 들어가자 아이 왕이 백성과 함께 싸우려 하나 이스라엘이 패한 척하고 광야로 도망하니 온 아이군과 백성이 이스라엘을 추격한다. 그때 복병이 성읍으로 달려가 점령하고 불을 놓는다. 도망할 길을 잃은 아이군과 백성은 거의 몰살을 당한다.

그날 죽은 아이 사람이 1만 2천 명에 이른다. 아이 왕을 사로잡아 저녁까지 나무에 달았다가 그의 시체를 성문 어귀에 던지고 그 위에 돌무더기를 쌓았다. 여호수아는 여호와 하나님을 위하여 에발산에 한 제단을 쌓았다. 그곳에서 번제물과 화목 제물을 드릴 수 있었다. 또 모세가 기록한 율법을 돌에 기록한다.

이스라엘의 여리고와 아이의 정복은 헷, 아모리, 가나안, 브리스, 히위, 여부스 사람들과 왕들이 뭉쳐 이스라엘에 대항하게 한다. 기브온 주민들은 일부러 허름하게 꾸민 사신을 길갈에 보낸다. 그는 자기가 먼 나라에서 왔으니 자기들과 조약을 맺자고 한다. 그들이 히위인들이라고 본 이스라엘이 당신들은 우리 가운데에 거주하니 어떻게 조약을 맺겠느냐고 하자 그들은 여호수아에게 하나님 여호와 하신 일을 알고 하나님 여호와의 이름으로 왔다고 하고 '우리는 당신들의 종들이니 이제 우리와 조약을 맺읍시다.'(여호수아 9:11)라고 한다. 무리가 그들이 가져온 양식을 취하고 여호와께 묻지 아니하고 여호수아가 그들과 화친하고 그들을 죽이지 않겠다는 조약을 맺고 족장들도 그들에게 맹세하였다.

그리고 사흘 후에 그들이 바로 근처에 살고 있는 부족임을 알게 된다. 그들은 기브온, 그라, 브에롯, 기럇여아림에 살고 있다. 그러나 이미 하나님 여호와의 이름으로 맹세한 서약은 건드릴 수 없었다. 그러므로 여호수아가 그들을 불러 어떤 이유로 우리를 속였느냐고 묻자 그들은 여호와께서 모세에게 이 땅을 이스라엘에 주셨고 그곳 주민들을 모두 멸하라고 명하신 것을 알기 때문에 살기 위하여 거짓을 꾸몄다고 털어놓는다. 여호수아는 그들을 죽이지 못하게 하고 그들에게 여러 가지 일들을 시켰다.

예루살렘 왕 아도니세댁은 이스라엘이 여리고와 아이, 그곳 왕들에 대해 한 일을 듣고 헤브론왕 호함, 야르뭇왕 비람 라기스 왕 야비아 에글론 왕 드빌에게 나를 도와 기브온을 치자고 한다. 왜냐하면 기브온이 이스라엘과 화친을 맺었기 때문이다. 그러자 아모리족의 다섯 왕들이 군대를 이끌고 기브온과 싸우러 왔다. 기브온은 여호수아에게 속히 와서 당신들의 종들을 구해 달라고 SOS를 보낸다. 여호수아는 군사들을 모아 싸우러 나간다.

여호와께서는 그들을 여호수아 네 손에 넘겼으므로 두려워하지 말고 가라고 하신다. 밤새 행군하여 그 연합군에 이르자 여호와께서 적군을 패하게 하시어 여호수아가 기브온에서 크게 살육하고 아세가와 막게다까지 이른다. 도망하는 아모리 연합군이 벧호른 비탈에서 내려갈 때 여호와께서 큰 우박 덩이를 내리시니 칼에 죽은 자보다 우박에 죽은 자가 더 많았다. 그날 여호수아가 하나님께 아뢰어 그날 태양과 달이 기브온 위에 머물게 해 달라고 아뢰자 태양과 달이 운행을 중지하고 머물러 이스라엘이 아모리 연합군을 모두 멸할 수 있었다.

아모리족 다섯 왕들이 막게다 굴에 숨었다는 제보를 받은 여호수아는 굴 어귀에 돌을 막고 지키게 한 다음 적의 후군을 치게 한 후 그 굴에서 다섯 왕들을 끌어내어 부하들로 하여금 목을 밟게 한 다음 왕들을 쳐 죽여 나무에 매달았다가 저녁에 그들의 시체를 막게다 굴에 던지고 큰 돌로 막았다. 여호수아는 그 후 립나에 가서 싸울 때도 여호와의 도움으로 그곳을 진멸하고 라기스로 가서 싸운다.

그때에 게셀 왕 호람이 라기스를 도우러 올라오므로 여호수아가 그들도 모두 멸한다. 여호수아는 라기스에서 에글론으로 나아가 싸워 그 성읍을 정복하고 그중에 있는 모든 사람을 당일에 진멸한다. 여호수아는 에글론으로부터 헤브론으로 올라가 싸워 그 성읍도 점령하고 모두 진멸한다. 그는 온 이스라엘과 함께 돌아와 드빌에 이르러 싸운다. 여호수아는 그 성읍 왕과 그에 속한 성읍들을 점령하여 모든 사람들을 진멸하였다.

이와 같이 여호수아는 산지와 네겝과 평지와 경사지의 왕들을 모두 쳐 하나도 남기지 않았으니 하나님 여호와께서 명하신 대로 하였다. 그는 가데스 바네아에서 가사까지 고센 땅에서 기브온까지 칠 수 있었던 것은 하나님 여호와께서 이스라엘을 도와주셨기에 가능하였다. 임무를 끝낸 여호수아는 길갈 진영으로 돌아왔다. 이 소식을 들은 하솔 왕 야빈은 마돈 왕 요밥, 시므론 왕, 악삽 왕 및 북쪽 산지와 아라바 평지 그리고 서쪽 높은 곳에 있는 왕들과 동서쪽의 가나안 족속, 아모리 족속, 브리스 족속과 여부스 족속, 히위 족속에게 사람을 보내어 그들이 모두 군대를 이끌고 나왔다. 그들이 함께 이스라엘과 싸우려고 메롬 물가에 진을 쳤다. 여호와께서는 여호수아에게 '내가 그들을 이스라엘 앞에 넘겨주겠으니 두려워 말고 그들을 몰살시키고 그들 말의 뒷발의 힘줄을 끊고 병거를 불사르라.'라고 이르신다. 이에 여호수아가 메롬 물가로 가서 기습하여 그들을 격파하고 서로는 시돈과 미스르봇마임까지 동으로는 미스바 골짜기까지 추격하여 모두 몰살시키고 여호와께서 명하신 대로 말 뒷발 힘줄을 끊고 병거를 불살랐다.

여호수아는 돌아와 쳐부순 나라들의 머리 역할을 하는 하솔을 멸하고 그 왕도 죽인다. 여호수아가 하솔 위의 다른 성읍들은 그대로 놔두었으며 그 성읍들의 재물과 가축은 이스라엘 자손들이 탈취하고 호흡이 있는 자는 하나도 남기지 않았다. 여호수아는 세일로 올라가는 할락산에서 헤르몬산 아래 레바논 골짜기의 바알갓까지의 모든 왕들을 잡아 죽였다. 히위 족속의 기브온 외에는 이스라엘이 화친한 성읍이 없어 모두 점령한 것이다. 다른 족속들이 완악한 마음을 품고 이스라엘과 싸운 것은 여호와께서 그렇게 만드셨기 때문이고 이스라엘로 하여금 그들을 진멸하게 한 것도 여호와께서 그렇게 명하셨던 것이다. 여호수아는 아낙 사람들도 진멸하였기 때문에 이스라엘에는 아낙 사람들이 없었고 가사와 가드에만 일부 남아 있었다. 많은 부족과의 싸움과 승리와 점령에도 불구하고 아직도 확보되지 않은 땅이 많이 남았다.

그러나 여호수아 역시 연로하여 고민이 깊어지게 되었다. 므낫세 반 지파와 르우벤 족속과 갓 족속은 요단 동쪽에서 그들의 기업을 모세에게서 받았다. 레위 자손에게는 직책상 아무 분깃도 주지 아니하고 거주할 성읍과 가축과 재산을 위한 목초지만 주었고 갈렙은 모세가 여호와에 대한 충성의 대가로 '네 발로 밟는 땅은 영원히 너와 네 자손의 기업이 되리라.'(여호수아 14:9) 하셨으니 이 산지를 달라고 여호수아에게 부탁하자 그는 갈렙을 축복하고 헤브론을 그에게 주었다.

여호와의 도우심으로 중요한 싸움을 마치고 쉬게 된 여호수아는 나이가 많아지자 이스라엘의 장로, 수령, 재판장들을 불러 여호와께서 싸워 주신 덕분에 우리의 땅이 요단에서 해지는 대해에 이르고 너희를 위하여 제비뽑기를 해 각 지파에게 기업이 되게 하였다고 하고 그러므로 모두 크게 힘써 모세의 율법책에 기록된 것을 다 지켜 행하자고 권한다. 아울러 '이스라엘 민족은 이민족의 삶에 들어가지 말며 그들의 신들의 이름을 부르지 말고 그 이름으로 맹세하지 말고 그것들에게 절하지 말고 오직 하나님 여호와께만 경배하라. 여호와께서 강대한 나라들을 쫓아내셨으므로 우리가 이 땅에서 살고 있음을 잊지 말고 하나님 여호와만 사랑하라.'라고 당부한다. 다시는 하나님 여호와께서 이 민족들을 쫓아내지 아니할 것이니 그들과 혼인하지 말고 왕래하지 말라고 한다.

다른 신에게 절하면 여호와께서 진노하시고 우리에게 화가 미치리라. 여호수아가 이스라엘 모든 지파를 세겜에 모으고 장로들과 수령들, 재판장들을 불러 여호와께서 하신 말씀을 전한다. 아브라함 이후 이삭, 야곱으로 이어지는 이스라엘의 전통과 하나님 여호와의 경외와 사랑, 그리고 애굽에서의 종살이에서 구해 주신 여호와의 은혜, 그리고 일찍부터 약속하신 가나안 땅에 정착하는 데 있었던 그곳 거주 이민족과의 투쟁에서 여호와께서 결정적 도움을 주셨음을 일러 주면서 만약 이방신을 섬기면 재앙을 내리실 것이나 마음을 하나님 여호와께 돌리면 행복한 내일이 있다고 여호수아가 설득한다. 백성은 그를 딤낫 헤레스에 장사하였고 딤낫 헤레스는 에브라임 산지 가아스산 북쪽에 있다.

여호수아는 평생 여호와에 대한 믿음으로 여호와께 순종하여 이스라엘이 가나안에 정착하는 데 큰 공을 세웠다.

# 4.
## 사사시대

# (1) 사사들

이스라엘 백성이 광야에서 40여 년을 떠돌고 나서 언약의 땅 가나안에 이른다. 그러나 가나안은 주민이 없는 땅이 아니라 여러 강력한 민족들이 이미 그곳에 튼튼한 성읍들을 짓고 살고 있었다. 그곳이 하나님 여호와께서 아브라함 때부터 약속하신 땅이지만 그곳에 자리 잡고 있는 민족들을 쫓아내기 전에는 그곳에 들어갈 수가 없었다. 초기에 여호수아가 여호와의 도움으로 수많은 전투에서 승리하여 가나안의 상당한 지역을 확보할 수 있었다. 그러나 모든 인간의 수명에는 한계가 있고 여호수아도 100세가 넘으면서 활동을 계속하기 힘든데 확보하여야 할 땅은 상당히 남아 있었다. 그러나 후계자로 내세울 마땅한 인물이 없었다.

모세가 물러날 때에는 여호수아라는 신실하고 뛰어난 인물이 있었지만 여호수아는 그렇지가 못하였다. 그런데 모세가 이끌던 시대와는 또 다른 점이 있었다. 모세 당시에는 대부분 백성이 출애굽을 직접 겪었거나 그에 대해 알고 있었고 하나님 여호와께서 보여 주신 많은 이적을 보고 여호와의 능력과 이스라엘에 대한 특별한 사랑을 충분히 알고 있었다. 그러나 여호수아가 세상을 떠날 때는 출애굽을 겪거나 아는 세대는 모두 별세한 후였고 그다음 세대가 성인으로 살림살이의 주역이 된 것이다. 가나안 땅에는 이미 자리 잡고 사는 다양한 민족들이 살고 있었고 싸움을 통하여 그들이 사는 곳을 빼앗고 점령한 경우에도 이민족을 몰살할 수는 없어서 상당수가 동거하여야 하였다.

제일 중요한 것은 하나님 여호와에 대한 경외감에도 변화가 있었지만 이방 종교의 영향이 이스라엘 백성들의 의식 속에 파고 들어왔다는 사실이다. 출애굽 때부터 들어온 바알은 가나안의 중요한 신이었고 아세라, 아스다롯, 다곤, 그모스, 몰록, 밀감 등이 있었다. 하나님 여호와는 모든 것을 총괄하시지만 이방 종교들은 거의 대부분 어느 특정 분야를 관장한다고 믿어져 이스라엘 백성들도 그들과 공존하는 이방 민족들처럼 농사의 문제가 생기면 그에 관계되는 신, 풍요의 신, 전쟁 때는 또 다른 신 하는 식으로 이방 신들에게 절할 뿐 아니라 조각한 신상이나 금, 은, 동으로 부어 만든 우상들을 몸에 지니게 되고 산에는 산당들을 짓는 등의 경우가 많아졌다.

그런데 문제는 여호와와 소통하는 지도자도 없고 선지자도 없었던 것이다. 그러니 여호와께서 생각하시는 것이 정확하게 전달될 수도 없고 백성들이 원하는 것이 여호와께 알려지지 않았다. 그리하여 사사를 두게 된 것이다. 그러니 사사가 존재한 것은 여호수아 사후 사울 왕이 나올 때까지이다. 사사의 시기는 이스라엘 역사에서 가장 혼란스럽고 모든 것이 가장 불확실하던 시대였다고 생각된다. 백성들의 여호와 불순종과 우상숭배는 여호와의 분노를 야기했다.

그 결과는 외적과 싸움에서 패배하거나 외적의 압박을 유발하고 그것은 여호와께서 그러한 징벌을 내리시어 일어났다. 외국의 압제가 지나치게 강하게 되면 이스라엘 백성은 자기의 잘못을 깨닫고 여호와께 울부짖는다. 그러면 여호와께서는 징벌을 중지하시고 압제와 재앙으로부터 백성을 구원하신다. 그러나 현상은 1회에서 끝나는 단막극이 아니라 계속 반복된다.

그러한 상황에서 백성들의 재판을 맡으면서 백성을 다스리고 이끌고 여호와와 백성 사이에 서서 양자를 중재해야 하는 책임을 수행하는 것이 사사였다.

## 가. 옷니엘

제일 먼저 사사가 된 것은 '옷니엘'이었다. 그 시대 이스라엘 자손은 바알과 아세라 같은 우상숭배를 비롯한 여러 가지 죄악에 빠져 있었고 진노하신 여호와는 이스라엘을 메소포타미아 왕 구산리사다임에게 넘기셨으므로 이스라엘 백성은 구산리사다임을 8년 동안 섬기고 있었다. 위기에 빠져 살아날 길이 없으면 여호와께 부르짖는 이스라엘 백성을 외면하실 수 없는 여호와께서 한 구원자를 내셨으니 그가 갈렙의 아우 그나스의 아들 옷니엘이었다. 그에게 여호와의 영이 임하시어 그는 이스라엘의 첫 사사가 된다. 그가 이스라엘 백성들을 이끌고 구산리사다임과 싸울 때 여호와께서 구산리사다임을 그의 손에 넘겨주시어 이스라엘이 자유를 찾을 수 있었다. 그리하여 옷니엘이 살아 있는 40여 년간 나라가 평온하였다.

## 나. 에훗, 삼갈, 드보라

옷니엘이 죽자 이스라엘 자손은 여호와께 또다시 여러 가지 악을 행하게 된다. 여호와께서는 모압 왕 에글론을 강성하게 하사 이스라엘 백성을 누르게 하신다. 모압 왕 에글론은 암몬과 아말렉 자손과 함께 이스라엘을 공격하고 그 성읍들을 점령하였다. 그리하여 이스라엘 백성은 모압 왕 에 글론을 18년간 섬겨야 했다. 그러자 이스라엘 백성들이 또다시 여호와께 부르짖었고 긍휼이 많으신 여호와께서 이스라엘을 위하여 한 구원자를 세우신다. 그는 베냐민 족속 게라의 아들로 왼손잡이 에훗이었다. 에훗은 모압 왕 에글론에게 공물을 바친 후 가다가 돌아와 왕에게 은밀한 일을 아뢰고자 한다고 하자 왕이 주변에 서 있는 신하들에게 물러가라고 한다. 에훗이 서늘한 방에 홀로 있는 왕에게 자기가 하나님으로부터 명을 받아 왕에게 아뢸 일이 있다고 하자 왕이 왕좌에서 일어났다. 그 순간 에훗은 오른쪽 허벅지에서 칼을 빼내어 왕의 배를 깊이 찌르자 칼끝이 등 뒤에까 지 나갔다. 에훗은 문들을 안에서 잠그고 나왔다.

　에훗이 나간 후 신하들이 왕을 뵙고자 들어가려 하였으나 문이 잠겨있 어 왕이 서늘한 방에서 볼일을 본다고 물러갔으나 오래 기다리다가 열쇠 를 가진 신하가 문을 열고 들어가 본즉 에글론은 이미 땅에 엎드려져 죽 어 있었다. 에글론을 죽이고 나온 에훗은 돌 뜨는 곳을 지나 스이라로 도 망하였다. 그가 스이라에 이르러 에브라임 산지에서 나팔을 불자 이스라 엘 백성들이 그를 따라 내려왔다. 에훗은 앞에 서서 그들에게 나를 따르 라 여호와께서 너희 원수 모압을 너희 손에 넘겨주셨다고 선언하였다. 에 훗을 따르는 무리들이 모압 맞은편 강나루를 장악하여 아무도 강을 건너 가지 못하게 하였고 그날 모압이 이스라엘에 굴복하여 80년 동안 평온하 였다.

　에훗이 죽은 후 아낫의 아들 삼갈이 사사가 되어 소모는 막대기로 블레 셋 사람 600명을 죽였고 이스라엘을 구원하였다. 그러나 에훗이 죽은 후 이스라엘은 다시 여호와께 악을 행하니 여호와께서 진노하시고 하솔에서 통치하는 가나안 왕 야빈에게 그들을 넘기셨다. 하로셋학고임에 거주하는 시스라가 야빈의 군대장관이었다. 야빈 왕은 철 병거가 900대가 있어 20년 동안 이스라엘 백성을 심하게 학대하였으므로 이스라엘 백성들이 여호와께 부르짖었다. 그리하여 랍비돗의 아내 선지자 드보라가 이스라엘의 사사가 되었다.

사사 드보라는 에브라임 산지 라마와 벧엘 사이에 있는 드보라 종려나무 아래에 거주하였고 백성들은 드보라에게 가서 재판 판결을 받았다. 그는 사람을 보내어 아비노암의 아들 바락을 납달리 게데스에서 불러다가 그에게 하나님 여호와께서 이르신 말씀을 전하였다. 너는 납달리 자손과 스불론 자손 1만 명을 거느리고 다볼산으로 가라 여호와께서 내가 야빈의 군대장관 시스라와 그의 병거들과 무기들을 기손강에 이끌어내고 그를 네 손에 넘겨주겠다고 하셨다.

드보라는 '나도 반드시 너와 함께 가겠지만 네가 이번 가는 길에서는 영광을 얻지 못할 것이다. 왜냐하면 여호와께서 시스라를 여인의 손에 넘기실 것이기 때문이다.'라고 하였다. 바락이 부른 1만 명이 그를 따라 올라가고 드보라도 그와 함께 올라갔다. 모세의 처남 호밥의 자손 중에 겐 사람 헤벨이 자기 족속을 떠나 게데스에 가까운 사아난님 상수리나무 곁에 장막을 치고 있었다. 바락이 다볼산에 올라간 것을 본 사람들이 시스라에게 알리자 시스라는 철 병거 900대와 모든 백성을 하로셋학고임에서 기손강으로 옮겼다. 드보라가 바락에게 여호와께서 시스라를 네 손에 넘겨주신 날이 오늘이니 여호와께서 앞서 나가신다. 여호와께서 시스라를 혼란스럽게 하시자 시스라는 병거에서 나와 야엘의 장막에 찾아왔다. 야엘이 시스라를 영접하고는 그가 잠들자 이불로 시스라를 덮고 그의 관자놀이에 말뚝을 박으니 시스라는 즉사한다. 그리고 나서 이스라엘은 가나안의 학대로부터 벗어났다.

## 다. 의로운 사사 기드온

그러나 드보라의 사후 이스라엘 자손은 다시 여호와께 악을 행하여 그 징벌로 여호와께서는 이스라엘을 7년 동안 미디안의 손에 넘겨주신다. 미디안이 이스라엘을 이겼기 때문에 이스라엘 백성은 미디안이 시키는 대로 산에서 웅덩이와 굴도 파고 산성도 쌓고 이스라엘에서 파종하는 때가 되면 미디안, 아말렉과 동방 사람들이 진을 치고 가사에 이르기까지 소산을 싹쓸이를 하여 이스라엘 백성에게 먹을 것을 남기지 않았고 양, 소, 나귀들도 남기지 않고 모두 탈취하였다. 그리하여 이스라엘 백성의 궁핍함이 심해지자 여호와께 부르짖었더니 여호와께서 한 사자를 보내시어 이스라엘이 애굽에서 종살이하던 시절 이스라엘 백성들을 애굽에서 인도하시면서 여러 가지 이적을 하셨던 일, 그리고 언약의 땅에 이를 때까지 여러 민족과 싸울 때 여호와께서 행하신 기적 같은 일 한마디로 지난날의 역사를 간추려 준다.

여호와의 사자가 오브라에 이르러 상수리나무 아래 앉으니 요아스의 아들 기드온이 미디안 사람들의 눈을 피해 밀을 포도주 틀에서 타작하고 있었다. 여호와의 사자가 기드온에게 나타나 '여호와께서 너와 함께 계시도다.'(사사기 6:12) 하고 이른다. 그러자 기드온은 여호와께서 함께 계시면 어째서 이런 일이 일어나냐고 묻는다. 그때 여호와께서 그에게 '너의 힘으로 이스라엘을 미디안의 손에서 구원하라.'(사사기 6:14)고 하신다. 그러자 기드온은 '나의 집은 므낫세 중에서도 약하고 나는 내 아버지 집에서도 가장 작은 자.'(사사기 6:15)라고 아뢴다.

여호와께서는 '내가 반드시 너와 함께 하리니 네가 미디안 사람 치기를 한 사람을 치듯 하리라.'(사사기 6:16)고 하신다. 기드온은 '내가 주께 은혜를 입었사오면 나와 말씀하신 분이 표징을 보여 주소서.' 하고 청한다. 그리고 자기가 예물을 준비하여 올 때까지 이곳을 떠나지 마시라고 하니 그렇게 하겠다고 말한다. 기드온은 염소 새끼 하나와 밀가루 한 에바로 무교병을 만들고 고기와 양푼에 담은 국을 가져다 드리자 하나님의 사자는 고기와 무교병을 바위에 놓고 그 위에 국을 부으라고 이른다.

그대로 행하자 사자는 지팡이 끝을 고기와 무교병에 대니 불이 나와 그것을 사른다. 여호와의 사자는 떠나 보이지 않는다. 기드온이 여호와께 '슬프도소이다. 내가 여호와의 사자를 대면하여 보았나이다.'(사사기 6:22) 하니 여호와께서 '안심하라.'고 이르신다. 기드온은 그곳에 여호와를 위한 제단을 쌓고 '여호와 샬롬'이라 하였다. 그날 밤 여호와께서 기드온에게 네 아버지의 7년 된 수소를 끌어오고 바알 제단을 헐고 그 곁의 아세라상을 찍고 산성 위에 제단을 쌓고 그 둘째 수소를 번제로 드리고 찍은 아세라상으로 불을 지피라고 하신다. 기드온이 종들을 데리고 와 그대로 행하되 이목이 두려워 낮이 아닌 밤에 행하였다. 그 성읍 사람들이 이튿날 아침에 보니 바알 제단이 파괴되었고 아세라상이 찍혔으며 제단 위에 둘째 수소를 드렸던 것이다. 그리하여 범인을 찾아보니 요아스의 아들 기드온이 그렇게 한 것을 알았다.

성읍 사람들은 기드온을 끌어내라고 하고 기드온이 바알 제단을 파괴하고 그 곁의 아세라상을 찍었으니 기드온이 반드시 죽어야 한다고 하였다. 기드온의 아버지 요아스는 바알을 옹호하는 자는 아침까지 죽을 것이고 바알이 정말 신이면 제단을 파괴한 자와 싸울 것이라고 한다.

그날 사람들은 기드온이 바알 제단을 파괴하였으므로 '여룹 바알'이라 불렀다. 미디안과 아말렉 그리고 동방 사람들이 요단강을 건너 이스라엘 골짜기에 진을 쳤다. 여호와의 영이 기드온에게 임하여 나팔을 불자 아비에셀도 부름을 받는다. 기드온은 므낫세, 아셀, 스블론, 납달리 등에 사자를 보내어 사정을 알리자 그 무리들이 올라온다. 기드온이 여호와께서 이스라엘을 구원하시기 원하시면 자기가 양털 한 뭉치를 타작마당에 두겠으니 만약 이슬이 양털 뭉치에만 있으면 자기가 이스라엘을 구원하는 것이 하나님 뜻인 줄 알겠다고 하였다. 이튿날 기드온이 양털을 짜니 물이 그릇에 가득하였다. 이번에는 양털만 마르고 주변 땅에는 이슬이 있게 해 주십사 하고 말씀드리니 양털만 마르고 주변 땅에는 이슬이 있었다.

기드온과 그를 따르는 백성들이 하롯샘 곁에 진을 쳤고 미디안은 북쪽 모레산 앞 골짜기에 있었다. 여호와께서 '너를 따르는 백성이 너무 많으니, 내가 너를 구해 줄 필요가 없겠다. 왜냐하면 자기들 힘으로 자기들을 구원하였다고 할 것이기 때문에 그러니 백성에게 두려워하는 자는 누구든지 길르앗 산을 떠나 돌아가라.'라고 하라 하신다. 그러니 이만 이천 명이 돌아가 만 명이 남았다. 그래도 너무 많으니 그들을 물가로 인도하여 같이 갈 사람과 같이 가지 말 사람을 고르겠다고 하신다. 그들을 물가로 데려가니 개처럼 혀로 핥아 마시는 사람 그리고 무릎을 꿇고 마시는 사람 또 손으로 물을 떠서 핥는 사람을 가려내고 그 손으로 물을 떠 핥는 300명만 데리고 가면 너희를 구원하시겠다고 이르신다. 그리하여 기드온이 나머지 백성을 각기처소로 돌려보냈다.

그날 밤 여호와께서 기드온에게 일어나 '미디안 진영으로 내려가라. 내가 그들을 네 손에 넘겨주었느니라. 만일 내려가기가 두렵거든 네가 그들이 하는 말을 들으라. 그러면 네 손이 강해져 그 진영으로 내려가리라.' 하신다. 기드온이 미디안 진영 근처로 가니 어떤 사람이 그의 친구에게 꿈 이야기를 하고 있다. 꿈에 보리 떡 한 덩어리가 미디안 장막에 굴러와 장막을 무너뜨리고 장막이 쓰러지는 꿈을 꾸었다고 하자 그것을 듣던 친구가 그것은 다른 것이 아니라 기드온의 칼이고 하나님이 미디안의 모든 진영을 기드온의 손에 넘겨주신 것이라고 해몽한다.

그것을 들은 기드온은 여호와께 경배하고 돌아와 여호와께서 미디안을 나의 손에 넘겨주셨다 하고 삼백 명을 세 대로 나누어 각자에게 화로가 빈 항아리에 횃불을 감추게 한 다음 기드온과 기드온을 따르는 자가 나팔을 불면 모든 사람이 나팔을 불며 '여호와를 위하여, 기드온을 위하여.'라고 한다. 기드온이 100명을 데리고 진영 근처에 이르니 파수꾼들이 교대하는 시간이라 기드온의 부대가 나팔을 불며 항아리를 부수고 왼손에 횃불, 오른손에 나팔을 불며 '여호와와 기드온의 칼이다.' 하고 외치니 온 진영 안의 군사들이 뛰고 부르짖으며 친구끼리 서로 칼로 치고 도망한다. 미디안 군대는 스레라의 벧 싯다에 이르기도 하고 답밧 가까운 아벨므홀라의 경계에까지 이르기도 한다. 이스라엘인들은 미디안을 추격하였다. 기드온의 연락을 받은 에브라임인들은 내려와서 앞질러 벧바라와 요단강에 이르는 수로를 막아 미디안의 두 방백 오렙과 스엡을 추격하였고 그들을 사로잡아 오렙과 스엡의 머리를 기드온에게 가져왔다.

에브라임 사람들은 기드온에게 미디안과 싸우러 갈 때 왜 에브라임 사람들은 빼놓았냐고 크게 다투고자 하였다. 기드온은 '내가 행한 일보다 너희가 훨씬 중요한 일을 하였다. 에브라임 사람들의 끝물 포도가 아비에셀의 만물 포도보다 나은 것이 사실이 아니냐. 하나님은 미디안의 방백 오렙과 스엡을 너희 손에 넘겨주셨으니 내가 한 일이 어찌 너희가 한 것에 비교되겠느냐.' 하였다. 그 말을 듣고 에브라임의 노여움이 풀렸다.

기드온의 300명은 요단강을 건너고 숙곳의 방백들에게 '지금 세바와 살문나를 추격 중인데 백성들이 피곤하니 떡을 좀 주라.'고 하자 그들은 '세바와 살문나가 네 손에 있다는 것이냐. 우리가 왜 네 군대에게 먹을 것을 주어야 하느냐.'고 하였다. 기드온은 여호와께서 세바와 살문나를 내 손에 넘겨주신 후에 내가 돌아와 찔레로 너희 살을 찢을 것이라고 하고 브누엘로 올라가 그들에게도 그같이 구한즉 숙곳과 같은 대답을 하였다. 기드온은 브누엘 사람들에게 내가 돌아오면서 너희 망대를 헐 것이라고 말하였다.

이때 세바와 살문나는 갈골에 있었는데 모든 동방 사람의 군대는 12만 명이 다 죽고 1만 5천 명가량 남아 그들과 있었다. 그들이 안심하고 있는 중에 기드온이 노바와 욕브하 동쪽 장막에 거주하는 자의 길로 올라가서 적진을 치니 세바와 살문나가 도망하여 그 둘을 사로잡고 그들의 진영을 파괴하였다. 기드온이 돌아오면서 한 숙곳 소년을 만나 심문하니 그가 숙곳의 방백들과 장로들 70명의 이름을 적어 주었다. 기드온이 숙곳 방백들과 장로들에게 세바와 살문나를 보여 주고 '지난번에 세바와 살문나가 네/손에 있느냐고 희롱하면서 우리가 왜 네 백성에게 떡을 주느냐 하였는데 세바와 살문나가 여기 있으니 보라.'(사사기 8:15)고 하고 그 성읍의 장로들을 잡아 들가시와 찔레로 징벌하였다. 브누엘에서는 망대를 헐고 그 성읍 사람들을 죽였다. 그리고 세바와 살문나에게 '너희가 다볼에서 죽인 사람들은 어떤 사람들이냐.'고 묻자 '그들이 너와 같아서 모두 왕자의 모습 같았다.'고 하였다. 그러자 기드온은 그들은 '내 형제들이고 내 어머니의 아들들인데 만일 너희가 그들을 살렸더라면 나도 너희를 죽이기 아니할 것이라.'고 하고 그 큰아들 여델에게 그들을 죽이라고 하였으나 그 아들이 어려서 두려웠던지 칼을 빼지 못하자 세바와 살문나가 기드온에세 '네가 일어나 우리를 치라.'고 하자 기드온이 그들을 죽이고 그들 낙타의 목에 있던 초승달 장식들을 떼어 가졌다.

이스라엘 백성들은 기드온에게 "당신이 우리를 미디안의 손에서 구원하셨으니 당신과 당신의 아들들과 당신의 손자가 우리를 다스리소서." 하였다. 그러나 기드온은 '(…) 너희를 다스리지 아니하겠고 나의 아들도 너희를 다스리지 아니할 것이요 여호와께서 너희를 다스리리라.'(사사기 8:23) 하였다. 기드온은 각자가 탈취한 귀고리를 내게 주면 요긴하게 쓸 것이라고 하자 백성들은 기쁜 마음으로 가져오니 모두 금 1700세겔의 무게였다. 그 밖에 초승달 장식과 패물과 미디안 왕들의 자색 의복 낙타 목의 사슬들도 주었다. 기드온은 그 금으로 에봇을 하나 만들어 자기의 성읍 오브라에 두었는데 이스라엘이 그것을 음란하게 위하므로 에봇은 기드온과 그 가문에는 올무가 되었다. 미디안은 이스라엘 자손에게 복종하여 다시는 머리를 들지 못하였으므로 기드온이 사는 40년 동안 그 땅이 평온을 누렸다. 그에게는 첩이 많아 아들 70명이 있었고 세겜의 첩도 아들을 낳아 이름을 아비멜렉이라 하였다. 기드온이 죽자 오브라에 있는 그의 아버지 요아스의 묘실에 장사되었다.

# 라. 아비멜렉, 돌라, 야일

기드온의 첩이 낳은 아비멜렉은 정실 이복형제들과 가족에게서 따돌림을 받아 괴로워하다가 기드온의 집안에서 아무도 사사가 되겠다고 나서는 사람이 없음을 보고 자기가 나서 주민들을 설득하고 건달패를 매수하여 결국 이스라엘의 사사가 된다. 그러나 그가 사사가 된 지 3년이 되자 반란이 일어나 반란을 진압하던 중 망대를 불 지르려 하자 그곳에 있던 여인이 내던진 맷돌 윗짝이 아비멜렉의 머리 위에 떨어져 두개골이 깨져 죽는다. 그가 죽고 나서 뒤를 이어 잇사갈 사람 부아의 아들 돌라가 사사가 된다. 그는 23년간 사사로 있으면서 외세로부터 이스라엘을 구원하였다. 돌라 뒤를 이어 길르앗사람 야일이 사사가 되어 20년간 이스라엘을 다스렸다. 그에게는 아들이 30명이 있었고 30개의 성읍을 가지고 있었다.

사사 야일이 죽은 후 이스라엘에서 악행이 기승을 부려 바알, 아스다롯뿐만 아니라 아람의 신, 시돈의 신, 모압의 신, 암몬의 신, 블레셋의 신 등 온갖 중동의 잡신들을 이스라엘 백성들이 섬겼기 때문에 여호와의 진노 또한 인내의 도를 넘게 되었다. 그리하여 여호와께서 이스라엘을 블레셋 사람들과 암몬 사람들의 손에 넘기셨다. 그리하여 블레셋과 암몬은 요단강 너머 길르앗 쪽에 있는 아모리 사람들의 땅에 있는 이스라엘 백성을 쳐 열여덟 해 동안 그들을 억압하였다. 그뿐 아니라 암몬 백성이 요단강 건너 유다 족속, 베냐민 족속, 에브라임 족속을 공격하여 이스라엘의 곤고가 상당히 심하였다. 그러자 이스라엘 백성들은 자기들의 죄악을 뉘우쳐 여호와께 자기들이 여호와를 버리고 바알과 아스다롯 및 잡신들을 섬겨 여호와께 범죄하였다고 회개하며 여호와께 살려 주시라고 부르짖었다.

여호와께서는 '전에 시돈 아말렉, 마온이 이스라엘을 압제할 때에 너희가 나에게 부르짖어 구원하였는데 그 후 또 나를 버리고 잡신들을 섬기니 이제는 다시 너희를 구원하지 아니하겠다. 너희들이 선택한 신들에게 부르짖어 너희를 구원하게 하라.'라고 하신다. 이스라엘 자손은 여호와께 '범죄하였으니 주께서 보시기에 좋으신 대로 행하시되 한 번만 저희를 구하옵소서.'라고 용서를 빌며 자기들 속에 들어온 잡신들을 제거하고 여호와만을 섬기자 여호와께서도 이스라엘 백성들의 고생을 보시며 고민하고 계셨다.

## 마. 입다

그때에 암몬이 길르앗에 진을 치고 전투준비를 하므로 이스라엘 백성도 미스바에 진을 구성하고 누가 전투를 시작할 것이냐를 놓고 논의하다가 전투에 앞장서는 사람을 길르앗 주민들의 우두머리로 삼겠다고 정한다. 어느 기생이 길르앗에서 낳은 입다는 큰 용사였는데 그는 본처의 아들들이 그를 쫓아내어 돕 땅에서 거주하였다. 그는 늘 불량배들과 어울렸다. 암몬이 이스라엘을 치려 하자 길르앗 장로들은 돕에 가서 입다를 데려와 그에게 암몬과의 싸움을 이끄는 대장이 되어 달라고 청한다. 입다는 당신들이 전에 나를 미워하여 길르앗에서 쫓아내고 나서 환난을 당하니 어째서 나를 찾아왔느냐 하니 장로들은 우리와 함께 암몬과 싸우면 당신은 길르앗 모든 주민의 우두머리가 된다고 한다.

입다는 여호와께서 암몬을 넘겨주셔도 내가 너희의 머리가 되겠느냐고 묻는다. 장로들은 여호와께서 우리의 증인이시니 우리가 그렇게 행하

한 인문학자의 구약성경 스토리텔링

겠다고 한다. 그리하여 장로들과 함께 가서 입다가 길르앗 군대의 대장이 된다. 입다는 암몬의 왕에게 사자를 보내어 무슨 까닭으로 우리를 치려하느냐 물었다. 암몬의 왕은 이스라엘이 애굽에서 올라오며 아르논에서 얍복과 요단까지 내 땅을 점령했기 때문이니 이제 그 땅을 평화롭게 돌려달라고 한다. 입다는 암몬 왕에게 이스라엘은 모압과 암몬 땅을 점령한 적이 없고 이스라엘은 애굽에서 올라올 때에 광야를 통하여 홍해에 이르고 가데스에 가서 에돔 왕에게 우리가 에돔 땅을 지나게 해 달라고 청하였으나 에돔 왕이 거절하였고 모압 왕에게도 청하였으나 모압 왕도 허락하지 않아 가데스에 머물렀다가 그 후에 모압과 암몬을 피하여 모압의 동쪽 아르논 저쪽에 진을 쳤다가 모압 땅에는 들어가지 않았고 아모리 족속의 헤브론 왕 시혼에게 사자를 보내어 그곳을 지나가게 해 달라고 했으나 거부당하였다. 그뿐 아니라 시혼은 야하스에 진을 치고 이스라엘을 치자 여호와께서 시혼과 그의 군대를 이스라엘의 손에 넘겨주셔서 그 땅을 쳐서 아모리 족속의 모든 땅을 점령하였다.

그런데 '여호와께서 주신 땅을 너희가 달라고 하는 일이 옳은 일이냐. 너희는 너희들의 신 그모스가 너희에게 준 땅을 차지하고 있고 우리는 우리 하나님이 주신 것을 우리가 차지하고 있다. 이제 네가 모압 왕 십볼의 아들 발락보다 나은 것이 있느냐. 이스라엘이 헤스본과 그 마을들, 아로엘과 그 마을들, 아르논 강가에 있는 모든 성읍에 거주한 지 300년인데 어찌하여 그 땅이 너희 것이면 도로 찾지 아니하였느냐. 내가 네게 죄지은 일이 없는데 너는 나를 쳐서 악을 행하고자 한다. 이스라엘 자손과 암몬 자손 사이에서 심판하시는 여호와께서 판결하시옵소서.' 하였다. 이에 여호와의 영이 입다에게 임하시었다.

입다가 길르앗과 므낫세를 지나 길르앗의 미스바에 이르고 그곳에서 암몬 자손에게 나아갈 때 입다가 여호와께 '주께서 내 손에 암몬을 넘겨주시면 내가 편안히 돌아올 때 내 집 문에 나와서 나를 영접하는 그를 여호와께 번제물로 드리겠다.'라고 서원한 것이다. 그런데 그가 암몬 자손과 싸울 때 여호와께서 암몬을 이스라엘 손에 넘겨주서 입다는 아로엘에서 민닛까지 20개 성을 파괴하였고 아벨 그라밈까지 크게 무찌르니 암몬이 이스라엘에게 항복한 것이다.

그리하여 개선장군이 된 그가 미스바에 있는 집에 이를 때 그의 딸이 소고를 잡고 춤추며 나와서 영접하니 입다가 이를 보고 자기 옷을 찢으며 이르되 '(…) 어찌할꼬 내 딸이여 나를 참담하게 하는 자요. 너는 나를 괴롭게 하는 자 중의 하나로다. 내가 여호와를 향하여 입을 열었으니 능히 돌이키지 못하리로다.'(사사기 11:35) 한다. 딸은 '아버지께서 여호와께 입을 여셨으니 아버지 말씀대로 내게 행하시옵소서. 다만 나를 두 달만 내버려두소서. 내가 여자 친구들과 산에 가서 내가 처녀로 죽음을 애곡하겠나이다.'라고 한다.

입다는 딸에게 원하는 대로 두 달의 기한을 준다. 두 달 후 딸이 돌아오니 입다는 서원한 대로 행하였다. 그것이 이스라엘의 관습이 되어 이스라엘 딸들이 길르앗에 가서 해마다 입다의 딸을 위하여 나흘씩 애곡한다. 그런데 입다에게 다른 문제가 생겼다. 암몬과의 싸움에 에브라임에게는 연락을 하지도 않아 자기들이 소외되었으니 그 책임은 입다에게 있고 입다의 집을 불사르겠다는 것이다. 입다는 암몬과 싸울 때 에브라임을 불렀으나 아무 반응이 없어 자기들을 도울 생각이 없는 것으로 판단하였다고 대답한다. 그리하여 자기 목숨을 생각지 않고 길르앗 사람들과 싸웠다고 해명한다. 평소 에브라임은 길르앗 사람들이 에브라임과 므낫세에게서 도망한 집안이라고 생각한 것이 문제의 핵심이라고 꼬집는다.

그런데 에브라임과 길르앗과의 싸움이 피할 수 없게 되자 길르앗은 먼저 요단강 입구를 장악하고 도망하는 에브라임 사람이 도강을 요구하면 그에게 '쉽볼레'[26)라고 해 보라고 시켜 쉽볼레라고 발음하지 못하고 십볼레라고 발음하면 그 사람은 에브라임 출신이기 때문에 무조건 죽였다. 이때 발음을 제대로 못하여 죽은 에브라임 사람이 4만 2천이라고 기록되고 있다. (사사기 12:7) 입다는 사사가 된 지 6년 만에 죽어 길르앗 성읍에 장사되었다. 입다[27) 이후 입산이 7년, 엘론이 10년, 압돈이 8년 사사로 있었다고 간략하게 기록되어 있다. 그들 사사가 죽은 후 이스라엘 자손이 또다시 여호와께 악을 행하여 여호와께서는 그들을 40년간 블레셋 사람의 손에 넘기셨다.

## 바. 장사 사사 삼손의 비극

그 당시 소라 땅의 단 지파 중에 마노아라는 사람이 있었는데 그의 아내가 임신하지 못하여 자녀가 없었다. 그런데 어느 날 여호와의 사자가 그의 아내에게 나타나 네가 임신하여 아들을 낳을 것이니 포도주와 독주를 마시지 말고 부정한 것도 먹지 말라고 이르고 아이의 머리에 삭도를 대지 말고 그 아이는 태에서 나올 때부터 하나님께 바쳐진 나실인이고 그가 블레셋 사람의 손에서 이스라엘을 구원하기 시작할 것이라고 예언한다. 마

---

26) 히브리어로 '흐르는 시내'의 뜻.

27) 뉴톰슨 관주 주석성경 383쪽, 사사기 12장 8-15절에 의하면 입다는 요단강 동쪽의 사사였고 입산 엘론, 압돈 등 소사사들은 요단강 서쪽의 사사였다.

노아의 아내는 남편에게 있었던 일을 모두 이야기하였다. 마노아는 여호와께 기도하여 '보내셨던 하나님의 사람을 우리에게 다시 오게 하사 우리가 낳을 아이에게 어떻게 행할지를 우리에게 가르치게 하소서.'(사사기 13:8) 하고 청한다.

그러자 하나님의 사자가 임하여 마노아의 아내가 급히 남편을 부르러 왔다. 여호와의 사자는 마노아의 아내에게 말한 것을 반복하여 포도나무의 소산을 먹지 말고 포도주와 독주를 마시지 말며 부정한 것들도 먹지 말라고 이른다. 마노아가 사자에게 대접하기 원하여 염소 새끼 하나를 준비하겠다고 하자 자기는 그의 음식을 먹지 않겠으니 번제를 드리려 하거든 여호와께 드리라 말한다. 마노아가 사자에게 이름을 묻자 단지 기묘자 beyond understanding라고 이른다. 마노아는 염소 새끼와 소제물을 바위 위에 놓고 여호와께 드리자 불꽃이 제단에서부터 하늘로 올라가고 여호와의 사자가 불꽃에 휩싸여 올라갔다. 마노아 부부는 얼굴을 땅에 대고 엎드렸다. 마노아의 아내가 아들을 낳아 그 이름을 삼손이라 하였고 그가 자라면서 여호와께서 복을 주시고 여호와의 영이 그를 움직이기 시작하였다.

삼손이 딤나에 가서 블레셋 사람의 딸들 중에서 한 여자를 보고 자기 부모에게 와서 자기가 딤나에서 블레셋 여인을 보았으니 그를 자기 아내로 삼게 해 달라고 하였다.

그의 부모들은 '너의 백성 중에 여자가 없어서 네가 할례받지 않은 블레셋 아내를 맞으려 하느냐.'고 말렸으나 삼손은 자기가 좋아하는 여자를 데려오게 하시라고 한다. 그 당시는 블레셋이 이스라엘을 다스리던 시절이니 그것은 삼손이 블레셋 사람들을 치려 함이었으나 그의 부모는 그것이 여호와께로부터 나온 것인 줄은 알지 못하였다.

삼손이 부모와 함께 딤나에 가 포도원에 이르니 사자가 그를 보고 으르렁거리자 여호와의 영이 그에게 임하여 그가 아무것도 손에 잡은 것 없이 그 사자를 염소 새끼 찢는 것같이 찢었으나 삼손은 자기가 행한 일을 부모에게 알리지 않았다. 삼손이 만났던 여자와 말하니 여자가 마음에 들어 얼마 후 그 여자를 맞이하려고 다시 가다가 그 사자의 주검을 보자 그의 몸에 벌 떼와 꿀이 있어 자기도 먹고 부모에게도 드렸으나 그 꿀이 사자의 몸에서 나왔다고는 알리지는 않았다. 삼손의 아버지가 그 여자가 있는 집에 내려가니 삼손이 그곳의 풍습에 따라 그곳의 30여 명을 초청하였다. 삼손은 그들에게 수수께끼를 내어 잔치하는 이레 동안 문제를 풀면 자기가 베옷 30벌과 겉옷 30벌을 주겠다고 하였다.

그들이 문제를 내라고 하자 '삼손이 그들에게 이르되 먹는 자에게서 먹는 것이 나오고 강한 자에게서 단 것이 나왔다.'고 하고 그것이 무엇이냐고 하였다. 그들이 풀지 못하니 일곱째 날 그들이 삼손의 아내에게 가서 네 남편을 꾀어 그 수수께끼 답을 우리에게 알려 주지 않으면 너와 너의 집을 불사르겠다고 위협한다. 삼손의 아내는 울며 삼손에게 수수께끼의 답을 알려 달라고 애원하여 그 답을 알려 주어 아내가 자기 백성들에게 알려 주었다. 일곱째 날 해 지기 전에 성읍 사람들이 삼손에게 '무엇이 꿀보다 달며 무엇이 사자보다 강하겠느냐.' 하자 삼손은 너희가 내 암송아지로 밭 갈지 않았으면 내 수수께끼를 풀지 못하였을 것이라고 한다. 여호와의 영이 갑자기 삼손에게 임하시자 삼손은 아스글론에 내려가 그곳 사람 30명을 쳐 죽이고 그들의 재물을 탈취하여 수수께끼를 푼 자들에게 주고 몹시 화가 나서 그의 아버지 집으로 돌아갔다.

얼마 후 추수 때 삼손이 염소 새끼를 가지고 그의 아내에게 찾아가서 아내를 보겠다고 하였더니 장인이 들어가지 못하게 막고 자기 아내를 삼손이 미워하는 줄 알고 그를 친구에게 주었으니 그보다도 아름다운 동생을 아내로 맞이하라고 한다. 삼손은 장인에게 이르되 내가 블레셋 사람들을 처단할 권리가 있기 때문에 내가 실제로 그들에게 해하겠다고 한다. 삼손이 여우 삼백 마리를 잡아 꼬리와 꼬리를 매고 홰를 만들어 두 꼬리를 엮어 홰에 불을 붙여 블레셋 사람들의 곡식밭에 홰에 불을 붙이고 블레셋 사람들의 곡식단에 여우를 서서히 풀어 보리단과 서 있는 곡식에 불을 놓으니 포도원과 감람나무도 불에 탔다. 블레셋 사람들이 누가 이 짓을 했느냐고 하니 사람들 대답이 딤나 사람의 사위 삼손이 그 장인이 삼손의 아내를 빼앗아 다른 친구에게 주었다고 그렇게 한 것이라고 하자 블레셋 사람들이 그 여자와 그의 아버지를 불살라 죽였다.

이에 삼손은 너희들이 이렇게 행하였으니 내가 너희들에게 원수를 갚을 때까지 참지 않겠다고 맹세하고 그들을 심하게 쳐 죽이고 에담 바위에 있는 굴에 머물렀다. 블레셋 사람들이 유다에 올라와 진을 치고 유다 사람들이 너희가 어찌하여 우리와 싸우러 왔느냐고 묻자 삼손이 한 짓을 갚고자 한다고 대답한다. 유다 사람 3000명이 에담 바위의 위에 내려가 '너는 블레셋 사람들이 우리를 다스리는 줄을 알지 못하느냐 네가 어찌하여 우리에게 이같이 행하였느냐.'(사사기 15:11)라고 하니 삼손은 그들이 내게 행한 대로 나도 그들에게 행하였다고 한다. 그들은 삼손에게 '우리가 너를 결박하여 블레셋 사람들에게 넘겨주려고 왔다고 하자 나를 죽이지는 않겠다고 내게 맹세하라고 한다. 그들은 삼손에게 우리가 다만 너를 단단히 결박하여 그들에게 넘겨줄 뿐이고 너를 죽이지는 않겠다.'(사사기

15:13) 하고 새 밧줄 두 개로 결박하고 바위에서 그를 끌어냈다. 삼손이 레히에 이르자 블레셋 사람들이 외치면서 그에게 다가온다. 여호와의 영이 삼손에게 강하게 왔고 그의 팔목을 묶은 밧줄은 불탄 삼과 같이 되어 결박했던 것이 손에서 떨어졌다. 삼손이 나귀의 턱뼈를 보자 손을 내밀어 집어 들고 천명을 쳐 죽이고 삼손이 말했다. '나귀의 턱뼈로 한 더미를 쌓았고 나귀의 턱뼈로 내가 천명을 죽였다.'(사사기 15:16)라 하였다. 삼손이 말을 마치고 턱뼈를 집어 던져 그곳을 라맛 레히 즉 '턱뼈의 산'이라고 불렀다. 삼손이 심히 목이 말라 여호와께 부르짖었다. '주께서 종에게 대승을 주셨으나 제가 목이 말라 죽으면 할례받지 못한 자들의 손에 떨어지게 되겠습니다.'(사사기 15:18) 그러자 하나님께서는 레히의 오목한 곳을 여시어 그곳에서 물이 나오게 하셨다.

삼손이 물을 마시자 원기가 회복되어 다시 소생하니 그 샘의 이름을 엔학고레, '부르짖은 자의 샘'이라 불렀고 오늘날까지 레히에 있다. 블레셋이 다스리던 시절 삼손은 20년간 사사로 있었다. 삼손이 가사에 갔다가 거기서 어느 기생을 보고 그에게 들어갔더니 삼손이 왔다고 알려져 밤새도록 성문에 매복하고 새벽에 그를 죽이기로 하였으나 삼손은 밤중에 문짝들과 문설주와 빗장을 빼어가지고 그것을 메고 헤브론 앞산 꼭대기로 갔다.

그 후 그는 소렉 골짜기의 들릴라라는 여인을 사랑하게 되었다. 그것을 알게 된 방백들은 들릴라에게 가서 삼손을 꾀어 그의 큰 힘이 어떻게 생기는지 어떻게 하면 그를 굴복시켜 결박할 수 있는지 알아내면 우리가 각각 은 100세겔씩 주겠다고 하였다. 그리하여 들릴라는 삼손에게 당신의 큰 힘이 어떻게 생기며 어떻게 해야 당신을 굴복하게 하고 결박할 수 있는지 말해 달라고 하니 삼손은 마르지 않은 새 활줄 일곱으로 나를 결박하면 내가 약해져 보통 사람같이 될 것이다. 블레셋 방백들이 마르지 않은 새 활줄 일곱을 여인에게 가져오자 그가 그것으로 삼손을 결박하고 삼손에게 블레셋 사람들이 당신을 잡으러 왔다고 하니 삼손이 그 줄을 다 탄 삼실을 끊듯이 끊어 버렸다. 들릴라는 삼손에게 '당신이 나를 희롱하여 내게 거짓말을 하였다. 이제는 당신을 어떻게 해야 결박할 수 있는지 말해 달라.'라고 하니 삼손이 쓰지 않은 새 밧줄로 나를 결박하면 내가 약해져 다른 사람과 같아질 것이라고 하였다. 들릴라가 새 밧줄을 가져다 삼손을 결박하고 블레셋 사람들이 들이닥쳤다 하니 삼손이 팔위의 줄 끊기를 실 끊는 것같이 하였다. 들릴라는 삼손에게 '이때까지 나를 희롱하여 거짓말을 하였다. 무엇으로 당신을 결박할 수 있는지 내게 말하라.' 하니 삼손이 '내 머리털 일곱 가닥을 베틀의 날실에 섞어 짜면 될 것이라.' 했다. 들릴라가 그가 시킨 대로 짜서 그를 묶고 블레셋 사람들이 왔다 하니 삼손이 짠 실을 다 빼내었다.

들릴라는 '당신의 마음이 내게 있지 않으면서 어떻게 나를 사랑한다고 하느냐. 당신이 나를 세 번 희롱하면서 당신의 큰 힘이 어떻게 생기는지 다 네게 말하지 않았다. 날마다 삼손을 졸라 삼손의 마음은 번뇌하여 죽을 지경이었다.'라며 진심을 말한다. 자기는 태어나면서 나실인이라 머리에 삭도를 대지 않았는데 만일 내 머리를 깎으면 나의 힘이 내게서 떠나고 나는 다른 사람처럼 된다고 털어놓았다. 들릴라는 삼손이 진심을 다 알려 주어 방백들을 올라오라고 하고 삼손이 자기 무릎을 베고 자게 한 다음 그의 머리털 일곱을 밀고 괴롭게 만들자 그의 힘이 없어졌다. 들릴라가 삼손에게 블레셋 사람들이 들이닥쳤다고 하니 잠을 깨며 내가 나가

한 인문학자의 구약성경 스토리텔링

처리하겠다고 하였으나 여호와께서 이미 그를 떠나신 것을 깨닫지 못하였다.

블레셋 사람들이 그를 붙잡아 그의 눈을 빼고 가사에 내려가 놋줄로 매고 옥에서 맷돌을 돌리게 하였다. 머리털이 깎인 후 그것이 조금씩 자라기 시작하였다. 블레셋 방백들은 우리의 신이 원수 삼손을 우리 손에 넘겨주셨다고 하고 그들의 신 다곤에게 큰 제사를 지내고 즐거워하였다. 그들의 마음이 즐거울 때 삼손을 불러다가 재주를 부리게 하자고 그를 옥에서 데려와 두 기둥 사이에 세웠다. 그 집에는 블레셋 방백들과 남녀 3000여 명이 삼손의 재주를 보려고 모였다. 삼손은 여호와께 부르짖어 "나를 강하게 하사 나의 두 눈을 뺀 블레셋 사람들에게 원수를 갚게 하여 주소서." 하며 양손을 기둥에 대고 블레셋 사람들과 함께 죽기를 원한다고 하고 힘을 쓰자 그 집이 무너져 그 안에 있는 방백과 온 백성 위에 집이 무너져 내리어 그곳에 있던 사람들이 거의 압사하였다.

삼손의 이야기에서 그가 20년간 사사로 있었을 때 있었던 이야기는 아무것도 없고 그가 여자 특히 들릴라에 빠져 겪어야 했던 드라마만 남아 영화와 소설로 엮어졌으나 사실 중요한 것은 삼손과 여자와의 관계가 보여 주는 교훈이다. 삼손은 나실인임에도 불구하고 그의 부모가 반대하고 여호와의 뜻에 반대되는 이방인과의 결혼을 통하여 멸망의 길로 들어선 인물이다. 여러 번 정신을 차릴 기회가 있었지만 삼손은 그 기회를 놓쳐 여호와께서도 그를 떠나셨고 결국 그 자신도 파멸하게 된 것이다.

# (2) 사무엘

라마다임소빔에 에브라임 사람 엘가나가 살았는데 그는 여로보함의 아들이고 엘리후의 손자였다. 그에게는 두 아내가 있었는데 한 사람은 한나이고 또 한 사람은 브닌나였다. 브닌나에게는 자식이 있고 한나에게는 자식이 없었다. 한나는 매년 실로에 올라가서 여호와께 제사를 드렸는데 엘리의 두 아들 홉니와 비느하스가 제사장으로 있었다.

엘가나가 제사를 드리면 제물의 고기를 아내 브닌나와 그의 자녀에게 주고 한나에게는 그 갑절을 주었다. 엘가나가 한나를 사랑하나 여호와께서 한나에게 임신을 허락하지 않으시기 때문이다. 그런 상황에서 브닌나는 한나를 괴롭게 하고 격분시키곤 했다. 그럴 때면 한나는 먹지도 않고 울었다. 엘가나는 한나에게 울지 말라고 하고 '내가 당신한테는 열 아들보다 귀하지 아니하냐.'고 했다. 그들이 실로에서 먹고 마시고 나오니 엘리가 여호와의 전 문설주에 앉아 있었다. 한나가 마음이 괴로워 여호와께 기도하고 통곡하며 '여호와께서 주의 여종에게 아이를 주시면 내가 그를 여호와께 드리고 평생 삭도를 그의 머리에 대지 아니하겠다.'고 서원하였다. (사무엘상 1:11)

한나가 기도하면서 입술만 움직이고 음성이 들리지 않아 엘리는 한나가 취한 줄로 생각하고 '네가 언제까지 취해 있겠느냐. 포도주를 끊으라.'

한 인문학자의 구약성경 스토리텔링

하니 한나는 '나는 마음이 슬픈 여자라 포도주나 독주를 마시지 않고 여호와 앞에 내 심정을 그대로 쏟아 놓은 것입니다.'(사무엘상 1:1) 하였다. 그러자 엘리는 '평안히 가라. 이스라엘의 하나님이 네가 기도하여 구한 것을 허락하시게 되기를 빈다.'고 하였다. 한나는 '당신의 여종이 당신께 은혜 입기를 원합니다.' 하고 가서 먹고 근심하지 않았다. 엘가나가 돌아가 한나와 동침하니 여호와께서 한나를 생각하시어 한나가 임신하여 아들을 낳으니 '내가 여호와께 아들을 구하였다.'고 하여 사무엘이라고 이름하였다.

해마다 엘가나와 한나는 여호와께 매년제와 서원제를 올리는데 금년에는 한나는 올라가지 않고 남편에게 아이의 젖을 떼면 그를 데리고 가서 여호와께 뵙게 하고 그를 거기에 영원히 있게 하겠다고 하였다. 엘가나는 한나의 결정에 따르겠다고 동의했다. 한나는 사무엘이 젖 뗄 때가 되자 수소 세 마리와 밀가루 한 에바, 포도주 한 가죽 부대를 싣고 실로의 여호와의 전에 어린애를 데리고 가 기도로 낳은 어린 사무엘을 여호와께 드린다고 하고 여호와께 경배하였다. 한나는 '내가 주의 구원으로 말미암아 기뻐하나이다.'(사무엘상 2:1)라는 기도를 여호와께 드리고 엘가나와 라마의 집으로 돌아가고 사무엘은 엘리 앞에서 여호와를 섬겼다.

사무엘은 하나님의 궤가 있는 여호와의 전에 누웠는데 사무엘을 부르는 소리가 있어 '제가 여기 있나이다.' 하고 대답하고 엘리에게 달려가자 엘리는 '내가 부르지 않았으니 다시 누우라.'고 한다. 다시 누우니 또 사무엘이라 부르는 소리가 있어 '제가 여기 있나이다.'라고 하니 엘리는 '내 아들아 내가 부르지 않았으니 다시 누우라.'고 한다.

세 번째 여호와께서 사무엘을 부르시자 또 엘리에게 가서 '제가 여기 있나이다.'라고 하니 엘리는 여호와께서 사무엘을 부르신 것이라고 깨닫고 사무엘에게 또 부르시면 '여호와여 말씀하옵소서 주의 종이 듣겠나이다.' 하라고 이른다. 사무엘이 자기 처소에 누우니 전과 같이 '사무엘아 사무엘아.' 하시는지라. 사무엘은 '말씀하시옵소서. 주의 종이 듣겠나이다.'(사무엘상 3:9) 여호와께서는 엘리의 집에 대해 말씀하시면서 엘리의 아들들이 저주를 자청하니 엘리 집의 죄악은 무엇으로나 영원히 속죄받지 못할 것이라고 하셨다. 사무엘은 아침에 자기가 밤에 들은 것은 엘리에게 말하고 싶지 않았으나 엘리는 자기에게 숨김없이 말해 달라고 요청한다. 그리하여 하나도 숨기지 않고 전하니 엘리는 여호와께서 '선하신 대로 하실 것이라.'(사무엘상 3:18)고 한다.

사무엘은 자라면서 여호와께서 그와 함께 계심을 알았다. 이스라엘에서 모두가 사무엘을 여호와께서 선지자로 세우셨음을 알고 있었고 사무엘의 말이 온 이스라엘에 전파되었다. 이스라엘이 블레셋에게 패하여 언약궤를 실로에 가져와 엘리의 아들 홉니와 비느하스가 그것을 간수하였고 블레셋이 또 쳐들어와 하나님의 궤는 빼앗기고 홉니와 비느하스도 죽임을 당하였다. 그날 어떤 베냐민 사람이 자기 옷을 찢고 머리에 티끌을 덮어쓰고 실로에 왔다. 의자에 앉아 소식을 기다리던 엘리는 홉니와 비느하스가 죽임을 당하였고 하나님의 궤도 빼앗겼다는 소식을 듣는 순간 나이가 많고 비대한 엘리는 뒤로 넘어져 목이 부러져 죽었다.(사무엘상 4:18) 엘리는 40년간 이스라엘의 사사로 있었다.

블레셋이 하나님의 궤를 빼앗고 승리하여 의기양양했으나 그것 때문에 불상사들이 일어났다. 그 궤를 다곤과 함께 두었더니 다곤이 궤 앞에 엎드려져 절하고 있었고 다시 세워놓으니 머리와 두 손목이 잘라져 궤 앞에

한 인문학자의 구약성경 스토리텔링

엎드려 절하고 있었으며 다곤이 있는 아스돗 지방에 독한 종기 재앙이 그 일대를 망쳐 놓고 있었다. 방백들은 그 모든 일이 하나님의 궤 때문이라고 보고 이스라엘의 궤를 돌려보내기로 결정하고 돌려보내니 모든 것이 정상으로 돌아왔다. 그 궤는 기럇여아림 사람들이 산에 사는 아비나답의 집에 들여놓고 그 아들 엘리아살을 거룩하게 구별하여 그 궤를 지키게 하였더니 20여 년간 그곳에 있었고 이스라엘 온 족속들이 여호와를 사모하였다.

제사장이 된 사무엘은 이스라엘 온 족속에게 진심으로 여호와를 경외하기 위하여서는 아스다롯을 비롯한 이방 우상들을 제거하고 여호와만 섬겨야 하고 그러면 여호와께서 블레셋 사람들의 손에서 이스라엘을 건져내실 것이라고 알려 준다. 그러자 이스라엘 자손들은 바알, 아스다롯 등을 모두 제거하고 여호와만 섬기기로 돌아섰다. 사무엘은 온 이스라엘을 미스바로오라 하고 이스라엘 자손을 위해 여호와께 기도드리겠다고 하였다. 그들이 모두 미스바에 모여 종일 금식하고 자기들이 여호와께 범죄하였다고 회개하고 사무엘이 미스바에서 이스라엘 자손을 다스렸다. 이스라엘 자손이 미스바에 모인 것을 안 블레셋 방백들은 이스라엘을 치러 왔다. 사무엘은 젖 먹는 어린 양을 번제로 드리고 여호와께 부르짖자 여호와께서는 블레셋 사람들에게 큰 우레를 발하여 그들을 혼란케 하고 이스라엘에게 패하게 하였다. 이스라엘은 미스바에서 나가 블레셋을 추격하여 벧갈 아래에 이르기까지 그들을 쳤다.

사무엘은 미스바와 센사이에 돌을 세워 여호와께서 우리를 여기까지 도우셨다고 하여 '에벤에셀'이라고 그곳을 이름하였다. (사무엘상 7:12) 이에 블레셋이 굴복하고 사무엘이 사는 동안 여호와께서 지켜 주셨다. 이스라엘은 블레셋에 빼앗겼던 에그론에서 가드까지와 다른 성읍들을 회복하였고 아모리와도 평화가 있었다. 사무엘은 매년 벧엘과 길갈과 미스바를 순회하며 이스라엘을 다스렸고 자기 집이 있는 라마로 돌아왔다. 그곳에서도 이스라엘을 다스렸고 여호와를 위하여 그곳에 제단을 쌓았다. 사무엘이 늙자 그 두 아들 요엘과 아비야를 사사로 삼았다. 그러나 그들은 뇌물을 받고 판결을 굽게 하였다. 모든 장로들은 사무엘을 찾아가 '당신은 늙고 아들들이 아버지를 따르지 않으니 우리도 다른 모든 나라들 같이 왕을 세워 다스리게 하여 주소서.' 하였다.

사무엘은 그 말을 듣고 기뻐하지 않았다. 그가 여호와께 기도드리자 여호와께서는 백성이 한 말을 모두 들으라고 하고 그들이 너 사무엘을 버리는 것이 아니라 나 여호와를 버려 자기들의 왕이 되지 못하게 하는 것이라고 하신다. 그리고 사무엘에게 왕 제도가 어떤 것인지 가르치라고 이르신다. (사무엘상 8:9)

사무엘은 백성들에게 "왕의 제도가 있으면 너희 아들들은 병거와 말 앞에서 달릴 것이고 천부장 오십부장을 삼고 왕의 밭을 갈고 추수하게 하며 무기와 병기 등의 장비도 만들고 너희의 딸들을 데려다 향료를 만들고 요리하고 떡 굽게 하며 밭과 포도원과 감람원에서 제일 좋은 것을 바치게 하며 모든 소산의 십일조를 거두어 자기의 관리와 신하에게 주고 너희의 노비와 아름다운 소년과 나귀들을 끌어다 자기 일을 시킬 것이며 너희는 그의 종이 될 것이고 너희가 택한 왕 때문에 너희가 부르짖어도 여호와께서는 너희에게 응답하지 않으실 것이라."라고 설명한다. 그래도 그의 말을 듣지 않고 '우리도 우리의 왕이 있어야 한다.'고 대답한다.

한 인문학자의 구약성경 스토리텔링

# (3) 구약성경 주요 인물의 수명

우리는 구약성경 시대의 초기 인물들의 삶에 대해 알고 싶은 것이 많으나 우리가 알 수 있는 것은 단순히 그들의 수명에 대한 기록뿐이다. 그럼에도 인물들의 수명 기록을 취합해 보면 그것이 어떤 부가적 의미additional meaning를 보여 주고 있음을 알 수 있다.

하나님이 처음 지으신 인간 아담은 선악과를 먹은 죄로 하나님과 에덴을 떠난다. 그는 하와와 동침하여 가인과 아벨을 낳았으나 가인이 질투로 아벨을 살해하여 집을 떠나 유랑하는 신세가 된다. 아담은 130세에 셋을 낳고 930세까지 산다. 셋은 105세에 에노스를 낳고 912세까지 산다. 에노스는 90세에 게난을 낳고 905세까지 산다. 게난은 70세에 마할랄렐을 낳고 910세까지 산다.

마할랄렐은 65세에 야렛을 낳고 895세까지 산다. 야렛은 162세에 에녹을 낳고 962세까지 산다. 에녹은 65세에 므두셀라를 낳고 므두셀라를 낳은 후 하나님과 동행하더니 하나님이 에녹을 하늘로 데려가셨다. 므두셀라는 187세에 라멕을 낳고 969세까지 산다. 라멕은 182세에 노아를 낳고 777세까지 산다. 노아는 셈, 함, 야벳을 낳고 950세까지 살았다. 자손들의 수명을 알 수 있는 것은 셈의 가족뿐이다.

셈은 홍수가 끝나고 2년 후 100세에 아르박삿을 낳고 600세까지 살고 아르박삿은 셀라를 낳고 438세를 산다. 셀라는 30세에 에벨을 낳고 433세를 산다. 에벨은 34세에 벨렉을 낳고 464세까지 산다. 벨렉은 34세에 르우를 낳고 239세를 산다. 르우는 32세에 스룩을 낳고 239세를 산다. 스룩은 30세에 나홀을 낳고 230세를 산다. 나홀은 29세에 데라를 낳고 148세를 산다. 데라는 70세에 아브람(= 아브라함)과 나홀과 하란을 낳고 205세에 죽으나 하란은 롯을 낳고 일찍 죽는다.

아브라함은 자식이 없다가 86세에 사래(= 사라)의 애굽 출신 몸종 하갈과 동침하여 서자 이스마엘을 낳는다. 그 후 100세에 사라와의 사이에서 이삭을 낳고 175세까지 산다. 이삭은 40세에 결혼하고 쌍둥이 형제 에서와 야곱을 낳는다.

기구한 운명으로 애굽 왕궁에서 교육받은 모세는 본의 아닌 살인을 하고 미디안으로 도피하였다가 하나님의 명령을 받아 애굽에서 심한 종살이를 하는 백성들을 이끌고 나와 70세에 이스라엘 백성들과 40여 년 광야를 하나님이 이끄시는 대로 헤매다가 가나안이 보이는 비스가산 꼭대기에서 가나안에 들어가지 못하고 120세에 눈을 감으나 모세는 그때까지 기력이 쇠하지 않고 눈도 흐리지 않았다. 모세의 후계자로 하나님의 신뢰를 받은 여호수아는 백성들을 가나안으로 성공적으로 이끌었고 거의 모든 전쟁에서 승리한 장수로서 백성들의 슬픔 속에서 110세로 생을 마감한다.

20대 시골 목동이었던 다윗이 블레셋의 거인 대장을 물매 한 방으로 거꾸러뜨리고 구국의 영웅이 되었으나 사울 왕의 질투로 이리저리 피해 다니다가 30세에 통일왕국의 왕이 되어 모두 40년간 통치하였으나 아들의 반란으로 가까스로 목숨을 구하고 왕으로서 71세까지 살았다. 14살의 나이에 다윗을 이어 왕이 된 솔로몬 역시 40년간 왕으로 지내면서 세상의 모든 영화를 누린 후 전도서에서 '모든 것이 헛되다.'를 여러 번 외치며 55세까지 살았다. 그의 사후에 나라는 북이스라엘과 남유다의 두 왕국으로 나뉘었고 그중에는 행실이 악하고 하나님을 경외하지 않은 왕들이 많았으나 그들의 수명은 현대인들과 다르지 않고 수명이 별다른 의미를 보여 주지 않기 때문에 그에 대한 논의는 생략한다.

# 4장을 마무리하며

우리가 기록한 인물들의 수명을 아담에서 아브라함의 부친 데라까지를 먼저 살펴보자. 아담에서 데라까지는 17대를 거쳤는데 그중에서 7사람이 900세를 넘어 1000년 가까이 살았고 1사람이 5살이 모자란 900세를 살았다. 아니 1000년을 살다니! 그것이 가능할까? 하기야 고조선의 단군왕들 중에서도 1000년을 넘긴 왕들이 있었다고 하니 불가능한 일이라고 그런 일을 거부부터 할 것은 아닌 듯하다.

그 시대에는 환경도 좋고 물과 공기도 좋고 공해라고는 없었을 것이고 건강에 좋은 원초적 먹거리만 들면서 아픈 데도 없고 아무 스트레스도 없고 많이 움직이면서 살았다면 사람들의 수명은 우리가 상식적으로 생각하는 것보다 훨씬 길었을 것이라고 추정할 수 있다. 그러나 몇 가지 의문점들이 떠오르는 것을 막을 수는 없다.

그중 한 가지는 1000년 가까이 사는 사람들의 수명을 헤아려 기록하는 사람이 있었는지 궁금하다. 아니 그 당시에도 그런 숫자를 기록하고 남기는 역사가가 있었고 문자도 있었는지 궁금하다. 그러한 기본적인 문제 때문에 아담에서 데라까지는 신화적인 세계가 아니었을까 하는 추정을 하게 되고 그 후 성전에 기록을 맡은 사가들이 있어 하나님의 성스런 감동으로 태초의 세기를 거슬러 기록한 것이 아닐까 상상하게 된다.

5.

통일왕국

# (1) 사울

　베냐민 지파에 기스라는 사람이 있는데 그는 아비엘의 아들이고 뼈대 있는 집안 출신이다. 기스에게는 사울이라는 준수한 아들이 있었다. 그는 모든 백성보다 머리 하나가 더 있을 만큼 키가 컸다. 기스가 암나귀를 잃어버리자 사울에게 자기 암나귀를 찾아보라 이른다. 사울이 에브라임 산지와 살리사 땅과 사알림 땅과 베냐민 사람의 땅을 두로 다녀보아도 찾지 못하여 숩 땅에까지 이르렀다. 돌아갈까 하는데 데리고 간 사환이 '이 성읍에 존경받는 하나님의 사람이 있는데 그가 우리의 갈 길을 가르쳐 줄 수 있지 않을까요?'라고 한다. (사무엘상 9:6)

　사울이 그에게 드릴 예물이 없어 걱정하니 사환이 자기에게 은 한 세겔의 4분의 1이 있으니 그것을 하나님의 사람에게 드리고 우리 길을 가르쳐 달라고 하겠다고 하였다. 그들이 성읍을 향한 비탈길로 올라가다가 소녀들을 만나 선견자가 '여기 어디 있느냐?' 하니 '오늘 산당에 제사 지내려고 조금 전에 가셨으니 산당에 올라가기 전에 당신들이 만나실 것입니다. 그가 제물을 축사한 후에야 청함을 받은 자가 먹습니다. 지금 올라가소서.' 하였다. (사무엘상 9:13) 사무엘이 산당에 들어갈 때 그를 만났다.

　그런데 그 전날 여호와께서 사무엘에게 '내일 이맘때에 내가 베냐민 땅의 한 사람을 네게 보낼 것이니 너는 그에게 기름 부어 이스라엘 백성의 지도자로 삼으라. 그가 내 백성을 블레셋의 손에서 구하리라.' 하셨다. 사울이 사무엘을 보자 선견자 집을 가르쳐 달라고 한다. 사무엘이 '내가 선견자이다. 너희가 나와 함께 먹을 것이고 아침에 내가 보내되 네 마음에 있는 것을 네게 말하리라. 사흘 전에 잃은 암나귀들을 염려하지 말라. 찾았느니라. 온 이스라엘이 너와 네 아버지를 사모한다.'(사무엘상 9:20)라고 하자 사울은 자기는 이스라엘 지파에서 가장 작은 베냐민 사람이고 나의 가족은 베냐민 지파 가족 중 가장 미약한 집안이라고 말한다.

사무엘은 사울과 그 사환을 30명가량의 초청객의 상석에 앉힌다. 사무엘은 요리인에게 잘 간수하라고 한 부분을 가져오라고 한다. 요리인이 넓적다리와 그것에 붙은 것을 사울 앞에 놓는다. 사무엘은 사울에게 너를 위하여 이것을 두고 이때를 기다렸다고 하였다. 그들이 산당에서 내려와 성읍에 들어가서 담화하고 이튿날 동틀 때쯤 사무엘이 사울을 불러 내가 너를 보낼 것이다 하고 둘이 밖으로 나가 성읍 끝에 이르자 사무엘이 사울에게 하나님 말씀을 들려주겠다고 하고 기름병을 가져다가 사울의 머리에 기름을 붓고 입 맞추며 여호와께서 네게 기름을 부으시고 그의 기업의 지도자로 삼으셨다고 일러 주었다.

그리고 '베냐민 경계 셀사의 라헬 묘실 곁의 두 사람이 네 아버지의 암나귀들을 찾았다고 하고 아버지는 나귀보다도 너희 걱정을 하신다고 할 것이다. 네가 다볼 상수리나무에 이르면 하나님을 뵈려고 벧엘로 올라가는 세 사람을 만날 것이다. 한 사람은 염소 새끼 셋을 이끌었고 한 사람은 떡 세 덩이를 가졌고 한 사람은 포도주 한 가죽 부대를 가졌다. 그들이 네게 문안하고 떡 두 덩이를 주면 그것을 받고 네가 하나님의 산에 이를 것이다. 그곳에는 블레셋 사람들의 영문이 있다. 그곳으로 가서 그 성읍으로 들어갈 때 선지자의 무리가 산당에서부터 비파, 소고, 저, 수금들을 앞세우고 예언하며 내려오는 것을 만날 것이다. 네게도 여호와의 영이 크게 임하여 너도 그들과 함께 예언을 하고 변하여 새 사람이 되리라. 이 징조가 네게 임하거든 너는 네가 할 수 있는 것을 행하라. 하나님이 너와 함께 하시느니라. 너는 먼저 길갈로 내려가라. 내가 가서 번제와 화목제를 드리고 네가 가서 행할 것을 네게 가르칠 7일 동안 기다리라.'라고 이른다. 사울이 사무엘을 떠나려고 할 때에 하나님이 그에게 새 마음을 주셨고 징조들도 다 이루어졌다. 그가 산에 이를 때 선지자의 무리가 그를 영접하였고 하나님의 영이 사울에게 임하여 그도 선지자들과 예언을 하니 사람들이 사울에게 어떤 일이 있었는지 의아해하였다. (사무엘상 10:12)

사울의 숙부가 사울을 보고 어디에 갔었느냐고 물었다. 사울은 암나귀를 찾다가 사무엘에게 갔었다고 하니 숙부가 사무엘이 너희에게 이른 말을 말하라 하여 사울이 암나귀를 찾았다고만 말하고 나머지는 말하지 않았다. 사무엘은 백성을 미스바의 여호와 곁으로 불러 '여호와께서 애굽에서 압제당하는 이스라엘을 그곳에서 구해 내고 모든 나라의 손에서 건져 내시고 재난과 고통 중에서 너희를 구원하셨는데 하나님을 버리고 우리에게 왕을 세우라 하는구나. 이제 각 지파대로 천 명씩 여호와 앞에 나오라.' 하고 사무엘이 이스라엘 지파를 가까이 오게 하였더니 베냐민 지파가 여호와 앞에 선택되었고 베냐민 지파를 가족별로 가까이 오게 하였더니 마드리 가족이 선택되었고 최종적으로 마드리 가족에서 기스의 아들 사울이 선택되었다. (사무엘상 10:21)

그러나 그가 보이지 않으므로 사람들이 '그가 여기 왔습니까?' 하고 여호와께 물으니 여호와께서 그가 짐 보따리 사이에 숨었다고 하셨다. 사람

한 인문학자의 구약성경 스토리텔링

들이 달려가 그를 데려오니 다른 사람보다 머리 하나만큼 키가 더 컸다. 사무엘이 '여호와께서 택하신 자를 보아라. 모든 백성 중에 짝할 이가 없도다.' 하니 백성이 만세를 외쳐 부른다. 암몬의 나하스가 길르앗 야베스에 맞서 진을 치자 야베스 주민이 나하스에게 '우리와 언약하면 우리가 너를 섬기겠다.'고 하자 나하스는 '내가 너희의 오른 눈을 모두 빼어야 너희와 언약하겠다.' 그 말은 온 이스라엘에 큰 모욕이 된다. 그러자 야베스의 장로들이 나하스에게 일주일의 말미를 주면 온 이스라엘에 전령들을 보내어 구원을 요청하고 구원 오는 사람들이 없으면 너에게 항복하겠다고 말한다.

전령이 사울이 사는 기브아에 가서 이 말을 전하니 모든 백성이 울었다.(사무엘상 11:4) 밭에서 밭 갈고 오던 사울이 그 까닭을 물은 즉 그들이 야베스 사람의 말을 전했다. 사울이 그 말을 들으면서 하나님의 영에 크게 감동되어 그의 분노가 크게 일어난다. 그는 한 겨리의 소를 잡아 각을 뜨고 전령들을 통하여 이스라엘 전역에 그것을 보내 사무엘과 사울을 따르지 않으면 너의 소들과 같이 될 것이라고 전하였다. 그러자 여호와의 두려움이 백성들에게 임하여 모든 사람이 나왔다. 사울이 베섹에서 그 수를 점검해 보니 북이스라엘 자손이 30만, 남유다 자손이 10만이었다. 전령들에게 내일 한낮에 너희가 구원받으리라고 야베스 사람들에게 전하도록 했다. 그러자 야베스 사람들은 나하스에게 '내일 우리가 항복하겠으니 처분대로 하라.'라고 하였다. 이튿날 사울이 부대를 셋으로 나누어 새벽에 적진을 치니 모두 뿔뿔이 도망치기에 바빴다. 사울의 능력에 대해 불신을 갖던 자들도 더 이상 문제 삼지 않고 모두 길갈로 가서 사울을 왕으로 모시고 여호와께 화목제를 드리고 기뻐하였다. (사무엘상 11:15)

나이가 많은 사무엘은 이제 너희가 원하던 왕을 세웠고 '내가 많이 늙었는데 너희 가운데 내가 손해를 끼친 사람이 있으면 너희에게 갚아 주겠다.'고 하였으나 백성들이 그런 일은 없다고 하였다. 사무엘은 지난 과거에 이스라엘 백성이 여호와께 저지른 죄악들을 열거하면서 이방 국가들로 하여금 이스라엘에게 징벌을 내리게 하신다. 그러나 이스라엘이 회개하고 여호와께 이방의 압제에서 구원해 주시라고 부르짖으면 백성들을 불쌍히 여겨 그 압제에서 구원해 주셨고 이제 너희들 소원대로 왕을 세우셨으니 앞으로 여호와를 경외하고 그를 섬기면 복을 받겠으나 또다시 죄악을 저지르면 여호와께서 너희에게 무거운 벌을 내리실 것이라고 하고 자기가 백성들을 위하여 여호와께 쉬지 않고 기도하겠으니 오직 마음을 다하여 여호와를 섬길 것을 간곡히 부탁하였다. (사무엘상 12:24)

사울은 30세에 이스라엘 왕이 되고 2년째에 이스라엘에서 3000명을 뽑아 그중 2000명은 자기와 함께 믹마스와 벧엘에 있게 하고 1000명은 아들 요나단과 함께 베냐민 기브아에 있게 하고 나머지는 장막으로 돌려보냈다. 요나단이 게바의 블레셋 수비대를 쳤고 온 블레셋이 그 소식을 들었다. 블레셋은 이스라엘을 치기 위해 3만의 병거와 6천의 마병 등 수많은 군사를 몰고 벧아원 동쪽 믹맛에 진을 치자 이스라엘은 굴과 수풀과 바위틈, 은밀한 곳과 웅덩이에 숨었으며 어떤 사람들은 요단강 건너 갓과 길르앗 땅으로 갔으나 사울은 아직 길갈에 있었고 모든 백성이 무서워하였다.

사울은 번제와 화목제를 준비시켜 제를 드렸고 번제가 끝나자 사무엘이 도착하여 사울이 인사를 드리자 사울은 사태가 급박하여 블레셋이 길갈로 내려오겠는데 내가 여호와께 은혜를 간구하고자 급히 번제를 드렸다고 하였다. 그러자 사무엘은 사울에게 왕이 망령되게 행하였고 여호와께서 왕에게 내리신 명령을 지키지 않아 여호와께서 마음에 맞는 사람을 구하여 그를 백성의 지도자로 삼으셨다고 하였다.(사무엘상 13:14) 사무엘은 베냐민 기브아로 올라가고 사울은 자기와 함께한 백성의 수를 세어보니 600명가량이었다. 사울과 요나단 그리고 그들과 함께한 백성들은 베냐민 게바에 있고 블레셋은 믹마스에 진을 쳤다.

블레셋은 세 부대의 노략꾼들을 내보내 한 부대는 오브라의 길을 따라 수알 땅에 이르렀고 또 한 부대는 벧호른 길로 행하였고 다른 한 부대는 광야 쪽 스보임 골짜기 길로 행하였다. 그 당시 이스라엘에는 철공이 없어 보습이나 도끼나 괭이를 벼리려면 블레셋에 내려갔는데 싸우는 날 백성의 손에는 칼이나 창이 없었고 사울과 요나단에게만 무기가 있었다. 하루는 요나단이 무기를 든 자기의 소년에게 블레셋 사람들 부대로 가자 하고 아버지에게는 알리지 않았다. 요나단이 무기를 든 소년에게 할례받지 않은 자들에게 '건너가자. 여호와께서 우리를 위해 일하실까 한다. 여호와께서는 구원을 사람의 숫자로 정하시는 것이 아니다.' 하니 소년이 요나단에게 마음에 있는 대로 행하여 앞서가시면 따르겠다고 한다. 요나단은 건너가 '그들이 우리를 볼 때 그들이 너희에게 갈 것이니 기다리라 하면 우리는 기다릴 것이요 우리에게 올라오라 하면 여호와께서 그들을 우리 손에 넘기셨으니 나를 따라오라.'고 무기 든 소년에게 이른다. 요나단은 기어 올라갔고 그 소년도 그를 따랐다. 블레셋 사람들이 요나단 앞에 엎드려 무기든 소년이 그들을 쳐 죽이니 반나절 공격에 20여 명을 쳐 죽였다. 베냐민 기브아에 있는 사울의 파수꾼이 바라본즉 많은 블레셋 사람들이 무너져 사방으로 흩어져 도망가는 것이었다. 우리 중 누가 나가 싸운 것인지 사울이 점검을 시켜 보니 요나단과 무기든 소년이 없었다. 그 당시 하나님의 궤가 이스라엘 자손과 함께 있었고 사울과 백성이 본즉 블레셋 사람들이 칼로 자기 백성들끼리 치고 혼란에 빠졌다. 에브라임 산지에 숨어 있던 이스라엘 사람들도 모두 나와 도망하는 블레셋 사람들을 추격하였다. 그날 여호와께서 이스라엘을 구원하시었다. (사무엘상 14:23)

그날 사울은 이스라엘 원수에게 보복할 때까지 아무도 음식물을 먹지 말라고 명령하여 백성들은 매우 힘이 없었다. 백성들이 수풀에 들어간즉 땅에 꿀이 있었으나 사울의 명령이 두려워 그것을 맛보는 자가 없었다. 요나단은 사울의 명령을 듣지 못하였으므로 지팡이 끝으로 꿀을 찍어 먹으니 눈이 밝아졌다. 그때 함께 있던 백성 하나가 사울이 오늘 음식물을 먹는 사람은 저주를 받을 것이라고 하여 백성들이 피곤하였다고 하니 요나단은 '내 아버지께서 백성들을 곤란하게 하셨구나. 보라 내가 꿀을 조금 맛보아도 내 눈이 이렇게 밝아졌는데 백성들이 적에게서 탈취한 것을 먹었더라면 블레셋 사람들을 더 많이 죽였을 것이 아닌가.'라고 하였다. (사무엘상 14:30)

그날 백성들이 믹마스에서 아얄론에 이르기까지 블레셋 사람들을 치느라고 몹시 피곤하여 탈취한 양과 소와 송아지 등을 피째 먹었다. 어떤 사람이 사울에게 백성들이 고기를 피째 먹어 여호와께 범죄하였다고 전하자 사울은 너희가 믿음 없이 행하였으니 이제 큰 돌을 내게 굴려오라고 하고 모든 사람은 소와 양을 이곳에 끌어와 여기서 잡아먹되 피째로 먹어 여호와께 범죄하지 말라고 하여 백성들이 가축들을 끌어와 그곳에서 잡았다. (사무엘상 14:30) 사울이 우리가 블레셋을 추격하여 동틀 때까지 한 사람도 남기지 말자고 하니 무리가 '왕의 생각대로 하십시오.' 하는데 제

한 인문학자의 구약성경 스토리텔링

사장이 하나님께 여쭈어보자고 이끈다. (사무엘상 14:36) 사울이 하나님께 '블레셋 사람들을 추격할까요? 주께서 그들을 이스라엘의 손에 넘기시겠습니까?' 하고 여쭈었으나 그날에는 대답하지 않으신다. 사울은 그것이 죄지은 사람이 있기 때문이라고 깨닫고 그 죄인을 찾아내어 설사 그것이 자기 아들이라도 처단하겠다고 생각한다. 그런데 사울이 여호와께 탄원하여 죄인이 누구냐고 여쭈니 요나단과 사울이 뽑히고 그중에 누구냐고 여쭈니 요나단이 뽑혔다.

사울은 요나단이 반드시 죽어야 하고 그렇지 않으면 하나님이 재앙을 내리시기를 원한다고 선언한다. (사무엘상 14:44) 그러나 백성들은 요나단이 하나님과 동역하여 오늘 승리를 이루었음을 강조하여 요나단을 처단할 수 없게 되었다. 사울이 왕위에 오른 후 모압과 암몬, 에돔과 소바 블레셋 그리고 아말렉도 쳐서 이스라엘을 압제하고 약탈하는 세력들을 물리쳤다. 사무엘은 여호와께서 사울에게 기름 부어 왕으로 삼으셨으니 왕은 여호와의 말씀을 들으라고 한다. 여호와께서는 이스라엘이 애굽에서 나올 때 아말렉이 이스라엘에 대적했던 것을 벌하고자 사울이 아말렉을 쳐서 남녀와 노소, 가축과 소유를 진멸하라고 여호와께서 사무엘에게 이르셨다고 전한다. 사울은 아말렉 성의 골짜기에 복병시키고 애굽에서 나올 때 이스라엘을 선대한 겐 사람들에게는 같이 있는 아말렉인들에게서 떠나라고 알린다.

사울은 하월라에서 애굽 가까이 술에 이르기까지 아말렉 사람을 치고 왕 아각을 사로잡고 백성을 진멸하였으나 아각과 그의 양과 소의 좋은 것 어린 양을 남겨놓고 가치 없고 하찮은 것은 진멸하였다. 그러자 여호와의 말씀이 사무엘에게 임하여 사울을 왕으로 세운 것을 후회하시고 그가 명령을 따르지 않은 것을 지적하시어 사무엘의 근심이 되어 밤새도록 여호와께 호소하였다. 사무엘이 사울을 만나고자 하니 어떤 사람은 사울이 갈멜에 가서 자기를 위한 기념비를 세우고 길갈로 내려갔다고 하여 그곳에 가서 사울을 만났다.

사울은 여호와의 명령을 모두 행하였다고 자랑스럽게 말한다. 사무엘은 그러면 내 귀에 들리는 양과 소의 소리는 어떻게 된 것이냐고 하였다. 사울은 백성이 여호와께 제사하려고 가축 중에서 좋은 것을 남기고 나머지는 진멸하였다고 말한다. 사무엘은 여호와께서 왕에게 아말렉을 진멸하여 없애라고 하셨는데 왕은 어째서 탈취하는 것에 열중하고 악한 일을 행하였느냐고 묻는다. 사울은 자기는 여호와의 말씀을 따라 아말렉 왕을 잡아 왔고 아말렉을 진멸하였으나 멸할 것 중에서 좋은 것은 하나님 여호와께 제사하려고 양과 소를 끌어온 것이라고 말한다.

사무엘은 하나님께 '순종하는 것이 제사보다 낫고 듣는 것이 숫양의 기름보다 나으니(사무엘상 15:22) 거역하는 것은 우상에게 절하는 죄와 같아서 왕이 여호와를 버렸으니 여호와도 왕을 버려 왕이 되지 못하게 하셨습니다.'(사무엘상 15:23)라고 하자 사울은 자기가 여호와와 당신의 말씀을 어긴 것은 백성을 두려워하여 그들의 말을 청종하였으니 내가 범죄하였다고 말한다. 사무엘이 가려고 돌아설 때 사울이 그의 겉옷 자락을 붙잡아 찢어진다. 사무엘은 오늘 이스라엘을 왕에게서 떼어 왕보다 나은 사람에게 주셨다고 사울에게 알려 준다. 사울은 자기가 비록 범죄 하였으나 '장로들과 백성 앞에서 저를 높이시어 함께 하나님 여호와께 경배하게 하소서.'(사무엘상 15:30) 하고 말한다. 이에 사무엘이 따라가자 사울이 여호와께 경배한다. 사무엘이 아말렉 왕 아각을 끌어오라고 하자 아각은 죽음을 피하였다고 생각하나 사무엘은 '네 어미에게 자식이 없으리라.' 하고 아각을 칼로 친다. 여호와께서는 사울을 이스라엘 왕으로 삼으신 것을 후회하셨다.

# (2) 다윗

여호와께서 사무엘에게 사울을 버려 이스라엘 왕이 되지 못하게 하였으니 그를 위하여 슬퍼하지 말라고 하시고 그 대신 뿔에 기름을 준비하여 이새의 아들 중에 한 왕을 보았으니 그에게 가라고 이르신다. 사무엘은 사울이 그 말씀을 들으면 자기를 죽일 것이라 하니 여호와께서는 암송아지를 끌고 여호와께 제사 지내러 왔다고 하고 이새를 제사에 청하면 여호와께서 사무엘이 행할 일을 가르쳐 주시겠다고 하신다. 사무엘은 성읍 장로들에게 성결케 하고 제사드리자고 하고 이새의 아들들도 그렇게 하고 제사에 청한다. 사무엘은 이새의 아들들을 모두 차례로 보았으나 아무에게도 낙점이 되지 않자 이새는 양을 지키는 막내아들이 더 있다고 한다. 사무엘이 그를 데려 오게 한다. 그는 안색이 불그레한 건강 색이고 멋진 인상에 용모가 아름다웠다. 여호와께서 '이이가 그니 일어나 기름 부으라.'(사무엘상 16:12) 하셨다.

사무엘이 그에게 기름 부었더니 다윗이 하나님의 영에 크게 감동되었다. 그 후 사무엘은 라마로 떠났다. 여호와의 영이 사울을 떠났기 때문에 사울은 악령에 번뇌하게 된다. 사울의 신하들은 왕이 악령으로 번뇌할 때 수금을 잘 타는 사람이 수금을 타면 나을 것이라고 말한다. 그리하여 사울이 자기를 위하여 수금 잘 타는 사람을 데려오라 하자 다윗이 추천되어

　　　　　　　　　　　　한 인문학자의 구약성경 스토리텔링

사울이 보니 인물이 좋고 구변도 좋아 사울의 사랑을 받는다. 하나님이 부리시는 악령이 사울에게 이를 때 다윗이 수금을 타니 사울이 상쾌하고 악령도 사라졌다.

블레셋이 군대를 몰고 와 에베스담밈에 진을 치고 이스라엘은 엘라 골짜기에 진을 쳤다. 양군은 골짜기를 사이에 두고 양쪽 산에 진을 친 것이다. 블레셋에서는 큰 싸움꾼 골리앗이 나왔는데 그는 가드 출신으로 키가 6규빗 한 뼘이고 머리에는 놋투구, 몸에는 비늘 갑옷을 입고 갑옷의 무게는 놋 5000세겔이며 다리에는 놋 각반을 쳤고 어깨 사이에 놋단장을 메었다. 그의 창 자루는 베틀 같고 창날은 1600세겔이며 방패 든 자가 앞서 있었다. 그는 이스라엘 한 사람을 택하여 '그가 나와 싸워서 나를 죽이면 우리가 너희 종이 되겠고 만일 우리가 이겨 그를 죽이면 너희가 종이 되어 우리를 섬길 것이니라.'(사무엘상 17:9)라고 한다.

사울과 온 이스라엘이 블레셋 사람 골리앗의 말을 듣고 놀라 두려워한다. 이새의 아들 다윗은 막내라 세 형은 이새를 따랐고 다윗은 사울에게 왕래하며 아버지의 양을 쳤다. 이새가 다윗에게 곡식 한 에바와 떡 열 덩이를 형들에게 주고 치즈 열 덩이를 부대장에게 주고 형들의 안위를 살피고 증표를 가져오라고 시킨다. 다윗은 양을 지키는 자에게 맡기고 이새가 시킨 것을 가지고 진영에 갔더니 양 진영이 대치하고 있었고 전과 같은 말을 한다. 이스라엘 사람들 중에는 두려워하여 도망하는 사람도 있었다. 그리하여 사람들이 이스라엘을 모욕하는 저 블레셋 사람을 죽이면 왕이 많은 재물을 주고 그에게 왕의 딸도 주고 그 아버지는 이스라엘 세금도 면제한다고 했다.

큰형 엘리압은 다윗에게 양들은 어떻게 하고 왜 왔느냐고 핀잔이다. 사울이 다윗을 부르자 그는 사울에게 '주의 종이 가서 저 블레셋 사람과 싸우리이다.'(사무엘상 17:32)라고 하니 사울이 골리앗은 어려서부터 용사이고 너는 소년이니 저 사람과 싸울 수 없다고 한다. 다윗은 사울에게 '양을 지킬 때 사자나 곰이 양 떼에서 새끼를 물어 가면 자기가 따라가서 그 짐승을 치고 새끼를 건져 내었고 짐승이 나를 해하고자 하면 내가 그 수염을 잡고 쳐 죽였습니다. 주의 종이 사자나 곰도 쳐 죽였는데 하나님의 군대를 모욕한 할례받지 않은 사람은 그 짐승처럼 될 것입니다.'라고 한다.

그러자 사울이 가라고 이르고 여호와께서 너와 함께 계시기를 원한다고 하고 자기 군복을 다윗에게 입히고 놋투구를 머리에 씌우고 군복을 입히니 자유스럽지 못하여 주신 것을 입지 못하겠다고 하고 손에 막대기를 가지고 시내에서 매끄러운 돌 다섯을 골라서 주머니에 넣고 손에 물매를 가지고 블레셋 사람에게 나아간다. 골리앗은 다윗을 보자 그가 앳되고 용모가 아름다운 것을 보고 멸시했다. 골리앗은 '네가 나를 개로 여기고 막대기를 가지고 내게 나왔느냐.'(사무엘상 17:43) 하고 그의 신들의 이름으로 다윗을 저주하였다. 그가 다윗에게 '내가 네 살을 공중의 새들과 들짐승들에게 주리라.'(사무엘상 17:44)고 한다. 다윗은 골리앗에게 '너는 말과 창과 단창으로 내게 나오지만 나는 만군의 여호와의 이름으로 네게 나아가노라.'

'오늘 여호와께서 너를 내 손에 넘기실 것이니 내가 너를 쳐서 네 목을 베고 블레셋 군대의 시체를 새와 짐승에게 주어 온 땅이 이스라엘에 하나님이 계신 줄을 알게 하겠고 또 여호와의 구원하심은 칼과 창에 있지 않음을 너희에게 알게 하리라. 전쟁은 여호와께 속한 것이고 그분이 너희를 우리 손에 넘기시리라.'(사무엘상 17:47) 골리앗이 다윗에게도 가까이 오자 다윗이 빨리 달리며 골리앗을 물매로 던지자 골리앗의 이마에 돌이 박혀 땅에 엎드려진다. 다윗은 달려가 골리앗을 밟고 그의 칼을 뽑아 머리를 가르니 블레셋 사람들이 자기들 용사의 죽음을 보고 도망하였다. (사무엘상 17:51)

이스라엘과 유다 사람들이 블레셋 사람들을 쫓아 가드와 에그론 성문까지 이르렀다. 블레셋 부상자들은 사하라임 길에서 가드와 에그론까지 엎어져 있었다. 그 사람들을 쫓던 이스라엘 자손은 돌아와 블레셋 진영을 노략하였고 다윗은 골리앗의 머리를 예루살렘으로 가져가고 갑주는 자기 장막에 가져왔다. 사울은 다윗이 골리앗 쪽으로 나갈 때 그가 누구인지 잘 몰라 군대 사령관 아브넬에 그가 누구냐고 묻자 아브넬도 잘 알지 못하였다. 다윗이 골리앗을 죽이고 그의 머리를 들고 오자 아브넬이 다윗을 사울에게 인도하였다. 아버지가 누구냐고 묻자 다윗이 저는 주의 종 베들레헴 이새의 아들이라고 하였다. 요나단은 다윗이 마음에 들었고 그를 자기 생명처럼 사랑하였다. (사무엘상 18:1)

그날 사울은 다윗을 궁에 머무르게 하였다. 다윗을 사랑한 요나단은 다윗과 언약을 맺고 자기 겉옷을 벗어 자기 군복, 칼, 활, 띠 등과 함께 그에게 주었다. 다윗이 언제나 지혜롭게 행하니 사울이 그를 군대의 장으로 삼았고 그의 신하들이나 백성 모두가 합당히 여겼다.

다윗이 골리앗을 죽이고 돌아올 때 여인들이 모든 성읍에서 노래하고 춤추며 '사울이 죽인 자는 천천이요, 다윗이 죽인 자는 만만이로다.'(사무엘상 18:7)라고 하자 사울은 자기는 천천밖에 되지 않고 다윗은 만만이니 그가 가질 것이 왕국 말고 무엇이냐고 생각하고 다윗을 주목하였다. 그 이튿날 하나님께서 부리시는 악령이 사울에게 강하게 내리자 다윗이 수금을 타는데 사울은 중얼중얼 떠들어대다가 '내가 다윗을 벽에 박겠다.' 하고 단창을 던졌으나 여호와께서 다윗과 함께하시기 때문에 다윗이 두 번 창을 피했다. 사울이 다윗을 두려워하여 그를 천부장으로 삼아 자기 곁에서 떠나게 하고 백성 앞에 출입하게 하였다. 다윗이 모든 일을 지혜롭게 처리하고 그가 백성들 앞에 출입하니 백성들이 그를 사랑하여 사울이 그것을 보고 두려운 생각이 들었다.

그러자 사울은 다윗에게 딸 메랍을 주겠으니 오로지 자기를 위하여 여호와의 싸움을 싸우라고 한다. 그것은 자기가 손을 대지 않고 블레셋 사람들의 손을 쓰게 하여 그를 제거하고자 함이었다. 다윗은 사울에게 자기 집안은 내세울 게 없으니 왕의 사위가 되는 것은 과분하다고 말했다. 사울은 적당한 시기에 딸 메랍을 므홀랏 사람 아드리엘에게 아내로 주었다. 사람들이 사울에게 그의 딸 미갈이 다윗을 사랑한다고 하자 사울은 그것이 좋겠다고 여겼다.

그것이 다윗에게 올무가 되어 블레셋으로 하여금 다윗을 치게 하려고 생각하고 다윗에게 오늘 다시 내 사위가 되라고 하였다. 사울은 신하를 시켜 다윗에게 '왕이 너를 기뻐하시고 모든 신하도 사랑하니 그렇기 때문에 왕의 사위가 되는 것이 가하니라.'(사무엘상 18:22)라고 하였다. 다윗은 '왕의 사위 되는 것임을 너희는 작은 일로 보느냐 나는 가난하고 천한 사람이라.'(사무엘상 18:23)고 하였다. 사울의 신하들이 그에게 다윗이 한 말을 전하니 사울은 왕이 아무것도 원하지 않고 왕을 위하여 블레셋 사람들의 포피 100개를 원하신다고 그에게 이르라고 하였다. 블레셋 사람들의 손에 죽게 하기 위한 것이다. 그 말을 들은 다윗은 왕의 사위되는 것을 좋게 여겨 결혼 날 전에 자기 부하들과 함께 블레셋 사람 200명을 죽이고 그들의 포피를 왕에게 가져가 왕의 사위가 되고자 하니 사울이 딸 미갈을 그의 아내로 주었다.

사울은 하나님이 다윗과 함께 계심을 알았고 미갈도 다윗을 사랑함으로 더더욱 다윗을 두려워해야 할 평생의 대적으로 생각하였다. 블레셋 방백들이 싸우러 나오면 다윗이 사울의 신하들보다 더 지혜롭게 대처하여 다윗의 이름이 널리 알려졌다. 사울은 요나단과 그의 모든 신하에게 다윗을 죽이라고 말하였더니 다윗을 많이 좋아하는 요나단이 그에게 사울이 너를 죽이기를 꾀하니 내일 아침 신변을 조심하고 은밀한 곳에 숨어 있으라고 이른다. 나는 아버지와 말하다가 조짐이 보이면 너에게 알려 주겠다고 한다. 요나단은 그의 아버지에게 다윗을 칭찬하면서 다윗은 왕께 선한 일만 하였으니 다윗에게 범죄하지 마시라고 진언한다. 요나단이 다윗은 목숨을 아끼지 않고 블레셋 사람을 죽였고 여호와께서는 온 이스라엘을 위하여 구원하신 것을 왕도 보시고 기뻐하셨으니 아무 까닭 없이 다윗을 죽여 무죄한 피를 흘리게 하지 마시라고 간곡히 말한다.

그러자 사울도 여호와께서 살아 계심을 두고 맹세하지만 그가 죽임을 당하는 일은 없을 것이라고 약속한다. 요나단은 그 모든 이야기를 다윗에게 알리고 그를 사울에게 인도하니 그가 전과같이 사울 앞에 있게 되었다. 여호와께서 부리시는 악령이 사울에게 접하니 손에 단창을 가지고 있던 사울은 수금을 타는 다윗을 벽에 박으려고 단창을 던졌으나 단창은 벽에 박히고 다윗이 그 밤에 도망하자 사울이 전령들을 다윗의 집에 보내어 지켜보다가 아침에 죽이라고 한다. 아내 미갈은 오늘 밤에 당신의 생명을 구하지 않으면 내일에는 죽임을 당할 것이라고 다윗에게 말하고 다윗을 창 넘어 도망하게 한 후 사람 인형을 침대에 누이고 염소 털 엮은 것을 머리에 씌우고 의복으로 그것을 덮었다. 사울이 전령들을 보내어 다윗을 잡으려고 하자 미갈은 다윗이 병들었다고 이른다. 전령들이 사울에게 보고하니 사울은 다윗을 침상째 들고 오면 자기가 죽이겠다고 한다. 전령들이 다윗의 집에 가니 침상에는 사람 인형이 있었다. 화가 난 사울은 미갈에게 나를 속여 대적을 놓치게 하였느냐고 하자 미갈은 다윗을 가게 하지 않으면 내가 죽게 되었다고 하였다.

다윗은 라마의 사무엘에게 갔고 둘은 나욧으로 가서 살았다. 어떤 사람이 다윗이 라마 나욧에 있다고 하자 사울이 전령들을 보냈더니 하나님의 영이 그들에게 임하여 그들도 사무엘처럼 예언하는 것이었다. 사울이 그것을 알고 두 번째로 전령들을 보냈더니 그들도 마찬가지였다. 그래서 세 번째로 다른 전령들을 보냈더니 전과 같은 결과였다. 그리하여 사울이 라마의 세구에 있는 우물에 가서 사무엘과 다윗이 어디에 있느냐고 물으니 나욧에 있다 알려 주어 사울이 라마 나욧으로 갔다. 그런데 하나님의 영이 그에게도 임하시니 그가 라마 나욧에 이르기까지 예언을 하였으며 사무엘 앞에서 옷을 벗고 예언을 하며 하루 밤낮을 누웠었다. (사무엘상 19:23)

다윗은 라마 나욧에서 도망하여 요나단에게 가서 요나단에게 내 죄가 무엇이기에 아버지가 나를 죽이려고 하느냐고 물었다. 요나단은 단지 다윗이 죽지 않으리라고 장담한다. 그는 자기 아버지는 자기에게 알리지 않고는 크건 작건 어떤 일도 하지 않는다고 말한다. 다윗은 자기가 요나단에게서 받은 은혜를 아버지 사울도 알고 있으나 요나단이 슬퍼할까 두려워 그대에게 알리지 않은 것이라고 하였다. 그러자 요나단은 다윗에게 그의 소원이 무엇이든지 자기가 그대를 위하여 이룰 것이라고 하였다. 다윗이 요나단에게 '만약 아버지가 나에 대해 물으면 내가 급한 일로 베들레헴에 갈 일이 있다고 하여 허락하였는데 아마도 온 가족을 위하여 매년제를 드릴 때가 된 것이라고 하라. (사무엘상 20:6) 아버지 말이 좋다고 하면 내가 평안하지만 만일 노하면 나를 해하려고 결심한 줄 알겠다. 그러니 너의 나에 대한 우정을 잊지 말아 달라. 우리가 여호와 앞에서 맹약하였으니 내게 죄악이 있으면 네가 나를 죽이라.'라고 하였다.

요나단은 그런 일은 결코 없을 것이고 내 아버지께서 너를 해치려고 결심한 줄 알면 내가 너에게 알리지 않겠느냐고 하였다. 다윗은 네 아버지가 거칠게 대답하면 누가 그것을 나에게 알릴 수 있겠느냐고 하니 요나단은 다윗에게 들로 나가자고 하였다. 요나단은 '자기가 내일이나 모레 아버지를 살펴서 너 다윗에 대한 의향이 선하면 사람을 보내어 너에게 알리겠고 너를 해치고자 하는데 너에게 알려 주지 않으면 여호와께서 나 요나단에게 벌을 내리시고 또 내리시기를 원한다. 그리고 여호와께서 내 아버지와 함께하신 것같이 너 다윗과 함께하시기를 원한다. (사무엘상 20:13) 너는 내가 사는 날 동안 여호와의 인애를 내게 베풀어 내가 죽지 않게 하고 여호와께서 다윗 너의 대적들을 지상에서 다 없애 버리신 때에도 너의 인애를 내 집안과 영원히 끊지 말라 하였다. 그리고 사울 집안이 없어져도 요나단의 이름은 없어지지 않기를 바란다. 만약 요나단의 이름이 없어진다면 여호와께서 다윗에게 책임을 추궁하시리라.' 요나단은 다윗을 자기 자신처럼 사랑하였기에 다시금 다윗과 언약을 하였다.

요나단은 '내일이 새달 축제이니 네 자리가 비면 너에 대해 물으실 것이다. 내일모레 저녁나절 사태 첫날 네가 숨었던 에셀 바위 곁에 있으라. 내가 과녁을 쏠 듯하다가 세 화살을 쏘겠다. 그리고 내가 아이를 보내 화살을 찾으라 하겠다. 내가 아이에게 보라 화살이 너의 이쪽에 있으니 가져오라 하면 너는 돌아오라. 여호와께서 살아 계심을 두고 맹세하노니 네가 평안 무사할 것이요. 만일 내가 아이에게 화살이 네 너머에 있다 하면 너는 네가 갈 길로 가라. 여호와께서 너를 가라고 보내셨음이다. (사무엘상 20:22) 너와 내가 말한 것은 여호와께서 영원한 증인이시다.' 요나단은 사울에게 다윗이 베들레헴에서 제사를 드려야 하고 형이 오라고 명령하여 다녀오겠다고 허락해 달라고 요청하여 오늘 식사에 나오지 않았다고 설명하였다. 그러자 사울은 요나단을 '패역무도한 계집의 소생'이라고 욕질을 한다. 사울은 '다윗이 살아 있는 한 너 요나단과 우리 이스라엘이 든든히 서지 못한다.'라고 하고 그를 내가 죽일 수 있도록 끌고 오라고 명령한다. 요나단이 다윗의 죄가 무엇이고 어째서 죽어야 하느냐고 묻자 요나단에게 단창을 던져 죽이려 해 아버지가 다윗을 죽이기로 결심한 것을 알고 식탁에서 떠났다.

아침에 요나단은 아이를 데리고 들로 나갔다. 요나단은 아이에게 내가 쏘는 화살을 달려가 찾으라고 하고 아이가 달려갈 때 요나단은 그 아이에게 화살이 네 앞쪽에 있지 않느냐고 외친다. 아이가 달음질하여 화살을 주워 요나단에게 돌아왔다. 요나단은 아이에게 무기를 주며 성읍으로 가라고 했다. 아이가 가자 다윗이 바위 남쪽에서 일어나 땅에 엎드려 세 번 절을 하고 서로 입 맞춘 후 같이 울되 다윗이 더 많이 울었다. 요나단이 다윗에게 우리가 맹세하기를 너와 나, 네 자손과 내 자손 사이에 영원히 여호와께서 함께 계시리라 하였다. 다윗은 일어나 떠나고 요나단은 성읍으로 들어갔다. 다윗은 놉에 가서 제사장 아히멜렉을 만났다.

아히멜렉은 떨면서 어째서 혼자이고 함께한 자들이 아무도 없느냐고

한 인문학자의 구약성경 스토리텔링

묻는다. 다윗은 왕의 급한 비밀 명령을 받고 왔으니 무엇이나 먹을 것 있는 것을 달라고 하여 제사떡을 얻어먹었고 칼이나 무기가 없느냐고 하자 마침 골리앗의 칼이 있어 그것을 받았다. 가드에 들렀으나 그곳이 있을 만한 곳이 못 되어 미스베의 모압 왕에게 청하여 그곳에 머무르려 하였으나 선지자 갓이 다윗에게 유다에 가 있으라고 하여 헤렛 수풀에 이르렀다. 한편 사울은 도엑에게서 다윗이 아히멜렉에게 와서 음식도 먹고 골리앗의 칼도 얻었다는 말을 듣고 아히멜렉과 놉에 있는 제사장들을 불러 어째서 다윗을 도와 '나를 치게 하려 하였느냐.'고 묻고 결국 사울은 도엑을 시켜 아히멜렉을 비롯하여 제사장들을 죽이라고 명령하여 도엑이 85명의 제사장들을 죽였다.

아히멜렉의 아들 아비아달이 도망하여 다윗에게 가서 그것을 알렸고 다윗은 아비아달에게 자기와 함께 있으라고 하였다. 다윗은 블레셋 사람들이 그일라를 쳐서 타작마당을 탈취했다는 소식을 듣고 여호와께 여쭈어보니 여호와께서 그에게 가서 블레셋 사람들을 치고 그일라를 구원하라고 이르신다. 다윗은 그일라로 가서 블레셋 사람들을 쳐서 많이 죽였다. 다윗이 그일라에 있다는 소식을 들은 사울은 군사를 모아 그곳에 내려가 에워싸려 하자 다윗은 낌새를 알고 여호와께 여쭈어보니 사울이 그곳에 올 것이고 그일라 사람들이 너를 사울에게 넘길 것이라고 이른다. 다윗은 자기를 따르는 육백여명과 함께 그곳을 피한다. 다윗이 그곳을 떠났다는 소식을 들은 사울은 그일라로 가는 것을 그만둔다. 다윗은 광야의 요새 십 광야의 산골 등에 머무르며 사울의 수색을 피하였다. 요나단은 숲에 가 다윗을 찾았고 그를 만나 이곳에는 사울의 손이 이르지 못할 것이니 두려워 말라고 하고 네가 이스라엘의 왕이 되고 나는 네 다음에 될 것을 사울도 안다고 하였다. 두 사람은 여호와 앞에서 언약하였고 다윗은 수풀에 머물고 요나단은 자기 집으로 돌아갔다. 십 사람들은 기브아에 가 사울에게 다윗이 광야 남쪽 수풀에 숨었으니 왕이 오시면 왕에게 그를 넘기는 것이 우리의 의무라고 하니 사울은 너희가 나를 긍휼히 여겼으니 여호와께 복받기를 원한다고 하고 다윗이 숨은 곳을 정탐하고 자기에게 보고하면 내가 너희와 함께 갈 것이라고 말하였다. 사울이 다윗을 찾으러 그 고장에 오자 다윗은 마온 황무지로 내려가고 사울이 그곳으로 오니 다윗은 사울과 반대 방향으로 갔다. 그때 사울에게 전령이 와서 블레셋이 우리 땅을 쳐들어 왔다고 알리자 사울은 블레셋을 치러 급히 갔다. 그리하여 그곳을 셀라하마느곳 곧 '갈라놓는 바위'라고 부른다.

사울이 블레셋 사람들을 쫓다가 돌아오자 다윗이 엔겐디 광야에 있다는 정보가 입수되었다. 사울은 이스라엘에서 3000명을 거느리고 출동을 한다. 어느 굴에 이르자 사울은 뒤를 보러 들어갔다. 굴 깊은 곳에 있던 다윗과 같이 있는 사람들은 다윗에게 여호와께서 사울을 당신 손에 넘기신다고 이른다. 다윗은 일어나 사울의 옷자락을 베고 사람들에게 내가 여호와의 기름 부음을 받은 내 주를 치는 것은 여호와께서 금하시는 것이라고 하고 다윗의 사람들이 사울을 해하지 못하게 한다. 사울은 일을 보고 굴에서 나간다. 그 후 다윗도 굴 밖에서 '내 주 왕이여.' 하자 사울이 뒤돌아보니 다윗은 '왕은 어찌하여 다윗이 왕을 해하려 한다는 말을 들으십니까. 굴에서 여호와께서는 왕을 내 손에 넘기셨습니다. 사람들이 왕을 죽이라고 하였으나 내 손을 들어 '내 주를 해하지 않을 것입니다. 그는 여호와의 기름 부음을 받은 분'(사무엘상 24:10)이라고 하였습니다.'라고 하면서 자기는 왕을 죽이지 아니하고 옷자락만 베었다고 옷자락을 보인다. '왕은 내 생명을 찾아 해하려 하시나 나는 왕에게 범죄한 일이 없나이다.'(사무엘상 25:11) 하였다. 다윗이 말을 마치자 사울은 '내 아들아 이것이 네 목소리냐.' 하고 소리 높여 울며 자기가 학대하여도 다윗이 선대하니 '너는 나보다 의롭다.'고 솔직히 고백한다. 사울은 '보라 나는 네가 반드시 왕이 될 것을 알고 이스라엘 나라가 네 손에 견고히 설 것을 나노니 그런즉 너는 내 후손을 끊지 아니하며 내 아버지의 집안에서 내 이름을 멸하지 아니할 것을 이제 여호와의 이름으로 맹세하라.'(사무엘상 25:20, 21)고 한다. 다윗이 그것을 맹세하자 사울은 궁으로 돌아가고 다윗은 다른 사람들과 함께 요새로 올라갔다.

사무엘이 죽자 온 이스라엘이 그를 슬퍼하고 울면서 라마에 장사한다.

다윗은 바란 광야로 내려간다. 마온에는 나발이 있는데 그에게는 양이 삼천 마리 염소가 천 마리가 있어 갈멜에 가서 그의 양털을 깎고 있었다. 그는 완고하고 행실이 악한 갈렙 족속이었다. 그의 아내 아비가일은 총명하고 용모가 아름답다. 다윗은 소년 열 명을 갈멜 나발에게 보내어 나발의 목자들이 함께 있었으나 그들의 것은 아무것도 거저 빼앗은 것이 없고 네 소년들도 그것을 다 알고 있다. 이제 내 소년들이 네 은혜를 얻게 하여 네게 있는 것을 내 종들과 다윗에게 주기를 원한다고 말하라고 하여 소년들이 그 말을 그대로 전하였다. 그러나 나발은 다윗이 누구냐고 하면서 내가 왜 내 떡과 물과 고기를 어떤 인간인지도 모르는 인간들에게 주겠느냐고 하며 문전박대하여 돌려보냈다. 다윗은 자기 사람 400명에게 칼을 차게 하고 함께 데리고 간다. 그 사이 나발의 종이 아비가일에게 그 동안 있었던 일과 나발이 다윗의 사자들에게 한 것을 알리고 다윗이 우리 집안을 해하기로 결정하였다고 말한다. 아비가일은 급히 떡 이백 덩이와 포도

주, 양 다섯 마리를 요리한 것과 볶은 곡식, 건포도, 무화과 뭉치들을 싣고 소년들을 앞세워 떠난다. 아비가일이 도중에 다윗을 보고 그에게 엎드려 절한다. 아비가일은 다윗이 보낸 소년들을 보지 못하였어도 나발은 이름처럼 미련한 자이니 그의 행실에 개의치 말라고 당부하고 가져온 예물을 소년들에게 주라고 다윗에게 드리고 내 주의 생명을 사울이 쫓아도 내 주의 생명은 내 주의 하나님 여호와께서 주의 생명을 안전하게 보호하실 것이라고 한다. 그러면서 '여호와께서 내 주를 후대하실 때에 원하건대 내 주의 여종을 생각하소서.'라고 부탁하였다. 다윗이 아비가일을 보내신 여호와를 찬송하고 아비가일의 지혜를 칭찬하며 축복하였다. (사무엘상 25:33)

한 열흘 후 여호와께서 나발을 치시어 나발이 죽는다. 나발이 죽었다는 소식을 들은 다윗은 전령을 보내어 아비가일을 데려와 아내로 삼는다.

사울은 다윗의 아내 미갈을 라이스의 아들 발디에게 주었다. 사울은 다윗이 하길라산에 숨었다 하는 정보를 듣고 삼천 명을 데리고 십 광야로 내려가 그 앞의 하길라산 길가에 진을 쳤다. 다윗이 진 친 것을 보니 사울과 아브넬이 진영 가운데에 누워 있고 백성이 그들을 둘렀다. 아비새가 다윗과 함께 진영에 가서 본즉 사울은 머리 곁에 창을 꽂아 놓고 자고 있고 아브넬과 백성들이 그를 둘러 누웠다. 아비새가 다윗에게 자기가 사울을 찔러 죽이겠다고 하자 다윗은 여호와의 기름 부음 받은 자를 죽이지 말라고 말리고 사울의 창과 물병만 가지고 떠난다. 잠을 깬 사람이 없는 것은 여호와께서 그들을 깊이 잠들게 하셨기 때문이다. 다윗은 건너편 산에 올라가 백성과 아브넬에게 외쳐 '네 주 왕을 죽이려고 들어갔는데도 어찌하여 네가 왕을 보호하지 않느냐.'고 질책하고 왕의 창과 물병이 어디 있는지 보라고 이른다.

사울은 다윗의 음성을 알아듣고 '내 아들아 이것이 네 음성이냐.'(사무엘상 26:17)고 하자 다윗이 그렇다고 한다. 다윗은 '내 주는 어찌하여 주의 종을 쫓으십니까. 내가 무엇을 하였습니까. 내 손에 무슨 악이 있습니까.' 하고 묻는다. 그리고 다윗의 피가 땅에 흐르지 말게 하시라고 간곡히 부탁한다. 그러자 사울은 '내가 범죄하였도다. 내 아들 다윗아 돌아오라. 다시는 너를 해하지 아니하리라.'(사무엘상 26:21) 하고 약속한다. 다윗은 사울이 소년을 보내면 창을 돌려보내겠다고 말하자 사울은 '네가 복이 있을 것이고 네가 큰일을 행할 것이며 반드시 승리를 얻으리라.' 하고 각자 헤어졌다. 다윗은 사울을 믿을 수가 없어 차라리 그가 찾을 수 없는 블레셋 땅에 가기로 한다. 그는 함께 있는 육백 명과 함께 가드 왕 아기스에게 찾아가 지방 성읍 중 한 곳을 자기에게 맡겨 그곳에 살게 해 달라고 청하자 시글락을 그에게 주었다. 블레셋에서 다윗은 1년 4개월간 살았다.

다윗과 그의 사람들은 그술과 기르스 그리고 아말렉을 쳐서 그 땅들의 남녀노소를 멸하고 양, 소, 나귀, 낙타와 의복을 빼어 아기스에게 이르자 아기스가 다윗에게 어디를 쳤느냐고 묻자 유다 네겝, 여라무엘 사람의 네겝을 쳤다고 대답한다. 아기스는 다윗이 이스라엘에서 큰 죄인이니 그는 영원히 내 부하가 되리라 생각한다. 블레셋이 이스라엘과 싸울 준비를 하면서 아기스는 다윗에게 참가할 것을 요청한다. 다윗은 아기스에게 긍정적으로 대답하였다. 블레셋이 수넴에 진을 치자 사울은 길보아에 진을 치고 블레셋의 군대를 보고 두려워한다.

사울은 꿈과 우림과 선지자들을 통하여 여호와께 여쭈었으나 대답하지 않으셨다. 그러자 사울은 엔돌에 신접한 여인이 있다고 하여 변장하고 그 여인에게 이르러 그 여인에게 신접한 술법을 써 내가 요구하는 사람을 불러올리라고 하자, 신접한 여인은 너 사울이 신접한 자와 박수를 이 땅에서 멸절시킨 것을 아는데 어쩐 일이냐고 따지자 사울은 내 일 때문에 벌받는 일은 없을 것이라고 하고 사울이 사무엘을 불러 달라고 하자 여인은 그가 바로 사울임을 지적한다. 왕이 그에게 이르되 두려워하지 말라 네가 무엇을 보았느냐 하니 '한 노인이 올라오는데 그가 겉옷을 입었나이다.'라고 하니 사울이 그가 사무엘임을 알고 얼굴을 땅에 대고 절한다.

사무엘이 어떤 일로 나를 성가시게 하느냐 하니 사울이 '블레셋이 쳐들어오는데 하나님께서 나를 떠나시어 내게 대답을 아니하시니 내가 행할 일을 알아보려고 당신을 불렀나이다.'라 하였다. (사무엘상 29:15) 사무엘은 사울이 여호와께 순종치 않아 나라를 다윗에게 주었다고 하고 내일 하나님께서 이스라엘과 너를 블레셋 사람들의 손에 넘기실 것이니 너와 네 아들이 내일 나와 함께 있을 것이라고 한다. 하루 밤낮을 먹지 않아 기력을 잃은 사울을 보고 여인이 살진 송아지를 잡고 무교병을 만들어 사울에게 내어 놓으니 거절하던 사울이 그것을 먹고 그날 밤에 떠났다.

블레셋 사람들은 아벡에 모였고 이스라엘은 이스르엘의 샘 곁에 진을 쳤다. 다윗과 그의 사람들은 아기스를 따라가는데 블레셋 방백들이 아기스에게 이스라엘 사람들이 왜 있느냐 저게 사울의 신하 다윗이 아니냐고 묻는다. 아기스가 다윗이 여러 해 전 망명하여 나와 함께 지내는데, 그의 허물을 보지 못하였다고 설명하였으나 방백들은 그가 싸움이 나면 우리의 대적이 될 터인데 그의 처소로 돌려보내라고 아우성이다. 아기스는 하는 수 없이 다윗에게 사태를 설명하고 평안히 돌아가서 블레셋 수령들에게 거슬러 보이게 하지 말라고 타이른다.

아기스에게 항의하던 다윗은 결국 자기 사람들을 이끌고 시글락으로 돌아간다. 시글락에 이르자 이미 아말렉이 네겝과 시글락에 쳐들어와 여자들은 젊거나 늙거나 모두 잡아갔고 성읍은 불타 버렸다. 남은 백성들은 울 기력도 없었고 다윗의 아내 아히노암과 아비가일도 잡혀갔다. 다윗은 다급하였으나 하나님 여호와를 믿고 용기를 내었다. 그가 여호와께 아말렉 군대를 추격해야 할지 여쭈어보자 네가 반드시 따라잡고 모든 것을 도로 찾으리라고 하신다. 그는 아비아달에게 에봇을 가져오라고 하여 입고 그와 함께 600명 중에서 피곤한 200명을 남기고 나머지 400명과 함께 아말렉 군대의 부대에 이르니 약탈한 것으로 먹고 마시고 춤추고 있었다.

다윗이 새벽부터 그들을 치자 낙타들을 타고 도망한 소년들 외에는 모두 죽이고 아말렉이 빼앗았던 모든 것을 되찾았고 그의 두 아내도 구원하였다. 다윗은 전리품에 대해 브솔 시내에 머물게 한 200명뿐 아니라 백성들에게도 모든 물건을 똑같이 나누어 주고 벧엘과 라마, 얏달과 아로엘, 십못, 에스드모아 라갈, 여라므엘, 겐의 성읍, 홀마와 고라산, 아닥과 헤브론에 있는 자들과 다윗과 그의 사람들이 왕래하던 곳의 사람들에게 골고루 나누어 주었다. (사무엘상 30:24)

한편 블레셋 사람들이 이스라엘을 치자 이스라엘 사람들은 도망하거나 길보아산에서 죽었다. 블레셋 사람들은 사울과 요나단을 추격하여 요나단을 죽이고 사울에게 치명상을 입히자 사울은 활 쏘는 자에게 할례받지 않은 자에게 죽기보다 자기를 찌르라고 하다가 자기의 칼을 뽑아 그 위에 엎드려져 죽었다. 사울과 그의 세 아들들 그의 모든 사람들이 그날 죽었다. 야베스 사람들은 사울과 그의 아들들의 시체는 야베스에 가서 거기서 불사르고 뼈는 야베스엣셀 나무 아래에 장사하고 칠일 동안 금식하였다.

다윗은 '너희 주에게 이처럼 은혜를 베풀어 그를 장사하였으니 여호와께 복을 받을지어다.'라고 하고 '나도 이 선한 일을 너희에게 갚으리라.'라고 한다. 다윗은 사울과 요나단의 죽음을 애도하는 노래를 지어 야살의 책에 남겼다. (사무엘하 1:18) 다윗은 사울과 요나단이 생전에 '사랑스럽고 아름 다웠으며 특히 내 형 요나단이 내게는 심히 아름다웠고 여인의 사랑보다 도 더 나를 사랑하였다.'고 애통해하였다.

다윗의 두 사람을 위한 조가는 다윗의 인간적인 모습을 보여 줌으로써 그의 따뜻하고 아름다운 인간성을 남김없이 드러낸다. 그런데 사울의 군 사령관이었던 아브넬은 사울의 아들 이스보셋을 데리고 마하나임으로 가 그를 온 이스라엘의 왕으로 삼았다. 다윗의 사람들과 사울을 모시던 아브 넬의 사람들이 작은 전쟁을 하여 다윗의 사람들이 아브넬과 이스라엘 사 람들을 이겼다. 다윗을 따르는 사람들의 힘은 강하여 가고 이스보셋을 옹 립한 사울을 따르는 사람들의 힘은 점점 약하여 갔다. 다윗은 헤브론에서 아들들을 얻었는데 아히노암이 맏아들 암논을 낳았고 아비가일은 둘째 아들 길르압을 낳았고 그술왕의 딸 마아가는 셋째 아들 압살롬을 낳았고 학깃은 넷째 아들 아도니야를 낳았고 그 밖에 두 아들을 더 얻었다. (사무 엘하 3:5)

아브넬이 사울집안의 권력을 쥐자 사울의 첩 리스바와를 통간한다. 이 스보셋은 아브넬에게 따진다. 아브넬은 분하게 여겨 다윗에게 전령을 보 내어 자기가 다윗을 온 이스라엘의 왕으로 모시겠다는 언약을 맺자고 전 한다. 다윗은 언약의 전제 조건으로 사울의 딸 미갈을 데려오라고 요구한 다. 다윗은 이스보셋에게도 전령을 보내어 자기가 블레셋 사람의 포피 백 개를 가지고 자기와 정혼한 미갈을 자기에게 보내라고 한다. 이스보셋은

사람을 보내 미갈을 남편 발디엘에게서 빼앗아 온다. (사무엘하 3:15)

아브넬은 이스라엘 장로들에게 '너희들이 여러 번 다윗을 너희의 임금으로 세우자고 하였고 여호와께서도 다윗의 손으로 이스라엘을 구원하여 블레셋 사람들의 손과 모든 대적의 손에서 이스라엘을 구원하게 하리라.'(사무엘하 3:18)고 하였다. 이 소식을 다윗에게 직접 전하기 위하여 아브넬은 헤브론의 다윗에게 갔다. 다윗은 아브넬을 환대하였고 그와 20명의 하객이 함께 온 부하를 위하여 잔치를 베풀었다. 아브넬은 온 이스라엘을 다윗 앞에 모아 언약을 맺게 하겠다고 하고 돌아갔다. 자기 동생 아사헬을 죽인 아브넬이 평안히 돌아간 것을 안 요압은 뒤따라가 그를 헤브론에서 죽이자 다윗은 그것을 알게 되었고 다윗은 요압을 질책한 후 아브넬을 장사지냈다.

사울의 아들 이스보셋은 그의 군지휘관 두 사람에 의하여 살해되었다. 그는 두 해 동안 북쪽 이스라엘의 왕이었고 그가 살해되자 다윗은 헤브론의 아브넬의 무덤 곁에 매장해 주어 사울에 대한 예의를 지켰다. 이스라엘의 모든 지파는 헤브론에 모여 다윗과 언약을 맺으며 다윗에게 기름을 부어 이스라엘 왕으로 모셨다.

다윗은 30세에 왕이 되어 40년 동안 다스렸는데 그중 7년 육 개월은 헤브론에서 남유다의 왕으로 있었다. 그 당시 예루살렘에는 여부스 사람들이 살고 있었는데 그들은 다윗도 들어오지 못하게 막았다. 다윗은 우선 시온 산성을 빼앗았고 그것을 다윗성이라 이름하고 성을 둘러쌓았다. 여호와께서 함께 계시니 다윗의 힘이 점점 강성해졌다. 두로 왕 히람이 다윗에게 사절과 백향목, 목수, 석수를 보내 다윗을 위한 집을 지어 주었다. (사무엘하 5:11) 예루살렘 쪽에 와서 처첩을 더 둔 다윗은 그곳에서 솔로몬을 비롯한 여러 아들을 얻었다.

다윗이 이스라엘 왕이 되었다는 것을 들은 블레셋은 그를 공격하고자 하였고 다윗은 요새로 나갔다. 블레셋 사람들은 르바임 골짜기를 채웠다. 다윗은 자기가 블레셋을 치러 올라갈지 여호와께서 그들을 다윗 손에 넘겨주실지를 여호와께 여쭈어보았다. 여호와께서는 블레셋 사람들을 네 손에 넘겨주겠으니 올라가서 치라고 하신다. 다윗이 블레셋을 치자 그들이 흩어졌다가 다시 르바임 골짜기에 집결한다. 여호와께서는 이번에는 올라가지 말고 뽕나무 수풀 맞은편에서 그들을 기습하는데 부대가 걷는 소리가 들리면 즉시 공격하라고 명하신다. 다윗은 여호와의 명령대로 행하여 블레셋을 쳐 게바에서 게셀까지 이르게 된다. 다윗이 자기와 함께 하는 사람들과 더불어 바알레유다로 가서 하나님의 궤를 가져오기로 한다. (사무엘하 6:2)

그 궤를 새 수레에 싣고 아비나답의 아들 웃사와 아효가 수레를 몰았다. 다윗과 이스라엘 온 족속은 수금, 비파, 소고, 양금 그리고 제금 등으로 연주하였다. 그들이 나곤의 타작마당에 이르니 소들이 뛰므로 웃사가 손을 들어 하나님의 궤를 붙들었더니 여호와 하나님이 진노하시어 그 자리에서 웃사를 치시자 그가 궤 곁에서 즉사하였다. (사무엘하 6:7)

다윗이 그것을 보고 하나님의 궤를 두려워하여 궤를 다윗성으로 옮기지 않고 오벧에돔의 집으로 옮겨 놓았다. 그 궤가 오벧에돔 집에 석 달간 있었는데 오벧에돔이 여호와의 복을 받았다.

다윗이 그 말을 듣자 다윗이 하나님의 궤를 메고 다윗성으로 옮겨 갈 때 살진 송아지로 제사를 드리고 다윗이 베 에봇을 입고 여호와 앞에서 춤추는 것을 보고 미갈은 격이 떨어지는 행위로 보았다. 하나님의 궤를 준비

한 인문학자의 구약성경 스토리텔링

된 자리에 두고 다윗은 번제와 화목제를 드리고 만군의 여호와의 이름으로 백성에게 축복하였다. 그리고 모든 백성에게 떡 한 개, 고기 한 조각, 건포도 떡 한 덩이씩 나누어 주었다. 다윗이 가족에게 축복하러 들어오자 미갈이 영접하며 '이스라엘 왕이 오늘 얼마나 영화로운지 방탕한 자가 염치없이 자기 몸을 드러내는 것처럼 오늘 그의 신복의 계집종의 눈앞에서 몸을 드러내셨다.'(사무엘하 6:20)고 하였다.

그러자 다윗은 여호와께서 '네 아버지와 그의 온 집안을 버리시고 나를 택하사 나를 여호와의 백성 이스라엘의 주권자로 삼으셨으니 내가 여호와 앞에서 뛰놀리라. (사무엘하 6:22) 네가 말한바 계집종에게는 내가 높임을 받으리라.'라고 꼬집었다. 미갈은 죽는 날까지 그에게 자식이 없었다. 다윗이 왕으로 궁에서 편안히 살면서 선지자 나단에게 '나는 백향목 집에 살면서 하나님의 궤는 휘장 가운데 있도다.' 하고 한탄하니 여호와의 말씀이 나단에게 임하여 다윗의 이름을 위대하게 만들어 주시겠고 다윗의 후손으로 하여금 그의 나라를 견고하게 하겠지만 다윗의 후손이 '내 이름을 위하여 집을 건축하게 할 것이고 나는 그의 나라 왕위를 영원히 견고하게 할 것이다.'(사무엘하 7:13)라고 하였다.

말하자면 다윗 후손의 나라는 견고하게 하겠고 다윗의 후손이 여호와의 이름에 걸맞는 집을 건축하게 될 것이라고 예언하셨다. 다윗은 블레셋을 쳐 항복을 받고 메덱암마를 빼앗고 모압을 쳐 두 줄 길이의 사람은 죽이고 한 줄 길이의 사람은 살리니 모압 사람들이 다윗의 종이 되어 조공을 드린다. 소바 왕 하닷에셀이 자기 권세를 회복하려고 유브라데강으로 갈 때 다윗이 그를 쳐서 마병 1700명과 보병 2만 명을 사로잡고 병거 100대의 말만 남기고 그 외의 병거의 말은 모두 발의 힘줄을 끊었다. (사무엘

하 8:4)

다메섹의 아람 사람들이 소바왕 하닷에셀을 도우러 오자 다윗이 아람 사람 2만 2천 명을 죽이고 아람에 수비대를 두어 아람 사람은 다윗의 종이 되고 조공을 바친다. 다윗이 누구와 싸워도 여호와께서 이기게 하셨다. 다윗은 하닷에셀의 신복들이 가진 금방패를 빼앗아 예루살렘에 가져오고 하닷에셀의 고을 베다와 베로대에서 많은 놋을 빼앗았다. 하맛 왕 도이는 이런 소식들을 듣고 아들 요람을 보내 다윗에게 문안과 축복을 하고 금, 은, 놋 그릇을 드리니 다윗은 모압, 암몬, 블레셋과 아말렉 그리고 하닷에셀에게서 노략한 모든 것을 여호와께 바쳤다. (사무엘하 8:10-12)

또 다윗은 소금 골짜기에서 에돔 사람 1만 8천 명을 쳐 죽이고 온 에돔에 수비대를 두니 에돔 사람이 모두 다윗의 종이 되었다. 다윗이 어디를 가든지 여호와께서 승리하게 하셨다. 다윗은 사울의 집안에 남아 있는 가족이 있나 궁금하였다. 특히 요나단 때문에 사울의 가족이 있으면 은총을 베풀고 싶었다. 마침 사울의 집안에 종으로 있던 시바를 찾아오게 하여 물어보니 요나단의 다리 저는 아들 므비보셋이 살아 있다고 하였다.

다윗이 그를 찾아 데려오니 그가 다윗을 보고 엎드려 절한다. 다윗은 요나단으로 말미암아 네게 은총을 주고 네 할아버지의 밭을 네게 주고 언제나 내 상에서 밥을 먹게 하겠다고 한다. (사무엘하 10:7) 그러자 므비보셋은 너무 황송하여 몸 둘 바를 모른다. 다윗은 시바를 불러 사울의 가족들을 위하여 일하고 양식을 대어주라고 명하고 므비보셋은 매일 왕의 식탁에서 식사를 한다고 알려 준다.

므비보셋에게는 미가더라는 아들이 있고 시바의 가족은 므비보셋의 종이 된다. 암몬의 나하스 왕이 죽고 그 아들 하눈이 왕이 된다. 다윗은 나하

　　　　　한 인문학자의 구약성경 스토리텔링

스의 도움을 받았기에 하눈에게 은총을 베풀겠다고 생각한다. 우선 신하들을 보내어 하눈에게 문상을 하도록 보낸다. 그러나 하눈의 신하들이 다윗이 조문 사절을 보낸 것은 나하스를 공경하기 때문이 아니고 암몬을 탐지하여 정복하기 위함이라고 하자 하눈은 다윗의 신하들의 수염을 절반 깎고 옷도 자르고 돌려보냈다. (사무엘하 10:4) 다윗이 그 사실을 알자 그들의 수염이 자랄 때까지 여리고에 머물게 하였다.

암몬은 자기들이 다윗 신하들에게 한 일이 다윗의 분노를 사 다윗의 보복이 있을 것을 대비하여 용병을 여러 나라에서 만 2천여 명을 고용하였다. 다윗은 요압과 용사들을 출정시켰다. 암몬 자손은 성문 어귀에 진을 쳤고 용병들은 들에 있었다. 요압은 적이 앞뒤로 진을 친 것을 보고 일부를 선발하여 아람 용병들과 싸우게 하고 남은 용사들은 그의 아우 아비새의 지휘하에 암몬 부대와 싸우게 하면서 아람이 자기 군대보다 강하면 아비새가 요압을 돕고 암몬의 군대가 아비새보다 강하면 요압이 아비새를 돕자고 약조를 하였다.

그들은 백성과 우리는 하나님의 성읍을 위하여 싸우니 서로 담대하자고 결의를 하고 요압이 아람과 싸우려고 나가니 그들이 도망하고 암몬 자손은 아람이 도망하는 것을 보고 그들도 도망하여 성읍으로 들어갔기 때문에 요압이 암몬을 떠나 예루살렘으로 돌아갔다. 도망갔던 아람 군대가 다시 모이고 하닷에셀은 강 건너 아람 사람들을 불러내어 군산령관 소박이 진을 치고 싸우다가 다시 이스라엘 앞에서 도망하자 다윗은 아람 병거 700대와 마병 4만 명을 진멸하고 소박을 죽인다. 하닷에셀에 속한 왕들이 패한 후 이스라엘과 화친하고 섬기면서 다시는 암몬을 도우려고 하지 않았다. 요압의 군대는 암몬 자손을 멸하고 랍바를 포위하고 있었고 다윗은

예루살렘에 있었다. (사무엘하 11:1)

요압이 암몬의 랍바를 쳐 그 수도 공급을 차단하였으니 다윗에게 전령을 보내 '남은 군사를 데리고 와서 포위하고 성읍을 완전히 장악하세요. 왜냐하면 자기가 장악하면 저의 이름이 그 도읍의 이름이 될 것이니까요.' 라고 한다. 다윗이 그곳에 가서 성읍을 포위하고 완전히 정복한다. 그곳 왕이 쓴 보석 박힌 왕관을 가져오니 그 중량이 금 한 달란트였다. 다윗은 그것을 쓰고 노략한 물건을 많이 가져왔고 그 백성들은 톱질 써레질 도끼질 벽돌구이 등의 잡일을 시켰다. 암몬의 성읍을 모두 점령한 후 다윗은 예루살렘으로 돌아갔다. (사무엘하 12:3)

다윗의 아들 압살롬에게는 다말이라고 하는 아름다운 누이가 있었는데 다윗의 다른 아들 암논이 다말에 대한 사랑에 빠졌다. 그러나 어찌할수 없어 울화로 병이 났다. 하루는 간교한 한 친구가 와서 암논이 다말 때문에 울화병이 났음을 알고 왕에게 암논이 아프니 다말이 와서 음식을 차려 먹게 하여 달라고 하고 일을 치르는 방법을 알려 준다. 그러자 다윗은 암논이 걱정이 되어 다말에게 암논이 원하는 것을 지시한다. 다말이 왕이 시킨 대로 과자를 먹이려 하는데 암논이 잡고 자기와 동침하자고 하고 다말은 절대 불가하다고 설득하고 차라리 왕에게 나를 요구하라고 한다. 그러나 힘이 센 암논은 강제로 다말과 동침한다.

동침 후 암논은 다말을 증오하게 되어 다말을 나가라고 쫓는다. 이에 다말이 나가지 않으니 종을 불러 쫓아내고 문에 빗장을 지르라고 한다. 큰 수치를 당한 다말은 머리에 재를 뒤집어쓰고 자기 채색 옷을 찢으며 크게 울부짖는다. 오라버니 압살롬은 다말에게 잠잠히 있으면 자기가 처리하겠다고 하며 자기 집에 다말이 머무르게 한다. (사무엘하 13:20) 다말에게 있었던 일을 알게 된 다윗은 심히 노하고 암논은 압살롬에 대한 말을 일체 하지 않는다.

그로부터 2년 후 압살롬의 양털을 깎는 날이 되자 압살롬은 왕자들을 모두 초대하고 암논도 다른 왕자들과 같이 참석한다. 압살롬은 종들에게 명하여 신호가 있으면 두려워 말고 그를 죽이라고 한다. (사무엘하 13:29) 압살롬의 명에 따라 종들이 암논을 쳐 죽이자 다른 왕자들은 노새를 타고 달아난다. 압살롬이 왕자들을 모두 죽였다는 소문을 듣자 다윗은 자기의 옷을 찢고 땅에 드러눕고 신하들도 옷을 찢고 모서 서 있었다. 다윗의 형 시므이의 아들 요나답이 다윗에게 왕자들이 모두 죽은 것이 아니라 암논이 압살롬의 누이 다말을 욕되게 한 이유 때문에 암논만 죽었다고 고하였다. 압살롬은 그 후 도망하였다. (사무엘하 13:34)

압살롬은 그술 왕 암미홀의 아들 달매에게로 갔고 다윗은 압살롬 때문에 슬퍼하였다. 3년이 지나자 왕의 마음이 압살롬에게 향하는 줄 알고 요압은 드고아에 사람을 보내 지혜로운 여인을 하나 데려다가 그 여인에게 상주의 옷을 입히고 기름을 바르지 말고 죽은 사람을 위하여 오래 슬퍼하는 사람처럼 왕께 들어가 이러이러하게 말하라고 말할 내용을 일러 준다. 그러자 그 여인이 왕께 아뢸 때 얼굴을 땅에 대고 왕에게 '도우소서.'라고 한다. 왕이 곡절을 말하라고 하니 자기 남편이 죽어 과부로 두 아들과 함께 사는데 그들이 들에 나가 싸우다가 형이 동생을 죽이자 온 족속이 일어나 동생 죽인 자를 내어 놓으라 그의 죄를 갚아 상속자가 되지 못하게 하겠다 하니 남은 숯불까지 꺼서 남편의 이름과 씨를 끊겠다고 했다. 그 이야기를 들은 왕은 '내가 너를 위하여 명령을 내리겠다.'고 한다. 그 여인은 왕에게 한 말씀 드리도록 소청후 왕께서 '내쫓긴 자를 돌아오게 하시라.'고 간곡히 청한다. 왕이 그 여인에게 묻되 혹시 요압의 부탁으로 네가 찾아와 그 말을 하는 것이 아니냐고 하자 그 여인은 왕과 왕자 압살롬의 부자간의 인연을 걱정한 요압이 그 모든 말을 여종의 입에 넣어 주었다고 실토한다. (사무엘하 14:19)

다윗은 압살롬이 돌아오는 것을 허락하였으니 가서 그를 데려오라고 요압에게 말하였다. 요압은 종의 소청을 왕이 허락하신 것을 감사드리고 요압이 그술로 가 압살롬을 데리고 예루살렘에 오나 다윗은 압살롬을 집으로 돌아가게 하고 왕의 얼굴은 볼 수 없게 하라고 명한다. 압살롬은 발바닥에서 정수리까지 흠잡을 수 없이 이스라엘에서 아름다운 인물이다. 압살롬은 2년 동안 예루살렘에 있었으나 왕의 얼굴을 보지 못하였고 요압을 만나고자 하여 사람을 보냈으나 요압도 오지 않았다. 압살롬은 종들에게 자기 밭 근처에 있는 요압의 보리밭에 불을 지르라 하여 불을 지르니 요압이 압살롬에게 가서 어찌하여 너의 종들이 내 밭에 불을 질렀느냐 한다. 압살롬은 내가 너를 만나 왕께 어찌하여 내가 잘 있는 그술에서 돌아오게 되었는지 아뢰게 하고 나로 하여금 왕의 얼굴을 볼 수 있게 해 달라고 하기 위해서였다. 나에게 죄가 있다면 왕이 죽이는 것이 옳지 않으냐고 한다. (사무엘하 14:32) 요압이 압살롬의 뜻을 왕에게 전하자 왕이 압살롬을 불렀다. 압살롬은 얼굴을 땅에 대고 왕에게 절하고 왕은 압살롬과 입을 맞춘다.

그 후 압살롬은 장래를 위하여 병거와 말과 호위병 50명을 둔다. 압살롬은 일찍 일어나 성문 곁에 앉아 송사가 있어 왕에게 재판을 청하러 오는 사람에게 신원을 물은 다음 네 일이 옳고 바르지만 왕께서 네 송사를 들을 사람을 세우지 않으셨다고 하고 자기가 재판관이면 송사로 오는 사

람에게 내가 정의를 베풀기 원한다고 하였다. (사무엘하 15:4)

사람이 다가와 그에게 절하려고 하면 압살롬은 그 사람을 붙들고 그를 입 맞춘다. 왕에게 재판을 청하려는 자들에게 압살롬이 이렇게 행하니 그가 이스라엘 사람들의 마음을 사로잡은 것이다. 4년 만에 압살롬이 왕에게 내가 여호와께 일이 있으니 내가 헤브론에 가서 그 소원을 이루게 해달라고 아뢴다. 그 이유로 압살롬이 아람의 그술에 있을 때 여호와께서 그를 예루살렘에 돌아가게 하시면 내가 여호와를 섬기겠다고 말씀드렸다고 한다. (사무엘하 15:8) 왕이 그에게 평안히 다녀오라 하니 그가 헤브론으로 갔다. 압살롬은 정탐을 모든 이스라엘 지파에게 보내 '너희는 나팔 소리를 듣거든 곧 말하기를 압살롬이 헤브론에서 왕이 되었다.'고 하라고 이른다. 압살롬은 주요 인사 이백 명을 예루살렘에서 헤브론으로 초대하였는데 그들은 압살롬의 음모를 모르고 있었다.

압살롬은 다윗의 모사 길로의 아히도벨도 청하여 그가 왔다. 반역이 커졌고 압살롬을 따라가는 백성이 늘어 갔다. 다윗의 전령이 그에게 그러한 현실을 귀띔하니 다윗은 함께 있는 모든 신하들에게 일어나 도망하지 않으면 우리가 한 사람도 살아남지 못할 것이라고 하여 왕의 신하들이 모두 왕을 따라 피난길에 동참한다. 다윗은 떠날 때 그의 가족들을 따르게 하고 후궁 열 명을 남겨 왕궁을 지키게 한다. 다윗의 주위에는 모든 신하들, 모든 그렛 사람 모든 블레셋 사람 그리고 모든 가드 사람 육백 명이 합류하였다. 제사장 사독과 레위 사람들도 하나님의 궤를 메고 오고 제사장 아비아달도 합류하고 백성들이 성에서 나오기를 기다렸다.

왕은 사독에게 하나님의 궤를 도로 가져다 놓으라고 지시한다. 그리고 제사장 사독에게 두 아들과 함께 성읍으로 돌아가 소식이 있으면 자기에게 광야의 나루터로 전해 달라고 부탁한다. 다윗은 감람 산길로 올라가면서 맨발로 울며 머리를 가리고 갔고 모든 백성들도 다윗과 같이하였다. 다윗은 자기의 모사 아히도벨도 압살롬에게 갔다고 하자 여호와께 아히도벨의 모략을 어리석게 해 주시라고 기도하였다. (사무엘하 15:31) 다윗이 하나님을 경배하는 마루턱에 이를 때 아렉 사람 후새가 옷을 찢고 흙을 머리에 덮어쓰고 다윗을 맞으러 나온다. 다윗은 후새에게 돌아가서 압살롬에게 충성 서약을 하고 아히도벨의 모략을 패하게 하라고 권하고 궁중에서 무엇을 듣든지 사독과 아비아달에게 알리면 그 아들들을 통하여 내게 소식을 전하게 하라고 한다. (사무엘하 15:35)

다윗이 마루턱을 조금 지나니 므비보셋의 종 시바가 두 나귀에 떡과 건포도, 과일, 포도주 등을 싣고 다윗을 맞으러 왔다. 이것을 가져온 뜻이 무엇이냐고 다윗이 물으니 시바가 '나귀는 왕의 가족들이 타게 하고 떡과 과일은 청년들이 먹게 하고 포도주는 들에서 기력이 떨어졌을 때 청량감을 주기 위함입니다.' 왕이 므비보셋에 대해 묻자 그는 예루살렘에 있고 '이스라엘 사람들이 내 아버지의 나라를 나에게 돌려주리라.'고 한다고 전한다. 왕이 시바에게 '므비보셋의 것은 다 네 것이니라.'(사무엘하 16:4)라고 하자 시바가 '내 주 왕이여 내가 왕 앞에서 은혜를 입게 하소서.'라고 하였다. 다윗이 바후림에 이르니 사울의 친족 시므이가 나오면서 계속 다윗에게 저주하며 다윗과 신하들에게 돌을 던졌다. 그는 '사울 족속의 모든 피를 여호와께서 네게로 돌리셨다. 그를 이어서 네가 왕이 되었으나 여호와께서 나라를 네 아들 압살롬의 손에 넘기셨다(…)'(사무엘하 16:8) 스루야의 아들 아미새가 다윗에게 그의 머리를 베겠다고 청하니 다윗이 그를 말린다. 다윗은 내 몸에서 나온 아들도 내 생명을 해하려고 하는데 그놈은 베냐민 사람이니 내버려 두라고 한다. '오늘 저 저주 때문에 여호와께서 나의 원통함을 감찰하시고 내게 선으로 갚아주시리라.'(사무엘하 16:12) 고 위로한다.

압살롬과 그의 부하들이 아히도벨과 함께 예루살렘에 이른다. 후새가 압살롬에게 '왕이여 만세 왕이여 만세.' 하니 압살롬이 후새에게 어찌하여 다윗과 함께 가지 않았느냐고 묻는다. 후새는 여호와의 백성이 택한 자와 함께하겠다고 대답한다. 압살롬이 아히도벨의 전략을 묻자 아히도벨은 압살롬에게 다윗이 왕궁을 지키게 남겨둔 후궁들과 동침하면 온 이스라엘이 듣고 왕의 힘이 더욱 강하게 될 것이라고 하여 압살롬이 아버지의 후궁들과 동침한다. (사무엘하 16:21) 아히도벨의 계략은 자기에게 1만 2천 명을 택하게 하면 오늘 밤 다윗의 뒤를 추격하여 그가 곤하고 힘이 빠졌을 때 기습하면 모든 백성이 도망할 것이고 내가 다윗 왕만 쳐 죽이고 모든 백성이 왕에게 돌아오게 하겠다고 한다.

압살롬과 장로들이 그 계획을 옳게 여겼다. 그러자 압살롬은 후새의 전략도 들어보자고 한다. 그는 왕의 아버지 다윗과 추종자들은 용사이고 격분하고 있으며 전쟁에 익숙한 부친은 어느 곳에 숨어 있을 터인데 혹시 추격군 일부가 엎드러지면 압살롬을 따르는 자들이 패하였다고 할 것이니 사람들은 왕의 아버지는 영웅이고 그를 따르는 자들도 용사인 줄 알 것이요 후새의 계략은 그가 있는 곳을 알아봐서 대군이 일시에 그를 기습하여 그와 함께 있는 사람을 하나도 남기지 않는 것이고 다윗이 성에 들어 있으면 이스라엘 모두가 밧줄로 성을 강으로 끌어들여 몰살시키는 것이라고 설명한다. (사무엘하 17:13) 압살롬은 후새의 전략이 낫다고 하였으니 여호와께서 압살롬에게 화를 내리려고 하신 것이다.

이에 후새가 아히마아스와 요나단을 통하여 다윗에게 자기의 전략을 알리고 다윗에게 광야 나루터에서 자지 말고 모든 사람과 함께 강을 건너라고 권한다. 아히도벨은 자기의 전략이 채택되지 못하자 고향으로 돌아가 자기 집을 정리한 후 스스로 목매어 죽었다. 다윗은 마하나임에 이르고 압살롬은 자기 사람들과 함께 요단을 건넜다. 그는 요압 대신 아마사를 군지휘관으로 삼았다. 다윗이 마하나임에 이르자 암몬 족속의 랍바 사람 소비와 로데발 사람 마길과 길르앗 사람 바르실레가 침상과 대야, 질그릇과 여러 가지 곡식가루 그리고 꿀, 버터, 양고기, 치즈 등을 가져와 다윗과 함께한 백성에게 대접하였다. (사무엘하 17:29)

다윗은 자기를 따르는 백성을 세 부분으로 나누어 한 부분은 요압의 동생 아비새에게 맡기고 또 한 부분은 가드 사람 잇대에게 맡기고 나머지 한 부분은 요압에게 맡겼다. 다윗이 자기도 전투에 참가하겠다고 하니 백성들이 '왕은 우리 만 명보다 중하시오니 왕은 성읍에 계시다가 우리를 도우심이 좋겠습니다.'라고 하여 왕도 그에 따른다. 왕은 세 지휘관을 불러 '나를 위하여 젊은 압살롬은 너그러이 대우하라.'(사무엘하 18:5)는 명을 내리는 것으로 보아 아들은 아비를 죽여서라도 권력을 장악하려고 하지만 아비는 그런 아들이라고 해도 아들에 대한 부친의 정을 끊지 못한다. 에브라임 수풀에서의 일차 전투에서 압살롬의 지지자들이 다윗의 지지자들에게 패하고 그 전투에서 이만여 명의 전사자가 발생한다. 다윗의 부하들이 압살롬과 마주치게 되었다.

압살롬은 노새를 타고 있어 도망하다가 큰 상수리나무에 머리가 걸려 공중에 달렸는데 노새는 그냥 달려 나갔다. 요압에게 그 사실을 보고하니 압살롬을 쳐서 땅에 떨어뜨렸으면 큰 상을 주었을 텐데 하며 아까워했다.

그 사람은 자기가 '은 천 개의 상을 받는다 해도 왕의 아들에게는 손을 대지 않겠습니다.'라며 왕이 젊은 압살롬을 해하지 말라고 한 것으로 알고 있다고 했다. (사무엘하 18:12) 그러자 요압은 자기는 그렇게 지체만 할 수는 없다고 하면서 작은 창 셋을 들고 그 상수리나무에 달려 있는 압살롬의 심장을 찌르니 무기를 든 청년들이 그를 쳐 죽였다.

요압이 나팔을 불어 백성들의 추격을 그치게 하고 돌아오게 하였다. 그들은 압살롬의 시체를 수풀의 구덩이에 던지고 그 위에 큰 돌 무더기를 만들었다. 요압은 구스 사람에게 네가 본 것을 왕에게 알리라고 한다. 그러자 사독의 아들 아히마아스가 요압에게 구스 사람 뒤에 자기가 왕에게 달려가게 해 달라고 요청한다. 요압은 압살롬이 죽었다는 소식으로 네가 상을 받지는 못할 것이라고 해도 한사코 달려가게 해 달라고 요구하자 요압이 허락하였다. (사무엘하 18:23) 아히마아스는 달음질하여 구스 사람보다 먼저 앞질러 갔다.

파수꾼이 성문 위에서 어떤 사람이 달려오는 것을 보고 왕께 외쳐 알리자 왕은 그가 혼자 오면 소식을 전하려고 하는 것이라고 이른다. 그런데 그 뒤에 또 한 사람이 달려온다고 하자 그도 소식을 가져오는 것이라고 한다. 아히마아스가 왕에게 얼굴을 땅에 대고 '왕의 하나님 여호와를 찬양합니다. 여호와께서 왕에게 대적하는 자들을 넘겨주셨습니다.'라고 하니 왕은 젊은 압살롬은 잘 있느냐고 묻는다. 아히마아스는 요압이 자기를 보낼 때 큰 소동이 있었으나 무슨 일인지 자세히 알아보지 못하였다고 하자 왕이 그에게 물러가 거기 서 있으라고 한다.

구스 사람이 '여호와께서 오늘 왕의 대적들의 원수를 갚으셨습니다.'라고 하니 왕은 그에게도 젊은 압살롬은 잘 있느냐고 묻는다. 그는 왕을 대적하는 자들은 모두 그 젊은 압살롬처럼 되기를 원한다고 하였다. 그러자 압살롬의 죽음을 알게 된 왕은 위층에 올라가 '내 아들 압살롬아 내 아들 압살롬아 차라리 내가 너를 대신하여 죽었더라면 내 아들아 내 아들아.' 하였다. (사무엘하 18:33) 어떤 사람이 요압에게 왕이 압살롬을 위하여 슬퍼하고 울었다고 전하자 그날의 승리는 백성에게 슬픔이 되었다.

왕이 큰 소리로 '내 아들 압살롬아 내 아들 압살롬아 압살롬 내 아들아.' 하고 부르니 요압이 왕에게 들어가 '오늘 왕께서는 왕의 생명과 왕의 자녀의 생명과 처첩과 비빈의 생명을 구원한 모든 부하들의 얼굴을 부끄럽게 하신다.'라고 하고 왕을 미워하는 자는 사랑하시고 왕을 사랑하는 자는 미워하신다고 말하고 왕은 지휘관들과 부하들을 멸시하셨다고 한다. 만일 압살롬이 살고 우리 모두가 죽었더라면 왕이 마땅하다고 여기실 뻔하였다고 꼬집고 이제 나가 왕의 부하들의 마음을 위로하지 않으시면 오늘 밤에 한 사람도 왕과 함께 머물지 않을 것이라고 하니 왕이 성문에 앉아 백성들이 왕 앞에 나오게 되었다. (사무엘하 19:8)

이스라엘 모든 지파의 백성들은 기름을 부었던 압살롬이 죽었으니 다윗 왕을 서둘러 모셔오자고 한다. 다윗은 그 소식을 사독과 아비아달에게 전하고 유다 장로들로 하여금 온 이스라엘의 왕을 궁으로 모셔오게 하여야 하지 않느냐고 전하라고 한다. 아마사에게도 그 뜻을 알리니 모든 유다 사람들의 마음이 그에게 기울게 하여 그들이 왕에게 전갈을 보내어 '모든 부하들과 더불어 돌아오십시오.'라고 한다. 왕이 요단에 이르자 유다 족속이 왕을 맞아 요단을 건너가게 하려고 길갈로 왔다. (사무엘하 19:15) 바후림의 베냐민사람 게라의 아들 시므이는 급히 다윗을 맞으러 베냐민 사람 천명과 함께 왔고 므비보셋의 종 시바도 그의 열다섯 아들과 종 스무 명과 더불어 왕에게 나왔다.

다윗이 나룻배로 요단을 건널 때 시므이가 땅에 엎드려 '내 주 왕께서 예루살렘에서 나오시던 날에 종의 패역한 일을 기억하지 마시고 마음에 두지 마십시오.' 하고 자기가 범죄한 줄 알기에 요셉의 족속 중 먼저 와 왕을 영접한다고 하였다. 스루야의 아들 아비새는 '여호와의 기름 부으신 자를 저주하였으니 마땅히 죽어야 하지 않겠습니까.' 하니 다윗이 '오늘은 내가 이스라엘 왕이 되었으니 어떻게 사람을 죽이겠느냐. 시므이에게 죽지 아니하리라.'라고 맹세하였다. 므비보셋이 내려와 왕을 맞는데 그는 왕이 떠난 날부터 몸단장을 일체 하지 않고 옷을 빨지 아니하였다. 왕이 어째서 나와 함께 가지 않았느냐고 물으니 자기는 '다리를 절므로 나귀를 타고 왕과 함께 가려고 하였더니 내 종이 나를 속이고 왕을 모함하였으니 왕의 처분대로 하소서.'라고 하였고 다윗은 어찌하여 '네 일을 말하느냐. 너의 밭을 시바와 함께 나누라.'라고 한다. (사무엘하 19:29)

그러자 므비보셋은 그에게 자기 소유를 전부 차지하게 하시라고 청한다. 길르앗 사람 바르실래가 로글림에서 내려와 함께 요단을 건너가려고 한다. 바르실래는 80세이고 부자여서 왕이 마하나임에 머물 때 그가 왕을 공궤하였다. 왕은 그에게 함께 예루살렘에 가서 자기가 그를 공궤하겠다고 하였다. 그는 자기 나이가 80세라 음식의 맛을 볼 수도 없고 노래하는 사람의 소리를 알아들을 수도 없으니 왕에게 누를 끼칠 수 없다고 하고 단지 왕을 모시고 요단을 건너가려는 것뿐이라고 한다. 자기는 고향에 가 부모의 곁에서 죽으려고 하니 대신 왕은 왕의 종 김함[28]과 나와 함께 건너가서서 그에게 처분대로 베풀어 주시라고 당부한다. (사무엘하 19:37)

---

28) 바르실래의 아들.

요단을 건너가 왕이 바르실래에게 입 맞추고 그의 복을 빌어 준다. 북쪽의 이스라엘 백성들은 유다 사람들이 왕을 독점하여 왕과 왕의 집안과 왕을 따르는 사람들을 건너가게 하고 우리는 어째서 소외시켰는가 하고 따졌다. 유다 사람들은 왕은 우리의 종친이고 우리가 왕으로부터 혜택받은 것이 없는데 너희들이 무엇 때문에 열을 올리느냐고 반격한다. (사무엘하 19:42) 그러자 이스라엘 사람들은 자기들이 왕에 대하여 열 몫을 가졌으니 다윗에 대하여 더 발언권이 있다고 하면서 왕을 모셔오는 일에 먼저 우리와 의논하지 않은 것은 우리를 멸시한 것이라고 하나 유다 사람들의 입장이 더 강했다.

베냐민 사람 비그리의 아들 세바는 나팔을 불며 우리는 다윗과 나눌 분깃이 없으며 이새의 아들에게서 받을 유산이 없으니 이스라엘은 각기 자기 장막으로 돌아가라고 하자 이스라엘 사람들이 다윗 대신 비그리의 아들 세바를 따른다. 그러나 유다 사람들은 왕과 합류하여 예루살렘까지 따랐다. 본궁에 이른 다윗은 압살롬과 동침해야 했던 후궁 열 명을 별실에 가두고 그들과 부부 관계없이 생과부로 지내게 하였다. 왕은 아마사에게 유다 사람들을 3일 이내에 큰 소리로 불러 모으고 너도 여기 있으라고 한다. 아마사가 왕이 정한 기일에 지체되자 아비새에게 세바가 압살롬보다 더 위험하니 그의 뒤를 쫓으라고 명한다.

모든 용사들이 아비새를 따라 예루살렘을 나와 기부온 큰 바위 곁에 이르자 아마사가 맞으러 왔다. 군복을 입고 칼집에 칼을 지닌 요압의 칼이 빠져 떨어지자 그것을 주어 아마사와 입을 맞추려 하는 체하며 요압이 그의 배를 칼로 찌르자 창자가 땅에 쏟아져 죽었다. 한 청년이 아마사의 시체를 들어 밭으로 옮겼고 사람들이 그의 시체를 보니 그 위에 옷을 덮었다. 요압은 세바를 뒤쫓아갔다. 세바가 이스라엘 모든 지파에 두루 다녀 그를 따르는 백성들이 많이 있었다. 요압이 벧마아가와 베림에 가서 세바를 포위하였다.

그때 한 여인이 외쳐 요압을 가까이 오게 한다. 그 여인은 이스라엘에서 어머니 성 같은 이곳을 멸하고자 하는가 하고 묻자 요압이 전혀 그렇지 않고 단지 다윗을 대적하는 세바를 잡으면 떠나려고 한다고 하자 그 여인이 성벽에서 그의 머리를 내어던지리라고 하고 그 여인은 세바의 머리를 베어 요압에게 던지니 요압이 나팔을 불자 요압을 따르던 무리는 흩어져 자기 장막으로 돌아갔다. 요압은 다윗에게 세바의 머리를 보여 주었고 그는 온 이스라엘 군대의 총지휘관이 되었다. 브나야는 그렛 사람과 블렛 사람의 지휘관이 되고 아도람은 감역관이 되고 여호사밧은 사관이 되고 사독과 아비 아달은 대제사장이 되고 이라는 다윗의 대신이 되었다.

다윗이 통치하던 시절 3년 동안 계속 기근이 들어 다윗이 여호와께 간구하니 그것은 사울 집안이 기브온 사람들을 멸하였기 때문이라고 하신다. 기브온 사람은 이스라엘 족속이 아니다. 그들은 아모리 족속으로 이스라엘이 오기 전부터 그곳에 살고 있었고 이스라엘 족속은 그들을 해하지 않겠다고 맹세하였다. 사울이 이스라엘과 유다 족속을 위한 과잉 충성으로 그들을 멸절하고자 하였다. 다윗이 그들에게 어떻게 하면 속죄가 되겠느냐고 묻자 그들은 사울의 범죄는 은금으로 보상될 수도 없고 이스라엘 사람들을 무조건 죽이는 것도 해결 방법은 아니라고 하면서 우리를 멸하려고 한 사울의 자손 중 일곱 사람을 내어주라고 요구한다. 다윗은 그러겠다고 긍정적으로 대답한다.

다윗은 요나단의 아들 므비보셋은 아끼기 때문에 사울의 두 아들 알모니와 리스바에게서 난 므비보셋과 사울의 외손자 바르실래의 아들 아드리엘의 다섯 아들을 붙잡아 기브온의 손에 넘긴다. 기브온이 그들 일곱 사람을 산 위에서 여호와 앞에 목매달아 죽게 하니 곡식 베기 시작할 때부터 하늘에서 비가 쏟아지기 시작하였다.'(사무엘하 21:10) 다윗은 블레셋에 있는 사울과 요나단의 뼈를 몰래 가져와 셀라에 있는 사울의 아버지 묘에 장사하니 그 후에야 하나님이 그 땅을 위한 기도를 들으셨다. 블레셋 사람들이 다시 이스라엘을 공격해 오자 다윗이 부하들을 거느리고 함께 싸웠다.

그런데 블레셋 거인족의 아들 이스비브놉이 300세겔 무게의 놋창을 들고 다윗을 죽이려고 하자 아비새가 그 블레셋 거인을 쳐 죽인다. 그러자 다윗 추종자들이 다윗에게 왕은 다시 전쟁에 나오지 마시라고 간청한다. 이스라엘의 등불이 꺼지지 않도록 염려해서이다. 블레셋과의 전쟁에서 이스라엘 용사들은 블레셋의 대표적인 거인 넷을 모두 죽였다.(사무엘하 21:22) 여호와께서는 북쪽 이스라엘의 각종 범죄와 우상숭배가 끊이지 않자 분노하시고 그들을 치시려고 하신다. 그리고 다윗에게 북쪽 이스라엘과 남쪽 유다의 인구를 조사하라고 이르신다.

다윗은 그 인구조사를 군사령관 요압에게 지시하고 요압은 마음에 내키지는 않으나 왕명을 거스를 수가 없어 부하 사령관들을 시켜 전국적으로 군이 동원할 수 있는 인구를 계수하니 모두 130만에 이른다.(사무엘하 24:9) 분명히 하나님의 명령으로 조사를 한 것인데 하나님께서는 크게 분노하신다. 어째서일까, 이해가 잘되지 않는 부분이다. [29]

---

29)  T.O.B-Le Cerf 성경은 394쪽에서 여호와께서는 이스라엘의 군세가 어느 정도인지 알기 원하셨는데 다윗은 자기 군대의 숫자 계수로 자기의 세력을 과시하려 했다고 본다.

한 인문학자의 구약성경 스토리텔링

성경은 그 이유를 설명하지 않고 T.O.B-Le Cerf 성경은 요압이 다윗의 지시를 부적절하다고 생각하는 것은, 군사력은 군대의 숫자가 중요한 것이 아니라 하나님 여호와의 권능이 얼마나 작용하시나 하는 것이 중요한데 동원 가능한 숫자를 조사하는 것이 왜 필요한지에 대한 의문을 가졌기 때문이라고 설명한다.[30] 역시 같은 맥락에서 뉴톰슨 관주 주석 성경은 다윗이 '자기의 세력을 과시하기 위해서 인구조사를 하였고' 자신의 병력을 조사한 후 다윗 자신도 가책을 느꼈다고 설명한다. 그러니 다윗은 하나님이 어떤 관점에서 인구조사를 하려고 하시는 것인지 잘 알아보지도 않고 병력의 수만 조사한 것은 하나님께 다윗의 교만을 보이는 행위이기 때문에 분노하신 것이고 선지자 갓을 통하여 하나님께서 세 가지 징벌 중 한 가지를 선택하라고 이르신다. (사무엘하 24:10)

첫째, 7년 기근

둘째, 원수에게 쫓겨 석 달 동안 도망

셋째, 사흘 동안의 전염병

결국 다윗은 세 번째 징벌을 택하고 여호와께서 재앙을 내려 7만 명이 죽은 후 다윗은 선지자 갓의 말에 따라 아라우나의 타작마당에 제단을 쌓고 번제와 화목제를 드렸더니 여호와께서 그 땅의 기도를 들으시어 재앙을 그치셨다. (사무엘하 24:25)

다윗의 나이가 많으니 이불을 덮어도 따뜻하지 않아 시종들의 건의로 수넴 여자 아비삭을 얻어 왕을 모시게 하나 왕이 아비삭과 잠자리는 같이 하지는 않았다. (열왕기상 1:4) 그때 압살롬의 동생이며 솔로몬의 이복형 아도니야가 군사령관 요압과 제사장 아비아달과 모의하여 왕이 될 음모

---

30) 위와 동일.

를 계획하나 제사장 사독, 군지휘관 브나야, 선지자 나단, 시므이, 다윗의 경호대원들은 아도니야를 따르지 않았다.

아도니야는 소헬렛 바위 곁에서 양과 소와 살찐 송아지를 잡고 자기 친동생들, 왕의 신하가 된 유다 사람들을 청하였으나 나단과 브나야, 다윗의 경호대원, 솔로몬 등은 청하지 않았다. 나단은 밧세바에게 '아도니야가 왕이 되었다고 하는 말을 듣지 못하였습니까. 우리 주 다윗은 알지 못하십니다.'라고 하였다. 밧세바는 다윗을 찾아가 '당신의 생명과 당신 아들 솔로몬의 생명을 찾아가 구할 계책을 말하도록 허락하소서.'라고 하며 다윗이 자기에게 자기 아들 솔로몬을 자기 후계자로 하겠다고 한 것을 상기시킨다.(열왕기상 1:13)

두 사람이 말을 나눌 때 나단도 들어와 아도니야의 움직임과 주장을 자세히 보고한다. 다윗은 밧세바를 왕 앞으로 오라고 하고 '하나님 여호와를 가리켜 네게 맹세하여 이르기를 네 아들 솔로몬이 반드시 나를 이어 왕이 되고 나를 대신하여 내 왕위에 앉으리라.'고 하였으니 오늘 그대로 행하겠다고 한다.(열왕기상 1:30) 밧세바는 얼굴을 땅에 대고 절하며 '내 주 다윗 왕은 만세수를 하옵소서.'라고 하였다.

다윗은 제사장 사독과 선지자 나단 그리고 군지휘관 브나야를 오라고 하고 왕의 아들 솔로몬을 자기 노새에 태워 기혼으로 인도하고 사독과 나단은 솔로몬에게 기름 부어 이스라엘 왕으로 삼고 뿔나팔을 불며 '솔로몬 왕은 만세수를 하옵소서.' 한다. 왕은 내가 솔로몬을 이스라엘과 유다의 통치자로 지명하였노라고 하였다. 브나야는 '여호와께서 내 주 왕과 함께 계심같이 솔로몬과 함께 계셔서 그의 왕위를 다윗 왕의 왕위보다 더 크게 하시기를 원합니다.'라고 하였다. 사독과 나단과 브나야와 그렛 사람과 블렛 사람은 솔로몬을 다윗의 노새에 태우고 기혼으로 갔고 사독은 기름 담은 뿔로 솔로몬에게 기름을 부어주고 뿔 나팔을 불고 나아가니 백성들이 '솔로몬 왕은 만세수를 하옵소서.'라고 외친다. 뿔 나팔 소리를 들은 요압은 무슨 소리냐고 하자 아비아달의 아들 요나단이 그곳에 들어오면서 다윗이 솔로몬을 왕으로 삼으셨다고 알린다. (열왕기상 1:43)

그 소식을 들은 아도니야는 솔로몬을 두려워하여 일어나 가서 '솔로몬 왕'이 오늘 칼로 자기 종을 죽이지 않겠다고 내게 맹세하기를 원한다고 한다. (열왕기상 1:51) 솔로몬은 자기가 선한 사람은 머리털 하나도 건드리지 않겠지만 악한 것이 보이면 죽이겠다 선언하고 사람을 보내어 아도니야를 제단에서 끌어내리니 아도니야가 솔로몬에게 절한다.

솔로몬은 그에게 집으로 가라고 이른다. 죽음을 앞에 둔 다윗은 솔로몬에게 마지막 당부를 한다. 솔로몬에게 대장부로서 여호와의 명령을 지키고 그의 법률과 계명과 율례와 증거를 모세의 율법에 기록된 대로 따르면 여호와께서 무엇을 하든지 어디로 가든지 형통할 것이고 여호와께서 왕위가 네게서 끊어지지 않으리라고 하셨다고 하고 군대의 두 사령관 아브넬과 아마사를 죽여 태평시대에 피를 흘리게 한 요압을 편안히 죽게 하지 말고 자기가 압살롬의 낯을 피하여 도망할 때 도와준 길르앗의 바르실래 후손들에게는 왕의 식탁에 초대하여 선대하라고 당부한다. 시므이는 다윗이 압살롬을 피하여 마하나임으로 갈 때 악독한 말로 다윗을 저주하였으나 귀환하기 위해 요단을 건너자 나를 영접하였기 때문에 여호와를 두고 맹세하여 그를 죽이지 않겠다고 하였으나 그를 죄가 없다고 여기지는 말라고 하고 마지막 호흡을 거둔다.

# (3) 솔로몬

다윗은 밧세바를 사랑하여 그의 아들을 후계자로 삼겠다고 약속한 바있다. 그리하여 여럿 왕자들이 왕위를 노렸으나 결국 나이가 어린 솔로몬은 어머니 밧세바와 선지자 나단의 후원으로 다윗을 이어 왕이 되니 그의 나이 14살이었으나 나이에 비하여 조숙한 편이었다. 아도니야가 밧세바를 찾아와 다윗의 왕위는 자기 것이었고 이스라엘이 나를 왕으로 삼으려 했는데 여호와로 말미암아 그 왕권이 솔로몬에 갔으니 자기가 한 가지 청을 하겠다고 하고 다윗의 마지막 첩이었던 수넴 여자 아비삭을 달라한다. (열왕기상 2:17) 밧세바도 좋다고 하고 왕에게 수넴 여자 아비삭을 아도니야에게 주라고 제의하자 솔로몬은 전혀 불가능하다고 하면서 아도니야는 오늘 죽임을 당한다고 하고 브나야를 보내 아도니야를 쳐 죽였다. (열왕기상 2:25)

아도니야에 동조한 아비아달은 제사장으로서의 행적을 참작하여 죽이지 않고 고향으로 보내고 그 소식을 들은 요압은 여호와의 장막으로 도망하여 제단의 뿔을 잡으니 그 사실을 어떤 사람이 솔로몬에게 알리자 솔로몬은 브나야를 보내 그를 치라고 한다. 브나야가 장막에 가 솔로몬 왕이 나오라고 하셨다고 하자 요압은 '여기서 죽겠노라.'고 한다. 브나야가 그 말을 솔로몬에게 권하니 요압이 자기보다 의롭고 선한 아브넬과 아마사를 죽였으니 그를 죽이라고 명한다. 브나야가 곧 가서 그를 쳐 죽이자 그는 광야에 있는 자기 집에 매장된다. 브나야는 요압을 대신하여 군사령관이 된다.

시므이는 예루살렘에서 살고 나가지 말라고 하고 기드론 시내를 건너면 반드시 죽을 것이라고 경고한다. 시므이는 왕의 명령에 따르겠다고 맹세하고 살다가 시므이의 두 종이 가드 왕 아기스에게로 도망하였다. 시므이는 왕의 명령에 따르겠다고 맹세하고 종을 찾으러 가드에 가 아기스에게 가서 두 종을 데려왔다. 어떤 사람이 솔로몬에게 그 말을 전하자 솔로몬은 시므이에게 여호와를 두고 맹세한 나의 명령을 거역하였다고 하고 브나야를 보내 그를 죽이니 솔로몬은 깨끗하게 구악을 청산하여 그의 왕권이 견고해졌다. (열왕기상 2:46)

애굽의 왕 바로의 딸을 왕비로 데려온 솔로몬은 왕궁과 여호와의 성전과 주위 성의 공사를 끝내기 위해 힘을 쏟는다. 솔로몬이 여호와를 사랑하고 다윗의 권고를 따랐으니 솔로몬은 제사하러 큰 사당이 있는 기브온에 가서 일천 번제[31]를 드렸다. 여호와께서 꿈에 솔로몬에게 무엇을 원하는지 말하라고 하시자 솔로몬은 '여호와께서 아버지 다윗에게 큰 은혜를 베푸셨고 오늘 그 아들을 그의 자리에 낮게 하신 은혜를 내리셨으나 이제는 백성이 많아 재판에 어려움이 있사오니 듣는 마음을 종에게 주어 주의 백성을 재판하여 선악을 분별하게 하옵소서.'(열왕기상 3:9)라고 말씀드린다.

솔로몬이 구하는 것이 마음에 든 여호와께서는 솔로몬이 자기를 위한 장수나 부, 원수를 멸절시키는 것을 구하지 않고 송사를 분별하는 지혜를

---

31) 일천 번제는 제사를 일천 번 지내는 것이 아니고 제물을 일천 가지 드리는 제사이다.

구하였으니 '내가 네 말대로 하여 네게 지혜롭고 총명한 마음을 주노니 네 앞에도 너와 같은 자가 없었거니와 네 뒤에도 너와 같은 자가 일어남이 없으리라.'(열왕기상 3:12) 하시고 또 그가 구하지 않은 부귀와 영화도 주시겠다고 하신다. 솔로몬은 예루살렘 여호와의 언약궤 앞에서 번제와 감사의 제물을 드리고 신하들을 위하여 잔치를 베풀었다.

한번은 함께 사는 두 창기가 송사를 솔로몬에게 가져왔다. 그 두 여자는 거의 같은 시기에 각기 남자아이를 해산하였는데 그중 한 여자는 자기 아이의 위에 누워 그의 아들이 죽으니 몰래 다른 여자의 아들과 죽은 자기 아들을 바꾸어 품에 뉘었다. 아침에 죽은 아이를 발견한 여자가 자세히 보니 자기 아들이 아니었다. 동거 여자가 아기를 바꿔치기한 것이다. 그래서 그 여자에게 왜 아이를 바꾸었느냐고 자기 아들을 달라고 하니 죽은 아기가 당신 아들이고 산 아이가 내 아들이라고 주장하는 것이다.

왕을 찾아온 두 여인은 똑같은 주장을 반복한다. 솔로몬 왕이 두 여인의 주장을 다 듣고 칼을 가져오라고 하여 산 아들을 반으로 베어 반은 이 여자 또 다른 반은 저 여자가 갖도록 하라고 하니 한 여자는 아기를 위하는 마음이 불붙는 듯하여 왕에게 이 아기를 칼로 나누지 말고 저 여자에게 주라고 하고 다른 여자는 반씩 나누게 하라고 한다. (열왕기상 3:25) 두 여인이 말하는 것을 들은 솔로몬은 '아기를 죽이지 말라고 한 저 여인이 그 어미이니 그 여인에게 아기를 주라.'라고 판결한다. DNA 검사 같은 것이 없던 시절 솔로몬은 쌍방의 엇갈리는 주장을 듣고 어느 쪽이 진실이고 어느 쪽이 허위인가를 맞추는 지혜를 보여 주었고 그의 판결은 이스라엘뿐만 아니라 세계적인 명판결로 오늘날까지 유명하다.

솔로몬이 통치하던 시절 많은 이웃의 나라들이 솔로몬에게 조공을 바쳤고 왕들이 자기 딸을 솔로몬에게 아내로 주었다. 그러다 보니 왕궁의 하루 음식물도 엄청나 기록에 의하면 가는 밀가루가 30고르, 굵은 밀가루가 30고르 외양간에서 먹인 소가 10마리, 초장의 소가 20마리, 양이 100마리, 그 외에 수사슴과 노루와 암사슴과 가금새들이 소비되었다. 하나님께서 지혜와 총명함을 많이 받은 솔로몬의 명성이 사방 나라들에게서 부러움을 샀다. 솔로몬은 잠언 3000가지를 말하였고 노래는 1005편이며 초목에 대한 그의 지식은 레바논의 백향목으로부터 담에 나는 우슬초에까지 이르며 짐승과 새와 물고기에 대해서도 폭넓은 지식을 가지고 있었다. (열왕기상 4:33)

그리하여 이웃하는 모든 왕들이 보낸 사자들이 솔로몬의 지혜를 듣기 위하여 찾아왔다. 솔로몬이 기름 부음을 받고 다윗을 이어 왕이 되었다는 소식을 들은 두로 왕 히람은 신하들을 솔로몬에게 사자로 보냈고 솔로몬도 히람에게 사자를 보냈다. 솔로몬은 히람에게 다윗은 이스라엘을 지키기 위해 전쟁을 계속하였고 여호와께서도 다윗을 잇는 왕이 성전을 지을 것이라고 하시어 자기가 성전을 건축하고자 하니 레바논의 백향목을 쓸 수 있도록 도와 달라고 하고 당신 종과 나의 종이 합하여 나무를 베고 당신 종의 삯은 자기가 부담하겠다고 한다. (열왕기상 5:6)

그리하여 히람은 솔로몬에게 사자를 보내어 솔로몬에게 백향목과 잣나무 목재는 솔로몬이 원하는 대로 처리하겠고 벌목된 목재는 뗏목으로 엮어 지정한 곳으로 보내겠으니 비용은 식품으로 달라고 부탁을 한다. (열왕기상 5:9) 원하는 대로 목재를 공급받은 솔로몬은 히람에게 밀 2만 고르, 맑은 기름 20고르를 해마다 보냈다. 솔로몬은 이스라엘에서 3만 명의 일꾼을 선발하여 한 달에 1만 명씩 교대로 레바논에 보내고 두 달은 집에 있게 하고 짐꾼 7만 명과 석공 8만 명도 선발하여 솔로몬의 건축자와 히람의 건축자가 합작하여 성전 건축을 진행하였다. (열왕기상 5:18)

이스라엘 자손이 애굽에서 나온 지 480년 그리고 솔로몬이 왕위에 오른 지 4년이 되면서 솔로몬은 여호와의 성전을 건축하기 시작하였다. 설계도에서 성전의 길이는 60규빗, 너비가 20규빗 높이가 30규빗이고 성전의 성소 앞 주랑의 길이는 20규빗 너비는 10규빗 그리고 붙박이 창문을 내고 성소와 지성소의 벽에 연접하여 골방이 있는 다락들을 만든다. 하층 다락의 너비는 5규빗이고 중층 다락의 너비는 6규빗 셋째 층 다락의 너비는 7규빗이다. 돌은 채석장에서 다듬어져 오기 때문에 성전 현장에서 해머나 끌 등의 소리는 나지 않았다. (열왕기상 6:10)

드디어 성전이 완성되자 여호와의 말씀이 임한다. '(…) 만일 네가 내 법도를 따르고 내 율례를 행하며 내 모든 계명을 지켜 그대로 행하면 내가 네 아버지 다윗에게 한 말을 네게 확실히 이룰 것이요. 내가 이스라엘 자손 가운데 거하며 내 백성 이스라엘을 버리지 아니하리라.' 하셨다. (열왕기상 6:13) 솔로몬은 성전 뒤쪽에 백향목으로 지성소를 만들었으며 전체 성전을 금으로 입히고 내소에 언약궤를 두기 위하여 속제단을 금으로 입혔다. 감람나무로 아기천사들을 만들었고 내외 성전 마루도 금으로 입혔다. 솔로몬은 시작한 지 7년 만에 설계대로 성전 건축을 모두 끝낸 것이다. 그리고 솔로몬은 자기의 왕궁을 백향나무로 13년 동안 건축하였으니 그 길이가 100규빗 너비가 50규빗 높이가 30규빗이고 백향목 기둥이 15개씩 네 줄이고 들보는 45개이며 창들이 세 줄이다.

주랑을 세워 재판하는 주랑을 짓고 솔로몬의 왕궁은 그 주랑 뒤 다른 뜰에 있다. 바로의 딸을 위해서는 주랑과 같은 집을 지었다. 솔로몬의 왕궁은 성전보다 두 배 걸려 건축되고 규모도 컸으나 호화롭기는 금이 많이 들어간 성전이 훨씬 격이 높은 건물이었다. 솔로몬이 청하여 히람이 예루살렘에 왔다.

그는 납달리 지파의 과부의 아들이고 그의 아버지는 놋쇠 대장장이어서 히람은 놋일의 대가라 솔로몬에게 와서 그 일을 모두 하였다. 솔로몬은 다윗이 여호와께 바친 은, 금과 직접 만들게 한 기구들은 여호와의 성전 곳간에 두었다. 솔로몬은 장로들과 각 지파의 우두머리들과 함께 다윗성 곧 시온에 있는 언약궤를 예루살렘 성전의 지성소로 옮기고 많은 수의 양과 소로 제사를 지냈다. 제사장이 성소에서 나올 때 성전에 구름이 가득하였으니 그것은 여호와의 영광이 성전에 가득하였기 때문이다.

솔로몬은 온 회중을 위하여 축복하였다. 솔로몬은 제단 앞에서 온 회중과 마주 서서 하늘을 향하여 손을 펴고 '(…) 내 하나님 여호와여 주의 종의 기도와 간구를 돌아보시며 이 종이 오늘 주 앞에서 부르짖음과 비는 기도를 들으시옵소서(…) 주는 하늘에서 들으시고 주의 백성 이스라엘의 죄를 사하시고 그들의 조상들에게 주신 땅으로 돌아오게 하옵소서(…)'라고 간곡히 기도를 드렸다.

솔로몬이 성전과 왕궁을 마치고 큰 숙제를 마치자 여호와께서 솔로몬에게 나타나시어 '네 기도와 네가 내 앞에서 간구한 바를 들었다.' 하시고 '다윗이 행한 것같이 네게 명한 대로 순종하여 법도를 지키면 다윗에게 말한 것같이 왕위에 오를 사람이 네게서 끊어지지 않으리라.'라고 확인하셨다. 솔로몬은 갈릴리의 성읍 스무 곳을 히람에게 주었다. 그가 솔로몬의 소원대로 목재와 금을 제공하였기 때문이다. 그러나 히람은 솔로몬이 자기에게 준 성읍들을 둘러보고 마음에 별로 들지 않아 그것을 솔로몬에게 솔직히 말하고 그 땅을 '가불 땅'[32]이라고 불렀다. 히람은 그래도 솔로몬에게 금 120달란트를 보냈다.

솔로몬은 노역을 일으켜 성전과 왕궁을 지었을 뿐 아니라 밀로[33]와 예루살렘성 그리고 하솔, 므깃도, 게셀 등을 건축하였고 국고성과 병거성, 마병들의 성 밖에도 많은 시설들을 건축하여 백성들은 솔로몬의 강제적인 노역으로 불만도 많았다.

노역자 중에는 이스라엘 자손들과 동거하는 아모리, 브리스, 히위, 여부스 사람들이 노예적인 노역자로 동원되었고 이스라엘 자손은 솔로몬의 신하, 군사 고관과 고급장교, 병거와 마병의 사령관으로 있었다. 이스라엘 사람은 솔로몬 노역의 현장에서 일하는 사람들이 감독관으로 있었는데 그 숫자가 550명에 달하였다. 바로의 딸이 다윗성에서 올라와 솔로몬이 짓게 한 궁에 이를 때 솔로몬은 밀로 둔덕을 건설하고 있었다. 솔로몬은 여호와를 위하여 쌓은 제단에서 해마다 세 번씩 번제와 감사의 제물을 드리고 제단에 분향하였다. 그는 이미 성전 건축을 마쳤던 것이다.

솔로몬 왕은 홍해의 에돔 땅 엘롯 근처의 에시온 게벨에서 배를 만들었다. 히람이 종으로 부리는 바다에 익숙한 사공들을 솔로몬의 종들과 함께 보내면서 그들이 오빌에 이르러 거기에서 금 420달란트를 얻고 그것을 솔로몬에게 가져왔다. 스바의 여왕은 솔로몬 왕이 여호와의 특별한 은혜를 받았다는 소문을 듣고 그를 시험하기 위하여 많은 향품과 많은 금은보화를 낙타에 싣고 많은 수행원을 데리고 솔로몬을 찾아와 궁금한 것을 모두 질문하였으나 솔로몬은 모든 질문에 적절한 대답을 주었다. 스바의 여왕

---

32)  가치 없는 땅이라는 의미, Osty판 성경 67쪽 주석 참조.
33)  밀로라는 둔덕, Osty판 성경 79쪽 주석 13 참조.

은 솔로몬의 지혜와 건축과 식탁에 나온 식자재, 신하와 시종들의 행동과 그들의 관복, 술, 관원들의 접대, 성전의 층계 등 모든 것을 보고 큰 감동을 받았다.

스바의 여왕은 자기가 자기 나라에서 당신 소문을 듣고 반신반의하였는데 실제 와서 보니 자기가 들은 것은 사실의 절반도 안 되는 것이고 특히 당신의 지혜와 당신이 누리는 복은 상상을 초월한다고 하고 '당신의 하나님 여호와를 송축할지로다. 여호와께서 당신을 기뻐하사 당신을 세워 왕으로 삼아 정의와 공의를 행하게 하셨도다.'(열왕기상 10:9)라 하고 금 120달란트와 많은 향품과 보석을 솔로몬에게 드렸다. 오빌에서 금을 가져온 배들은 오빌에서 많은 백단목과 보석도 가져와 백단목으로는 성전과 왕궁의 난간을 만들고 또 수금과 비파도 만들었다. 솔로몬 왕은 왕의 하사품으로 준 것 이외에도 여왕이 원하는 모든 것을 스바의 여왕에게 챙겨 주었고 여왕은 수행원들과 함께 본국으로 돌아갔다.

솔로몬이 매년 받는 세입금은 660달란트에 이르지만 그 외에도 상인들과 무역업자들 그리고 아라비아 왕들과 온 영토의 지사들로부터 받는 수입은 포함되지 않았다. 솔로몬은 금으로 큰 방패를 만들면 방패 하나에 금 600세겔이 들어가는데 그것을 300개를 만들고 작은 금 방패도 만들어 궁에 두었다. 상아로는 큰 보좌를 만들어 정금으로 입혔고 그 보좌에는 여섯 층계가 있다. 보좌 뒤에는 둥근 머리가 있고 자리 양쪽에는 팔걸이가 있고 팔걸이에는 사자가 서 있으며 여섯 층계 좌우에는 사자가 열두 마리가 서 있다.

솔로몬의 잔은 금이고 그릇들도 다 정금이다. 다시스에 있는 왕의 배들은 히람의 배들과 함께 있으면서 3년에 한 번씩 금과 은과 상아와 원숭이

와 공작을 실어 왔다. 솔로몬 왕의 재산과 지혜가 세상의 어느 왕보다 큰
지라. 세상 사람들은 하나님께서 솔로몬에게 주신 지혜를 들으며 그의 얼
굴을 보기 원하여 금그릇, 은그릇, 의복, 갑옷, 향품, 말, 노새 등의 예물을
들고 그를 찾아왔다. 솔로몬의 병거는 1400대요 마병은 1만 2천 명이라.
병거성은 왕 곁에도 두었다. 은은 돌같이 많고 백향목은 뽕나무만큼 많이
두었다.

솔로몬의 말들은 상인이 애굽에서 사온 것으로 병거는 은 600세겔이며
말은 150세겔인데 솔로몬은 그것들을 헷 사람의 왕과 아람 왕들에게 되팔
기도 하였다. 솔로몬은 '정략결혼'의 일환으로 많은 외국 왕의 딸들 바로
의 딸을 시작으로 여러 왕들의 딸들과 결혼하였다. 그들 딸들이 재물 선
물들을 가져오기도 하였으나 그 수요가 늘어나자 그들을 위한 여러 가지
예산이나 유지비용 또한 늘어나게 되었고 또 다른 심각한 걱정거리도 가
지고 들어왔다.

자천, 타천에 의하여 모압, 암돈, 에돔, 시돈, 헷의 아름다운 미녀들이
왕비가 되거나 첩이 되었다. 이방 여인들은 자기들이 자라는 과정에서
그 나라의 종교, 문화 등에 젖어 있어서 결혼을 해도 몸에 익은 종교나 문
화적 습성을 그대로 안고 온다. 그럼으로써 자기만 그런 것을 지닐 뿐 아
니라 새로운 환경 즉 이스라엘에 와서도 그곳 사람들에게 영향을 끼치고
이스라엘 사람들은 호기심에서 자기도 모르게 이방의 여러 가지 전통을
자연스레 받아들이게 된다. 그러한 폐단 때문에 여호와께서는 여러 차례
이방 여인과의 통혼을 하지 말 것을 강조하셨다. 왜냐하면 '그들이 반드
시 너희의 마음을 돌려 그들의 신을 따르게' 하기 때문이다. 그럼에도 솔
로몬은 이방 여인들의 아름다움에 매료되어 그들을 끌어들였고 또 사랑

하였다.

그 결과 솔로몬은 왕족 출신 여인 700명을 후궁으로 두었고 300명의 첩을 두었으니 역사상 가장 많은 처첩을 거느린 왕이라고 할 수 있다. 처와 첩에게는 거주할 거처뿐만 아니라 우선 그들이 모시는 신을 위한 신당을 지어 제사를 올리게 해야 되고 그 여인들을 돌봐 줄 시종들을 두어야 하고 그들을 챙겨 줄 관리인들도 필요하고 그 모든 사람들을 먹이고 입히기 위해서 상당한 예산이 필요하다는 것은 능히 짐작할 수 있는 일이다. 솔로몬은 나이가 많아지면서 그 여인들의 요구에 마음이 약해져 시돈 출신 여인은 여신 아스다롯을 따르고 암몬 출신은 가증한 몰렉을 따랐는데 그런 이방신을 위한 행사를 솔로몬의 목전에서도 행하였기 때문에 솔로몬도 뚜렷한 거부감 없이 그들의 신을 용인하고 받아들인 것이다. 그런 면에서 솔로몬의 마음은 다윗의 마음처럼 온전하지 못하였다.

솔로몬이 의식하지 못하는 사이에 이스라엘의 하나님 여호와를 떠나게 됨으로써 여호와께서는 진노하셨고 여호와께서 일찍이 두 번이나 그에게 나타나 명령하시기를 '다른 신을 따르지 말라.'고 하셨으나 솔로몬이 여호와의 명령을 지키지 않았으므로 여호와께서는 솔로몬에게 '네가 내 언약과 내 명령한 법도를 지키지 아니하였으니 내가 반드시 이 나라를 네게서 빼앗아 네 신하에게 주리라/그러나 네 아버지 다윗을 위하여 네 세대에서는 이 일을 행하지 아니하여 한 지파를 남겨두시겠다.'(열왕기상 11:11-13)고 하셨다.

여호와께서는 죄악이 널리 퍼지면 선지자를 통하여 경고하시고 징벌을 내리신다. 죄악 중에서 가장 증오하시는 것이 이방신 즉 우상을 믿는 것이고 징벌 중 한 가지는 주변의 한 나라를 강하게 하여 이스라엘을 침략케 하고 백성을 포로로 잡아가게 하는 것이다. 솔로몬의 통치는 처음 기간 동안에는 하나님께 순종하는 마음이 강하였으나 이방 여자들이 궁에 많이 들어오고 왕의 나이가 늙어가면서 총명함이 흐려지게 되고 여호와 보시기에 다윗과 너무 달랐다.

그리하여 두 번 꿈에 나타나서서 경고를 하신 후에 에돔을 일으켜 이스라엘의 대적이 되게 하셨다. 요압이 죽은 부하들을 에돔에서 장사하고 에돔의 남자들을 다 쳐 죽었는데 그 당시 작은 아이였던 에돔의 왕족 출신 하닷이 바로의 마음에 들어 바로는 왕비의 동생과 혼인시킨다. 왕비의 동생이 아들을 낳자 아들 그누바스는 궁중에서 자랐다. 다윗과 요압의 죽음을 듣고 하닷은 바로에게 고국에 돌아가게 하도록 조른다. 하닷이 에돔에 돌아가 에돔을 이스라엘에 대적하는 국가로 만든다. 다윗이 소바 사람들을 죽일 때 르손은 사람들을 모아 그 괴수가 되어 다메섹으로 가서 살다가 그가 수리아 왕이 되어 이스라엘을 대적하게 되었다.

국내적으로는 신하 여로보암이 왕을 대적하였는데 본래 솔로몬이 청년 여로보암의 부지런함을 보고 요셉 족속의 작업을 감독하게 하였다. 새 의복을 입은 선지자 아히야가 길에서 그를 보자 자기가 입은 새 의복을 열두 조각으로 찢고 여로보암에게 여호와께서 솔로몬에게서 '이 나라를 빼앗아 열 지파를 너에게 주실 것이니 이 옷 열 조각을 가지라.'라고 하였다. 그는 성읍 예루살렘을 위해 한 지파만 솔로몬에게 남기실 것이라고 하였다.

왜냐하면 솔로몬이 늘그막에 하나님 여호와를 버리고 시돈의 여신 아스다롯, 모압의 신 그모스, 암몬의 신 밀곰을 경배하며 다윗처럼 정직한 일과 여호와의 법도와 율례를 행하지 않았기 때문이지만 다윗이 여호와의 법도와 명령을 너무 충실히 지켰기 때문에 솔로몬의 생전에는 이 나라를 그의 손에서 빼앗지 아니하고 그 자손에게서 빼앗아 여로보암에게 열 지파를 주시겠다고 하셨다.

만약 네가 여호와의 명령에 순종하고 그의 길로 행하고 다윗과 같이 합당한 일을 행하면 너를 위하여 견고한 집을 세우고 이스라엘을 네게 주리라고 하셨음을 말해 준다. 그것을 알게 된 솔로몬이 여로보암을 죽이려고 하자 여로보암은 애굽 왕 시삭에게로 도망하여 솔로몬이 죽기까지 애굽에 머물렀다. 솔로몬은 예루살렘에서 40년 동안 왕으로 있다가 사망하여 다윗의 성읍에 장사되고 그의 아들 르호보암이 그 뒤를 이었다.

솔로몬은 처음 왕이 되었을 때와 말년의 솔로몬이 너무 큰 차이를 보여 준다. 초기에는 여호와께 전적으로 순종하고 지혜로우며 다윗이 처리하지 못한 과제들을 정의롭게 처리하여 여호와의 완전한 신임을 받으며 여호와를 거룩하게 모시고 신전과 화려한 궁전을 지어 온갖 영화를 모두 누렸으나 여자들의 미모에 끌려 많은 후궁과 첩을 두면서 그로 인한 심각한 부작용 때문에 여호와의 경고를 두 번 받았으나 순종하지 않자 여호와께서는 이스라엘을 둘로 나누고 그 아들 르호보암에게는 유다와 베냐민만 남기고 나머지 열 지파는 북쪽 왕국을 세우게 하신다.

# (4) 우상idol과 우상숭배idolatry or idol worship

우상은 그리스어 eidolon은 '형상'에서 온 어휘이고 우상숭배는 어떤 대상을 무조건 사모, 숭배함을 나타낸다. 한자로 偶像은 '허수아비'의 형상을 의미한다. 구약성경에서 우상은 사람이 빚은 이방 잡신의 형상을 의미하고 십계명의 제2계명은 우상숭배를 금하고 나머지 세 계명은 하나님 경외를 명한다. 일찍부터 중동 지방에는 여러 가지 우상숭배가 널리 퍼져 있었고 아브라함의 아버지 데라도 우상을 섬겼다.

인간을 비롯한 천지를 지으신 하나님께서는 장인들이 손으로 만든 생명이 없는 노리개 같은 우상에게 비는 것은 너무 어리석고 하나님을 욕되게 하는 행위이기 때문에 그것을 절대로 금하는 것이다.

그러나 이스라엘인들은 애굽에서 이방인들과 함께 지냈고 출애굽을 하면서 40여 년을 같이 살다 보니 그들의 바알이나 아스다롯 숭배를 가까이에서 관찰하였고 호기심을 갖게 되었다. 이방인들의 우상은 각기 전문분야가 있어 그들이 농사일이 있을 때는 바알에게 다른 경우는 아스다롯에게 의뢰하고 빌고 있었다.

그런데 이스라엘 민족은 하나님과의 소통은 모세와 아론이 맡고 있어 일반 백성들은 소통하기 힘들뿐 아니라 모든 일을 명령으로 처리하신다. 그러나 우상은 손쉽게 접할 수 있고 금지하거나 명령하는 법이 없으니 순종할 필요도 없고 징벌을 내리는 법도 없으니 쉽사리 의지하고 어떤 위로도 받는다고 느끼기도 하였다.

신약성경 시대에 헬라의 신화에 나오는 제우스나 아르테미스 등의 신은 있었지만 바알이나 아스다롯 등은 나오지 않았다. 오늘날 동양에는 불교, 유교, 힌두교, 신도 등의 우상이 있고 우리나라에는 불교, 유교 등의 창시자를 섬기는 사람들 그리고 자칭 구세주를 신봉하는 이단과 무속신앙이 있다.

그러나 젊은 사람들에게 우상의 위치를 차지하는 것은 인기 연예인들이다. 비틀즈들이 사망한 지 오래되나 그들의 이름은 오늘도 큰 인기를 끌고 있고 BTS 그룹의 콘서트에는 수십만이 열광하고 있고 TV에서 그들의 음악을 시청하는 인구는 수천만, 수억 명이다.

그뿐 아니라 자본주의 사회에서의 우상은 바로 돈이다. 돈을 싫어하는 사람은 없고 돈은 가질수록 더 갖고 싶어진다. 그러나 이병철, 정주영 같은 재벌이 죽으면서 돈 한 푼 갖고 떠났다는 이야기는 듣지 못하였다.

그런데도 사람들은 돈을 조금이라도 더 갖고자 수단 방법을 가리지 않는다.

'돈 놓고 돈 먹기'의 도박도 우상으로 삼는 사람들이 많이 있다. 잭팟만 나오면 큰돈을 벌 수 있다는 환상을 가지고 밤새도록 돈을 넣고 돌려보지만 기계는 잭팟이 나올 확률이 매우 낮게 조작되어 있다. 그러나 아침이 되면 모든 돈을 잃고 빈털터리로 도박장을 나와 노숙자가 된다.

언제부터인가 마약이 우상이 된 사람들의 숫자가 늘어나고 있다. 지역과 나이에 관계없이 마약은 사람들에게 천국을 맛보게 하는 우상이 되었다. 그 우상도 그것을 섬기는 사람을 폐인으로 만들고 가정도 잃게 하는

지름길이다. 술 없이는 못 사는 사람에게 술도 우상이고 어떤 남성에게는 음행도 우상일 수 있다.

오늘날 우리에게 우상의 개념은 계속 그 외연이 확대되어 새로운 우상들이 생겨나 우리를 미혹하고 있다. 대부분의 우상들은 정신적인 가치를 외면하는 것으로 인간을 피폐하게 만든다.

기독교인 역시 온갖 종류의 우상의 미혹을 받고 있으나 오로지 하나님을 의지하고 예수님을 따르면 우리는 평화로운 사회를 이루며 서로의 사랑을 나누는 삶을 누릴 수 있다는 확신과 함께 매일의 삶을 살아야 한다.

한 인문학자의 구약성경 스토리텔링

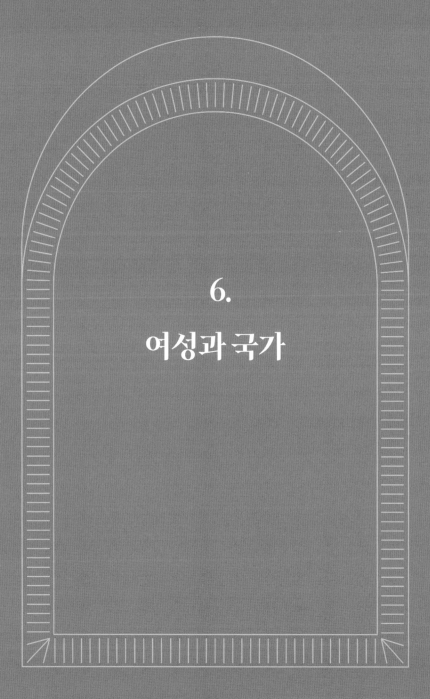

# 6.

# 여성과 국가

고대부터 여러 나라는 남성 위주의 체제를 따랐다. 예외의 경우가 없는 것은 아니지만 왕이나 군주, 사회의 중요 기관에서 가정에 이르기까지 거의 모든 것이 남성 위주로 이루어졌고 좋지 않은 것 예컨대 '원죄' 같은 것은 여성을 그 원인으로 꼽는다. 그러나 물론 하와가 뱀의 꼬임에 빠져 선악과를 받아먹어 원죄가 시작이 되었지만 그 선악과를 아무 주저함이 없이 먹은 아담도 하와와 마찬가지로 원죄에 참여한 것이고 원죄가 여성으로부터 도입되었다고 비난하는 것은 옳지 않고 비겁한 책임 전가이다.

이스라엘의 경우에도 여성의 헌신이나 봉사는 그늘에 가려지고 남성이 주역 역할을 행하였으나 역사적인 순간에 여성의 결정적인 결단으로 그 고비를 무난히 극복할 수 있었던 경우가 여러 번 있었다. 그중 몇 가지만 예로 들어보자. 기드온의 70명의 아들을 죽이고 사사가 된 기드온의 첩의 아들 아비멜렉(이명 아히멜렉)을 망대위에서 맷돌 윗짝을 아래로 던져 아비멜렉을 즉사시킨 것도 무명의 한 여인이고(사사기 9:1-55) 다윗에 맞서 왕이 되겠다고 세력을 모으던 비그리의 목을 베어 반란을 잠재운 것도 한 무명의 여인이었다. (사무엘하 21장)

# (1) 믿음으로 다윗과 예수님의
## 조상이 된 기생 라합

약속의 땅 가나안을 정복하기 위하여서는 여리고 성읍을 차지해야 한다는 전략을 세운 여호수아는 여리고 성읍을 정찰할 정탐꾼 둘을 파견한다. 여리고는 튼튼한 성벽과 철통같은 강한 군대로 유명하다. 철이 많이 나는 가나안은 일찍부터 철로 무기도 만들고 농기구도 만들었으나 이스라엘 지역에는 철도 없고 무기도 신통치 않으며 농기구는 주로 가나안 지역에서 사들여야 하는 형편이었다. 여호수아가 파견한 두 정탐꾼은 여리고성 외곽의 기생 라합의 집에 유숙하기로 한다. 그러나 외지에서 온 두 사람이 라합의 집에 들어가는 것을 본 여리고 주민은 그 사실을 여리고 왕에게 신고한다. 여리고도 애굽에서 나온 이스라엘 민족이 가나안에 쳐들어올 것이라는 사실을 알고 대비하고 있었던 것이다.

여리고 왕은 정보를 입수한 즉시 라합에게 조사관들을 보내어 이스라엘에서 온 것으로 추정된 사람을 잡으려고 한다. 조사관들이 라합에게 와 수상한 정탐꾼들을 끌어내라고 요구한다. 그러자 라합은 정탐꾼들이 들어온 것을 고발하였음을 직감하고 기지를 발휘하여 '과연 그 사람들이 내게 왔었으나 그들이 어디에서 왔는지 나는 알지 못하였고/그 사람들이 어두워 성문을 닫을 때쯤 되어 나갔으니 어디로 갔는지 내가 알지 못하나 급히 따라가라 그리하면 그들을 따라잡으리라.'(여호수아 2:4, 5)라고 하여 조사관들을 따돌렸으나 사실 라합은 대문 흔드는 소리를 듣고 미리 그들을 지붕으로 올라가 삼대에 숨겨 놓았던 것이다.

조사관들이 그들을 잡기 위하여 급히 떠나자 라합은 지붕에 올라가 정탐꾼들에게 '여호와께서 이 땅을 너희에게 주신 줄을 내가 아노라. 우리가 너희를 심히 두려워하고 이 땅 주민들이 다 너희 앞에서 간담이 녹았나니/이는 너희가 애굽에서 나올 때에 여호와께서 너희 앞에서 홍해 물을 마르게 하신 일과 너희가 요단 저쪽에 있는 아모리 사람의 두 왕 시혼과 옥에게 행한 일 곧 그들을 진멸시킨 일을 우리가 들었음이니라 (…) 너희의 하나님 여호와는 위로는 하늘에서도 아래에서는 땅에서도 하나님이신 것.'을 고백한 것이다.

그런데 라합은 '내가 당신들의 목숨을 구하였으니 당신들이 이곳을 공격하여 백성들을 진멸할 때 나와 내 가족의 생명 안전을 보장한다.'고 맹세하고 그 증표를 달라고 하자 그 정탐꾼은 자기들의 목숨을 걸고 라합 가족의 안전을 보장한다고 맹세하고 여호와께서 이 땅을 주실 때에 라합 가족을 따뜻하게 배려하겠다고 약속한다. 라합의 집이 성벽 위에 있으므로 라합은 그들을 바구니에 넣어 창문에서 줄을 달아 내려가 달아나게 하면서 산속으로 도피하여 사흘 동안 숨었다가 돌아가는 것이 좋을 것이라는 충고까지 해 준다. 그 정탐꾼들은 창문에 붉은 줄을 매어놓고 형제와 가족을 다 집으로 데려오라고 당부한다.

그들은 성읍의 백성들은 진멸할 것이나 당신 가족의 신변에 피해가 있다면 책임을 지겠다고 약속하고 부디 이 모든 것을 비밀로 지켜 달라고 부탁한다. 라합은 반드시 그들이 말한 것을 지키고 창문에 붉은 줄을 달 것이니 절대 안심하라고 한다. 그 정탐꾼들은 사흘간 산에 머물다가 돌아가 여호수아에게 있었던 일을 모두 보고하고 자기들의 약속을 보장해 달라고 당부한다. 드디어 D-Day(실행일)가 되어 여호수아의 군대가 여리고를 정복하기 전 요단에 이르러 열두 지파의 작전을 증거하는 돌 열두 개를 남기고 애굽에서 나온 후 할례받지 못한 사람들의 할례를 행한 후 언약궤를 앞세우고 요단강에 들어가니 물 흐름이 멈추어 여호수아의 군대는 맨땅을 밟고 요단을 건넌다.

여호수아가 여리고에 가까이 이르자 한 사람이 칼을 들고 서 있었다. 여호와의 군대 대장이었다. 그 대장은 우선 거룩한 곳에 섰으니 신을 벗으라고 하고 여호와께서 여리고와 왕과 용사들을 여호수아에게 넘기셨다 하시고 작전을 지시하신다. 여호와께서는 모든 군사는 매일 한 번씩 성 주위를 엿새 동안 돌고 제사장 일곱은 양각 나팔을 잡고 언약궤 앞에서 나아가고 일곱째 날에는 그 성을 일곱 번 돌며 제사장들이 나팔을 길게 부르는 소리를 듣고 백성들이 큰 함성을 지르면 성이 무너질 것이니 그러면 백성들이 성에 들어가라고 지시하신다.

드디어 일곱째 날에 여호수아는 '여호와께서 이르신 대로 행하고 성을 진멸하되 단 기생 라합과 그 가족은 보호해 주라. 그것이 우리의 사자를 숨겨 준 보답.'이라고 말한다. 여호와께서 예고하신 대로 백성들이 나팔 소리를 듣고 함성을 지르니 성이 무너지고 이스라엘 부대가 성에 들어가 사람과 소, 양들을 모두 진멸하되 여호수아가 정탐했던 사람들을 불러 라합과 그 부모형제들을 진영 밖에 안전하게 보호한다. 가나안 여인으로 기생이었던 라합은 자기가 들은 정보들을 토대로 이미 여호와를 경외하였고 그렇기 때문에 위험을 무릅쓰고 여호수아의 정탐 대원들을 대피시켜 귀환시킨 것이다. 믿음의 줄을 선택하였기 때문에 라합은 자기뿐만 아니라 그 가족 모두를 구원하고 이스라엘 역사에 남는 인물이 되고 성경에도 기록된 것이다.

여리고 함락 이후의 그의 삶은 신약성경 두 곳에서 찾아볼 수 있다. 예수님의 가계를 '기록하면서 마태는 아브라함의 자손' 나손은 살몬을 낳고 살몬은 라합에게서 보아스를 낳고 보아스는 룻에게서 오벳을 낳고 오벳은 이새를 낳고 이새는 다윗을 낳았으며 (…) 맛단을 낳고 맛단은 야곱을 낳고 야곱은 요셉을 낳고 요셉은 마리아에게서 예수 그리스도를 낳았다(마 1:4-16)고 기록하고 있다. 그러니 라합은 자기와 가족을 구원하였을 뿐 아니라 이스라엘 역사의 위대한 왕 다윗의 4대 조상 할머니 나아가서는 예수 그리스도의 먼 조상 할머니라는 영광까지 얻게 되었던 것이다. 히브리서는 '믿음으로 기생 라합은 정탐꾼을 평안히 영접하였으므로 순종하지 않는 자와 함께 멸망하지 아니하였다.'(히 11:31)라고 하였다. 그러니 하나님 여호와에 대한 경외와 믿음이 얼마나 위대한 일을 행하게 하는가를 웅변으로 증거해 주고 있다.

한 인문학자의 구약성경 스토리텔링

# (2) 승리하는 여사사 드보라

사사 에훗이 죽은 후 이스라엘은 또 다시 악을 행하자 여호와께서 진노하시고 하솔에서 통치하는 가나안 왕 야빈에게 이스라엘을 넘기신다. 하로셋학고임에 거주하는 시스라가 야빈의 군대장관이었다. 야빈왕은 철병거가 900대가 있어 막강한 무력을 앞세워 20년 동안 이스라엘을 압제하니 백성들이 또 다시 여호와께 고통을 부르짖었다. 그리하여 이스라엘의 사사가 된 사람이 랍비돗의 아내인 여선지자 드보라였다.

드보라는 에브라임 산지 라마와 벧엘 사이 드보라 종려나무 아래에 거주하고 있었는데 이스라엘에 여성 선지자는 하나님에 의하여 선택된 미리암도 있었지만 여성으로 사사가 된 것은 드보라가 유일하다. 평상시에는 사사의 임무가 백성들이 제기하는 송사를 판정하고 중요한 행정 문제를 처리하는 것이지만 위기가 닥치면 백성을 지휘하여 적군에 맞서 싸워야 하기 때문에 여성이 맡기에는 힘든 자리이다. 더군다나 이스라엘과 같이 변변한 무기도 없고 강력한 군대가 없는 나라는 하나님의 적극적인 도움이 반드시 있어야 한다.

하나님께서는 무조건 이스라엘이 승리하도록 도와주시는 것이 아니라 하나님께서 상황을 보시고 이스라엘을 도우셔야 하겠다는 판단을 하실 경우에만 도움의 손길을 펴신다. 그런 상황에서 드보라가 이스라엘의 사사가 되자 그는 아비노암의 아들로 납달리 게데스에 사는 바락을 부른다. 드보라는 바락에게 하나님의 명령을 전한다. 그리고 바락에게 납달리 자손과 스불론 자손 만 명을 거느리고 다볼산으로 가라고 명한다. 그러면 자기가 야빈의 군대장관 시스라와 그의 군대를 기손강으로 이끌어 너 바락에게 가까이 이르게 하고 그를 네 손에 넘겨주겠다고 약속한다.

그러자 바락은 만약 당신도 전쟁에 참가하여 함께 가면 자기도 가겠지만 아니면 자기도 가지 않겠다는 조건을 제시한다. 드보라는 자기도 물론 함께 가겠지만 이번 전투에서 너에게 영광이 돌아오지는 않을 것이라고 예고한다. 왜냐하면 여호와께서 그 영광을 딴 여인에게 넘기실 것이기 때문이라고 말하고 드보라는 바락과 함께 게데스로 갔다.

게데스에서 가까운 사아난님 상수리나무 곁에는 겐 사람 헤벨이 자기 족속들과 떨어져 그곳에 장막을 치고 살고 있었다. 야빈의 군대장관 시스라는 아비노암의 아들 바락이 1만여 명의 부대를 이끌고 다볼산에 오른 것을 알게 되자 모든 철 병거 900대와 자기 군대를 하로셋핫고임에서 기손강으로 이동시킨다. 여호와께서 시스라를 그에게 넘겨주시는 날이다. 여호와께서 너에 앞서 나가신다고 하자 바락이 자기 부대 1만 명을 거느리고 다볼산에서 내려간다. 여호와께서는 바락에 앞서 시스라와 그의 철 병거와 전 군대를 칼날로 혼란에 빠지게 하시자 시스라는 병거에서 내려와 도망하였다.

바락이 시스라의 병거들과 군대를 추격하여 하로셋학고임에 이르니 시스라의 온 군대가 모두 이미 엎드러져 있었다. 몰살된 것이다. 시스라는 빠져나와 걸어서 겐 사람 헤벨의 장막에 이르니 마침 그 아내 야엘이 있었다. 하솔 왕 야빈은 겐 사람 헤벨과는 서로 잘 아는 사이였다. 시스라도 그것을 알고 있었기에 헤벨의 장막을 찾은 것이다. 야엘은 시스라를 반갑게 영접하며 '나의 주여 들어오소서. 내게 들어오시고 두려워하지 마소서.'(사사기 4:18)라고 한다.

시스라가 그 장막에 들어가니 야엘이 이불로 시스라를 덮는다. 시스라는 야엘에게 문에 섰다가 사람이 와 혹시 어떤 사람이 오지 않았느냐고 물으면 없다고 하라고 이르고 목이 마르다고 하자 야엘은 우유 부대를 가져다가 마시게 한다. 시스라가 피곤하여 깊이 잠에 빠지자 헤벨의 아내 야엘은 장막 말뚝과 방망이를 들고 와 시스라의 관자놀이에 박자 말뚝이 관자놀이를 관통하고 땅에 박히니 시스라는 비명도 지르지 못하고 죽는다. 시스라가 죽고 군대가 몰살하니 가나안 왕 야빈은 이스라엘에게 굴복할 수밖에 없게 된다. 드보라의 지휘 아래, 이스라엘은 여세를 몰아 가나안 왕 야빈을 더욱 거세게 몰아붙여 야빈 세력을 진멸하였다.

드보라의 승리는 여호와께서 세우신 계획을 드보라가 따랐고 여호와께서 칼날로 전군을 무찔러 주셨기 때문에 가능하였지만 드보라가 여호와의 신뢰를 입었고 아울러 그가 이스라엘 군대를 잘 지휘했기 때문이고 특히 헤벨의 아내 야엘이 기지를 발휘하여 과감한 행동으로 적장 시스라를 박살 낸 공로에 크게 힘입었던 것이다. 드보라는 이스라엘의 승리를 서사적인 노래로 엮었다. '이스라엘 방백들이 앞장서자 백성들이 헌신하였기 때문에 승리를 쟁취하였으니 여호와를 송축할지어다. 모든 왕들은 들어라. 나는 이스라엘의 하나님이신 여호와께 찬양 드리리라. 여호와께서 앞장서시니 하늘이 물을 내리고 산들이 진동하는도다. 이스라엘의 어머니 드보라가 일어나니 백성들이 일어나 싸우는도다.' 무리들이 우상 신들을 숭배하니 전쟁이 성문 앞까지 당도하였는데도 이스라엘 군대는 아무런 무기도 없었다.

　그러나 백성들이 자원하여 전쟁에 나서니 방백들도 자원하여 앞장서고 나도 뜻을 같이한다. 모든 사람들이 한마음 한뜻으로 전쟁에 참가한다. 모든 백성들이 목숨을 아끼지 않고 싸우니 가나안 왕들이 당할 수는 없다. '헤벨의 아내 야엘을 보라. 얼마나 대단한 공로를 세웠는지 주 여호와께서 원수들이 망하게 하셨으니 주를 사랑하는 자들이 해같이 솟아나게 하소서.' 드보라는 아비노암의 아들 바락과 함께 이 노래를 부른다.

　전쟁의 승리를 종합하면서 그 이유를 방백들과 고관들이 나서니 백성들이 헌신적으로 호응하여 별다른 무기 없이도 승리할 수 있었고 여호와의 은혜를 송축하여야 한다고 제의하고 모든 나라의 왕들도 이스라엘의 힘이 어떤 것인지 알라고 한다. 여호와께서 움직이시니 천하가 그에 따르고 이스라엘의 어머니인 자기도 일어난 것이라고 자기를 부각시킨다. 모두가 일치단결하여 싸워 승리할 수 있었는데 메로스 족속만 나 몰라라 하였으니 저주를 받아 마땅하다고 일침을 가하고 야엘의 공로를 크게 부각시키고 축복한다. '여호와께서 주의 원수들을 망하게 하셨으니 주를 사랑하는 사람들이 부디 빛을 보게 하여 주십사.' 하고 끝을 맺는다. 하나님의 사랑을 받는 드보라는 맡겨진 소임을 누구보다 잘 수행하여 여성의 능력과 이름을 높인 사사이다. 야엘과 드보라는 이름의 뜻에 걸맞는 '젖과 꿀'의 역할을 한 여성이다.

# (3) 왕비와 왕의 모후로 변신한
# 목욕하는 여인 밧세바

여인은 어느 때 남성에게 가장 아름다움을 드러내는가? 아마도 여인이 목욕할 때라고 보는 의견들이 많지만 여성 자체의 관점은 그와 다를 수 있다. 그렇기 때문에 동서양의 화가들이 목욕하는 여인을 화폭에 즐겨 옮겨놓고 싶어 했던 것 같다. 우리나라의 혜원도 그렇고 프랑스의 인상파 화가들도 그렇고 피카소도 마찬가지였던 것 같다. 목욕하는 여인을 보면 평소에 별로 느끼지 못했던 여자의 아름다움을 발견하고 욕정이 이성을 마비시키는 것 같다.

다윗이 밧세바가 목욕하는 광경을 보고도 그랬을 것이라고 짐작된다. 그렇기에 이미 열여섯 명의 왕비가 있는 다윗이 목욕하는 밧세바를 보고 혼을 몽땅 빼앗겼기에 만사 제쳐 놓고 밧세바를 소유하고 싶어 했던 것이 아닐까? 물론 옷을 입은 밧세바도 아름다웠을 것이라고 짐작되지만 평상시에 만났어도 다윗의 반응이 똑같았을까? 어찌 되었든 밧세바가 다윗의 왕비가 되고 솔로몬의 모후가 되는 영광은 목욕하는 밧세바를 다윗이 보고 밧세바에게 홀딱 빠졌기 때문이라고 본다. 또 다윗이 여인에게 호감을 느끼는 것은 여자의 마음가짐 때문이다.

나발의 아내 아비가일을 왕비로 삼은 것은 아비가일이 괴팍한 남편 나발의 불손한 행동을 진심으로 사과하고 다윗을 존경하는 마음을 가졌다고 보았기 때문이다. 그에 비해 사울 왕의 둘째 딸 미갈은 인물은 괜찮은 것 같지만 다윗이 백성들 앞에서 춤추고 즐거워하는 것을 빈정대었기 때문에 그 후 다윗은 평생 미갈을 멀리한 것이다. 그런데 밧세바는 본 남편 우리아를 사랑했지만 우리아가 죽고 다윗이 자기를 부르자 주저 없이 다윗에게 순종하고 다윗을 위해 최선을 다했기 때문에 밧세바에게 그 아들을 왕으로 삼겠다고 약속하고 그 약속을 지켰다.

그러나 그로 인하여 일어난 풍파 또한 없을 수 없었다. 가장 먼저 밧세바를 본 직후 다윗은 부하를 시켜 밧세바를 궁으로 불러 동침부터 저지른다. 그리고는 수단 방법을 가리지 않고 밧세바를 소유하고 싶은 정욕이 발동한 다윗은 밧세바가 임신하자 사태를 무난히 덮어 버리기 위해 군총사령관 요압을 통하여 밧세바 남편 우리아에게 휴가를 주도록 하여 집에 와서 아내 밧세바와 동침하게 하여 임신된 것처럼 하려고 하였으나 우리아는 다윗이 자기 집으로 보냈음에도 불구하고 자기 집에 가지 않고 왕궁 문간방에서 왕궁의 경비들과 잤다.

그 사실을 들은 다윗은 자기의 계략이 어긋나자 우리아를 불러 그 이유를 물으니 헷 족속 출신으로 이스라엘의 군인이 된 우리아는 '언약궤와 이스라엘과 유다가 야영 중에 있고 내 주 요압과 내 왕의 부하들이 바깥들에 진치고 있거늘 제가 어찌 내 집으로 가서 먹고 마시고 내 처와 같이 자리이까. 내가 이 일을 행하지 아니하기로 왕의 살아 계심과 왕의 혼의 살아 계심을 두고 맹세하나이다.'(사무엘하 11:11)라고 답한다. [34]

그다음 날도 왕궁에서 왕과 먹고 마시고 하였으나 우리아에게 다음 날 귀대하라고 하여도 집에 들르지 않았다. 그리고 그 다음 날 우리아가 출

---

34) Osty는 우리아가 아내에 대한 어떤 의심 있는 것이 아닌가 의심한다. Osty-Seuil 성경 617쪽 참고.

발할 때 다윗은 요압에게 편지 한 장을 보낸다. 내용인즉 맹렬한 싸움에서 우리아를 앞장세우고 그 외의 군사는 뒤로 물러서게 하여 우리아가 죽게 하라는 잔인하고도 살인적인 편지였다. 그 편지를 받은 요압은 우리아를 강한 적과 맞부딪히는 특공대에 넣어 틀림없이 죽게 하여 왕의 지령을 실천한 것이다. 우리아가 죽자 밧세바는 남편이 죽었음을 듣고 소리내어 울었다. 장례를 마치자 다윗은 사람을 보내 밧세바를 오게 하여 왕비로 만드니 다윗의 아내가 된 밧세바는 그 후 아들을 낳는다. 하늘에서 다윗을 감찰하신 여호와께서는 이 일로 진노하시고 선지자 나단을 다윗에게 보내신다.

나단은 다윗에게 우화 한 가지를 얘기한다. '한 성읍에 양과 소를 많이 가진 부자와 작은 양 한 마리밖에 없는 가난한 사람이 사는데 어떤 행인이 그 부자에게 오자 부자는 자기의 양과 소는 잡지 아니하고 가난한 사람의 양 새끼를 뺏어다 잡았다.'라는 이야기를 하니 다윗은 그 괘씸한 부자 놈은 마땅히 죽어야 한다고 열을 올리자 나단은 다윗에게 정색을 하고 그 부자가 당신이라고 지적한다. 여호와께서 이르시기를 여호와께서 당신을 이스라엘 왕으로 삼기 위하여 기를 쓰고 당신을 죽이려고 한 사울의 손아귀에서 구하고 온 이스라엘을 당신에게 맡겼는데 많은 왕비를 거느린 당신이 무엇이 부족하여 이방 출신으로 이스라엘을 위하여 싸우는 용사 우리아를 죽게 하고 그 아내를 빼앗은 것은 여호와를 업신여긴 것이니 칼이 당신 집에서 영원히 떠나지 않을 것이라 하셨고 여호와께서 당신 집에 재앙을 내리실 것이라고 이르셨다고 알린다. 그러자 다윗은 즉시에 자기가 여호와께 범죄하였다고 자백한다. 나단은 여호와께서 당신의 이제까지의 행적을 참작하시어 당신의 죄를 사하셨다고 하시어 당신이 죽지는 않으나 당신이 낳은 아들은 죽을 것이라 하고 집으로 돌아갔다.

그 말대로 밧세바가 다윗에게서 낳은 아이는 다윗이 금식하고 하나님에게 밤새 엎드려 간구하였으나 이레 만에 죽는다. 그러나 다윗의 지나친 상심을 염려한 신하들은 그 사실을 다윗에게 알리지 않았다. 신하들이 수군거리는 소리를 듣고 다윗은 그 아들이 죽었음을 깨닫고 신하들에게 그 아이가 죽었냐하고 물으니 '죽었나이다.'라고 대답한다. 다윗이 아이가 죽었다는 소식을 듣고 오히려 일어나 식사도 하고 정상적으로 행하는 것을 보고 신하들이 그 까닭을 물으니 다윗은 '아이가 살았을 때에 내가 금식하고 운 것은 혹시 여호와께서 나를 불쌍히 여기사 아이를 살려주실는지 누가 알까 생각하였거니와/지금은 죽었으니 내가 어찌 금식하랴. (…) 나는 그에게로 가려니와 그는 내게로 돌아오지 아니하리라.'(사무엘하 12:21-23)

다윗은 밧세바를 위로하고 그와 동침하니 밧세바가 또 아들을 낳아 그 이름을 솔로몬이라 한다. 솔로몬을 사랑하신 여호와께서는 나단을 보내시어 아이 이름을 여디디야 즉 여호와의 사랑을 입음이라 하라고 하신다. 학깃이 낳은 아들 아도니야가 왕이 되고자 준비하는 것이 눈에 띄자 나단이 밧세바에게 그것을 고한다. 그러자 밧세바는 나단이 알려 준 대로 다윗에게 찾아가 '내 주여 왕이 전에 왕의 하나님 여호와를 가리켜 여종에게 맹세하시기를 네 아들 솔로몬이 반드시 나를 이어 왕이 되어 내 왕위에 앉으리라 하셨거늘/이제 아도니야가 왕이 되었어도 내 주왕은 알지 못하시나이다.'(열왕기상 1:17-18)라고 한다.

아도니야가 수소와 송아지, 양을 잡고 왕의 아들들과 부하들을 청하여 잔치를 벌이고 있다고 알려 준다. 이에 다윗은 밧세바에게 한 약속을 반

한 인문학자의 구약성경 스토리텔링

복하고 솔로몬이 자기 왕위에 앉으리라고 확약한다. 그리고 다윗은 제사장 사독, 선지자 나단, 여호야다의 아들 브나야를 왕 앞으로 불러 그들에게 내 아들 솔로몬을 노새에 태워 기혼으로 가서 제사장 사독과 선지자 나단은 그에게 기름을 부어 이스라엘 왕으로 삼고 뿔 나팔을 불며 '솔로몬 왕은 만세수를 하옵소서.' 하고 솔로몬을 왕으로 삼으라고 명하고 사독을 비롯한 신하들이 다윗이 명한대로 행한다. 드디어 우리아의 아내였던 밧세바는 왕비에서 명예스러운 왕의 모후가 된 것이다.

# (4) 현숙하여 다윗의 외할머니가 된 룻

사사들이 통치하던 시절 이스라엘에 흉년이 드니 배들레헴에 살던 앨리멜렉은 아내와 두 아들과 함께 모압으로 이사하여 살았다. 아내 이름은 나오미이고 두 아들은 말론과 기룐이다. 앨리멜렉이 죽자 나오미는 두 아들과 함께 그곳에서 살았고 말론과 기룐은 오르바와 룻을 맞아 결혼한다. 그러나 말론과 기룐도 죽자 나오미와 두 며느리만 남는다. 나오미는 여호와께서 자기 백성을 돌보사 그들에게 양식을 주셨다는 얘기를 듣고 예루살렘으로 돌아오려고 한다. 나오미는 두 며느리에게 남편이 없는데 시어머니를 모시지 말고 친정으로 돌아가 자유롭게 살라고 권한다.

그 소리를 듣고 울던 두 며느리 중 오르바는 나오미에게 입 맞추고 떠났으나 룻은 시어머님 가시는 곳에 자기도 가겠고 시어머님의 백성이 자기 백성이고 시어머님의 하나님이 자기 하나님이 되시고 시어머니 돌아가시는 곳에서 자기도 죽겠다고 자기 결심을 말한다. 그리하여 두 사람이 베들레헴에 가니 나오미와 룻의 이야기가 유명하게 되었다. 나오미는 자기를 마라 즉 '괴로움'이라고 부르라고 한다. 그들이 돌아왔을 때가 보리 추수 때였다.

룻이 나오미에게 보리 베는 밭에 가서 이삭을 줍겠다고 하자 나오미가 허락하여 간 곳이 우연히 엘리멜렉의 친척 보아스의 밭이었다. 마침 보

한 인문학자의 구약성경 스토리텔링

아스가 보리 베는 밭에 왔다가 룻을 보고 누구의 소녀냐고 일꾼에게 묻자 '나오미와 함께 모압에서 돌아온 소녀'이고 룻이 자기가 단 사이에서 이삭을 줍게 해 달라고 하여 아침부터 계속 줍는 중이라고 알려 준다. 보아스는 다른 밭에 가서 보리 이삭을 줍지 말고 여기에서 주우라고 한다. 룻이 땅에 엎드려 이방 여인인 자기에게 은혜를 베푸는 것에 감사하자 보아스는 너와 네 시어머니 얘기를 잘 알고 있고 여호와께서 네가 행한 것에 하나님께서 보답하시기를 원한다고 한다.

룻은 자기는 당신의 하녀보다도 못한데 위로를 주시고 마음을 기쁘게 하는 말씀을 하셨다고 한다. 식사 때 보아스는 룻에게 식탁에 와서 함께 먹으라고 하고 떡을 초에 찍으라고 하여 룻이 보리 베는 자들 옆에서 배불리 먹었다. 룻이 이삭을 주우러 일어날 때 보아스는 일하는 소년들에게 룻을 책망하지 말며 곡식 다발에서 조금씩 뽑아 버려 룻을 위해 남겨 주라고 한다. 룻이 저녁때까지 주우니 보리가 한 에바쯤 되어 시어머니에게 드린다. 룻은 보아스의 밭에 가서 일한 것과 있었던 것을 모두 말씀드리자 나오미는 보아스가 살아 있는 자와 죽은 자에게 은혜를 베푸니 그가 여호와의 복받기를 원한다고 하고 그가 우리의 친척이니 우리 기업을 무를 자 중의 하나라고 말한다.

룻은 보리와 밀 추수가 끝날 때까지 보아스의 밭에서 이삭을 주웠다. 그 추수가 끝나자 나오미는 룻에게 오늘 밤에는 그가 타작마당에서 보리를 까불릴 것이라고 하였다. '너는 목욕하고 기름을 바르고 의복을 입고 타작마당에 가서 보아스가 먹고 마시기를 끝날 때까지 그에게 보이지 말고 그가 누울 때 너는 그가 눕는 곳을 알았다가 들어가서 그의 발치 이불을 들고 거기 누우라.'라고 한다. 룻은 시어머니가 이른 대로 한다.

보아스가 자다 깨어 보니 한 여인이 발치에 누워 있었다. 누구냐 하니 '나는 당신의 여종 룻이오니 당신의 옷자락을 펴 당신의 여종을 덮으소서.'라고 하고 당신이 우리의 기업을 무를 자가 된다고 한다. 보아스는 '네가 현숙한 여자인 줄을 나의 성읍 백성이 다 아느니라.' 칭찬하고 기업을 무를 자로서 나보다도 더 가까운 사람이 있으니 내일 아침 그에게 먼저 기회를 주고 결정하겠다고 한다. 보아스는 겉옷을 가져다 펴고 보리를 여섯 번 되어 룻에게 쥐여 주고 시어머니께 드리라고 이른다.

시어머니는 일이 끝날 때까지 기다리라고 한다. 보아스는 성문에 올라가 보아스가 말하던 기업 무를 자가 지나가는 것을 보고 불러 그의 의견을 묻는다. 그러자 그 사람은 계산을 해 보더니 보아스에게 자기 대신 무르라고 풍습대로 자기의 신발을 벗어 주었다. 그러자 보아스는 그곳에 앉은 장로들과 백성들에게 '내가 엘리멜렉과 기룐과 말룐이 소유하던 것을 나오미에게서 산 일의 너희가 오늘 증인이 되었다.'고 하고 또 말룐의 아내 모압 여인 룻을 나의 아내로 맞이하고 그 죽은 자의 기업을 그의 이름으로 세워 그의 이름이 끊이지 않게 함에 너희가 증인이 되었다고 하니 모두 동의하였다.

보아스가 룻을 맞이하여 아내로 삼고 그의 방에 들어갔더니 룻이 임신하여 아들을 낳았다. 여인들이 나오미에게 '여호와께서 오늘 네게 기업 무를 자가 없게 하지 않으셨으니 여호와를 찬송할지어다. 이 아이의 이름이 이스라엘에서 유명하게 되기를 원하노라. 그 아이는 생명의 회복자이며 네 노년의 보양자라. 왜냐하면 너의 며느리는 너를 사랑하며 일곱 아들보다도 귀하고 아들을 낳아주었기 때문.'이라고 하였다. 나오미는 아기를 받아 품에 안고 그를 양육하였다. 그 이웃 여인들은 나오미에게 아들이

한 인문학자의 구약성경 스토리텔링

태어났다고 하여 그의 이름을 오벳이라 하였는데 그는 다윗의 아버지 이새의 아버지가 된다. 오벳은 이새를 낳고 이새는 다윗을 낳게 된 것이다.

# (5) 믿음으로 왕후가 되어 민족을 구원한 에스더

구약성경에서 이름이 나오는 여성의 수는 상당히 많이 있고 설명을 통해서 그 일생을 축약한 여성도 꽤 있지만 중요한 업적을 성취한 경우는 얼마 되지 않고 성경에서 작지만 한 독립된 장의 주인공이 된 경우는 룻과 에스더가 유일하다. 룻은 다윗의 족보를 잇는 할머니로 나온 것이고 에스더는 이스라엘의 여인으로 큰 제국의 왕후가 되어 민족의 불씨가 살아남도록 하는 데 결정적인 기여를 하였다는 점에서 성경에 나오는 다른 여인들과는 상당한 차별점을 보여 준다.

앗수르, 바벨론, 유다 등의 중동 국가들은 물론 인도 서부와 파키스탄 등지까지 지배하는 바사 왕국의 왕 아하수에로는 즉위 3년에 전국의 지방 방백들, 관리들, 귀족들과 지휘관들을 위하여 180일 동안 지속되는 대연회를 열어 왕의 위세와 재력을 과시하였고 연회가 끝날 무렵에는 수산 주변의 백성들을 초청하여 7일 동안 참가자들을 기쁘게 하였다. 마지막에 한껏 흥이 오른 아하수에로 왕은 왕후 와스디의 아름다움을 보여 잔치의 피날레를 장식하고자 왕후가 나와 인사를 하라고 사람들 앞에서 청하였다. 그러나 그 소식을 전해 들은 왕후는 잔치에 나가지 않겠다고 거절하였고 그 사실을 전해 들은 왕은 기분이 몹시 상하였다.

만약 그 소문이 전국에 퍼지면 모든 여자들이 자기 남편을 멸시하게 되는 것이 아닌가 하고 신하들에게 의견을 물어본 결과 새 왕후를 맞는 쪽으로 의견이 모아져 새 왕후를 간택하기로 하고 왕은 전국에 '남편으로 모든 가정을 주관하게 하라.'는 조서를 내린다. 왕후를 뽑겠다는 것을 알게 된 전국의 많은 아름다운 여성이 응모하였다. 그들은 12개월 동안 왕후로서 갖추어야 할 소양을 교육받고 왕에게 선을 보였다. 최종적으로 유다출신 에스더가 와스디의 뒤를 이어 왕후로 선택되는 영광을 획득하게 된다. 일찍 부모를 잃은 에스더는 사촌 모르드개가 정성껏 키웠다.

바벨론에 포로로 잡혀왔던 모르드개는 대궐 문을 지키는 문지기였다. 어느 날 그는 왕을 암살하려는 음모가 있음을 알게 되어 에스더에게 알리고 에스더는 왕에게 그 사실을 고하여 그 흉계를 꾸미던 인물들이 처형되고 모르드개의 고변이 궁중일기에도 기록된다. (에스더 1:2) 그 후 아하수에로 왕은 하만의 지위를 높여 모든 대신들 위에 두니 모든 신하들이 하만에게 꿇어 절하였으나 모르드개는 꿇지도 않고 절도 하지 않았다. 그러자 모르드개는 유다인으로 하만에게 예를 표하지 않는다는 것을 어떤 사람이 하만에게 알리자 모르드개에게 격분한 하만은 모르드개 한 사람만 죽이는 것으로는 분이 풀리지 않아 모르드개의 민족을 다 죽이는 음모를 구상한다.

그는 유다 민족은 고유의 민족 율법이 있어 왕의 법률을 지키지 않으니 그대로 둘 수 없으므로 그들을 진멸하시라고 왕에게 간청한다. 에스더의 출신에 대해서 모르는 왕은 유다 민족이 왕의 법률을 무시하고 민족 고유의 율법을 따른다는 말을 듣고 발끈하여 성이 나서 하만의 말에 동의하고 반지를 빼서 하만에게 맡긴다. 이에 하만은 왕의 이름으로 왕국의 각 지방에 조서를 보내어 모든 유다인들을 죽이고 그 재산을 몰수하라고 인치

한다.

모르드개는 이 소식을 듣고 자기 옷을 찢고 굵은 베옷을 입고 재를 뒤집어쓰고 통곡한다. 이에 각 지방의 유다인들도 애통해 하며 금식하고 울부짖는다. 모르드개는 내시 하닥에게 이 소식을 전하여 왕후에게 자기 민족을 위하여 최선을 다하라고 부탁하나 왕후도 허락 없이 부름을 받지 않고 왕에게 나아가면 죽음을 면치 못하는 것이 법이라 고민하고 있는데 모르드개는 에스더에게 혼자만 살 수 있으리라 생각하지 말라고 하며 왕후 자리를 얻은 것이 이런 일 때문이 아니냐고 하자 왕후는 자기도 금식하니 모두 금식하라고 당부하며 목숨을 걸고 왕에게 나아가겠다고 대답한다.

왕이 어전에서 나가 문으로 왕후가 안뜰에서 있는 것을 보고 달려가 왕후에게 그대의 소원이 무엇이냐고 묻고 나라의 절반이라도 주겠다고 한다. 그러자 왕후는 자기가 왕을 위하여 잔치를 마련하였으니 하만과 함께 오시라고 하였다. 왕은 하만과 함께 잔치에 와서 에스더에게 소청이 무엇이든지 곧 허락하겠다고 대답한다. 그날도 하만이 대궐 문으로 나오는데 모르드개가 몸을 움직이지도 않는 것을 보고 매우 화가 나서 사람들을 모아놓고 자기의 영광이 드높은데 모르드개만이 자기를 무시하니 어찌해야 되겠느냐고 묻자 모든 사람들이 그를 큰 장대에 매달아 놓고 죽게 하라고 한다.

그런데 왕이 그날 밤 잠이 오지 않아 역대 일기를 가져다가 읽게 하니 두 내시가 아하수에로 왕을 암살하려는 음모를 모르드개가 고발하여 자기의 목숨을 구하였음을 알게 되어 모르드개에게 무엇을 베풀었냐고 물으니 측근 신하들이 아무것도 베푼 것이 없다고 하자 신하들을 부른다. 마침 하만이 뜰에 있어 하만에게 사람을 존귀하게 하려면 어떻게 해야 하냐고 묻고 그것이 자기를 위한 것이라고 생각한 하만은 왕이 입는 왕복과 왕의 말과 왕관을 씌워 거리를 다니면서 왕이 존귀하게 여기는 사람은 이와 같이 대접하리라고 하시라고 한다.

그러자 왕은 이 모든 것을 가져와 대궐 문에 앉은 모르드개에게 행하라 한다. 이에 하만은 모르드개에게 모든 것을 갖추고 거리를 다니며 있었던 사실을 반포하게 하나 하만은 번뇌하여 집에 돌아와 아내와 친구들에게 털어놓자 내시가 찾아와 빨리 잔치에 오라고 한다. 하만이 왕과 함께한 잔치에서 왕이 에스더에게 소원을 말하라고 하니 에스더는 자기 생명을 자기에게 주고 자기 소원대로 자기 민족을 살려 달라고 한다. 자기와 자기 민족이 진멸함을 당할 위험에 처해 있다고 호소한다. 그러자 왕이 누가 그 일을 품고 있느냐고 묻자 에스더는 그것이 바로 이 악한 하만이라고 하자 왕은 잔치 장소에서 나와 후원으로 들어간다.

하만이 에스더에게 목숨을 살려 달라고 간청한다. 왕이 잔치 자리에 돌아오니 하만은 에스더가 앉은 걸상 위에 엎드려 있다. 그러자 왕이 저 하만이 내 앞에서 왕후를 겁탈하려고 하느냐고 묻는다. 그때 내시가 하만이 모르드개를 매달고자 높은 장대를 자기 집에 세웠다고 하자 왕이 하만을 그 나무에 매달라고 하니 왕의 분노가 사그라졌다. 왕은 하만의 집을 에스더에게 주고 에스더가 모르드개와 어떤 관계인지를 아뢰자 모르드개가 왕에게 나아오니 왕은 하만에게서 거둔 반지를 모르드게에게 주고 에스더는 하만의 집 관리를 모르드개에게 맡긴다.

일단 왕의 반지로 인친 후 발송된 조서는 철회될 수 없으니 새로이 모르드개가 왕의 명의로 조서를 써서 인도로부터 구스까지 127 지방관 관원에게 인친 조서를 보낸다. 그러자 왕이 인친 조서를 전국이 받는다. 모르드개는 푸르고 흰 조복을 입고 큰 금관을 쓰고 가는 자색 베옷을 입고 왕에게 나아오니 수산성이 기뻐하고 유다인의 영광과 기쁨이었다. 유다인을 제거하기 바라던 사람들이 역으로 모두 제거되니 모든 것이 하늘의 뜻을 따른 것이다. 아울러 바사 제국에서 왕 다음의 자리에 앉은 모르드개의 명성은 전국에 알려졌다. 하만이 '부르' 곧 제비를 뽑아 유다인을 진멸하고자 한 것을 에스더가 모르드개의 충고를 받아 위험을 새로운 삶의 기회로 반전시킬 수 있었던 것이다.

## 가. 고전극 'Esther'(에스테르)로 올려진 에스더

17세기 프랑스의 대표적 비극 작가 라신Racine은 영적 성향spiritualité이 높은 진실한 카톨릭 교인으로 구약성경의 인물 에스더를 주인공으로 하는 〈Esther〉(에스테르)를 무대에 올린다. 말년에 야심작 〈Phédre〉(페드라)가 흥행에서 기대 이하의 성과를 보이자 실망하여 연극 쓰기를 포기하고 왕실의 사가가 된 라신은 태양왕 루이 14세의 실제 부인 역할을 하는 마담 드 맹트농Mme de Maintenon에게서 '신앙심을 고취시키면서도 지루하지 않은 장시를 써 달라는 간곡한 부탁을 받는다. 깊은 신앙심을 가진 마담 드 맹트농은 1688년 카톨릭 교리를 바탕으로 하는 생시르 여성교육원을 설립하고 여성 원생들의 종교적 정신을 함양하면서도 즐거운 휴식을 제공할 수 있는 작품이 있으면 좋겠다고 생각하고 라신이 그에 가장 적합한 작가라고 평가하여 그 집필을 의뢰하게 된 것이다.

음악적 운율에 따른 작품을 연극으로 써 보기는 했지만 평생 한 번도 장시를 써 본 적은 없는 라신은 이 기회에 의뢰받은 작품을 그의 종교적 신념을 반영하는 연극으로 표현하고 싶은 욕망을 느껴 성경 속의 인물 에스더를 주인공으로 하는 극작품을 쓰게 된다. 구약시대의 축제에서는 성악을 끌어들여 연극에 활력을 불어넣고자 시도하였다. 성경에서 에스더는 하나님 여호와나 다른 어떤 종교를 암시하지 않고 종교적 용어나 분위기도 보이지 않는다. 단지 죄 없는 이스라엘 백성들이 처한 위험과 음모를 계획하는 악인들의 행동이 이스라엘 백성들에 대한 동정을 일으키게 하는 것을 보여 줄 뿐이다.

라신은 연극적인 긴장감과 생동감을 부각시키기 위하여 악인들의 행동을 보다 실감 나게 보여 준다. 라신은 연극 전편을 통하여 우리로 하여금 자신의 신앙심을 강하게 느끼게 하였고 그의 작품 〈Esther〉가 종교적인 연극임을 강하게 표출하고 있다. 그러나 결과적으로 작품 〈Esther〉가 원생들의 종교적 정신 함양에는 기여한 것 같으나 그들에게 즐거운 휴식을 제공하는데 성공하지는 못한 것 같다. 그리고 본래 어느 한 작품이 그러한 두 가지 요소를 조화롭게 실현하기란 어려운 주문이다.

그러나 라신의 작품은 루이 14세 왕실의 신하들에게는 열광적인 반응을 일으켰고 거기에는 그럴 만한 까닭이 있다. 프랑스와는 너무나 멀리 떨어진 동방의 페르샤 아하수에로의 왕실에서 일어난 너무나 멀리 동떨어진 사건이 그때로부터 약 2000여 년 후 프랑스 루이 14세의 왕실에서 일어나는 사건들과의 사이에 어떤 상통성을 찾아볼 수 있기 때문이다. 몇 가지 예를 든다면 루이 14세 애인은 본래 마담 드 몽테스팡이었는데 마담 드 맹트농이 루이 14세의 총애를 받으면서 루이 14세의 실세 부인이 되었다.[35]

---

35)  당시 프랑스 왕국에서 왕은 정략결혼을 하여 정식 왕비가 있으나 실제로 왕비는 마담 드 ○○○라고 하는 애첩과 살았고 그 애첩이 왕실의 실세 왕비 역할을 행사하였다.

페르샤 아하수에로의 왕비 와스디 역시 왕의 분노를 사 왕비자리에서 쫓겨나 에스더가 왕비가 되었고 마담 드 멩트농이 종교적 신앙심이 강한 여인이었다면 에스더 역시 하나님 여호와에 대한 강한 경외심이 있었다.

프랑스의 태양왕 루이 14세가 프랑스의 영토를 넓히고 프랑스의 영광을 내외에 과시했다면 아하수에로는 인종적인 장벽을 뛰어넘는 넓은 세계를 다스리면서 인종적인 뿌리와 관계없이 인사를 등용하였다. 또한 아수에로 왕실에 하만과 같은 악인과 모르드개 같은 충실한 신하가 있었던 것같이 어느 왕실에나 자기의 이익만 생각하고 부정을 저지르는 하만과 같은 악한 신하가 있고 반면에 무조건 왕실에 충성하는 신하도 있을 수 있다는 사실에서 라신의 〈Esther〉는 왕실 신하들에게서 열광적인 반응을 일으켰던 것이다. 그리고 신앙심이 강한 일부 계층에서도 〈Esther〉는 높은 찬사를 받았다.

그러나 순수 연극적인 차원에서는 많은 비평가들과 관객들은 'componction' 즉 지나친 종교적 엄숙성과 작품이 전체적으로 'fadeur' 즉 밋밋함을 준다고 보았기 때문에 일반적인 인기를 염두에 두고 쓴 작품이 아닌 〈Esther〉는 별 성공을 남기지는 않았다. 물론 그 작품은 라신 자신의 문학적 명성을 걸고 문학성만을 추구한 작품은 아니다. 그러나 작가의 깊은 신앙심의 영감을 받고 심혈을 기울여 쓴 〈Esther〉는 마치 실패작 〈Phédre〉(페드라)가 라신 연극의 모든 역량을 보여 준 것과 마찬가지로 이 작품도 연극적인 면에서 라신적 모든 요소를 수용한 가장 라신적인 작품으로 평가되고 있다.

# (6) 악명 높은 두 모녀 왕후

통일왕국과 분열왕국을 통틀어 가장 악명 높은 왕후를 꼽으면 당연히 이세벨과 아달랴 모녀 왕후라고 할 수 있다.

이세벨은 바알 제사장 겸 시돈 왕 엣바알의 딸로 북이스라엘 왕국에서 군대장관으로 있다가 왕이 된 오므리의 아들 아합과 결혼하여 아합을 비롯하여 북왕국을 바알 신앙 쪽으로 이끌었다.

유다의 열 지파를 다스리는 북왕국은 두 지파만 거느리는 남왕국과 갈등을 빚기도 하지만 남왕국은 북왕국에 비하여 열세이기 때문에 여호와 신앙의 주도권을 가졌으나 북왕국의 나쁜 영향을 많이 받았고 남왕국의 아하시야 왕은 북이스라엘 이세벨의 딸 아달랴를 왕후로 맞았다.

자기 친정아버지보다도 열렬한 바알 신봉자였던 이세벨은 여호와의 선지자들을 모두 죽이나(열왕기상 18:4) 왕궁의 경비를 맡은 오바댜는 여호와를 경외하는 신실한 신도로 선지자 백 명을 빼돌려 굴에 숨기고 음식을 공급하였다. 그런 상황에서 선지자 엘리야는 아합에게 바알 선지자 450명과 아세라 선지자 400명을 갈멜산으로 오게 하여 어느 하나님이 참 하나님이신지를 가리자고 한다.

송아지를 잡아 바알의 이름을 외쳐 저절로 불을 붙게 하면 바알이 참신인 것을 인정하겠다고 하여 바알 선지자들이 저녁때까지 외쳤으나 아무 응답이 없자 엘리야는 제단 위에 송아지를 올리고 여호와께 기도하니 불이 내려 번제물과 그 주변을 모두 태워 여호와가 참 하나님이심을 증명하고 미리 숨겨 둔 백성들에게 바알 선지자들을 쳐 죽이라고 명령하자 바알 선지자들이 모두 죽었다.

그 살해 소식을 들은 이세벨은 사자를 엘리야에게 보내 그를 죽이겠다고 통보하니 엘리야는 호렙산으로 도피한다. 그 후에 아합은 사마리아 왕궁 가까이에 있는 나봇의 포도원을 매입하여 왕궁을 넓히려 하나 나봇이 포도원이 조상의 유산임을 내세워 거절하자 이세벨이 그 문제를 해결하겠다고 나선다.

이세벨은 성읍의 장로, 귀족과 나봇을 초청하여 잔치를 벌이는 자리에서 불량배 둘을 시켜 나봇이 하나님과 왕을 저주하였다고 거짓 증언을 하자 그것은 돌에 맞아 죽을 죄에 해당하기 때문에 끌려나가 돌에 맞아 죽고 나봇이 죽자 이세벨은 나봇이 죽었으니 포도원을 차지하라고 이른다. (열왕기상 21:16)

그러나 여호와의 선지자들을 죽이고 나봇의 포도원을 강탈한 이세벨을 개들이 뜯어 먹으리라는 저주를 받는다. 예후는 여호와의 명으로 반역하여 요람을 죽이고 그 집안을 몰살하며 이세벨은 예언대로 개들에게 뜯어 먹혀 장사도 지낼 수도 없는 최후를 맞았다.

아달랴는 남유다 왕국의 왕 여호람과 결혼한다. 그러나 여호람이 죽자 여호람의 막내아들 아하시야가 여호람의 뒤를 잇는다. 아하시야는 어머니 아달랴의 영향으로 악을 행한다. 북왕국의 왕 요람과 함께 아람 왕과 싸우던 중 요람이 부상을 치료하기 위하여 이스르엘로 돌아가자 아하시야(= 아사랴)가 요람을 찾았다가 예후가 쳐들어와 아하시야는 사마리아에 숨었으나 발각이 되어 결국 아하시야도 죽게 된다.

아달랴는 아들 아하시야가 죽은 것을 보고 남유다 왕실의 왕자들을 모두 살해하고 권력을 잡았으나 어린 아하시야의 아들 요아스를 고모 여호사브앗이 빼내어 침실에 숨겼다가 여호사브앗의 남편이 제사장으로 있는 하나님의 전에 7년 동안 숨겼다. 칠년이 되자 제사장 여호야다가 주위 측근들과 언약을 세우고 남유다 전국을 돌며 레위가문의 인물들과 이스라엘 족장들과 아하시야의 왕자를 왕으로 세우기로 언약을 맺는다.

안식일 날 무리가 왕자를 호위하고 그에게 면류관을 씌우고 율법책을 주고 왕자에게 기름 부어 왕으로 선포한 후 '왕이여 만세수를 누리소서.' 하고 외치자 아달랴가 성전에 가서 보니 모든 백성들이 즐거워하며 나팔을 불고 찬송을 하고 있었다. 아달랴가 옷을 찢으며 '반역이로다.' '반역이로다.' 하고 외친다. 제사장 여호야다는 아달랴를 쫓아내고 성전에서는 죽이지 말라고 지시한다. 무리는 아달랴를 성전 밖에서 칼로 베었다. (역대하 23:1-21)

이리하여 시돈에서 북이스라엘 왕국의 왕 아합과 결혼한 이세벨은 자기 태생의 우상 바알 신앙을 버리지 못하고 그것을 북왕국에서 크게 장려하여 아합 왕까지 끌어들이면서 여호와의 선지자들을 모두 체포하여 멸살한다. 그러나 하나님의 저주를 받은 이세벨은 참담하고 비극적인 최후를 맞았다.

그의 딸로 남유다 왕국의 여호람과 결혼한 아달랴 역시 자기 태생의 우상 바알 숭배를 버리지 못하고 여호람으로 하여금 아합의 길을 따라 악행을 행하게 하다가 아들 아하시야가 죽자 즉시 왕실의 왕자들을 진멸하였으나 요행이 살아남아 제사장 여호야다의 도움으로 살아남은 요아스가 왕이 되는 것을 막지는 못하고 그 역시 비참한 죽음을 당하게 된다.

그 외에도 여러 차례 우상숭배 문화를 익힌 여인과 결혼한 인물들이 아내의 우상숭배에 동참하는 것을 목격한 여호와께서는 이방인과의 결혼을 무조건 반대하시고 심지어는 이방 주민을 가까이 하거나 이방인과 교류하는 것도 우상숭배에 빠질 수 있는 길이 된다고 그것을 반대하시게 된다.

# (7) 최초의 여선지자 미리암

레위족의 아므람과 요게벳은 애굽에서 살면서 3남매 아론, 모세, 미리암을 낳았다. 미리암이 장녀로 제일 위인데도 구약성경은 아론과 모세 다음으로 미리암을 놓는다. (민수기 26:59) 미리암이 장녀로서 제일 처음 맡은 일이 이스라엘의 임신부가 아들을 낳으면 법적으론 나일강에 가서 버리게 되어 있으니 모세가 태어나자 요게벳은 미리암에게 그 일을 맡긴다.

미리암은 갈대로 만든 상자에 역청과 나무 진액을 칠하여 물에 가라앉지 않게 하고 아기를 눕혀 공주들이 목욕하러 오는 길목에 두니 마침 바로의 딸이 목욕하러 왔다가 상자에서 아이 우는 소리가 나서 보니 잘생긴 어린아이가 우는지라. 이스라엘 어린 아이로 알아차린다. 데려다 키우겠다고 생각하는데 이를 지켜본 미리암이 다가가 이스라엘 유모에게 젖을 줄 수 있게 할 수 있다고 하여 아기 엄마 요게벳을 불러다가 젖을 먹이게 한다. 공주는 아기를 '물에서 건져내었음'이라는 뜻의 '모세'라고 부른다.

하나님은 모세를 설득하여 애굽에서 종살이하는 이스라엘 백성을 이끌고 젖과 꿀이 흐르는 언약의 땅 가나안으로 데려오게 하면서 모세와 아론으로 하여금 바로의 허락을 받도록 하고 미리암으로 하여금 모세와 아론을 적극 돕게 하셨다. 왜냐하면 애굽에 있는 백성들은 부인과 어린이를 포함한 가정들로 구성되어 여성 지도자가 필수였기 때문에 미리암이 꼭

필요하였다. (미가 6:4)

애굽 왕 바로는 종살이하는 이스라엘 민족이 애굽을 떠나는 것을 거부하다가 모세와 아론이 하나님의 도움으로 열 가지 재앙을 내리자 출애굽을 허락한다. 그러나 바로는 군사를 동원하여 그들을 추격하게 하였으나 그의 군사들이 홍해를 건너려고 하자 바로의 말과 병거와 마병들이 모두 홍해에 들어서는 순간 갑자기 물살이 급하게 흐르면서 그들이 일시에 수장되는 참사가 일어나 몰사하는 장면이 연출된다.

그 장면을 목격한 선지자 미리암이 소고를 잡고 춤을 추고 흥을 돋우니 여인들이 모두 미리암을 따라 춤을 춘다. 미리암은 그들에게 '너희는 여호와를 찬송하라. 그는 높고 영화로우시며 말과 그것을 탄 자들을 바다에 던지셨음이로다.' 하고 외쳤다.

미리암은 모세를 어릴 적부터 모성애적인 사랑으로 돌보았고 특히 출애굽 과정에서 힘든 광야를 40여 년간 방랑하면서 미리암은 헌신적으로 모세를 보필하면서도 그의 역할과 공적은 모세와 아론에 가려 별다른 빛을 보지 못하였다. 더구나 모세는 아내가 미디안에 남아서 아이들을 돌보며 가정을 지켜야 하였기 때문에 모세는 미리암에게 크게 의존할 수밖에 없었다. 그런데 행진이 하세롯에 이르면서 모세가 갑자기 구스 여인을 후실로 데려오니 미리암과 아론은 놀라고 당황하게 된다.

그러나 아내가 나이 들면서 후실을 얻는 것은 크게 흉한 일은 아니다. 그러나 아무 말도 없이 갑자기 그것도 이방 여인을 후실이라고 데려오는 것은 하나님께서도 여러 번 그 위험성을 강조하신 바 있는 일이다. 그리하여 미리암과 아론도 모세에게 이방 여인을 취하겠다는 것을 허락받았는지를 따진다. 모세는 그에 대한 대답을 하지 않는다.

그런데 하나님께서는 아론과 미리암이 모세를 비방하였다는 사실만을 중요한 일이라고 보시고 하나님과 모세의 관계만을 말씀하시면서 모세를 두둔하신다. 여호와께서는 진노하시고 구름이 장막위에서 떠나면서 미리암만 나병에 걸린다. 아론은 모세에게 '슬프도다. 내 주여 우리가 어리석은 일을 하여 죄를 지었으나 청하건대 그 벌을 우리에게 돌리지 마소서.'(민수기 12:10, 11)라고 하자 모세가 여호와께 부르짖어 이르되 '하나님이여 원하건대 그를 고쳐주옵소서.'(민수기 12:13) 그러자 여호와께서 '그를 진영 밖에 이레 동안 가두고 그 후에 들어오게 할지니라.' 하신다. 미리암이 진영 밖에 있는 동안 백성들은 행진을 하지 못하고 기다렸다가 미리암이 돌아오자 하세롯을 떠나 바란 광야에 진을 친다.

백성들이 신 광야의 가데스(= 가데스 바네아)에 머무를 때 미리암은 그곳에서 생을 마친다.


미리암이 구약성경의 인물로 등장하는 것은 물론 모세, 아론의 남매 사이이기 때문이지만 미리암이 출애굽에서 중요한 역할을 하였음에도 어느 정도 과소평가된 것은 미리암이 아마도 여성이었기 때문이 아닌가 추정된다.

출애굽기에서 단 한 번 미리암에게 여선지자라는 호칭만을 붙였고 미가는 미리암이 모세, 아론과 함께 하나님에 의하여 출애굽에서 크게 역사하였음이 언급하였을 뿐이다. 그리고 그가 가데스에서 삶을 마감했을 때 상황에 대한 아무런 설명도 없고 나이에 대한 언급도 없고 장례가 어떠했고 애곡을 하였는지에 대해 아무 말 없이 그냥 죽어 그곳에 묻었다고 하는 것으로 그에 대해 마침표를 찍은 것은 쉽사리 넘기기 어려운 대목이다.

# (8) 다말과 유다

　유다는 야곱과 레아의 셋째이다. 그에 비해 다말의 가족 내력은 많이 복잡하다. 유다가 형제들 곁을 떠나 히라 집에 가서 머물다가 가나안 사람 수아의 딸을 보고 그 여자에 끌려 동침한다.

　수아의 딸이 임신하여 아들을 낳자 그 이름을 엘이라고 했다. 수아의 딸이 또 임신하고 아들을 낳자 이름을 오난이라고 했다. 그 후에 수아의 딸이 또 다시 임신을 하여 아들을 낳으니 그 이름을 셀라라고 한다. 그 당시 유다와 아내는 유대 남쪽의 성읍 거십에 머물고 있었다.

　유다가 장자 엘을 위하여 데려온 여자가 다말이었다. 그러나 엘은 몸도 허약하나 여호와 보시기에 악하므로 그를 죽게 하신다. 그러자 유다는 전통을 따라 둘째 오난으로 하여금 형수 다말과 동침하여 후손을 가질 수 있도록 형수 다말의 방에 들어가게 한다.

　그러나 오난은 자기 역할을 다하지 않고 관계 후 밖에 설정을 하여 다말이 오난의 씨를 받지 못한다. 여호와 보시기에 그것은 악한 일이므로 오난도 죽게 하신다. 이번에도 유다의 뜻이 이루어지지 않자 유다는 다말이 엘, 오난을 죽게 한 원인으로 보고 다말을 증오하여 친정에 가서 막내 셀라가 장성할 때까지 기다리라고 명령한다.

　얼마 후 유다는 아내 수아가 낳은 딸이 죽자 장례를 치르면서 인사를 받고 기분 전환도 할겸 가나안 사람 히라와 함께 딤나로 간다. 어떤 사람이 다말에게 유다가 딤나에 갔다고 귀뜀을 해 주자 다말은 작전을 꾸민다.

다말은 과부의 의복을 벗고 너울로 얼굴과 몸을 감싸고 딤나로 가는 길 곁에 있는 입구에 자리 잡고 앉아 있었다. 유다는 그것이 며느리라고 알아차리지 못하고 창녀라고 보았다. 그리하여 그 창녀에게 가 '나로 네게 들어가게 하라.' 하니 다말이 '당신이 무엇을 주고 내게 들어오려 하느냐.'(창세기 38:16)라고 하자 유다는 염소 새끼를 주겠다고 하였다. 다말이 그 말을 믿을 수 있도록 담보물을 달라고 하면서 유다가 몸에 지니고 다니는 도장과 끈 그리고 지팡이를 맡기라고 요구하여 유다는 그것을 주고 일을 치를 수 있었다.

그 후 다말은 임신을 하였고 다말은 집에 돌아가 과부의 의복을 도로 입었다. 유다는 약속대로 히라를 통하여 새끼 염소를 가져다주라고 부탁을 하면서 맡긴 담보물을 찾아오라고 하였다.

히라가 새끼 염소를 끌고 유다가 말한 곳에 갔으나 히라는 그 여인을 만날 수 없어 사람들에게 물어보니 그 근방에는 창녀가 없다고 하여 염소 새끼를 도로 가져왔다.

서너 달 후 어떤 사람이 유다에게 다말이 행음하였고 그 때문에 임신하였다고 알려 준다. 유다는 다말을 죽여야 한다고 다말을 끌어내게 하였다. 그러자 다말은 그 사람에게 도장과 끈 그리고 지팡이를 주면서 유대에게 이것들이 누구 것이냐고 물어보게 한다.

그것을 본 유다는 '그[36]는 나보다 옳도다. 내가 그를 내 아들 셀라에게 주지 아니하였음이로다.'(창세기 38:25, 26)라고 한다. 유다는 그것이 아

---

36) 다말.

들 셀라가 장성하였는데도 다말에게 임신할 기회를 주지 않아서 일어난 일임을 깨달은 것이다.

다말은 쌍둥이를 출산하여 동생을 베레스 형을 세라라고 하였다. 결과적으로 넷째 아들로 태어난 유다는 집안의 장자가 되었다. 성경은 예수 그리스도가 유다의 집안에서 태어난다고 예언하였고 그것이 500여 년 후에 이루어졌다.

그러면 어째서 여호와 하나님께서 유다의 음행과 다말에 대한 지나친 증오에도 불구하고 유다가 장자권을 받고 이스라엘 열두 지파를 유다의 열두 지파라고 하고 예수 그리스도를 유다 집안에서 태어나게 하셨을까 하는 의문을 품게 된다.

어떤 연구가는 유다가 자기 죄악을 깊이 회개하기 때문에 자비를 베푸셨다고 설명한다. 그러나 성경에서는 유다가 자기의 실수를 인정은 하지만 깊은 회개를 하였다는 기록은 없다.

우리는 그 이유를 야곱 집안의 사정 때문에 레아의 넷째 아들인 유다가 장자로 선택될 수밖에 없다고 판단한다.

야곱의 아내 레아는 아들을 여섯 낳았으나 큰 아들 르우벤은 서모 빌하와 동침하여 집안의 악의 원흉이 되었고 둘째 시므온은 누이동생 디나를 세겜 추장이 욕보이자 그곳 주민들이 할례를 행하면 디나를 추장과 결혼시키겠다고 하고 주민들이 할례를 받고 아파하자 레위와 함께 칼을 들고 주민들을 도륙하여 유다의 분노를 산다.

그리고 레위족은 제사장 집안으로 장자권을 받을 수는 없으니 결국 넷째 아들인 유다가 집안의 장자 즉 대표가 된 것이다. 그리고 다말과의 관계는 유다 집안 사정으로 일어난 일이고 다말이 그것을 모두 짊어지는 지혜 있고 충실한 여인으로 사실을 일체 발설하지 않았기 때문에 결과적으로 유다가 명예에 손상을 입지 않았다고 추정한다.

# 7.

# 찬양과 말씀

# (1) 시편

시편은 150여 편의 시 모음으로 모두 5권을 이룬다. 본래 악기들의 반주와 함께 부른다. 대개 BC1000-BC430년 사이에 편집되었다고 추정한다. 헬라어가 라틴어를 거쳐 영어(Psalms)로 되어 내용은 아브라함에서 이삭, 야곱부터 바벨론 시절에 이르기까지 이스라엘 민족의 애환을 담고 있다. 저자로는 모세(1). 에단(1), 솔로몬(2), 고라자손(11). 아삽(12), 다윗(73), 기타(31)의 저자는 이름이 없다.

## 가. 모세

하나님을 오랫동안 모셨던 모세가 한 편의 시만 남긴 것은 그의 임무가 하나님과 백성들 간의 소통이었기 때문이라고 추정되는데 저자의 이름이 없는 시 가운데 몇 편은 모세가 쓴 것이 아닌가 생각된다.

### ① 하나님은 누구신가

하나님과 가장 먼저 대화하면서 하나님이 누구시냐고 질문한 모세는 시에서 하나님을 시간과 공간을 초월하여 영원히 계시면서 무로부터 온 세상을 지으신 창조주이시라(시편 90:2)고 밝히고 그에 비해 흙으로부터 나온 인간은 정해진 수명을 살고 죽음과 함께 티끌로 다시 돌아간다고 밝힌다.

하나님의 신뢰와 사랑을 받은 모세도 하나님은 그의 피난처이시고 요새이시며 자기는 모든 것을 하나님께 의지하여 산다고 고백한다. 하나님께서 우리를 지켜 주시고 악인을 벌하시니 여호와를 찬양하고 감사드리자고 권고하고 자기가 므리바에서 한 것처럼 여호와를 노하시게 하지 말라고 충고한다.

아울러 아브라함과 맺으신 하나님의 언약을 상기시키며 출애굽과 가나안 땅 주신 것을 감사드리고 후대에 역사를 잊지 말라고 권유한다.

## 나. 에단

에단은 레위 지파의 므라리 후손으로 가나안 출생이라는 학설도 있으나 확실치는 않다. 다윗이 언약궤를 예루살렘으로 옮길 때 아삽과 함께 무대를 이끌었다.

### ① 찬양

에단은 시편의 시에서 여호와의 인자와 신실을 찬양한다. '내가 여호와의 인자하심을 영원히 노래하며 주의 신실하심을 내 입으로 대대에 알게 하리이다.'(시편 89:1) 아울러 주님의 기적들과 무한하신 능력도 찬양한다. '여호와여 주의 기적을 하늘이 찬양할 것이요 무릇 구름 위에서 능히 여호와와 비교할 자 누구이며 하늘에서 여호와와 같은 자 누구리이까.'(시편 89:5-6)라고 물은 다음 '여호와 만군의 하나님이시여 주와 같은 능력 있는 이가 누구리이까. 여호와여 주의 능력과 신실하심이 주를 둘렀나이다. 하늘이 주의 거처이고 땅도 주의 것이라 세계가 그 중에 충만한 것을 주께서 건설하였나이다. 의와 공의가 주의 보좌의 기초라 인자하심과 진실하심이 주 앞에 있나이다.'(시편 89:8-14)라고 하나님을 찬양한다.

## ② 탄식

다윗을 모셨던 에단은 그에 대해 큰 존경을 가졌던 것 같다. 그리하여 하나님께서 다윗에게 하신 언약을 거론한다. '주께서 이르시되 나는 내가 택한 자와 언약을 맺으며 다윗에게 맹세하기를 내가 네 자손을 영원히 견고히 하여 네 왕위를 대대에 세우리라.'(시편 89:3, 4) 하셨고 또 '내가 내 종 다윗을 찾아내어 나의 거룩한 기름을 그에게 부었도다. 내 손이 그와 함께하여 견고하게 하고 내 팔이 그를 힘이 있게 하리로다. 내가 그의 앞에서 그의 대적들을 박멸하며 그를 미워하는 자들을 치려니와 나의 신실함과 인자함이 그와 함께 하리니 내 이름으로 말미암아 그의 뿔이 높아지리로다. 그가 나를 부르기를 나의 아버지요, 나의 하나님이시오, 나의 구원의 반석이시라 하리로다.'(시편 89:20-25)

이와 같이 하나님께서 하신 말씀을 상기하게 하는 것은 밧세바와의 불륜으로 다윗의 죄악이 아무리 크다 해도 그것이 다윗의 유일한 죄악인데 그와 그 후손에게 내리신 징벌이 언제까지인지 알지 못하여 그것을 탄식한다. '여호와여 언제까지니이까. 스스로 영원히 숨기리이까. 주의 노가 언제까지 불붙듯 하시겠나이까.'(시편 89:4-6)라고 하면서 징벌의 가혹함을 안타까워하고 다윗에 대한 변함없는 충성스러움을 보여 주고 있다.

## 다. 솔로몬

솔로몬의 하나님 경외심에 감동을 받으신 하나님께서 꿈에 원하는 것을 구하라고 하니 솔로몬이 백성들을 듣는 마음과 지혜를 원한다고 말씀드린다.

마음에 흡족하신 하나님께서 부귀와 영화도 주시겠다고 약속하신다. 솔로몬은 시에서도 즉위한 후 하나님께 말씀드렸던 것을 쓰고 있다. '하나님이시여 주의 판단력을 왕에게 주시고 주의 공의를 왕의 아들에게 주소서. 그가 백성을 공의로 재판하며 주의 가난한 자를 왕위로 재판하나니 의로 말미암아 산들이 백성에게 평강을 주며 작은 산들도 그러하리로다. 그가 가난한 백성의 억울함을 풀어주며 궁핍한 자의 자손을 구원하며 압박하는 자를 꺾으리로다.'(시편 73:1-5) 왕의 초기에는 하나님의 신뢰와 사랑을 받았으나 수많은 이방국가에서 후궁을 맞아 우상들을 가까이하자 하나님의 경고와 질책을 받았고 아들 르호보암 때에 왕궁이 남과 북의 두 왕국으로 나뉘고 르호보암은 두 개 지파만 다스리는 왕이 된다.

## 라. 고라 자손

고라 자손은 야곱의 형 에서의 가문 출신으로 고라는 출애굽 후 모세와 아론에게 반기를 든 집단에 속하여 하나님의 분노로 징벌을 받고 땅이 갈라져 생매장되었다. 그러나 그 자식들이 살아남아 성전에서 시를 남겼으나 모두 고라 자손으로만 표기된다.

### ① 감사와 찬양

고라 자손은 이스라엘 민족이 가나안 땅에 들어가 살게 되는 것을 하나님의 축복이라고 생각하고 감사드린다. '우리가 주를 의지하여 우리를 누르고 무리를 치기 위해 일어나는 자를 주의 이름으로 밟으리이다. 우리가 종일 하나님을 자랑하였나이다. 우리는 하나님의 이름을 영원히 감사하리이다.'(시편 44:5-8)

고라 자손은 하나님의 경외심을 중심으로 이루어지는 이스라엘의 정통 시의 전통을 이으면서 아울러 당시 왕인 솔로몬에 대한 충성심을 보여 준다.

'내가 왕의 이름을 만세에 기억하게 하리니 그러므로 만민이 왕을 영원히 찬송하리로다.'(시편 45:17)

시에서 솔로몬과 하나님을 모두 왕으로 불러 애매한 경우도 있으나 위기가 오면 하나님께서 이스라엘을 지켜 주시는 구원의 근원이 되심을 분명히 한다.

'하나님은 우리의 피난처시오, 힘이시니, 환난 중에 만날 큰 도움이다.'(시편 46:1)라고 찬양한다.

## 마. 아삽

아삽은 레위 가문의 출신으로 다윗과 솔로몬 시대에 찬송을 지휘하였다. 그는 하나님에 대한 믿음이 신실하여 선견자였고 이스라엘 역사에 대한 해박한 지식을 통하여 이스라엘 민족이 하나님의 특별한 은총과 도움을 받는 것을 잘 알고 있었다. 그리하여 그는 다음 세대에게 하나님께서 베푸신 은혜를 전하는 것이 그의 사명이라고 생각하고 그 목적을 이루기 위하여 시를 쓰기로 하였다.

출애굽 때 백성들이 그 허락을 받기 위하여 아론과 모세가 바로에게 가서 10여 차례의 승강이 끝에 허락을 받고 나오자 바로는 막강한 군사력을 동원하여 이스라엘 민족을 추격하였으나 하나님께서는 낮에는 구름기둥 밤에는 불기둥으로 그들을 인도하셨고 홍해를 건널 때에는 물길을 막고 이스라엘 백성이 맨땅을 지나게 하셨고 추격하는 애굽 군대가 그것을 건너고자 할 때는 급류를 흐르게 하여 애굽 병거와 군대를 몽땅 수장시켰고 백성들이 종살이를 하면서도 그곳에서 고기와 양식을 배불리 먹던 것을 기억하며 불평을 하자 하나님께서는 백성들에게 매일 고기와 떡을 내리시어 백성들이 가나안에 이르기까지 40여 년 동안 그들을 먹이신 일 등을 알게 해 주었다.

그뿐 아니라 백성들이 하나님께 순종하고 율법을 지키면 그들에게 이방 강국들과의 전쟁에서 승리를 안겨 주시지만 순종 대신 죄악에 빠지면 그들에게 징벌을 내리시나 그들이 회개하고 하나님께 다시 돌아오면 긍휼을 베푸시는 하나님을 깨닫게 하셨다.

아삽은 음악뿐만 아니라 하나님에게서 베푸신 사랑과 은혜를 알리고자 한 시인이며 역사가이고 선견자였다.

# 바. 다윗

평범한 어린 양치기가 전신갑주의 거인 적장 골리앗을 물매로 단번에 거꾸러뜨리고 영웅이 되어 후일 통일 이스라엘의 왕으로 등극한 것은 하나님의 특별한 은총과 도움 없이는 상상조차 할 수 없는 일임을 다윗은 누구보다 잘 알고 있다. 거기에 섬세한 감수성과 뛰어난 수금 실력까지 갖추었으니 다윗이 하나님께 감사드리고 찬양드리고 싶은 마음이 용솟음치는 것은 너무나 자연스럽고 당연한 일이다. 그러니 시편의 절반을 차지하는 그의 시는 하나님 예찬만이 아니라 그의 다양한 면모와 마음의 움직임까지 드러내어 보여 준다는 점에서 우리의 관심을 끈다.

## ① 감사와 찬양

하나님의 선택이 다윗의 운명을 바꾸어 영광으로의 길을 열어주신 것을 잘 아는 다윗은 하나님에 대한 경외심과 순종을 삶의 지침으로 삼고 있어 늘 감사와 찬양을 다루고 싶은 생각이 떠나지 않는다.

'내 영혼아 여호와를 송축하며 그의 모든 은택을 잊지 말지어다.'(시편 103:12) 은택은 은혜와 혜택으로 물질적인 도움과 이득뿐만 아니라 정신적인 신뢰와 사랑까지 포함한다.

그는 자기만 개인적으로 은혜, 혜택을 받은 것이 아니라 이스라엘 민족과 나라가 하나님의 특별한 은총을 입었으니 이스라엘은 당연히 하나님께 감사와 찬양을 드려야 한다고 믿는다.

이스라엘은 이제 말하기를 '여호와께서 우리 편에 계시지 아니하셨더라면 그때에 그들의 분노가 훨훨 타오를 때에 그들은 우리를 산 채로 삼켰을 것이다. 그때에 물이 우리를 휩쓸며 시내가 우리 영혼을 삼켰을 것이라 할 것이로다. 우리를 내주어 그들의 이에 씹히지 아니하게 하신 여호와를 찬송할지로다.'(시편 124:1-6)

뿐만 아니라 이방 민족들이 이스라엘 민족은 여호와를 경외하기 때문에 복받는 것을 보고 그들도 여호와를 경외하게 하여야 한다고 믿는다. '여호와께 감사하고 그의 이름을 불러 아뢰며 그가 하는 일을 만민에게 알게 할지어다.'(시편 105:1-4)

### ② 고뇌와 피해의식

다윗은 어릴 때부터 여호와에 대한 신실한 믿음으로 하나님에게 신뢰와 은혜를 받아 모든 일이 형통하였고 언제나 승승장구를 구가하는 용장 중의 용장이었다.

그러나 그것은 외부에서 본 결과였고 내면적으로는 우울감과 피해의식. 외부에서 노리는 위험에서 자유로울 수 없었던 '보통사람'이었다. '내 일생을 슬픔으로 보내며 나의 연수를 탄식으로 보냄이며 나의 기력이 나의 죄악 때문에 약해지며 나의 뼈가 쇠하도소이다. 내가 나의 강적들 때문에 경멸당하고 내가 가까운 친구에게는 두려움의 대상이오니 길에서 보는 자가 나를 피하였나이다. 내가 무리의 비방을 들었으므로 사방이 공포로 감싸였나이다. 그들이 나를 치려고 함께 의논할 때에 내 생명을 빼앗기로 꾀하였나이다.'(시편 31:10-13)

다윗이 죽을 고비를 겪었던 것은 사울이 그를 죽이고자 수천 명의 특공대를 보냈을 때인데 그 상황은 아닌 것 같고 평소에도 그는 피해의식에 시달렸던 것 같다. '많은 황소들이 나를 에워싸며 바산의 힘센 소들이 나를 둘렀으며 내게 그 입을 벌림이 찢으며 부르짖는 사자 같으니이다. 내 힘이 질그릇 조각 같고 내 혀가 입천장에 붙었나이다. 주께서 또 나를 죽음의 진토 속에 두셨나이다. 개들이 나를 에워쌌으며 악한 무리가 나를 둘러 내 수족을 찔렀나이다.'(시편 22:2-16)와 같이 비유를 사용하여 자기 고뇌의 심정을 토로하다가 하나님까지 자기를 '죽음의 진토' 속에 넣으셨다는 상상도 한다. 그러다가 자신의 마음가짐에 대한 자신을 갖지 못하고 하나님께 자기를 의뢰한다. '저의 마음이 악한 일에 기울어 죄악을 행하는 자들과 함께 악을 행하지 말게 하옵시며 그들의 진수성찬을 먹지 말게 하옵소서. 의인이 나를 칠지라도 은혜로 여기며 책망할지라도 머리의 기름 같이 여겨서 내 머리가 이를 거절하지 아니할지라. 그들의 재난에도 내가 항상 기도하리로다.'(시편 141:2-4)

### ③ 참회와 호소

자기가 악에 빠지지 않도록 자신을 하나님께 의뢰하면서도 다윗은 우리야의 아내 밧세바와의 불륜에 빠져 우리야를 죽게 한 다음 밧세바를 후궁으로 맞는다. 그러나 하나님이 그것을 아시고 선지자 나단을 보내시어 질책하자 다윗은 자신의 죄악을 구체적으로 언급하지 않고 하나님의 긍휼과 인자에 의존한다. '하나님이시여 주의 인자를 따라 내게 은혜를 베푸사 주의 많으신 긍휼을 따라 내 죄악을 지워 주소서. 나의 죄악을 말갛게 씻으시며 나의 죄를 깨끗이 제하소서. 무릇 나는 내 죄과를 아오니 내 죄가 항상 내 앞에 있나이다. 내가 주께만 범죄하여 주의 목전에 악을 행하였사오니 주께서 말씀하실 때에 의로우시다. 하고 주께서 심판하실 때에 당연하십니다 하리이다.'(시편 51:1-4)

### ④ 그리스도의 예단

다윗의 하나님 경외심이 깊었기 때문에 다윗도 예수 그리스도가 이 세상에 오실 것이라는 예단을 하나님께서 받았을 것이고 그것이 당연히 시편의 시에도 반영되었을 것이라고 추정된다. 그리스도는 하나님의 독생자이고 그의 탄생이 시편에 소개된다.

'내가 여호와의 명령을 전하노라. 여호와께서 나에게 이르시되 너는 내 아들이라 오늘 내가 너를 낳았도다.'(시편 2:7) 이 구절은 사무엘 하 에서 행하신 하나님의 선언 '나는 그 아비가 되고 그는 내 아들이 되리라.'(사무엘하 7:14)를 확인하시는 것으로 그것은 시편 2장의 '내가 나의 왕을 내 거룩한 산 시온에 세웠다고 하였다.'(시편 2:6) 여기에서 '내가'는 하나님이시고 '나의 왕'은 내가 선택하여 세상에 보낼 나의 왕을 뜻하며 '세웠다.'는 '공식으로 임명하였다.'는 뜻이다.

그러니 임명은 이미 그전에 이루어졌고 오늘 그 선언을 하신 것이다.

'나의 왕'은 창세기 14장에 나오는 멜기세덱과 마찬가지로 하나님께서 처음으로 보내신 제사장으로 히브리서 7장은 멜기세덱이 '의의 왕'이고 아브라함의 십일조를 받았으며 예수 그리스도는 멜기세덱과 같은 위치에 계심을 알려 주고 있다. 그것이 시편 110편에서 확인된다. '너는 멜기세덱의 반차에 따라 영원한 제사장이라고 하셨도다. 주의 오른쪽에 계신 주께서 그의 노하시는 날에 왕들을 쳐서 깨뜨리실 것이라.'(시편 110:4-5) 5절 처음의 '주'는 하나님이시고 두 번째 '주'는 그리스도이시고 '그'는 하나님이시다. 또한 1절에서도 사도신경에서와 같다. '원수들도 네 발판이 되게 하기까지 너는 내 오른쪽에 앉아 있으라 하셨도다.'(시편 110:1)라고 하시어 하나님의 오른쪽에 계신 예수 그리스도의 존재를 확인하고 있다.

## 맺는말

성서연구가들은 다윗의 시 열 곳이 넘는 귀절에서 예수 그리스도가 지칭되고 있다고 하고 있으나 우리의 해석으로는 다윗의 시에서 '왕'과 '주' 그리고 대명사 '나' '너' '그' 등은 다의적으로 쓰어서 '왕'은 다윗이나 솔로몬, 하나님, 예수 그리스도를 지칭하고 '주'는 하나님과 예수 그리스도를 함께 지칭하며 대명사들도 애매한 경우가 꽤 있어서 지칭이 누구와 관계되는가를 따져 보아야 한다. 여하튼 다윗의 시는 다윗의 여러 가지 면모를 보여 주는 거울 같은 성격을 보여 주고 있고 예수 그리스도에 관한 예단의 표징들은 성경의 다른 부분에 나타나는 그리스도의 모습을 확인시켜 주고 있다.

한 인문학자의 구약성경 스토리텔링

# (2) 잠언

## 가. 안내

잠언 1장 1절에는 '다윗의 아들 이스라엘의 왕 솔로몬의 잠언이라.'고 밝히고 있다. 그러나 일부 연구가들은 글의 스타일이나 시대상의 반영으로 보아 잠언도 복수 저자의 작품이라고 주장한다. 물론 잠언의 후반부에 솔로몬 시대가 아닌 포로 귀환 후의 상황이 보이기 때문에 솔로몬 단독의 저술이 아니라고 하는 주장이 근거 있음을 부정하기는 어려우나 25장 1절에서도 솔로몬이 저자임을 확인하고 있기 때문에 30장 1절에서 '야게의 아들'을 아굴의 잠언이라고 한 부분과 31장 1절에서 '르무엘 왕의 어머니가 르무엘을 훈계한 잠언'이라고 한 부분을 빼고 대부분은 여호와께서 지혜에 대한 특별한 은사를 내리신 솔로몬이 주 저자이나 성서의 편집을 맡았던 전문 필자들이 검토하는 과정에서 수정 보완이 있었을 것이라고 추정된다.

## 나. 잠언의 주제

잠언에는 약 20여 가지의 주제들이 있으나 보다 간략하게 그것들을 여덟 가지 주제로 집약해 보자.

### ① 잠언의 목적

솔로몬은 잠언을 쓰는 이유가 '지혜와 가르침을 얻게 하며 가르침을 신중하게 받아들이고 바르고 정의롭고 공정하게 행동하며 어리석은 자를 슬기롭게 하고 젊은이에게 지식과 신중함을 주기 위한 것이니 현명한 자는 듣고 배움에 보탤 것이고 명철한 자는 지략을 얻을 것이라 잠언과 비유와 지혜 있는 자의 말과 그 오묘한 말을 깨달으리라.'(잠언 1:2-6) 자신은 누구보다도 많은 지혜와 가르침을 줄 수 있다는 자부심을 가진 솔로몬이 그것을 세상에 공개하고자 하는 것이다.

### ② 지혜의 근본

솔로몬은 '내가 가장 선한 것을 말하리라. 내 입술을 열어 정직을 내리리라. 내입은 진리를 말하며 내 입술은 악을 미워하느니라(…) 내 지혜는 명철로 주소를 삼으며 지식과 근신을 찾아 얻나니 여호와를 경외하는 것은 악을 미워하는 것이라 나는 교만과 거만과 악한 행실과 패역한 입을 미워하느니라/내게는 계략과 참 지식이 있으며 나는 명철이라. 나는 정의로운 길로 행하며 공의로운 길 가운데로 다니나니(…)'(잠언 8:6-20)라고 하였다. 솔로몬에게 있어서 지혜는 명철과 함께하며 그것을 바탕으로 지식과 신중한 처신을 우선으로 하며 교만과 거만과 악을 미워하고 자신에게는 참 지혜가 있기 때문에 세상사를 위한 계략과 참 지식이 있어 자신이 정의롭고 공의롭다고 자부한다. 그렇기 때문에 누구나 지혜를 가까이 하고 '지혜로운 자와 동행하면 지혜를 얻으나 미련한 자와 사귀면 해를 받는다.'(잠언 13:20)

지혜는 단순한 '사리의 분별력'만이 아니고 명철과 지식. 선과 진리 아울러 겸손하고 정의롭고 공의를 추구하며 악을 미워한다. 지혜의 외연이 모두 그 어휘에 내포가 되는 것이다. 그러한 지혜의 원천은 무엇인가. 솔로몬은 잠언 초기에 그것은 '여호와를 경외하는 것이 지식의 근본이거늘 미련한 자는 지혜와 훈계를 멸시하느니라.'(잠언 1:7)라고 자신의 경험을 통하여 확언하고 있다.

### ③ 가정생활의 지혜

솔로몬은 여호와를 경외하는 다음으로 우리를 낳아 주신 부모님의 공경을 강조한다. 유교 문화권에서도 그것을 강조하지만 부모공경은 십계명의 제5계명으로도 명시되어 있다. 부모의 공경은 우리보다 세상사를 먼저 겪으신 경험을 통하여 가르쳐 주시는 속에 지혜가 담겨 있어 우리가 같은 실수를 반복하지 않고 현명한 선택을 찾게 한다. 그리하여 솔로몬은 '내 아들아 네 아비의 명령을 잘 지키며 네 어미의 법을 떠나지 말고/그것을 항상 네 마음에 새기며 네 목에 매라/그것이 네가 다닐 때에 너를 인도하며(…)/대저 명령은 등불이요 법은 빛이고 훈계의 책망은 곧 생명의 길이라.'(잠언 6:20-23)

부모공경은 물질이나 형식으로 이루어지는 것이 아니라 부모와의 내밀한 소통을 통하여 부모의 마음을 기쁘게 해 드리고 언제나 부모에 대한 사랑을 품고 있어야 가능하다. '네 부모를 즐겁게 하며 너를 낳은 어미를 기쁘게 하라.'(잠언 23:25)고 권한다.

### ④ 사회생활의 지혜

일상생활에서 가족 다음으로 관계를 갖는 것이 이웃이다. 이웃과의 사이가 형제 못지않게 가까울 수가 있어 '이웃사촌'이라는 말도 생겼다. 그러나 이웃과 가까이 지내다 보면 좋은 일도 있지만 그 약점이나 비밀도 알 수 있어 그것을 악용할 수도 있다. 그리하여 십계명에서 제9계명이 이웃에게 거짓 증언 말라이고 제10계명이 이웃의 재산과 처를 탐내지 말라고 하였다. 고대 이스라엘뿐만 아니라 중동 여러 지역에서 이웃과의 재산 분쟁이나 아내를 빼앗는 경우가 많았던 듯하다. '(…) 어리석게 행하며 그 이웃의 아내와 간음하며 내가 그들에게 명령하지 아니한 거짓을 내 이름으로 말함이라. 나는 알고 있는 자로서 증인이니라. 여호와의 마음이니라.'(예레미야 29:23)

그러므로 이웃과도 사랑 안에서 거짓을 배제하고 서로간의 정과 의를 나누는 것이 여호와의 화평을 실현하는 길인 것이다. 그리하여 '의인이 형통하면 성읍이 즐거워하고 악인이 패망하면 (성읍이) 기뻐 외치느니라.'(잠언 11:10) 민심이 천심이고 천심은 민심을 따른다.

### ⑤ 개인생활의 지혜

평소 대인관계에서 우리가 가장 경계하고 피하여야 할 태도는 어떤 것

한 인문학자의 구약성경 스토리텔링

일까. 여호와께서는 교만을 제일 싫어하신다. '여호와께 (…) 마음에 싫어하시는 것(…)/곧 교만한 눈과 거짓된 혀와 무죄한 자의 피를 흘리는 손(…) 형제 사이를 이간하는 자이니라.'(잠언 6:16-19) 그중에서도 교만을 제일 경계하신다. 왜냐하면 '교만에서는 다툼만 일어날 뿐이라, 권면을 듣는 자는 지혜가 있느니라.' 그렇기 때문에 '사람의 교만은 패망의 선봉이요, 거만한 마음은 넘어짐의 앞잡이니라.'(잠언 16:18)

여호와께서는 '진실로 거만한 자를 비웃으시며 겸손한 자에게 은혜를 베푸시나니'(잠언 3:34) '사람이 교만하면 낮아지게 되겠고 마음이 겸손하면 영예를 얻으리라.'(잠언 29:23)고 하며 아울러 '겸손과 여호와를 경외함의 보상은 재물과 영광과 생명이니라.'(잠언 22:4)고 단언한다.

## ⑥ 돈과 재물욕

인간은 언제나 돈만 있으면 부귀와 행복을 누릴 수 있다고 생각하기 때문에 가난한 사람만이 돈을 부러워하는 것이 아니라 부자도 자기 재물을 만족하게 여기는 것은 아니다. '조금 더, 조금 더 많이' 하면서 돈에의 집착을 버리지 못한다. 돈이란 신기루 같아서 가까이 다가가면 더 멀리 달아난다. 그렇기 때문에 솔로몬은 '많은 재물보다 명예를 택할 것이요 은이나 금보다 은총을 택할 것이니라.'(잠언 22:1)고 권고하지만 그 권고를 따를 사람은 극히 적을 것이다.

그러나 '이익을 탐하는 자는 자기 집을 해롭게 한다.'(잠언 15:27) 왜냐하면 한 번 역풍이 불면 탐욕을 부려 모은 재산은 하루아침에 날아가 버릴 수 있기 때문이다. 그리하여 솔로몬은 '자기의 재물을 의지하는 자는 패망하려니와 의인은 푸른 잎 같아서 번성하리라.'(잠언 11:28)라고 한다.

### ⑦ 욕망의 자제와 음녀

돈과 권세를 잡으면 인간은 자연적으로 자기의 본능적 욕망 추구에 나서게 된다. 그리하여 주지육림(酒池肉林) 곧 술과 여자에 빠진다. 그런데 성경에서 술에 대해 심각한 언급은 없는 편이다. 그러나 '술 취하고 음식을 탐하는 자는 가난하여질 것이요(⋯)'(잠언 23:21)라고 술이 가난으로 이끌 수 있다고 경고하고 또 '포도주는 거만하게 하는 것이요, 독주는 떠들게 하는 것이라.'(잠언 20:1)라고 하면서 술을 마시면 '안하무인'식의 인간이 될 수 있다고 주의를 준다. 특히 이스라엘이 목축국가이고 소, 양, 염소 등을 풍족히 소비하는 국가이다 보니 성 문제는 구약성경에서 다양하게 묘사되고 잠언에서는 매춘을 직업으로 하는 음녀에 대해 주로 언급하고 있다.

잠언은 음녀에 대해 긴 묘사를 한다. '대저 음녀의 입술은 꿀을 떨어뜨리며 그의 입은 기름이 날카로우며/그의 발은 무덤으로 내려가며 그의 걸음은 죽음으로 나아가니/그는 생명의 평탄한 길을 찾지 못하며 (⋯)/그런 즉(⋯) 네 아들의 길을 그에게서 멀리하라.'(잠언 5:3-8) 어디에서 어떻게 남성을 유혹하는지 보면 '어떤 때는 거리, 어떤 때에는 광장 또 모퉁이마다 서서 남자를 기다리는 자라/그 여인이 그를 붙잡고 그에게 입 맞추며 부끄러움을 모르는 얼굴로 그에게 말하되/내가 화목제를 드려 서원한 것을 오늘 뜻을 이루었노라/(⋯) 내가 내 침상에 요와 애굽 무늬 있는 이불을 폈고/몰약과 침향과 계피를 뿌렸노라/오라 우리가 아침까지 흡족하게 서로 사랑하며 사랑하므로 희락하자.'(잠언 7:12-18) 잠언의 저자는 창기가 남자를 유혹하면서 쓰는 어법과 논리를 꿰뚫고 있다. 음녀에게 한 번 빠지면 '음녀로 말미암아 사람이 한 조각 떡만 남게 됨이며 음란한 여인은 귀한 생명을 사냥함이니라.'(잠언 6:26) 따라서 '창기와 사귀는 자는 결국 재물을 탕진하고 (…)'(잠언 29:3) 패가망신하게 된다. 거기에서 그치지 않고 더 결정적인 사건을 가지고 음녀를 경계하게 한다. '음녀의 집은 반드시 사망으로 내려가게 하며 음녀의 길은 스올로 기울어졌나니.'(잠언 2:18-19) 그에 대한 치유 방법은 단 한 가지, 돌아와 자기가 택한 아내와 행복을 찾는 길 '네 샘으로 복되게 하라. 네가 젊어서 취한 아내를 즐거워하라.'(잠언 5:18)이다.

## ⑧ 게으름의 폐해

어느 종교적 경전에서도 게으름을 심각한 폐해로 거론한 적은 없으나 솔로몬은 잠언에서 여러 차례 그에 대한 경종을 울리고 있다. 그는 인간의 가난과 부유함은 게으름과 부지런함에서 비롯된다고 본다. '손을 게으르게 놀리는 자는 가난하게 되고 손이 부지런한 자는 부유하게 되느니라.'(잠언 10:4) 그것은 같은 환경 같은 조건하에서 두 사람이 출발하는 경우 정답이 될 수 있으나 본래 가난하고 어려운 환경에서 태어난 사람은 가난을 벗어나기가 힘들고 부유한 집에서 태어난 사람은 별다른 노력 없이도 '부익부'를 노래한다. 그리하여 하나님께서는 가난한 사람에게 관심이 크시어 솔로몬에게도 그런 당부를 하신다. '왕이 가난한 자를 신원하면 왕위가 영원히 견고하리라.'(잠언 29:14) 그러나 실제적으로 왕이 가난에 관심을 가지고 도울 수는 있겠으나 왕도 구제는 할 수 없는 것이 가난이다. 하나님께서는 '누구든지 귀를 막고 가난한 자가 호소하는 것을 듣지 않으면 자기가 부르짖을 때에 아무도 듣는 사람이 없을 것이다.'(잠언 21:13)라고 겁을 주신다.

그런데 솔로몬이 문제 삼는 게으름은 도저히 구제할 방도가 안 보이는 게으름이다. 가장 기본적인 게으름은 일상생활에서 잠을 많이 자는 게으름이다. 영국 속담에 일찍 일어나는 새는 먹이가 궁하지 않다고 하는데 게으른 사람의 특징 중 한 가지는 아침에 잠이 깨어도 벌떡 일어나는 법이 없고 미적거리는 것이다. '게으른 자여 네가 어느 때까지 누워 있겠느냐/좀 더 자자. 좀 더 졸자. 손을 모으고 좀 더 있자. 하면/네 빈궁이 강도 같이 오며 네 곤핍이 군사같이 이르리라.'(잠언 6:7-11) 그렇기 때문에 '게으른 자는 마음속으로 무엇을 원하면서도 얻지 못하나 부지런한 자의 마음은 풍족함을 얻느니라.'(잠언 13:4)

솔로몬은 게으른 사람에게 개미의 사는 법을 보고 배우라고 충고한다. '개미는 두령도 없고 감독자도 없고 통치자도 없으되/먹을 것을 여름 동안에 예비하여 추수 때에 거두니라.'(잠언 6:8) 그렇게 하지 못하는 '게으른 자의 길은 가시울타리 같으나 부지런한 자의 길은 탄탄대로니라.'(잠언 15:9) 그리하여 게으른 자는 행복한 삶을 갈망하다가 죽음으로 마침표를 찍는 것이다.

솔로몬에게 있어서 게으름은 인간을 파멸로 이끄는 과다한 욕망이나 음녀와 마찬가지로 게으름 역시 인간이 곤궁을 거쳐 패망으로 이끄는 악덕 중의 악덕임을 강조하고 있다.

한 인문학자의 구약성경 스토리텔링

## 맺는말

모든 사람을 지혜의 길로 이끌기 위하여 집필한 잠언이 성전의 전문 집필자들의 수정·보완을 거쳤다고 해도 대부분은 하나님께서 지혜의 은사를 받은 솔로몬의 저작이다. 그리하여 그는 잠언에서 우선 하나님을 경외하는 것이 지혜와 지식의 근본임을 역설하면서 아울러 안으로 집안에서 부모를 공경하고 가정의 화목을 이루면서 밖으로 대외적인 인간관계를 바르고 정의롭게 행하도록 권장하고 음녀에 빠지거나 게으름을 벗어나지 못하는 것 또한 우리를 파멸로 이끄는 악이라는 사실을 깨닫게 하기 위하여 노력하였다. 잠언은 오늘을 사는 우리들에게도 유익한 충고를 제공하고 있다.

# (3) 전도서

## 들어가며

전도자 'Ecclesiates'는 히브리어 Qoheleth의 그리스 역어 'ecclesia(교회)'에서 파생되었고 그것은 본래 시민교회 즉 시민의 공민교육을 맡았던 것을 기독교 교회라는 의미로 전용하며 사용하였다. 사실 전도서는 하나님에 대한 경배를 강조하였지만 일반적인 의미에서 삶의 태도나 인생사에 대한 교훈을 설파한 부분이 많기 때문에 복음적인 전도를 위한 것이라고만 할 수 없고 '여호와'라는 용어는 쓰지 않고 '하나님'이라고 용어만 썼다. 1장 1절에서 '다윗의 아들 예루살렘 왕 전도자'가 저자라고 밝히고 있어 솔로몬이 저자라고 짐작되는데 최종진 교수는 마틴 루터를 비롯한 많은 연구가들이 ① 솔로몬이 저자임을 직접 밝힌 적은 없고[37] ② 책 배경이 솔로몬 때가 아니며 아마도 바사나 헬라시대에 쓰여졌다고 주장하고[38] T.O.B-Le Cerf 성경은 고대 애굽, 메소포타미아 등 고대 중동의 지혜의 서들과 같은 내용이라고 본다.

나의 판단으로는 내용이나 형식 면에서 잠언과 유사한 면이 있어 솔로

---

37)  최종진, '구약성서개론', 438쪽.
38)  T.O.B-Le Cerf, 1407쪽.

몬이 주저자임은 확실하나 제사장이나 성전의 전문사가들의 보충 보완이 가해졌다고 믿는다. 전도서를 이해하기 위해서는 '전도자가 이르되 헛되고 헛되며 헛되고 헛되니 모든 것이 헛되도다.'(전도서 1:2)라는 구절부터 이해하여야 한다고 본다. '헛되다.'라는 표현이 여러 번 반복되는데 영역 NIV 성경에서는 'meaningless' 의미 없다는 어휘가 세 번 반복되고 Osty-Seuil 성경이나 T.O.B-Le Cerf 성경에서는 'Vanités des vanités, vanités des vanités, tout est vanité.'라고 세 번 반복되는데 번역하면 '헛됨들 중에서도 헛되고, 힛됨들 중에서도 헛되고, 헛됨들 중에서도 헛되니 모든 것이 힛되도다.'라고 된다. 프랑스어의 'vanité'는 영어의 meaningless와는 달리 다의성이 있는 어휘로 ① 자만심 ② 허영심 ③ 자랑 ④ 거만 ⑤ 헛됨 ⑥ 공허함 ⑦ 덧없음 ⑧ 무의미한 짓거리 등이다. 따라서 '헛되다.'라는 표현에는 vanité의 다의적 의미가 모두 들어 있다고 본다.

중요한 것은 그 표현은 자신이 현재 이루고 있거나 이루고자 하는 현상에 대한 평가가 아니라 자기 자신이 자부심과 함께 이룩한 것을 노년에 뒤돌아보니 나온 표현이라는 사실이다. 그리고 보면 젊어서 왕이 되어 온갖 영화를 다 누려 보고 화려한 성전과 궁궐을 완성하고 많은 건축토목공사를 하고 1000여 명의 처첩을 거느린 솔로몬이 죽음을 앞두고 자기 과거를 돌아보면서 한숨과 함께 터져 나온 말이라고 생각된다.

## 가. 헛되도다

그러면 구체적으로 무엇이 '헛된 것'인가. 인간은 자기가 이룬 것을 언제까지나 누리고 자부심을 가지고 있고 싶지만 인간은 누구나 시간의 한계를 안고 있는 존재. 언젠가는 모든 것과 이별하여야 한다. 그러니 '한 세대는 가고 한 세대는 오되 땅은 영원히 있도다/해는 뜨고 해는 지되 그 떴던 곳으로 빨리 돌아가고/(…) 모든 강물은 바다로 흐른다.'(전도서 1:4-6) 그러니 '해 아래에서 수고하는 모든 수고가 사람에게 무엇이 유익한가.'(전도서 1:3) 인간은 헛수고만 할 뿐이다. 자기의 시간이 끝나면 그것으로 모든 것의 끝이고 '이전 세대들은 기억됨이 없으니 장래 세대도 그 후 세대들에게 기억됨이 없으리라.'(전도서 1:11) 내가 이르기를 '보라 내가 크게 되고 지혜도 더 많이 얻었으나 (…) 지혜가 많으면 번뇌도 많으니 지식을 더하는 자는 근심을 더하느니라.'(전도서 1:16-18) 그리하여 내가 나를 즐겁게 하고 낙을 누리고자 하였으나 '보라 이것도 헛되도다.'

## 나. 소유

'나보다 먼저 예루살렘에 있던 모든 자들보다도 내가 소와 양떼의 소유를 더 많이 가졌으며/은 금과 왕들이 소유한 보배와 여러 지방의 보배를 나를 위하여 쌓고 또 노래하는 남녀들과 인생들이 기뻐하는 처첩들을 많이 두었노라 (…) 그 후에 생각해 본 즉 내 손으로 한 모든 일과 내가 수고한 모든 것이 다 헛되어 바람을 잡는 것이며 해 아래에서 무익한 것이로다.'(전도서 2:7-11) 그러니 가장 확실한 것은 '사람이 먹고 마시며 수고하는 것보다 그의 마음을 더 기쁘게 하는 것은 없나니 내가 이것도 본즉 하나님의 손에서 나오는 것이로다.'(전도서 2:24) 그러니 그런 모든 것도 '헛되어 바람을 잡는 것이다.'(전도서 2:26) 그러면 정말 모든 것들이 헛되기만 한 것이고 아무것도 없는 것일까?

## 다. 때의 순응

인간 만사에는 때Timing가 있어 그것을 거슬러 역행을 하면 되는 일이 없고 그에 순응하면 모든 것이 잘 풀리고 만사형통한다. '범사에 기한이 있고 천하만사가 다 때가 있나니/날 때가 있고 죽을 때가 있으며/죽일 때가 있고 치료할 때가 있으며 헐 때가 있고 세울 때가 있으면 슬퍼할 때가 있고 춤출 때가 있으며/돌을 던져버릴 때가 있고 돌을 거둘 때가 있으며 안을 때가 있으며 안는 일을 멀리 할 때가 있으며/찾을 때가 있고 잃을 때가 있으면 지킬 때가 있고 버릴 때가 있으며/찢을 때가 있고 꿰멜 때가 있으며 잠잠할 때가 있고 말할 때가 있으며/사랑할 때가 있고 궤멸할 때가 있으며 전쟁할 때가 있고 평화할 때가 있으니라.'(전도서 3:1-8) 그런데 그 때는 인간이 알 수 있을까. 때로는 지혜나 명철함으로 짐작할 수 있을 때가 있지만 그것은 본래 인간의 소관이 될 수 없다. '하나님이 모든 것을 지으시되 때를 따라 아름답게 하셨고 (…) 하나님이 하시는 일의 시종을 사람으로 측량할 수 없게 하셨도다. (…) 하나님이 이렇게 하심은 사람들이 그 앞에서 경외하게 하려 하심인 줄을 내가 알았도다.'(전도서 3:11-14)

## 라. 분수와 중용

모든 것을 정하시는 것은 하나님이시니 '하나님이 행하시는 것을 보라. 하나님께서 굽게 하신 것을 누가 능히 곧게 하겠느냐.'(전도서 7:13) 전도자가 세상사를 살펴보니 '자기의 의로움에도 불구하고 멸망하는 의인이 있고 자기의 악행에도 불구하고 장수하는 악인도 있으니/지나치게 의인이 되지도 말며 지나치게 지혜자도 되지 말라 어찌하여 스스로 패망하게 하겠느냐.'(전도서 7:15-16)

달리 말하자면 의인이 좋은 의도로 세상을 바꾸고자 하다가 멸망할 수도 있고 악인이 승승장구할 수도 있으니 현실을 뒤엎는 일에 자기 생명을 거는 것은 무모한 일이라 현실을 받아들이고 따르는 것이 현명하다는 생각이다. 물론 현재에 안주하는 것이 언제나 정답이 된다고 할 수는 없으나 일반적으로 우리에 미칠 수 있는 화를 피할 수 있는 길일 수는 있다. 그리하여 전도자는 '내가 권하노라 왕의 명령을 지키라. 이미 하나님을 가리켜 맹세하였음이라/(…) 왕의 말은 권능이 있나니 누가 그에게 이르기를 왕께서 무엇을 하시나이까 할 수 있으랴 (…)/바람을 주장하여 바람을 움직이게 할 사람도 없고 죽는 날을 주장할 사람도 없다.'(전도서 8:2-8) 그러니 전도자는 '이에 내가 희락을 찬양하노니 이는 사람이 먹고 마시고 즐거워하는 것보다 더 나은 것이 해 아래에는 없음이라 하나님이 사람을 해 아래에서 살게 하신 날 동안 수고하는 일 중에 그러한 일이 그와 함께 있을 것이니라.'(전도서 8:15) 결국 모든 사람의 생사를 주관하시는 분은 하나님이시니 그분이 우리에게 삶을 허락하시며 사는 동안 우리가 할 수 있는 가장 최선의 일은 그저 노력하면서 일상 속에서 즐거움을 즐기는 것이다.

## 맺는말

전도자는 지혜자여서 자신의 삶을 돌아보고 깊이 생각한 후 백성들에

한 인문학자의 구약성경 스토리텔링

게 최선의 지식을 전하고자 노력한다. 그리면서 또다시 '헛되고 헛되도다 모든 것이 헛되도다.'(전도서 12:8)를 반복한다. 그것이 자기의 과거에 대한 결론이지 우리 독자에게 주는 결론은 아니다. 그것은 '모든 행위와 모든 은밀한 일을 심판하실 분'은 그 분이시니 우리의 본분은 '하나님을 경외하고 그의 명령을 지키는 것'(전도서 12:13, 14)이라고 끝을 맺는다.

# (4) 욥기

## 들어가며

욥은 우스 출신으로 성품이 바르고 정직하고 하나님을 경외하며 악에서 떠난 의인이다. 그는 아들 일곱과 딸 셋을 두었고 그에게는 양이 7000마리 낙타가 3000마리 소가 500마리, 나귀 500마리와 많은 종들을 가지고 있었다. 그는 동방에서 가장 훌륭한 자라 잔치가 끝날 때마다 성결한 제사를 드린다. 어느 날 아들들과 사탄과 함께한 자리에서 여호와께서 욥을 극찬하시자 심술이 난 사탄은 욥의 하나님 경외는 까닭 없는 것이 아니고 여호와께서 그의 집과 모든 소유를 넘치게 주기 때문이다. 이제 주께서 모든 소유를 치시면 틀림없이 본색이 드러나리라 아뢰니 여호와께서 다만 그의 몸에 손을 대지 않는 조건으로 사탄에게 모든 것을 맡긴다고 하신다. (욥기 1:12)

## 가. 욥의 첫 번째 시험

그러자 사환이 욥에게 스바 사람들이 달려와서 소와 나귀와 종들을 죽였다고 아뢴다. 그런데 또 연이어 한 사람이 와서 하나님의 불이 떨어져 양과 종들을 살라 버렸다고 아뢴다. 그리고 또 다른 사람이 와서 갈대아인 세 무리가 낙타에게 달려들어 그것을 빼앗고 종들을 죽였다고 한다. 또 한 사람이 와서 주인의 자녀들이 맏아들의 집에서 음식을 먹는 동안 광풍이 불어 집이 무너져 그들이 모두 죽었다고 알린다. 그러자 욥은 겉옷을 찢고 머리털을 밀고 엎드려 자기는 '모태에서 알몸으로 나왔사온즉 또한 알몸이 그리로 돌아가올지라. 주신 이도 여호와시고 거두신 이도 여호와시오니 여호와의 이름이 찬송을 받으실지니이다.' 하고 하나님을 원망하지 않는다. (욥기 1:21)

## 나. 욥의 두 번째 시험

여호와께서 사탄에게 네 뜻대로 그를 쳤으나 욥이 아무 원망 없이 바르다고 칭찬을 하자 사탄은 그의 뼈와 살을 치면 틀림없이 주를 향하여 욕하리라고 한다. 여호와께서 사탄에게 그의 생명만은 해치지 말라고 당부하신다. 이에 사탄이 욥을 쳐서 온 몸에 종기가 나게 한다. 욥이 재위에 앉아 질그릇 조각으로 몸을 긁으니 그 아내가 차라리 하나님을 욕하고 죽으라고 하자 우리가 하나님의 복을 받았으니 화도 받지 않겠느냐고 하고 욥이 여호와에 대한 원망을 하지 않는다.

## 다. 욥의 세 친구

욥의 소식을 들은 친구 세 사람이 찾아왔다. 곧 데만 사람 엘리바스, 수아 사람 빌닷 그리고 나아마 사람 소발이다. 그들이 욥의 모습을 보고 모두 울며 겉옷을 찢고 티끌을 날려 머리에 뿌리고 칠일을 밤낮으로 함께 땅에 앉았으나 욥의 고통을 보고 아무 말도 하지 못한다.

## 라. 욥의 한탄

욥이 일을 열어 자기의 태어남을 저주한다. '내가 두려워하는 그것이 내게 임하고 내가 무서워하는 그것이 내 몸에 미쳤구나/나에게는 평온도 없고 안일도 없고 휴식도 없고 다만 불안만 있구나.'(욥기 3:25-26) 하고 신세 한탄만 늘어놓는다.

## 마. 엘리바스의 첫 번째 발언

엘리바스는 욥에게 '넘어지는 자를 말로 붙들어 주었고 무릎이 약한 자를 강하게 하였거늘/이제 이 일이 네게 이르매 네가 힘들어하고 이 일이 네게 닥치매 네가 놀라는구나/네 경외함이 네 자랑이 아니냐 네 소망이 네 온전한 길이 아니냐/생각하여 보라 죄 없이 망한 자가 누구인가 정직한 자의 끊어짐이 어디 있는가.'(욥기 4:4-7) 엘리바스가 한 목소리를 들으니 사람은 하나님을 경외하고 항상 죄 없는 길을 가고자 하였으나 하나님보다 의로운 자는 없고 '창조하신 이보다 깨끗한 사람은 없다.'(욥기 4:17)고 하며 엘리바스는 누구나 '망한 자'는 죄가 있고 '끊어진 자'는 정직하지 않기 때문이라고 생각한다. (욥기 4:7) 그리고 욥이 '나라면 하나님을 찾겠고 내일을 하나님께 의탁하리라.'(욥기 5:8)고 말한다.

한 인문학자의 구약성경 스토리텔링

## 바. 욥의 대답

욥은 친구들에게 무엇을 달라거나 재물을 선물로 달라는 것이 아니고 '내게 가르쳐서 나의 허물된 것을 깨닫게 하라 내가 잠잠하리라.'(욥기 6:24)라고 한다. 즉 욥은 자기가 잘못한 것이 무엇인지 얘기해 줄 것을 기대하나 듣기 고통스러운 말만 하니 그것은 나에게 해당되지 않는 말이고 그가 바라는 것은 '이러므로 내 마음은 뼈를 깎는 고통을 겪으니 차라리 숨이 막히는 것과 죽는 것을 택하리이다.'(욥기 7:15)라고 고백한다. 그러면서 주께서 자기의 허물을 사하여 주시기를 바라면서 모든 것을 떠나 이제 흙에서 눕고 싶다고 토로한다.

## 사. 빌닷의 발언

수아의 빌닷은 욥의 발언을 거센 항거로 보고 '너는 어느 때까지 네 입의 말이 거센 바람과 같겠는가.'(욥기 8:2)라고 하면서 '하나님이 어찌 정의를 굽게 하시겠으며 전능하신 이가 공의를 굽게 하시겠는가.'(욥기 8:3)라고 한다. 욥의 잘못이 없이 하나님께서 욥에게 벌을 내리시는 일은 없다는 말이다. 그리고 '하나님은 온전한 사람을 버리지 아니하시고 악한 자를 붙들어 주지 아니하시므로.'(욥기 8:20)라고 일반론적인 말로 마친다.

## 아. 욥의 대답

빌닷이 말한 정도는 자기도 다 알고 있는 것이고 욥은 하나님 앞에서 의롭다고 할 사람도 없고 변론을 좋아해도 '천 마디에 한 마디도 대답하지 못하리라.'(욥기 9:3)고 확신한다. '그는 마음이 지혜로우시고 힘이 강하시니 (…).'(욥기 9:4) 한마디로 하나님을 거슬러 행동하고도 형통할 자는 없다고 욥은 생각한다. '가령 내가 의로울지라도 대답하지 못하겠고 나를 심판하실 그에게 간구할 뿐.'(욥기 9:15)이라는 것을 욥은 잘 알고 있다. 그러나 안타까운 마음을 떨칠 수 없는 욥은 '주께서 나를 태에서 나오게 하셨음은 어찌함이니이까. 그렇지 아니하였더라면 내가 기운이 끊어져 아무 눈에도 보이지 아니하였을 것이라.'(욥기 10:18) 욥은 자신이 여호와의 날로 더하여 가는 진노를 받기보다 차라리 태어나지 않는 편이 더 좋았을 것이라는 심정을 토로한다.

## 자. 소발의 첫 번째 발언

나아마의 소발도 한마디 한다. 욥의 말은 자기는 여호와께서 보시기에도 깨끗하다는 것인데 하나님께서는 '지혜의 오묘함으로 네게 보이시기를 내가 원하노니 이는 그의 지식이 광대하심이라 하나님께서 너의 죄를 잊으신 부분도 있음을 너는 알고 있으라/네가 하나님의 오묘함을 어찌 능히 측량하며 전능자를 어찌 능히 완전히 알겠느냐.'(욥기 11:6-7). 소발은 하나님의 앎이 광대하시고 모든 것이 가능하신 분이니 하나님께서 일부 너의 죄를 잊고 계신 것을 다행으로 알고 그분에게 너의 죄 없음을 변론할 생각은 아예 단념하라고 말한다. '네 손에 죄악이 있거든 멀리 버리라 (…) 그리하면 너는 아무런 흠 없이 얼굴을 들게 되고 굳게 서서 두려움 없으리니.'(욥기 11:14, 15)

소발 역시 욥에게는 자기도 모르는 죄악이 있어 여호와가 진노하심으로 벌을 받은 것이라고 생각하고 있다.

## 차. 욥의 대답

멀리서 찾아온 친구들이 머리를 짜서 자기에게 도움이 된다고 생각하는 훈계를 주고 있지만 자기도 그런 정도는 알고 있는 것이어서 웃음조차 나오지 않으나 근엄한 얼굴을 하고 비꼬고 싶어진다. '참 백성은 너희밖에 없구나. 너희가 죽으면 지혜도 죽으리라/그런데 나 역시 너희와 같은 생각이 있어 너희보다 못하진 않거든 그 같은 일을 누가 알지 못하겠느냐.'(욥기 12:2-3)고 소발을 비롯한 친구들의 한계를 지적하고 하나님을 원망하지는 않으면서 하나님이 악에 대해서는 오히려 너그러우심을 꼬집는다. '강도의 장막은 형통하고 하나님을 진노하게 하는 자는 평안하니 하나님이 그의 손에 후히 주심이니라.'(욥기 12:6)

아울러 하나님의 전지전능하심은 아무도 막을 수 없다고 말한다. '지혜와 권능이 하나님께 있고 계략과 명철도 그에게 속하였나니 (…) 민족들을 커지게도 하시고 다시 멸하게도 하시며 민족들을 널리 퍼지게도 하시고 다시 끌려가게도 하시며/만민의 우두머리들의 총명을 빼앗으시고 그들을 길 없는 거친 들에서 방황하게도 하시며.'(욥기 12:13-24) 그런데 욥을 도와주겠다고 온 친구들에게, '너희의 격언은 재 같은 속담이요 너희가 방어하는 것은 토성이니라. 너희는 잠잠하고 나를 버려두어 말하게 하라 무슨 일이 닥치든지 내가 당하리라.'(욥기 13:12-13) 친구들에게 의뢰할 일이 없고 모든 것은 자기가 감당하겠다는 것이다. 욥은 어떤 재앙이든 홀로 당할 각오가 되어 있고 자기에게는 불의가 없음이 밝혀지리라는 확신이 있다. '보라 내가 내 사정을 진술하였거니와 내가 정의롭다 함을 얻을 줄 아노라.' 그러면서도 '나의 죄악이 얼마나 많으니이까. 나의 허물과 죄를 내게 알게 하옵소서.'(욥기 13:23)라고 기도드린다.

## 카. 엘리바스의 두 번째 발언

엘리바스는 욥에게 '너를 정죄한 것은 내가 아니요 네 입이라 네 입술이 네게 불리하게 증언하느니라.'(욥기 15:6)라고 이르면서 말하지 않는 가운데 '네 영이 하나님께 분노를 터뜨리며 네 입을 놀리느냐.'고 그에게 반론한다. 그와 함께 불길한 환상을 보는 듯한 말들을 늘어놓는다.

## 타. 욥의 대답

엘리바스가 어처구니없는 말을 한다고 생각한 욥은 '이런 말은 내가 많이 들었나니 너희는 다 재난을 주는 위로자들이로구나. (…) 이제 주께서 나를 피로하게 하시고 나의 온 집안을 패망하게 하셨나이다. (…) 그는 진노하사 나를 찢고 적대시하시며 나를 향하여 이를 갈고 원수가 되어 날카로운 눈초리로 나를 보시고 (…) 하나님이 나를 악인에게 넘기시며 행악자의 손에 던지셨구나.'(욥기 16:2-11) 친구들의 위로는 허망할 뿐이고 비록 하나님의 버림을 받았지만 욥은 지금의 재앙이 하나님이 아닌 악인과 행악자로부터 온다고 생각한다. 그렇기 때문에 '내 얼굴은 울음으로 부었고 내 눈꺼풀에는 죽음의 그늘이 있구나 그러나 내 손에는 포악이 없고 나의 기도는 정결하니라.'(욥기 16:16-17) 그의 마음은 언제나 순수하다. '그러므로 의인은 그 길을 꾸준히 가고 손이 깨끗한 자는 점점 힘을 얻으리라/너희는 모두 다시 올지니라. 내가 너희 중에서 지혜자를 찾을 수 없느니라.'(욥기 17:9-10)

## 파. 빌닷의 두 번째 발언

빌닷은 엘리바스와 소발과 마찬가지로 욥이 자신이 모르는 죄악을 저질러 악인이 되었기 때문에 하나님의 진노를 사 징벌을 받고 있다고 믿는다. 그런 시각에서 욥을 보고 있다. '악인의 빛은 꺼지고 그의 불꽃은 빛나지 않을 것이요.'(욥기 18:5) '그가 의지하던 것들이 장막에서 뽑히며 그는 공포의 왕에게로 잡혀가고 (…) 그는 광명으로부터 흑암으로 쫓겨 들어가며 세상에서 쫓겨날 것이며 그가 거하던 곳에는 남은 자가 하나도 없을 것이라.'(욥기 18:14-19)

## 하. 욥의 대답

욥은 그들 모두에게 '너희가 내 마음을 괴롭히며 말로 나를 짓부수기를 어느 때까지 하겠느냐 (…) 너희가 참으로 나를 향하여 자만하며 내게 수치스러운 행위가 있다고 증언하려면 하려니와/하나님이 나를 억울하게 하시고 자기 그물로 나를 에워싸신 줄을 알아야 할지니라.'(욥기 19:2-6) '너희는 나를 불쌍히 여겨다오 나를 불쌍히 여겨다오 하나님의 손이 나를 치셨구나.'(욥기 19:21)라고 하고 자기의 무죄함을 믿으면서 하나님께 억울하다고 항거하지 말고 하나님의 칼을 두려워하라고 충고한다. '너희는 칼을 두려워할지니라 분노의 칼이 형벌을 부르나니 너희가 심판장이 있는 줄을 알게 되리라.'(욥기 19:29) 욥의 마음은 억울한 징벌에도 불구하고 하나님을 경외하고 이성적인 평정을 유지한다.

## 거. 소발의 두 번째 발언

욥의 대답에서 자기들을 과소평가하였다고 느낀 소발은 '내가 나를 부끄럽게 하는 책망을 들었으므로 나의 슬기로운 마음이 나로 하여금 대답하게 하는구나.'(욥기 20:3)라고 자기의 자존심을 내보이면서 '악인이 이긴다는 자랑도 잠시요 경건하지 못한 자의 즐거움도 잠깐이라.'(욥기 20:5)고 하고 소발은 '악인'과 '경건하지 못한 자'를 동일시하면서 설사 '그가 재물을 꿀꺽 삼켰을지라도 하나님이 그 배에서 도로 나오게 하심이니.'(욥기 20:15) 욥이 비록 재산을 모았으나 하나님께서 그것을 도로 거두시는 것이 아무 까닭 없이 그렇게 하시지는 않을 것이니 욥이 회개하고 용서를 구하여야 한다는 의미로 말을 한다. 왜냐하면 '하늘이 그의 죄악을 드러낼 것이요 땅이 그를 대항하여 일어날 것인즉/그의 가산이 떠나가면 하나님의 진노의 날에 끌려가리라/이는 악인이 하나님께 받을 분깃이요 하나님이 그에게 정하신 기업이니라.'(욥기 20:27-29)

## 너. 욥의 대답

'너희는 내 말을 자세히 들으라. 자세히 듣는 것이 너희가 나에게 주는

한 인문학자의 구약성경 스토리텔링

위로가 될 것이며, 나의 원망이 사람을 향하여 하는 것이냐 내 마음이 어찌 조급하지 않을 수 있겠느냐. 어찌하여 악인이 생존하고 장수하여 세력이 강하냐. 그들은 소고와 수금으로 노래하고 피리 불어 즐기며, 그들의 날을 행복하게 지내다가 잠깐 사이에 스올에 내려가느라.'(욥기 21:2-13) 욥은 자신의 답변을 올바로 이해해 주는 것이 가장 큰 도움이 되는 것이고 자기가 하늘이 내리는 자신의 불운의 이유를 모르기 때문에 자기가 조급한 것이고 만약 친구들이 그 불운의 내역을 알게 되면 깜짝 놀라 입을 닫을 것이다. 우리가 보기에 악인이 승승장구하는 듯하나 심판이 내리면 잠시 사이에 악인은 지옥으로 향하게 된다는 것을 잊지 말라고 당부한다. 악인은 여호와 진노의 날을 위하여 남겨져 그 날이 오면 끌려가게 될 운명인데 '그런데도 너희는 나에게 허황된 소리로 위로하려 하느냐. 너희의 대답은 거짓일 뿐이다.'(욥기 21:34)

## 더. 엘리바스의 세 번째 발언

엘리바스는 욥에게 '하나님이 너를 책망하시며 너를 심문하심이 너의 경건함 때문이냐.'(욥기 22:4)고 반론을 제기하면서 하나님께서는 욥이 경건하기 때문에 그를 징계하시는 것이 아니라 그가 큰 죄인이기 때문에 정죄하신다는 앞서 두 친구들이 한 말을 반복한다. 말하자면 욥이 '까닭 없이 형제를 볼모로 잡고 헐벗은 자의 옷을 벗기며, 목마른 자에게 물을 마시게 하지 아니하며, 주린 자에게 음식을 주지 아니하였구나. 권세 있는 자는 토지를 얻고 존귀한 자는 거기에서 사는구나. 너는 과부를 빈손으로 돌려보내며 고아의 팔을 꺾는구나.'(욥기 22:4-9)이 모든 죄악은 욥이 저지르지도 않았는데, 엘리바스는 틀림없이 그런 짓거리를 하였을 것이라고 짐작하고 욥에게 덮어씌우는 것이다. '그러나 네 말은 하나님이 무엇을 아시며 흑암 중에서 어찌 심판하실 수 있으랴/빽빽한 구름이 그를 가린즉 그가 보지 못하시고 둥근 하늘을 거니실 뿐이라 하는구나.'(욥기 22:13-14) 그러나 사실은 그렇지 않으니 '청하건대 너는 하나님과 화목하고 평안하라. 그리하면 복이 네게 임하리라/청하건대 너는 하나님의 입에서 교훈을 받고 하나님의 말씀을 마음에 두라.'(욥기 22:21-22)고 엘리바스는 다분히 훈계조로 말을 한다.

## 러. 욥의 대답

'오늘도 나의 탄식이 괴롭구나 하늘의 재앙이 나의 탄식보다 무겁기 때문이다/(…) 어찌하면 그 앞에서 내가 호소하며 변론할 말을 입에 채우고/대답하시는 말씀을 내가 알며 내게 이르시는 것을 내가 깨달으랴.'(욥기 23:2-5) 욥은 하나님을 찾아 자기의 죄명이 무엇인지 알고 자기의 변론을 펴고 싶으나 그것이 불가능하여 답답할 뿐이다. '그러나 내가 가는 길을 그가 아시나니 그가 나를 단련하신 후에는 내가 순금같이 되어 나오리라.'(욥기 23:10) 욥은 자기가 모든 시련을 견디고 나면 더 순수하고 강한 인간으로 다시 태어날 것이라고 믿는다. '그러나 하나님은 그의 능력으로 광포한 자를 끌어내리시고 비록 그들의 위치를 굳혔다 해도 (…) 살아남을 확신은 없으리라/(…) 그들은 잠시 높아졌다가 천대를 받을 것이며.'(욥기 24:22)

## 머. 빌닷의 세 번째 발언

'하나님은 주권과 위엄을 가지셨고 하늘의 높은 곳에서 화평을 베푸시느니라/(…) 그런즉 누가 하나님 앞에서 자기가 의롭다 할 수 있을까. (…)/보라 그의 눈에는 달이라도 빛을 발하지 못하고 별도 빛나지 못하거든/하물며 구더기 같은 사람 벌레같은 인생이랴.'(욥기 25:2-6) 결국 빌닷은 욥이 스스로 의롭다 자부한다 해도 하나님 눈에는 빛나는 인물이 아니라고 보는 것이다.

## 버. 욥의 대답

욥은 빌닷의 발언을 풍자적으로 돌려친다. '네가 힘없는 자를 참 잘도 도와주는구나/지혜 없는 자를 참 잘도 가르치는구나. 큰 지식을 참 잘도 자랑하는구나.'(욥기 26:2-3) '여호와 그가 꾸짖으신즉 하늘 기둥이 흔들리며 놀라느니라/그는 능력으로 바다를 잔잔하게 하시며 지혜로 왕용 라합도 박살 내시며/(…) 그의 큰 능력의 우렛소리를 누가 능히 헤아리랴.'(욥기 26:2-14)

그러니 친구들이 무엇이라 한들 그것들은 모자라고 한가한 사람들의 헛소리일 뿐.

욥이 풍자로 자기의 대답을 계속한다. '결코 내 입술이 불의를 말하지 아니하며 내 혀가 거짓을 말하지 아니하리라/나는 결코 너희를 옳다 하지 아니하겠고 내가 죽기 전에는 나의 온전함을 버리지 아니할 것이라/내가 내 공의를 굳게 잡고 놓지 아니하리니 내 마음이 나의 생애를 비웃지 아니하리라/(…) 불경건한 자가 이익을 얻었으나 하나님이 그의 영혼을 거두실 때에는 무슨 희망이 있으랴.'(욥기 27:4-8)

욥은 아무리 생각하여도 자기가 하나님 보시기에 불의를 저지른 적이 없고 악인이 잘되는 것 같으나 그가 죽을 때에는 하나님의 심판을 피하지 못하리라고 단언한다. 인간들이 자연의 비밀을 찾아내서 생활이 풍요로워지지만 '그러나 지혜는 어디서 얻으며 명철이 있는 곳은 어디인고/그 길을 사람이 알지 못하나니 사람 사는 땅에서 찾을 수 없구나/(…) 하나님이 그 길을 아시며 있는 곳을 아시나니/이는 그가 땅 끝까지 감찰하시며 온 천하를 살피시기 때문이다.'(욥기 28:12-24) 하나님 말씀을 따르는 것이 욥은 살길임을 알고 있다.

'또 사람에게 말씀하셨도다. 보라 주를 경외함이 지혜요. 악을 떠남이 명철이니라. 그렇기 때문에 나는 지난 세월 하나님이 나를 보호하시던 때가 다시 오기를 원하노라.'(욥기 28:28-29:2) 자기는 인생을 살아오는 동안 '내가 의를 옷으로 삼아 입었으며 나의 정의는 겉옷과 모자 같았느니라/나는 맹인의 눈도 되고 다리 저는 사람의 발도 되고/빈궁한 자의 아버지도 되며 내가 모르는 사람의 송사를 돌보아 주었으며/불의한 자의 턱뼈를 부수고 노획한 물건을 그 잇새에서 빼내었느니라.'(욥기 29:14-17)

욥은 십계명과 율법 그리고 공의 정의를 모두 지킨 의인으로 자부하기 때문에 하나님께서 자기에 대한 이해에 문제가 생겨 자기를 전적으로 오해하신다고 확신하고 있다. 그렇기 때문에 '하나님이 나를 진흙 가운데 던지셨고 나를 티끌과 재 같게 하셨구나.'(욥기 30:19) 그러니 '하나님께서 나를 공평한 저울에 달아보시고 그가 나의 온전함을 아시기를 바라노라.'(욥기 31:6)

## 서. 엘리후의 발언

욥과 다른 세 사람의 발언을 듣고 난 그중 가장 연소한 엘리후는 하나님보다 의롭다고 하는 욥에 대해 화를 내고 욥의 질문에는 대답하지도 못하면서 욥이 인과응보의 틀을 바탕으로 욥이 죄가 있으니 그가 징벌과 재앙을 받은 것이라고 심판하는 것은 옳지 못하다고 주장한다. 그는 양쪽의 문제점을 지적한 후 자신의 관점을 제시한다.

엘리후는 가장 먼저 하나님이 어떤 분이신지 알아야 한다고 하면서 '하나님은 악을 행하지 아니하시며 전능자는 결코 불의를 행하지 아니하시고/사람의 행위를 따라 갚으사 (…)'(욥기 34:10, 11)라고 하면서 하나님은 선하시어 인간에게 불의를 행하시는 법이 없고 인간의 행위에 따라 그에 합당한 보응을 내리시는 분이다.

따라서 우리에게 어떤 일이 일어나면 가장 먼저 행하여야 할 일은 '내가 죄를 지었사오니 다시는 범죄하지 아니하겠나이다/내가 깨닫지 못하는 것을 내게 가르치소서 내가 악을 행하였으나 다시는 아니하겠나이다.'(욥기 34:31, 32)라고 회개하고 다시는 죄를 짓지 않겠다고 약속을 드려야 한다고 권고한다. 엘리후는 우리 모두가 하나님께 '순종하며 하나님을 섬기면 형통한 날을 보내며 즐거운 여생을 보낼 것이요 만일 순종하지 아니하면 칼에 망하여 아무것도 모르고 죽을 것이니라.'(욥기 36:11, 12)라고 권하면서 욥에게는 특히 '그대는 밤을 사모하지 말라 인생들이 밤에 그들이 있는 곳에서 끌려가리라.'(욥기 36:20)라고 한다.

엘리후가 욥의 밤의 생활을 본 적이 없다고 추정되는데 어째서 '밤을 사모하지 말라.'고 하는지, 낮과 밤은 단지 빛과 어둠의 차이로만 대조를 이루는 것이 아니라, 낮과 밤의 활동과 행위에 의해서 차별이 이루어진다. 낮에는 삶을 위한 활동과 행위를 하지만 밤은 낮에 할 수 없었던 취미와 여가를 즐기는 시간이 된다. 그러다 보니 어둠 속에서 하는 행위 중에는 죄악으로 이끄는 행위를 하는 경우가 있으니 어둠 속의 생활에 빠지지 말라는 경고를 엘리후가 욥에게 주는 것이다.

하나님은 높으시니 홀로 하늘과 땅과 인간세계의 온갖 현상과 변화를 조정하시고 주관하시는 '전능의 하나님' 곧 엘 사다이이시니 인간은 오로지 하나님이 처리하시는 일에 분노하거나 저항하는 대신 감사와 순종을 보여야 한다고 주장한다.

## 어. 여호와의 말씀

드디어 폭풍우 가운데에서 여호와께서 욥에게 말씀하신다. 그러나 그것은 욥이 듣고 싶어 하던 말씀이 아니고 또 여호와께서는 욥과 여러 가지에 대해 변론하고자 하시는 것도 아니다. 여호와께서는 '천지창조 때의 일들 그리고 자연의 다양한 신비들에 대해 알고 있느냐.'라고 하시는데 하나님의 질문들은 욥에게 대답을 기대하시는 질문이 아니고 하나님께서 창조의 과정에서 관찰하신 것들은 그분 이외에는 아무도 답변할 수 없는 것들이다.

그리하여 욥이 드디어 입을 연다. '보소서 저는 비천하오니 무엇이라 주께 대답하리이까. 손으로 내 입을 가릴 뿐이로소이다/내가 한 번 말하였사온즉 다시는 더 대답하지 아니하겠나이다.'(욥기 40:4-5)

## 저. 욥의 회개

하나님의 깊고 높은 뜻을 모르면서 하나님께 원망을 한 것을 회개한다. '주께서는 못 하실 일이 없사오며 무슨 계획이든지 못 이루실 것이 없는 줄 아오니/무지한 말로 이치를 가리는 자가 누구이니까. 나는 깨닫지도 못할 일을 말하였고 스스로 알 수도 없고 헤아리기도 어려운 일을 말하였나이다/(…) 그러므로 내가 스스로 거두어들이고 티끌과 재 가운데에서 회개하나이다.'(욥기 42:2-60)

## 처. 여호와의 결론

여호와께서는 엘리바스와 빌닷, 소발에게 말씀하신다. 먼저 엘리바스에게 '(…) 내가 너와 네 두 친구에게 노하나니 이는 너희가 나를 가리켜 말한 것이 내 종 욥의 말 같이 옳지 못함이니라.'(욥기 42:7) 세 친구들의 말이 모두 욥에게 해당되지 않은 심판을 하는 것을 보신 여호와께서 그들을 책망하신 후 그들이 수소 일곱과 숫양 일곱을 가지고 욥에게 가서 너희를 위하여 번제 드리라고 하면서 욥이 너희를 위하여 기도를 하면 받을 것이나 너희가 드리는 번제는 받지 않으시겠다고 하신다. 세 친구가 여호와의 말씀대로 하고 욥이 세 친구를 위하여 기도드리자 여호와께서 욥의 곤경을 돌이키시고 욥에게 이전 소유보다도 갑절이나 주셨고 욥은 아들 일곱과 딸 셋을 두고 140년을 살았다.

# 맺는말

욥의 재앙과 고통은 족장시대에 있었던 것으로 추정되는 종교적이고 삶의 철학문제이지만 오늘날 우리가 겪게 되는 고통을 어떻게 받아들여야하고 어떻게 극복할 수 있는가에 대한 적지 않은 시사를 하고 있다.

고통은 피할 수도 없고 이유를 알 수가 없으나 의인이 당하는 고통이 무작정 끝이 없는 것은 아닌 극복의 대상으로 그 고통을 이겨내고 극복하고 나면 하나님은 우리에게 사랑을 베푸시고자 하시는 분임을 깨닫게 되고 그 과정에서 우리는 욥을 통하여 우리의 영·육이 금처럼 연단되어 더 큰 하나님의 은혜와 축복을 받게 된다는 것을 배우게 된다.

한 인문학자의 구약성경 스토리텔링

# (5) 요나

## 가. 소명

대부분의 선지자들은 하나님의 명령이 있으시면 그에 순종하여 임무 수행에 나선다. 그들은 남유다 혹은 북이스라엘에서 태어났고 그 집안에 선지자나 제사장이 있는 경우가 많다. 그러나 요나는 아모스와 마찬가지로 아버지의 이름과 출생지만 알 수 있을 뿐 그 외에는 아무것도 알 수 없고 임무만 주어진다. 아밋대의 아들 요나의 경우는 여호와께서 어느 날 '너는 일어나 저 큰 성읍 니느웨로 가서 그곳을 향하여 외치라. 그의 악독이 내게 상달되었느니라 하라.'(요나 1:2) 그것이 전부이다.

## 나. 불순종과 고난

그러나 요나는 여호와의 말씀에 순종하지 않았다. 그 자신이 이유를 말하지는 않으나 그 이유가 이스라엘과의 관계가 좋지 않은 이방 나라의 큰 도시에 가서 그들을 회개시켜 여호와를 따르게 한다는 일이 마음에 들지 않았기 때문이라고 추정된다. 그리하여 요나는 여호와의 얼굴을 피하려고 일어나 다시스로 도망하려 하여 욥바로 내려갔더니 마침 다시스로 가는 배를 만났다. '여호와의 얼굴을 피하여 그들과 함께 다시스로 가려고 뱃삯을 주고 배에 올랐더라.'(요나 1:3) 요나의 심중과 행방을 모르실 리 없으신 여호와께서는 큰 폭풍을 바다에 일으키시어 요나가 탄 배가 거의 깨지게 되자 선원들은 각기 자기가 믿는 신에게 부르짖고 우선 배의 하중을 가볍게 하기 위해 실은 물건들을 바다에 던진다.

그 난리 중에도 배 밑에 내려가 누워 깊은 잠에 빠진 요나를 찾아온 선장은 배의 상황을 말해 주고 일어나 '너의 하나님께 구해 주시라고 간청하면 혹시 하나님께서 우리를 이 어려움에서 벗어나게 하실지 누가 알겠느냐.'고 한다. 그리고 선원들과 승객들은 이 재앙이 누구 때문인지를 알기 위해 제비뽑기를 하자고 하여 뽑으니 요나가 뽑힌다. 사람들이 그에게 어디에서 왔으며 생업이 무엇이고 어느 나라 어느 민족 소속이냐고 묻는다.

요나는 자기가 히브리인이고 바다와 육지를 지으신 하늘의 하나님 여호와를 경외하는 자라고 하고 자기가 여호와의 명령에 순종하지 아니하고 여호와의 얼굴을 피하기 때문에 재앙이 생겼다고 말한다. 무리는 그것을 듣고 두려워하며 어찌하여 그렇게 해동하였냐고 따진다. 무리가 너를 어떻게 해야 바다가 잔잔하겠느냐고 하자 요나는 자기를 들어 바다에 던지면 바다가 잔잔해지리라고 대답한다. 그러자 무리가 여호와께 이 요나의 생명 때문에 우리를 멸망시키지 마옵소서라고 하고 요나를 들어 바다에 던지니 바다가 곧 잠잠해진다. 여호와께서는 이미 큰 물고기를 예비하시어 요나를 삼키게 하시니 요나가 밤낮 3일간 물고기 배 속에 있었다. (요나 1:4-7)

## 다. 요나의 기도와 구원

물고기 배 속에서 요나는 하나님 여호와께 기도드린다. 자신의 불순종 때문에 고난을 당하여 여호와께 부르짖었더니 여호와께서 그의 음성을 들으셨다. 요나는 자기가 여호와의 시야에서 쫓겨났으나 다시 주의 성전을 향해 기도하겠다고 말씀드린다. 그리고 거짓되고 헛된 것을 숭상하는 모든 자는 여호와께서 자기에게 베푸신 은혜를 버렸으나 자기는 주께 감사의 제사를 드리겠으며 구원은 오로지 여호와께로부터 오신다고 하였다. 그러자 여호와께서 물고기에게 말씀하시니 물고기가 요나를 육지에 토해낸다. (요나 2:2-10)

두 번째 여호와의 말씀이 있으신다. '일어나 저 큰 성읍 니느웨로 가서 내가 네게 명령한 바를 그들에게 선포하라.'(요나 3:1) 하신다. 요나는 말씀대로 일어나서 사흘을 걸어 니느웨에 이른다. 그는 하루 동안 다니며 '40일이 지나면 니느웨가 무너지리라.' 하고 외쳤다. 그러자 기적처럼 니느웨 사람들은 높거나 낮은 모든 사람들이 하나님을 믿고 금식을 선포하며 굵은 베옷을 입고 재 위에 앉는다.

니느웨 왕이 그 소리를 듣고 보좌에서 일어나 왕복을 벗고 굵은 베옷으로 갈아입고 재 위에 앉는다. 왕과 대신들은 조서를 내려 사람이나 짐승은 아무것도 먹지도 말고 마시지 말 것이고 사람이든 짐승이든 다 굵은 베옷을 입고 하나님께 부르짖을 것이며 각기 악한 길과 손으로 행한 광포에서 떠나야 한다. 그러면 하나님께서 뜻을 돌이키시고 우리를 멸망치 않게 하시리라. 니느웨 사람들이 하나님의 뜻을 받들고 악한 길에서 벗어난 것을 보이자 하나님은 내리고자 생각하시던 큰 재앙을 내리지 않으시겠다고 결정하신다. 요나는 맡은 바 임무를 성공적으로 수행하였고 니느웨의 모든 백성들은 큰 재앙에서 벗어나고 하나님을 경외하게 된 것이다. (요나 3:1-10)

## 라. 여호와의 사랑과 요나의 깨달음

요나는 하나님의 결정에 크게 실망하고 성을 낸다. 그는 여호와께 기도를 드린다. 그리고 여호와께 말씀드린다. 자기가 고국에 있을 때에 니느웨에 벌을 내리시겠다고 말씀을 하시고 어째서 그 약속을 지키지 않으시느냐고 항의한 것이다. 더 나아가 하나님께서 자기의 생명을 거두어 가실 때가 되었으니 부디 그렇게 하시라고 항변한다. 그러자 하나님께서는 요나에게 '네가 성내는 것이 옳으냐.'(요나 4:4)고 되물으신다. 여기에서 우리는 두 관점이 대립되는 것을 볼 수 있다.

요나는 여호와 하나님께서 이스라엘의 죄악을 심판하시고 벌을 내리시는데 이방 민족인 니느웨의 앗수르족에게는 계획하신 재앙도 내리지 않으실 만큼 관대하실 수 있느냐고 생각하지만 하나님의 관점은 그와는 다르시다. 하나님께서는 죄인이 죄를 짓고 나서 진심으로 회개하고 그 죄에서 벗어나 하나님께 돌아와 공의와 정의를 따르면 그 죄를 사해 주시고 그 사람을 축복해 주신다. 그것이 여호와의 자비와 긍휼이다.

그러한 원칙은 선민인 이스라엘인에게 적용될 뿐 아니라 이방인 다른 나라 다른 민족에게도 똑같이 적용된다. 여호와께서는 이스라엘만 품에 안으시는 것이 아니라 다른 모든 나라 민족들도 죄에서 구원하여 모든 사람들의 하나님이 되시는 것이 하나님의 계획이시다. 그렇기 때문에 요나

한 인문학자의 구약성경 스토리텔링

를 니느웨로 보내신 것은 그곳에 가서 하나님을 알리고 죄에서 벗어나 하나님을 따르도록 하시기 위한 전도사와 선교사의 사명을 수행하라고 보내신 것이다. 이러한 하나님의 크신 사랑을 요나는 박 넝쿨의 비유로 깨닫게 된다.

## 맺는말

요나서는 짧으나 그 속에는 너무나 기적 같은 이야기들이 많이 있다. 가령 폭풍이 일자 배에 탄 모든 사람들이 제비뽑기를 하여 폭풍의 원인이 되는 사람을 찾아내는데 요나가 뽑힌 것이라든지 그가 자원해서 물속에 던져져서 물고기가 그를 삼켰는데 그 물고기가 성인을 삼켰다면 굉장히 클 것인데 그런 물고기가 존재할까 그리고 삼켜지는 과정이 너무 단순하게 묘사된 것 같다.

고깃배 속에서의 생활도 단순하게 처리된 느낌이며 물고기가 요나를 뭍에다 토해 냈다면 그 물고기가 수륙 겸용인지 어디에 토했는지 그곳에서 니느웨까지 800km가량 떨어진 곳이면 그 거리를 사흘에 걸어갈 수 있을지 그리고 니느웨에서 요나가 40일 후면 니느웨가 망한다고 하루 동안 외치자 그 소리를 듣고 니느웨의 높고 낮은 모든 사람들이 금식을 선포하고 굵은 베옷을 입고 재 위에 앉았다는 것은 속칭 '짜고 치는 고스톱' 같은 인상을 준다.

그리하여 최종진 교수는 '요나서가 실제의 역사적 사실이 아니고 다만 풍유, 혹은 전설, 우화를 포함시켰다.'[39]는 학설이 있지만 그것은 그릇된

---

39) 최종진, '구약성서개론', 소망사, 560쪽.

학설이라고 단언한다. 왜냐하면 요나가 밤낮 사흘을 큰 물고기 배 속에 있었던 것같이 예수님도 사흘간 무덤 속에 있으셨다.

성경의 어떤 부분의 저자가 누구인지는 논외의 문제이기 때문에 가필이나 수정의 가능성은 인정하면서도 성경 각 권의 저자가 쓴 것이라고 보고 그 내용만 다루는 것이 원칙이고 따라서 우리는 요나서의 저자가 요나라고 보는 입장이다.

그것이 역사적 사실이라고 믿는 것은 성경이 역사적 사실인 것을 모은 책인데 거기에 창작이나 픽션이 들어간다는 것은 있을 수 없는 일이다. 그것을 의심한다면 성경에서 하나님이 이루신 모든 기적 같은 사실들을 믿지 않는 것과 같기 때문에 요나서는 요나가 겪은 사실이라고 확신한다. 단지 몇몇 부분이 좀 단순히 처리된 것이 아닌가 생각할 따름이다.

구약 성서가 대부분 이스라엘 백성이 겪은 역사를 설명한 것이지만 요나서는 선지자 요나가 이방 민족인 앗수르인들에게 하나님의 계획을 외쳐 그들이 죄인임을 인정하고 하나님을 경외하게 한 것은 요나서가 구약에서 처음 보는 이방 전도 활동 보고서라는 것을 보여 준다.

하나님이 이스라엘 민족과 언약을 통하여 그 민족을 성민으로 택하고 사랑하신 것은 모든 다른 민족들도 하나님을 경외하고 따르도록 하기 위한 것이지 하나님이 이스라엘 민족만 사랑하시고 다른 민족들을 버리신 것은 절대 아니다. 이방민족을 경계하신 것은 이방의 잡신들이 이스라엘에 우상숭배를 끌어 들여오게 하지나 않을까 하는 것이지 이방 민족을 싫어하시기 때문은 전혀 아니다. 하나님께서는 세계에 하나님 경외 사상을 확대시키고자 하시는 계획을 갖으셨고 요나서는 세계만방에 하는 전도의 첫 단추를 꼈다는 중요한 의미를 담고 있다.

# (6) 호세아

## 가. 이해의 토대

호세아서는 히브리어 성경에서도 지금처럼 열두 소예언서의 가장 앞에 배열되어 있었다. 그것은 호세아가 특별한 메시지를 담고 있었기 때문이라고 생각되고 그러한 생각은 호세아를 읽으면 확인이 된다. 호세아는 '야사' 즉 구원이라는 히브리어 동사에서 유래된 고유명사로 여호수아와 예수님의 이름과 같은 이름이다.[40] 호세아서는 선지자 호세아가 겪은 자기의 체험을 옮긴 것으로 본인이 저자인 것이 분명하다. 그는 BC755년-710년경까지 대략 약 40년간 예언 활동을 한 것으로 알려졌는데 그 비슷한 시기에 이사야도 선지자로 활동하였다. 단지 선지자들의 활동은 거의 비슷하면서도 전개방식이나 내용 면에서 그 특색이 조금씩 다르다.

호세아서는 호세아가 여호와의 지시에 의하여 부정한 여인과 결혼한 것을 중심으로 전개되는데 그것이 과연 사실일까 하고 의심하는 학자들이 있다. 왜냐하면 율법에서 하나님을 섬기는 자들에게는 부정한 결혼이 금지되어 있는데 하나님께서 그러한 결혼을 지시하시는 것은 율법에 어긋날 뿐 아니라 상식적으로도 허용될 수 없기 때문이다. 그러나 호세아의

---

40)  최종진, '구약성서개론', 526쪽 참조.

비극적 결혼은 다음과 같은 각도에서 이해할 필요가 있다. 하나님과 이스라엘은 특별한 관계가 있고 그것을 비유적으로 신랑과 신부의 관계로 바꾸어 생각할 수 있다. 그런데 이스라엘 백성의 신실치 못한 음란과 죄악의 현실을 보시는 하나님의 참담한 심정은 고멜이 보여 주는 부정한 부부생활을 하면서 호세아가 느끼는 비극적 현실과 유추적 관계에 있는 것이다. 그러므로 우리는 호세아의 비극을 보면서 여호와의 심적 괴로움을 깨닫게 되는 것이고 그 외에도 호세아서는 다른 중요한 메시지를 담고 있고 우리는 읽어 가는 과정에서 그것을 발견하게 될 것이다.

## 나. 인물과 결혼

호세아는 북이스라엘 요아스의 아들 여로보암 2세가 왕이었던 시기에 브에리의 아들로 태어났다. 그런 단편적인 사실 외에는 호세아의 삶에 대한 자료는 전혀 없다. Osty는 인간 호세아가 '매우 섬세하고 깊이 있는 영혼의 소유자로 열정적이고 매우 부드러우면서도 격렬한 성격'[41]이라고 하였고 북이스라엘 최대의 예언자인 호세아를 최종진 교수는 호세아가 어떠한 사회적 지위에 있었던 사람인가는 분명치 않으나 '하나님의 부름 받을 때에는 이미 거룩한 신앙의 사람이었고 하나님의 율법에 충실한 자였다.'[42]고 설명한다.

당시 이스라엘은 국내적으로 정치와 사회가 불안한 시대였다. 권력자들은 왕권을 쟁탈하기 위하여 반란과 폭동을 일삼았고 백성들은 탐욕과

---

41) sty-Seuil판 성경, 1940쪽.
42) 최종진, '구약성서개론', 526-527쪽.

한 인문학자의 구약성경 스토리텔링

착취에만 신경을 쓰면서 음욕과 우상숭배에 빠져 있었고 애굽은 쇠약해 갔으나 북에서 강해진 앗수르는 세력 확장과 경제적 이익에만 열중하고 있었다. 선지자가 된 호세아는 이러한 이스라엘의 내우외환의 현실과 맞서게 되었다. 여호와께서 처음으로 호세아에게 말씀하시기를 '너는 가서 음란한 여자를 맞이하여 음란한 자식들을 낳으라. 이 나라가 여호와를 떠나 크게 음란함이니라.'(호세아 1:2)

한마디로 이스라엘의 음란함 때문에 여호와께서 겪으시는 분노의 심정을 호세아도 체험해 보라고 하시는 것이고 호세아는 여호와의 심정을 이해하라고 선택된 것이다. 그 말씀과 함께 선지자로 택함을 받은 호세아는 여호와의 뜻에 순종한다. 호세아가 어떤 과정을 거쳐 어째서 고멜을 아내로 결정하였는지 고멜은 어떤 집안에서 자라서 결혼 전에 어떤 이유로 음란한 여자로 낙인찍혔는지 등의 상황에 대한 설명 없이 호세아가 고멜을 아내로 맞았다는 결과만 알게 된다. 그러나 고멜이 음란한 여자라는 것은 그 여자가 그에 합당한 처신을 했기 때문일 텐데 우리는 그 여자에 대해 전혀 모르고 그 결과만 보는 것이다.

여하튼 호세아는 디블라임의 딸 고멜을 아내로 맞이하였고 고멜은 임신하여 아들을 낳았다. 그러자 여호와께서 그의 이름을 이스르엘로 하라고 지시하신다. 예후는 북이스라엘 왕 아합을 죽이고 왕이 된 후 여호와의 마음에 드는 일도 하였으나 그가 너무 많은 무고한 사람들을 이스라엘 골짜기에서 죽여 여호와께서는 예후가 흘리게 한 피를 그에게 갚으시겠다고 하신다. 아울러 이스르엘 골짜기에서 이스라엘 족속의 나라를 폐하시겠다고 단언하신다. (호세아 1:4)

고멜이 또다시 임신하여 딸을 낳으니 여호와께서 '긍휼히 여김을 받지 못하는 자'의 뜻을 지닌 로루하마라 하라고 이르신다. 그 이름은 '다시는 이스라엘 족속을 긍휼히 여겨서 용서하지 않을 것이다. 유다 족속을 불쌍히 여겨 그들의 하나님으로 구원하겠고 활과 칼이나 전쟁이나 말과 마병으로 구원하지 않으리라.'고 하신다. 그런데 로루하마가 젖 뗀 후에 또 임신하여 아들을 낳으니 여호와께서 로암미 즉 '내 백성이 아니다.'라는 뜻으로 하라고 이르신다. 결혼생활의 과정이 어떠했는지에 대해서 알 수 없다가 갑자기 여호와께서는 '이스라엘 자손이 다른 신을 섬기고 건포도 과자를 즐길지라도 여호와가 그들을 사랑하나니 너 또한 가서 타인의 사랑을 받아 음녀가 된 그 여자를 사랑하라.'(호세아 3:1)고 하신다.

고멜은 자기의 음탕한 버릇을 버리지 못하고 집을 나가 다른 남자에 품에 안겨 살고 있고 여호와께서는 자기를 버리고 떠난 이스라엘 백성을 아직도 사랑하고 있으니 호세아 너 또한 그 여자를 찾아와 사랑하라고 하신 것이다. 그러나 일단 팔려 간 여자를 빈손 들고 찾아올 수는 없기 때문에 호세아는 은화 열다섯 개와 보리 한 호멜 반을 지불하고 고멜을 사 왔다. 결국 호세아는 현금 반, 현물 반을 지불하였는데 현재 얼마나 되는지는 알 수 없지만 당시에 건강한 노예 하나에 지불하는 금액이라고 한다.[43]

호세아는 고멜에게 자기와 평생 같이 살고 음행은 하지 말고 다른 남자를 따라가지 말라 하고 나도 너에게 그렇게 하겠다고 약속한다. (호세아 3:1-2) 이 밖에 고멜의 이야기나 고멜에 대한 이야기는 14장의 끝까지 없고 결국 고멜에 대한 것은 이스라엘의 죄악을 대하는 하나님의 심정을 대리 체험하게 할 의도로 쓰게 한 것이다.

---

43) Osty-Seuil판 성경, 1948쪽.

# 다. 이스라엘의 고발

이스라엘 백성이 하나님으로부터 멀어진 것을 누구보다도 안타까워하는 호세아는 여호와께서 이 땅 주민들에 대해 불만을 가지신 것은 '이 땅에는 진실도 없고 인애도 없고 하나님을 아는 지식도 없기'(호세아 4:1) 때문이라고 한다. 말하자면 이스라엘이 참된 것과 거짓, 옳고 그릇된 것을 분별하는 잣대도 잃었고 사회적으로 서로 간의 공동체 의식도 사라지고 지난날 어려울 때 여호와로부터 받은 큰 은혜와 도움으로 난관을 극복했다는 기억도 외면하는 나라가 되었다는 것이다.

그리하여 여호와께서 또다시 탄식하시기를 '내 백성이 지식이 없으므로 망하는도다. 네가 지식을 버렸으니 나도 너를 버려 내 제사장이 되지 못하게 할 것이오. 네 하나님의 율법을 잊었으니 나도 네 자녀들을 잊어버리리라.'(호세아 4:6) 이스라엘은 애굽에서 종살이할 때 애굽 추격군을 홍해 바다에 여호와께서 수장시키시고 낮에는 구름 기둥 밤에는 불기둥을 내려 백성들을 인도하시어 젖과 꿀이 흐르는 가나안으로 인도하셨는데 그런 과거에 대한 지식을 깡그리 망각하였으니 어려움이 닥쳐도 의지하고 도움받을 곳이 없고 율법까지 잊었으니 이스라엘은 뿌리까지 뽑힌 것이다.

그런 지경에 이르니 '그들이 먹어도 배부르지 아니하며 음행하여도[44][45] 종족 수효가 늘지 못하니 이는 여호와를 버리고 따르지 아니하였음이니라.'(호세아 4:10) 여호와를 경외하지 않고 오로지 여호와에게 순종하지 않

---

44) Osty-Seuil는 산당에서 벌리는 음란 행위라고 해석한다. Osty-Seuil Bible, 1949쪽 주석 4:10.
45) 뉴톰슨 관주 성경은 1260쪽의 호세아 4장 10절 주석에서 바일신전에서 종족 빈성을 위한 행음을 가리킨다고 해석한다.

은 상태에서 무엇을 하든지 그것은 이스라엘에 유익하지 않고 국가를 위하는 길이 되지 못한다. 백성들이 여호와를 외면하고 답답한 일을 나무로 조각한 우상에게 묻고 그것에게 고하니 그것은 우상에 미혹되었기 때문에 그렇게 하나 생명이 없는 나뭇조각이 어떤 일을 할 수는 없는 것이다.

백성들의 '그런 행위는 그들로 자기 하나님에게 돌아가지 못하게 하나니 이는 음란한 마음이 그 속에 있어 여호와를 알지 못하는 까닭이라.'(호세아 5:4) 순간적으로 미혹되어 다른 길로 들어서면 가야 할 길에서 멀어지고 되돌아오기도 어렵게 된다. 그렇기 때문에 여호와 역시 답답하시어 '그러나 애굽 땅에 있을 때부터 나는 네 하나님 여호와라. 나 밖에 네가 다른 신을 알지 말 것이라. 나 외에는 구원자가 없느니라.'(호세아 13:4)라고 호소하신다. 이 세상천지를 창조하시고 천군 천사를 거느리시고 이 세상을 다스리시는 여호와 하나님만이 이스라엘이 위기에 빠지면 여호와만이 사랑하시는 이스라엘을 구할 수 있는데 그것을 모르는 것이다. 그리하여 형식에 치우치지 않고 백성들 서로 간의 우애와 하나님이 진정으로 어떤 분이신지 알게 되는 것을 원하신다. (호세아 6:6)

## 라. 이스라엘의 죄악

호세아의 안타까움에도 불구하고 이스라엘 백성들의 죄악은 끊이지 않고 여호와의 인내는 더 이상 지탱할 수 없으니 남은 것은 징벌뿐이다. 이스라엘은 어떤 죄악을 저지르는가? 여호와께서는 사태가 좋아지기를 기다리셨으나 '내가 이스라엘을 치료하려 할 때에 에브라임의 죄와 사마리아의 악이 드러나도다. 그들은 거짓을 행하며 안으로 들어가 도둑질하고 밖으로 떼지어 노략질하며/내가 모든 악을 기억하였음을 그들이 마음에 생각하지 아니하거니와 이제 그들의 행위가 그들을 에워싸고 내 얼굴 앞에 있도다.'(호세아 7:1-2)

그러니 그들에게는 거짓이 널리 퍼져 있고 안에서 도둑질 밖에서 떼지어 노략질하며 아무 일 없었다는 듯 여호와 앞에 선다. 그뿐이 아니다. '그들이 은, 금으로 자기를 위하여 우상을 만들었나니 결국은 파괴되고 말리라/사마리아여 네 송아지는 버려졌느니라. 내 진노가 무리를 향하여 타오르나니 그들이 어느 때에야 무죄하겠느냐/이것은 이스라엘에서 나고 장인이 만든 것이라. 참 신이 아니니 사마리아의 송아지가 산산 조각이 나리라.'(호세아 8:4-6)

장인이 만든 금송아지를 경배하고 그 송아지에게 문제를 해결해 달라고 하면 그것은 출발부터 불가능한 것을 구하는 것이고 여호와께서 진노하시는 것은 당연한 일이다. 거기에서 그치지 않고 이스라엘 백성들은 하나님의 율법까지 외면하고 거스른다. '내가 그들을 위하여 내 율법을 기록하였으나 그들은 그 율법을 이상한 것으로 여기도다.'(호세아 8:12) 음란이 이스라엘 백성의 죄에서 제외될 수 없다. '에브라임은 내가 알고 이스라엘은 내게 숨기지 못하나니 에브라임아 이제 네가 음행하였고 이스라엘이 더러워졌느니라/그들의 행위가 그들로 자기 하나님에게 돌아가지 못하게 하나니 이는 음란한 마음이 그 속에 있어 여호와를 알지 못하는 까닭이다.'(호세아 5:3-4)

## 마. 하나님의 징벌

죄악에 빠진 이스라엘의 형식만 갖춘 제사를 여호와께서 흡족하게 생각하시기는커녕 죄악에 대한 징벌을 계획하신다. '그들이 내게 고기를 제물로 드리고 먹을지라도 여호와는 그것을 기뻐하지 아니하고 이제 그들의 죄악을 기억하며 그 죄를 벌하리니 그들은 애굽으로 다시 가리라.'(호세아 8:13) 드디어 '형벌의 날이 이르렀고 보응의 날이 온 것을 이스라엘이 알지라. 자기들의 죄악이 많고 느끼는 적대감이 크고 보니 선지자는 어리석은 인간으로 보이고 여호와의 영을 받은 사람은 정신착란자로 여긴다.'(호세아 9:7)

그러니 '그들은 성폭행을 일삼던 기브아[46]의 시대와 같이 심히 부패한지라. 여호와께서 그 악을 기억하시고 그 죄를 벌하시리라.'(호세아 9:9) 근본을 잊어버리고 자기 자신을 위하여 지은 왕궁과 성읍을 여호와께서 그대로 두실 수는 없다. '이스라엘은 자기를 지으신 이를 잊어버리고 왕궁들을 세웠으며 유다는 견고한 성읍들을 많이 쌓았으나 내가 그 성읍들에 불을 보내어 그 성들을 삼키게 하리라.'(호세아 8:14)

여호와께서는 앗수르의 세력을 크게 하여 북이스라엘의 백성들을 일부 애굽으로 도피하게 하시고 일부는 앗수르로 포로 잡혀가 갖은 고역을 다 겪게 하신다. '그들은 여호와의 땅에 거주하지 못하며 에브라임은 애굽으로 다시 가고 앗수르에서 더러운 것을 먹을 것이니라.'(호세아 9:3) 그 후는 바벨론으로 하여금 유다에게 같은 고난을 당하게 하신다.

---

46) 그들은 한 레위인의 첩이 기브아에서 그 고장의 베냐민 출신 남자들에게 집단 성폭행을 당한 사건을 가리킨다. 참조 뉴톰슨 관주 성경 395쪽 참조.

# 바. 하나님의 사랑

이스라엘 백성의 여러 가지 율법과 십계명에 금지된 죄악이 참을 수 없는 정도가 되자 여호와 하나님께서 여러 가지 방식의 징벌을 내리신 것이 사실이고 이사야, 예레미야, 에스겔, 호세아 같은 선지자들이 그것을 한탄한 것이다. 그러나 하나님께서 징벌을 내리신 것은 이스라엘 백성을 그리고 인간들을 근본적으로 증오하셔서 그런 것이 아니다. 하나님께서는 인간이 아무리 실망스러워도 인간을, 무엇보다 특별한 관계에 있는 이스라엘 백성을 증오하시고 몰살하실 수는 없으시다. 하나님께서는 사랑의 매를 드시고서 백성들이 회개하고 다시 자기 품으로 돌아올 것을 희망하신다.

하나님께서 호세아에게 음란한 여자 고멜과 결혼하라고 하시고 고멜이 결혼 후 세 아이를 낳고도 아무런 이유 없이 가출하여 이방 신전에서 매음하여도 하나님께서 고멜을 찾아와 그녀를 사랑하라고 하신 것은 이스라엘 백성에 대해 하나님이 품고 계신 마음을 상징하는 것이다. 하나님께서 그분의 마음을 털어놓으신다. '에브라임이여 내가 어찌 너를 놓겠느냐. 이스라엘이여 내가 어찌 너를 버리겠느냐. 내가 어찌 아드마[47]같이 놓겠느냐 너를 스보임[48]같이 두겠느냐 내 마음이 내 속에서 돌이켜 나의 긍휼이 불붙듯 하도다/내가 나의 진노를 나타내지 아니하며 내가 다시는 에브라임[49]을 멸하지 아니하리니 이는 내가 하나님이요 사람이 아님이라 네 가운데 있는 거룩함이니 진노함으로 네게 임하지 아니하리라.'(호세아 11:8-9)

---

47) 소돔과 고모라와 같이 망한 도시.
48) 소돔과 고모라와 같이 망한 도시.
49) 에브라임은 이스라엘 열두 지파 중 하나로 후에는 북이스라엘을 가리킴.

그러나 하나님의 긍휼히 있으시고 진노를 나타내지 않으신다고 해도 그것은 무조건적인 것이 아니고 이스라엘이 잘못을 뉘우치고 하나님께로 돌아오는 것이 먼저일 수밖에 없다. '이스라엘아 네 하나님 여호와께로 돌아오라 네가 불의함으로 말미암아 엎드러졌느니라/너는 말씀을 가지고 여호와께로 돌아와서 아뢰기를 모든 불의를 제거하시고 선한 바를 받으소서. 우리가 수송아지를 대신하여 입술의 열매를 주께 드리리이다. 우리가 앗수르의 구원을 의지하지 아니하며 다시는 우리의 손으로 만든 것을 향하여 우리의 신이라 하지 아니하오리니 이는 고아가 주로 말미암아 긍휼을 얻음이니이다 할지니라.'(호세아 14:1-3)

이스라엘이 그렇게 한다면 '내가 그들을 스올의 권세에서 속량하며 사망에서 구속하리니 사망아 네 재앙이 어디 있느냐. 스올아 네 멸망이 어디 있느냐. 뉘우침이 내 눈앞에서 숨으리라.'(호세아 13:14) 그리고 여호와 하나님께서는 '(…) 나는 푸른 잣나무 같으니 네가 나로 말미암아 열매를 얻으리라 하리라/(…) 여호와의 도는 정직하시니 의인은 그 길로 다니거니와 그러나 죄인은 그 길에 걸려 넘어지리라.'(호세아 14:8-9) 하신다.

## 맺는말

하나님의 선지자들은 하나님께서 원하시는 것을 백성들에게 전달하는 의무를 부여받았고 호세아 역시 자기에게 맡겨진 임무를 충실히 수행하였다. 그가 처음으로 지시받은 것은 음란한 여자를 찾아가서 음란한 자식들을 낳아서 여호와를 떠나 음란한 행각을 벌이는 이스라엘 백성을 바라보시는 여호와의 심정을 실감하도록 하는 것이었는데 그 말씀을 호세아가 잘 따라 고멜과 결혼해서 자식을 셋 가졌으나 그 후 가출하여 산당 매춘부로 간 고멜을 찾아 데려와서 사랑하라고 하시는 하나님 여호와의 말씀을 따랐다. 호세아와 고멜과의 삶 부분은 호세아서의 10분의 1밖에 되지 않는 에피소드이고 나머지 대부분은 이스라엘의 죄악, 하나님의 이스라엘에 대한 심판과 징벌, 이스라엘에 대한 하나님의 사랑과 희망 등을 기록한 것이다.

호세아와 고멜의 결혼이 실제로 있었던 사실일까에 대해 의문을 표시한 견해가 많다고 한다. [50] 우리는 성경에 쓰인 것은 있는 그대로를 읽는 것이 원칙이고 성경을 통하여 하나님의 뜻을 잘 깨닫고 따르는 것이 옳다고 생각한다.

---

50)  최종진, '구약 성서개론', 529쪽.

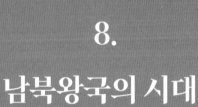

8.

# 남북왕국의 시대

남유다 왕국과 북이스라엘 왕국의 형성

솔로몬이 죽자 그 아들 르호보암이 그 뒤를 잇는다. 온 이스라엘이 그를 왕으로 추대하고자 하여 그는 세겜으로 갔다. 이스라엘이 그에게 아버지 솔로몬왕이 부과한 짐보다 그들의 짐을 좀 가볍게 해 주면 당신을 왕으로 삼겠다고 하자 르호보암은 3일 후 대답하겠다고 한다. 르호보암이 솔로몬을 모셨던 원로들과 상의하니 그들은 회중의 요청을 받아들이면 그들이 왕에게 충성을 다할 것이라고 한다. 르호보암은 젊은 신하 친구들의 의견도 물으니 그들은 새 왕의 권위를 보이기 위해서는 멍에를 더 무겁게 하겠다고 하라고 충고한다.

그 말을 쫓아 르호보암이 백성의 멍에를 더 무겁게 하겠다고 대답한다. 왕의 대답은 여호와께서 그렇게 대답하게 하신 것이다. 왜냐하면 솔로몬이 말년에 여호와를 버리고 우상신에게 경배하여 여호와께서는 이미 유다의 열두 지파 중 열 지파를 선지자 아히야를 통하여 용사 여로보암에게 주시겠다고 약속하셨던 것이다. 그리하여 이스라엘은 여로보암을 왕으로 삼고 그 소식을 들은 르호보암이 그들에게 사자를 보내니 그들은 르호보암의 사자를 돌로 쳐 죽이자 르호보암은 급히 예루살렘으로 달아난다. 남쪽 유다는 베냐민 족속과 함께 르호보암을 왕으로 삼고 예루살렘을 맡는다. 그리하여 하나의 통일왕국이던 이스라엘은 열 지파가 세운 북이스라엘 왕국과 르호보암의 남유다 왕국이 형성된다. 그 모두가 여호와께서 그렇게 계획하신 것이다.

# (1) 북이스라엘 왕국

세겜에 자리 잡은 여로보암에게는 한 가지 걱정이 생겼다. 백성들이 예루살렘 성전에서 제사 지내면서 자기를 죽이고 르호보암에게 돌아가지나 않을까 하는 것이다. 그것을 막기 위해서는 북이스라엘은 따로 경배할 대상이 있어야 한다고 생각하고 금송아지를 둘 만들어 백성들에게 그들이 애굽에서 이스라엘 백성을 인도하였던 신들이라고 하고 하나는 벧엘에, 다른 하나는 단에 두고 백성들에게 경배하고 제사하게 하였다.

여로보암이 벧엘 제단에서 분향하는데 남유다에서 온 하나님의 사람이 그곳에 와 '제단아 여호와의 말씀이 네가 사람의 뼈를 사르리라 하셨느니라.'라고 하자 제단이 갈라지고 그 위에서 재가 쏟아진지라. 여로보암이 그를 체포하라고 하자 그의 손이 굳어져 움직일 수 없게 된다. 여로보암은 하나님의 사람에게 하나님께 은혜를 구하여 다시 손이 정상 상태가 되게 기도하라고 하여 선지자가 여호와께 은혜를 구하니 손이 원상태로 돌아왔다. 왕의 간청에도 불구하고 하나님의 사자가 자기 길로 떠나자 그 소식을 들은 그곳의 나이 든 선지자가 그를 따라가 만나서 그에게 자기도 같은 선지자인데 자기가 하나님의 사람을 모시고 집에 가 떡도 먹이고 물도 마시게 하라는 명을 받았다고 하자 그 하나님의 사람이 그 노인을 따라가 먹고 마시고 하였다.

그러자 여호와의 말씀이 그에게 임하여 네가 여호와의 명을 어겼으니 네 시체가 묘실에 들어가지도 못하리라고 하셨다. 과연 그가 돌아가는 길에 사자가 그를 물어 죽이니 시체가 길에 그대로 방치된 것이다. 그 소식을 들은 늙은 선지자는 그를 묘실에 장사지내고 슬피 울었다. 그일 후에도 여로보암은 그 악한 길에서 떠나지 않고 누구든 원하면 산당의 제사장으로 삼았다.

그때 여로보암의 아들 아비야가 병들자 여로보암은 아내를 변장시켜 실로의 아히야를 찾아가게 한다. 여로보암의 아내가 도착하자 여호와께서 이를 미리 알려 준 아히야는 여로보암에게 여호와께서 그를 북이스라엘의 주권자가 되게 하셨음에도 여호와를 따르지 않고 누구보다도 더 악을 따라 행하고 우상을 부어 만들고 경배하니 여로보암 집에 재앙을 내려 싹 쓸어버리시겠다고 통보하고 네가 성읍에 들어갈 때면 아들이 죽고 그 시체를 개와 새들이 먹을 것이라고 예언하신다. 예언하신 대로 여로보암의 아내가 집에 도착하니 아이는 죽었다. 여로보암도 왕이 된지 22년 만에 죽어 조상들과 함께 묻히고 그 아들 나답이 왕이 되었다.

남유다의 아사 왕 둘째 해에 여로보암의 아들 나답이 북이스라엘 왕이 되어 2년 동안 이스라엘을 다스리나 악을 행한다. 아히야의 아들 바아사가 그를 모반하고 그를 죽인다. 그 대신 왕이 된 바아사는 여로보암 집안의 모든 식구들을 죽이고 하나님 여호와의 말씀을 이루게 된다. 남유다의 아사 왕 셋째 해에 왕이 된 아히야의 아들 바아사는 디르사에서 이스라엘의 왕이 되어 24년간 다스렸으나 그 역시 악을 행하여 여호와께서 그를 꾸짖으시고 여로보암의 집같이 모두 쓸어버리신다. 그가 디르사에 장사되자 그 아들 엘라가 왕이 된다.

남유다 왕 제26년에 바아사의 아들 엘라가 왕이 되어 왕궁을 맡은 아르사의 집에서 먹고 마실 때 병거의 통솔을 맡은 시므리가 모반하여 그를 쳐 죽이고 북이스라엘 왕이 된다. 남유다의 아사 왕 제27년에 디르사에서 시므리는 7일 동안 왕으로 있었다. 시므리가 모반으로 왕이 되었음을 알게 된 오므리는 무리를 이끌고 디르사를 포위하자 시므리는 왕궁에 불을 지르고 요새에 들어가 타 죽는다. 시므리가 죽자 백성의 절반은 디브니를 따르고 다른 절반은 오므리를 따랐으나 디브니가 죽으매 오므리가 왕이 된다. 남유다 아사 왕 제31년에 오므리가 북이스라엘 왕이 되어 12년 다스렸다. 그는 은 두 달란트로 사마리아산을 사고 이름을 사마리아라고 했다. 오므리는 그 이전의 왕들보다 더 악을 행하여 여호와를 노하시게 하였다.

오므리가 죽자 사마리아에 장사되고 그 아들 아합이 왕이 된다.

## 가. 아합

남유다의 아사 왕 제18년에 오므리의 아들 아합이 북이스라엘의 왕이 되어 사마리아에서 22년 동안 북이스라엘을 다스린다. 아합은 여로보암보다 더 악을 행하여 시돈 왕의 딸 이세벨을 아내로 삼고 바알을 섬겨 예배하고 사마리아에 건축한 바알 신전 안에 제단을 쌓았고 아세라상도 세워 하나님 여호와의 분노를 샀다. 그 당시 여리고를 건축한 히엘은 터를 쌓을 때 맏아들을 잃었고 성문을 세울 때 막내아들을 잃었으니 그것은 여호수아를 통하여 여호와께서 말씀하신 것이다.

길르앗에 사는 선지자 엘리야는 아합에게 자기 말이 없으면 북이스라엘에 비나 물도 이슬도 내리지 않겠다고 말하였다. 그러자 여호와께서 엘리야에게 동쪽으로 가 요단강 앞 그릿 시냇가에 숨고 시냇물을 마시면 여호와께서 까마귀를 시켜 그에게 먹이게 하시겠다고 하신다. 그리하여 엘리야가 그곳에 가자 까마귀들이 아침저녁으로 떡과 고기를 가져왔고 그는 시냇물을 마셨다. 그러나 비가 내리지 않자 시냇물도 마르게 되었다.

그러자 여호와께서 엘리야에게 시돈의 사르밧에 가면 그곳 과부에게 명하시어 음식을 주게 하시겠다고 하셨다. 엘리야가 사르밧 성문에 이르자 한 과부가 나뭇가지를 줍고 있었다. 엘리야가 물을 청하고 떡을 가져오라고 하자 자기는 떡이 없고 밀가루 통에 밀가루 한 움큼과 기름이 조금 남아 있어 나뭇가지를 주워다가 음식을 만들어 먹고 아들과 함께 죽으려고 한다고 말한다. 엘리야는 그 과부에게 두려워 말고 먼저 나를 위해 떡 한 개를 만들어 가져오고 그 후에 너와 네 아들을 위하여 만들라고 하고 하나님 여호와의 말씀이 비를 내리실 때까지 통의 가루와 병의 기름이 떨어지지 않으리라고 그 과부에게 알려 준다. 엘리야의 말대로 하였더니 과부와 아들 그리고 엘리야가 여러 날 먹어도 통의 가루와 병의 기름이 없어지지 않았다.

얼마 후 과부의 아들이 병이 들어 죽고 말았다. 그러자 그 여인은 어째서 자기 아들이 죽게 만드느냐고 원망하였다. 엘리야는 아들을 안고 다락에 올라가 자기 침상에 누이고 여호와께 어째서 그 아들을 죽게 하셨느냐고 부르짖고 아이 위에 세 번 엎드려 여호와께 부르짖으니 여호와께서 그 소리를 들으시고 그 아이의 혼이 다시 돌아와 아이가 살아난다. 살아난 아이를 받은 과부는 '이제야 당신이 하나님의 사람이시오.'라고 인정한다. (열왕기상 17:24)

그로부터 상당한 기간이 지난 후 여호와께서 엘리야에게 비를 내리시겠으니 아합에게 보이라고 말씀하신다. 그때 사마리아에는 기근이 심하였고 엘리야는 아합의 왕궁을 찾았다. 왕궁 경호는 여호와를 경외하는 오바댜가 맡았는데 그는 이세벨이 선지자들을 모두 죽일 때 오바댜는 선지자 100명을 두 그룹으로 나누어 굴에 숨기고 먹고 마시게 하였다. 짐승 먹일 풀을 찾던 오바댜는 엘리야를 보자 엘리야가 아합을 만나는 것은 위험한 일이라고 말렸으나 엘리야는 그래도 아합에게 자기가 왔음을 알리라고 요구한다. 오바댜가 엘리야를 아합에게 인도하니 아합이 그에게 '이스라엘을 괴롭히는 자여 너냐?' 한다.

엘리야는 '이는 당신이 여호와의 명령을 버렸고 당신이 바알을 따랐음이라.'(열왕기상 18:15)고 말한다. 그러니 엘리야는 이세벨의 상에서 먹는 바알 선지자 450명과 아세라 선지자 400명을 갈멜산으로 보내면 누구의 믿음이 참인지 보여 주겠다고 하여 아합이 바알 선지자들을 갈멜산으로 보낸다. 엘리야는 송아지 두 마리를 가져오라 하여 바알 선지자들에게 그 한 마리를 잡아 각을 떠서 나무 위에 올려놓고 바알의 이름을 불러 불을 붙이게 하라고 하고 자기도 그렇게 하겠다고 한다.

그러나 바알 선지자들이 아침부터 바알을 불러도 아무 응답이 없었다. 엘리야가 조롱으로 더 크게 부르라고 하자 그들의 규례대로 칼과 창으로 몸을 찔러 피를 흘려도 개미 소리도 없다. 그러자 엘리야가 백성들을 불러 여호와의 제단을 수축하고 제단 둘레에 도랑을 쌓고 송아지 각을 떠 나무 위에 올려놓고 물 네 통을 나무 위에 부으라고 하고 그것을 세 번 반복하게 하니 도랑에도 물이 찼다. 그리고 엘리야가 여호와께 응답을 간구하자 여호와의 불이 내려 번제물과 나무와 돌들과 흙을 태워 도랑의 물을 핥았다. 모든 백성이 엎드려 '여호와 그는 하나님이시로다.'(열왕기상 18:39) 하니 엘리야가 그들에게 바알의 선지자들을 잡으라고 명하고 그들을 기손 시내로 데려가 그곳에서 모두 죽였다.

엘리야는 아합에게 비 소식이 있으니 산에 올라가 먹고 마시라고 하고 꿇어 엎드리고 사환에게 올라가 바라보라고 한다. 아무 것도 없다고 이르다가 일곱 번째 이르러서는 구름 한 조각이 일어난다고 하자 아합에게 비가 내리기 전에 마차로 내려가시라고 하자 즉시 하늘이 어두워지고 큰 비가 내렸다. 아합이 이세벨에게 엘리야가 바알 선지자 죽인 것을 말하자 이세벨이 엘리야에게 사람을 보내 '내일까지 너를 죽이겠다.'고 예고한다. 엘리야는 그 소식을 듣고 브엘세바로 가서 사환을 거기에 머물게 하고 자신은 광야로 들어가 로뎀나무 아래에 앉아 여호와께 자기 생명을 거두어 주시라고 기도드리고 누워 자는데 천사가 그를 만지며 일어나 먹으라 한다.

숯불에 구운 떡과 물이 있어 먹고 마시고 누웠더니 또 천사가 와서 갈 길이 머니 먹으라고 이른다. 그 후 큰 바람과 지진이 있었고 여호와께서 말씀하시기를 광야를 통하여 다메섹에 가서 하사엘에게 기름 부어 아람 왕이 되게 하고 또 님시의 아들 예후에게 기름을 부어 북이스라엘 왕이 되게 하고 사반의 아들 엘리사에게 기름을 부어 후계자로 만들라 하신다.

엘리야가 엘리사를 맞으니 그는 소 열두 마리와 함께 밭을 갈고 있었다. 엘리야가 그에게 겉옷을 던지니 그가 소를 버리고 엘리야에게 부모와 입맞추고 당신을 따르겠다고 하여 그렇게 하라고 하니 집에 가 겨릿소를 잡아 백성에게 먹게 하고 엘리야를 따라 나섰다. 아람의 벤하닷이 30명의 왕과 함께 사마리아를 에워싸고 침공하였다. 벤하닷이 사자를 아합에게 보내 '왕의 모든 소유는 벤하닷의 것'이라 하니 아합도 자기 것은 모두 왕이 것이라고 대답한다. 벤하닷은 내일 이맘때 내 신하들을 보내 네 집과 네 신하들의 집을 수색하여 네 것을 모두 가져가겠다고 한다. 이에 이스라엘의 장로들과 백성들은 왕에게 그것을 허락하지 말라고 이른다.

왕이 처음 요구는 받겠으나 그 나머지는 받을 수 없다고 하자 벤하닷은 북이스라엘을 치라고 명을 내리고 성읍을 향하여 진영을 짠다. 이때 한 선지자가 여호와께서 벤하닷의 군대를 넘겨주시겠다고 하셨다고 하자 누가 싸워야 하느냐고 물으니 지방의 젊은 중견들이라고 한다. 아합이 그들을 계수하니 230명이고 백성들의 자손을 계수하니 7000명이었다. 정오에 그들이 나가니 벤하닷은 장막에서 마시고 취해 있었다. 벤하닷은 사마리아에서 사람이 오면 화친하려고 와도 사로잡으라 명한다.

지방의 젊은 중견들이 군대들과 함께 아람을 치자 그들이 도망하니 이스라엘이 추격하여 말과 병거를 치고 사람을 쳐 크게 이겼다. 선지자가 아합에게 이르되 저들이 해가 바뀌면 다시 올 것이니 가서 준비하시라고 간한다. 아람의 신하들은 저들의 신은 산의 신이므로 우리보다 강하나 평지에서 싸우면 우리가 강하다고 하니 왕이 그 말을 듣고 다음 해 이스라엘과 싸우러 온다. 이스라엘은 전쟁 준비를 하였으나 염소 떼 같고 그에 비해 아람군은 대군이었다. 그러나 여호와께서 아람군을 이스라엘에 넘기겠다고 말씀하셨다. 서로 대치한 지 7일째의 접전에서 북이스라엘군이 하루에 아람군 10만 명을 죽이자 아람군은 도망하고 벤하닷은 자기 성읍에 가 골방 속에 숨는다.

그의 신하들이 왕에게 '이스라엘의 왕은 인자하다 하니 우리가 굵은 베로 허리를 동이고 테두리를 쓰고 이스라엘 왕에게 나아가면 혹시 왕의 생명을 살리리이다.' 그리하여 아람 왕이 그런 모습을 하고 아합에게 살려 달라고 하니 아합이 '그가 아직도 살아 있느냐 그는 내 형제이니라.'(열왕기상 20:32)고 하고 그를 인도하여 오라고 하니 벤하닷은 자기 아버지가 당신 아버지에게서 빼앗은 성읍들을 돌려드리겠다고 하고 다메섹에도 사마리아에서 당신이 만든 것과 같은 것을 만드시라고 권한다. 아합은 아람과 조약을 맺고 그를 놓아주었다. 여호와께서는 벤하닷을 치라고 명하셨는데 그를 편안히 보내니 아합에 대해 진노하셨다.

사마리아의 왕궁 가까이에는 나봇의 포도원이 있었다. 아합이 나봇의 포도원이 왕궁 가까이에 있어 그것을 흡수하여 채소밭을 하고 싶었다. 그에게 그것을 나에게 양보하면 그보다 더 아름다운 농원을 줄 수도 있고 돈으로 보상하겠다고 하였으나 나봇은 그것은 조상의 유산이니 여호와께서 그것을 당신에게 주는 것을 금하실 것이라고 답한다. 궁에 돌아온 아합은 근심이 되어 침상에 누워 식사도 하지 않으니 이세벨이 그 이유를 물어 왕이 사실대로 말한다.

이세벨은 아합에게 당신이 이스라엘을 다스리시는 왕이오니 자기가 해결하겠다고 하고 마음을 즐겁게 가지시고 식사하시라고 권한다. 이세벨은 그곳의 장로와 귀족들 또 나봇과 그 성읍의 불량배도 초청하여 나봇을 높은 자리에 앉히고 두 불량배가 나봇이 하나님과 왕을 저주하였다 하고 증언을 하니 백성들이 나봇을 성읍 밖으로 끌고 나가 돌로 쳐 죽였다. 그 소식을 들은 이세벨은 아합에게 나봇이 죽었으니 가서 포도원을 차지하시라고 하여 아합이 그리로 갔다.

그러자 엘리야에게 여호와의 말씀이 임하신다. 아합이 나봇을 죽이고 그의 포도원까지 차지하니 개들이 나봇의 피를 핥은 자리에서 개들이 네

몸의 피를 핥으리라고 하신다. 그리하여 엘리야가 아합에게 그 사실을 아시는 여호와께서 재앙을 내리시어 당신 집안 남자들을 다 멸하시고 여로보암의 집을 바아사의 집처럼 되게 하시겠다고 알려 주고 개들이 이세벨의 시체를 먹을 것이라고 예고한다.

아합이 이 모든 말씀을 듣고 옷을 찢고 굵은 베로 몸을 동이고 금식하고 굵은 베에 누우며 풀이 죽어 다니는 것을 보신 여호와께서는 모든 악은 이세벨이 저지르고 그를 충동한 것을 아시기 때문에 아합의 겸비함을 보고 재앙을 그의 시대가 아닌 다음 세대에 내리시기로 하신다. 아합과 남유다 사이에 전쟁 없이 3년을 지내고 셋째 해에 남유다의 여호사밧 왕이 북이스라엘 왕을 찾아간다.

북이스라엘 왕은 길르앗 라못이 본래 우리 것이니 찾아야만 한다고 하고 여호사밧에게 함께 싸우자고 제의하니 여호사밧이 자기 마음은 당신과 같으니 청하건대 여호와의 뜻을 물어보는 것이 좋겠다고 한다. 그러자 북이스라엘 왕 아합은 미가야가 있으나 그가 자기에게는 좋은 예언을 하지 않고 흉한 예언만 했다고 털어놓는다. 그래도 내시를 불러 미가야를 속히 오게 한다. 선지자 시드기야는 왕께서 아람 사람들을 진멸하라고 하셨다고 하고 다른 선지자들도 같은 예언을 하였다.

미가야를 부르러 간 사신은 미가야에게 다른 선지자들이 왕에게 길한 예언을 하니 당신도 그들 같이 하시라고 권고한다. 미가야는 '여호와께서 내게 말씀하시는 것 그것을 내가 말하리라.'(열왕기상 22:14)고 대답한다. 미가야를 만난 왕이 그에게 '싸우랴. 말랴.' 하고 물으니 그는 왕께 이르되 '올라가서 승리를 얻으소서. 여호와께서 그 성읍을 왕의 손에 넘기시리이다.'(열왕기상 22:15)라고 대답한다. 왕이 못 미더워 진실을 말하라고 다

그치자 그는 '내가 보니 온 이스라엘이 목자 없는 양같이 산에 흩어졌는데 여호와의 말씀이 무리에 주인이 없으니 각각 평안히 집으로 돌아갈 것이니라.'(열왕기상 22:17)고 하셨다.

다른 선지자들은 거짓을 말하게 하는 영의 꼬임에 빠져 승리를 예고하는데 미가야만 부정적인 말을 하자 왕은 미가야를 감옥에 가둔다. 아람과의 전투에서 적군이 무심코 쏜 화살에 아합 왕이 맞자 왕이 병거를 타고 싸움터에서 빠져나가고자 하였으니 전쟁이 격렬하여 왕은 죽고 만다. 해질 무렵 진중에서 싸움을 중지하고 각자 자기 성읍으로 돌아가라는 명이 내린다. 왕은 사마리아에 장사되고 그의 병거는 못에서 씻으니 그곳은 창기들이 목욕하는 곳이었다. 아합이 죽은 후 아들 아하시야가 왕이 된다.

## 나. 아하시야

아합이 죽은 후 모압이 이스라엘을 배반하고 아합의 아들 아하시야가 왕이 된다. 아하시야는 다락 난간에서 떨어져 병들어 눕자 사자를 보내어 에그론의 신 바알세붑에게 물어보라고 한다. 여호와의 사자가 엘리야에게 그 사실을 알리자 여호와께서는 아하시야의 사자를 만나 혼을 내라고 한다. 왕의 사자를 만난 엘리야는 왕이 침상에서 내려오지 못하고 왕이 반드시 죽으리라고 했다. 그 말을 사자가 왕에게 전하니 왕은 그 선지자의 모습을 물어보고 그가 엘리야임을 알게 된다.

그는 오십부장과 군사 50명을 보내어 엘리야를 강제로라도 데려오라고 한다. 찾아가니 엘리야는 자기가 하나님의 사람이라면 너희 50명을 사를 것이라고 하자 불이 하늘에서 내려와 50명을 불살랐다. 왕이 다른 50

명을 보내지만 결과는 마찬가지였다. 왕이 세 번째 오십부장과 50명을 보내니 세 번째 사자가 엘리야를 찾아가 엎드려 '하나님의 사람이여 원하건대 나의 생명과 당신의 종 50명의 생명을 당신이 귀히 보소서.' 한다. (열왕기하 1:13) 그때 여호와의 사자가 엘리야에게 '너는 그를 두려워하지 말고 함께 가라.'(열왕기하 1:15)라고 했다. 그가 왕에게 가 이스라엘에는 물을 만한 하나님이 안 계셔 에그론의 신 바알세붑에게 물으려 하였느냐고 질책하고 그러니 '네가 올라간 침상에서 내려오지 못할지라. 네가 반드시 죽으리라 하셨다 하니라.'(열왕기하 1:16) 여호와께서 예언하신 대로 아하시아가 죽으니 그에게는 아들이 없어 아하시아의 동생 여호람이 왕이 된다. 그 당시 남유다에는 여호사밧의 아들로 아하시아의 동생과 같은 이름의 여호람이 왕으로 2년 있던 때였다.

엘리야가 후계자 엘리사와 길갈로 갈 때 하나님께서 엘리야를 하늘로 올리시려고 하셨다. 그리하여 엘리야는 엘리사에게 자기는 여호와의 명령으로 벧엘에 가야 하니 그곳에 있으라고 한다. 그러나 엘리사는 절대로 엘리야를 떠나지 않겠다고 하여 둘이 함께 벧엘로 간다. 그곳 엘리야의 제자들은 하나님의 계획을 알고 있어 그것을 엘리사에게 말하니 엘리사도 그것을 아니 잠잠히 있으라고 한다. 엘리야는 다시 자기는 여호와의 말씀으로 여리고에 가야 하니 그곳에 머물라고 하지만 엘리사는 절대 엘리야를 떠나지 않겠다고 하고 엘리야와 함께 여리고에 간다. 여리고에 있는 엘리야의 제자들도 엘리사에게 여호와의 계획을 아느냐고 묻자 엘리사는 자기도 알고 있으니 잠잠하라고 한다.

그러자 엘리야는 엘리사에게 자기가 요단에 가야 할 일이 있다고 하자 엘리사는 이번에도 엘리야를 절대 떠나지 않겠다고 한다. 제자들 50여 명이 쳐다보는 가운데 엘리야가 겉옷으로 물을 치자 물이 갈라져 두 사람은 마른 땅을 건너간다. 엘리야는 엘리사에게 자기가 데려감을 당하기 전 자기가 해 줄 수 있는 일을 구하라 하니 엘리사는 '당신의 성령이 하시는 역사가 갑절이나 내게 있게 하소서.'(열왕기하 2:9)라고 하니 엘리야는 '네가 어려운 일을 구하는도다.'(열왕기하 2:10) 한다.

두 사람이 말을 나누며 가는데 불수레와 불말들이 두 사람을 갈라놓고 엘리야가 회오리바람을 타고 하늘로 올라갔다. 이에 엘리사가 '내 아버지여. 내 아버지여. 이스라엘의 병거여. 마병이여.' 하고 소리 지르나 이미 엘리야는 보이지 않는다. 엘리사는 자기의 옷을 둘로 찢고 엘리야의 겉옷으로 물을 치자 물이 갈라지고 엘리사도 마른 땅을 건넌다. 여리고에 있는 엘리야의 제자들은 엘리야의 성령이 엘리사의 머리 위에 머물렀다고 하고 엎드려 그에게 경배한다. 그 제자들은 혹시 엘리야가 하늘에 오르다가 떨어지지나 않았을까 하여 50여 명이 사흘간 산악을 뒤졌으나 헛수고였다.

그 성읍 사람들이 엘리사에게 그 고장이 다 좋으나 물이 나빠 토산물이 익지 못하고 떨어진다고 사정하니 엘리사가 그릇에 소금을 담아 가지고 오라고 하여 물 근원으로 가 소금을 그 가운데 던지며 '여호와의 말씀이 내가 이 물을 고쳤으니 다시는 죽음이나 열매 맺지 못함이 없으리라 하셨느니라.'(열왕기하 2:21) 과연 엘리사의 말대로 물이 그 후에 좋아졌다.

## 다. 여호람

아합의 아들이고 아하시야의 동생 여호람이 사마리아에서 북이스라엘을 열두 해 다스린다. 그가 자기 아버지가 만든 바알 주상은 없이 하였으나 여호와 보시기에 악을 행하며 여로보암의 죄를 따라 행하였다. 아합이 죽자 모압 왕 메사가 이스라엘 왕과의 관계를 단절하였다. 메사는 양을 치는 사람인데 모압이 새끼 양 10만 마리의 털과 숫양 10만 마리의 털을 바쳤는데 아합 왕이 죽자 그런 관계를 완전히 끊은 것이다. 북이스라엘 여호람 왕은 남유다의 여호사밧 왕에게 사신을 보내 이를 알리고 '함께 가서 모압을 치시겠느냐.'고 하니 여호사밧이 흔쾌히 화답하여 두 군대가 에돔 광야 길로 가게 되었다. 에돔 왕도 합류하여 삼국의 연합군이 함께 가는데 며칠 되지 않아 군사와 가축들이 마실 물이 없는 것이다.

북이스라엘 왕이 '슬프다. 여호와께서 이 세 왕을 불러 모아 모압의 손에 넘기시려 하는도다.'(열왕기하 3:10)라 한탄하니 여호사밧이 우리가 여호와께 물을 선지자를 찾자고 하자 엘리사가 그 근처에 있어 세 왕이 찾아가 그에게 사정을 한다. 그러자 엘리사는 거절을 하려다가 남유다 왕 여호사밧의 얼굴을 봐서 협조하기로 한다. 그는 거문고 타는 사람을 불러오라고 하여 사람을 데려다가 거문고를 타게 하는데 여호와가 엘리사를 감동하시더니 '여호와의 말씀이 이 골짜기에 개천을 많이 파라고 하시고 모압도 당신들에게 넘겨주신다고 하시니 당신들이 아름다운 성읍들도 치고 좋은 나무들을 베고 샘을 메우고 좋은 밭을 헐리이다.' 아침이 되자 물이 개천에 가득하였다.

모압 사람들이 아침에 보니 해가 비치므로 물이 붉은 띠같이 보이자 저 오합지졸의 연합군이 서로 죽인 것이니 모압 사람들이 저들을 노략하러 가자고 선동한다. 이스라엘 진영에 이르자 준비된 북이스라엘군이 일제히 모압을 치니 그들이 줄행랑을 친다. 연합군은 성읍들을 헐고 좋은 밭을 돌로 가득하게 하고 샘을 메우고 좋은 나무를 모두 벤다. 이스라엘은 큰 승리를 얻고 모두 귀국한다.

엘리야의 제자였던 사람이 죽었는데 그의 여인이 엘리사에게 도움을 청한다. 사정인즉 그 남편이 죽으니 그에게 빚 준 사람이 찾아와 자기 두 아들을 데려가 종을 삼겠다 하여 엘리사가 그 여자에게 집에 무엇이 있느냐고 물으니 기름 병 하나밖에 없다고 한다. 엘리사가 그 여자에게 이웃에게 그릇을 많이 빌리고 문을 닫고 아들들과 함께 모든 그릇에 기름을 붓고 모든 그릇들에 기름이 차니 기름이 그친다. 그 여인은 기름을 팔아 빚을 갚고 아들들과 살 수 있었다.

엘리사가 수넴에 갔더니 한 귀한 부인이 그에게 음식을 대접하였다. 엘리사가 그곳에 가끔 지나니 그 부인이 남편에게 그 하나님의 사람을 위하여 작은 방 하나를 만들고 그가 머물도록 하자고 제안하여 방 하나를 지어 엘리사를 모신다. 그 여인에게는 아들이 없고 남편이 늙었다. 엘리사는 그 여인에게 한 해가 지나면 아들을 안으리라고 하니 그 여인은 농담인 줄 알았다. 그러나 그 여인은 1년 후 아이를 낳았다. 그 아이가 자라면서 하루는 그 아들이 머리가 아프다고 하여 그 어머니에게 데려가나 그 아이는 죽는다.

어머니는 아들을 하나님의 사람 침상에 누이고 남편에게 나귀를 요청하여 안장을 지우고 사환과 갈멜산으로 가서 엘리사 있는 곳으로 갔다. 엘리사는 멀리서 수넴 여인을 보고 사환에게 알려 주니 사환 게하시가 달려가서 모두 평안하느냐고 묻는다. 그 여인은 평안하다고 답하고 엘리사를 보자 그의 발을 안는다. 그 여인은 엘리사에게 자기에게 아들을 주시고 그 아들을 죽게 만들었다고 한탄하자 엘리사는 사환 게하시에게 지팡

한 인문학자의 구약성경 스토리텔링

이를 주고 달려가 지팡이를 그 아이 얼굴에 놓으라고 이른다.

게하시가 먼저 떠나고 엘리사와 그 여인도 떠난다. 그 여인 집에 도착하여 엘리사가 자기 방에 가 보니 아이가 자기 침상 위에 누워 있는 것이다. 엘리사는 문을 닫고 여호와께 기도드린 다음 그 아이 위에 올라 엎드린다. 그러자 그 아이의 살이 조금씩 따뜻해져 엘리사가 일어나 방 안을 이리저리 다니다가 다시 아이 위에 올라 엎드리니 아이가 일곱 번 재채기를 하고 눈을 뜬다. 엘리사는 수넴 여인을 불러 아이를 데려가라 하니 엘리사의 발아래 엎드려 절하고 아들을 안고 나갔다.

엘리사가 길갈에 가니 그곳은 흉년이 들어 있었다. 엘리사는 게하시에게 큰 솥을 걸고 제자들을 위하여 죽을 끓이라고 하자 한 사람이 들 포도넝쿨과 들 호박을 따와 그것들을 썰어 솥에 넣고 끓인 후 그것을 펴서 제자들에게 주니 솥에 '죽음이 있다.'고 외치고 먹지 못한다. 엘리사는 가루를 가져오라 하여 그것을 국에 넣고 먹으라 하니 독이 없어져 먹게 되었다. 한번은 한 사람이 바알 살리사에서 와 보리 떡 20개와 채소를 가져와 엘리사에게 드렸다. 그가 사환에게 모여 있는 무리들에게 주어먹게 하라고 이른다. 사환은 100명에게 주기에는 모자르다고 하니 엘리사는 여호와의 말씀이 그들이 먹고 남으리라 하셨으니 주어 먹게 하라고 하여 주었더니 여호와의 말씀대로 먹고 남았다.

아람 왕의 군대 장관은 나아만이니 그는 그 나라의 이인자로 존귀함을 받는다. 전에 여호와께서 그에게 아람을 구원하게 하신 용사이나 불행히도 나병환자였다. 그 집에는 이스라엘 일하는 소녀가 있었는데 그 소녀가 사마리아에 계시는 선지자가 나병을 고친다고 말하자 나아만이 왕에게 말하자 왕이 즉시 가라고 하고 이스라엘 왕에게 글을 보내어 나아만을 부탁한다. 이스라엘 왕은 자기는 병 고치는 하나님이 아니라고 하며 옷을 찢었다. 그 소식을 들은 엘리사는 왕에게 그를 자기에게 보내라고 한다.

나아만이 병거를 이끌고 엘리사의 집 문 앞에 이르니 엘리사는 나아만에게 요단강에 일곱 번 몸을 씻으면 몸이 깨끗해진다고 말한다. 나아만은 엘리사가 자기를 소홀히 대한다고 화가 나서 다메섹의 강에 가서 씻어도 마찬가지 효과가 있을 것 아닌가 하고 생각하는데 종들이 엘리사가 더 어려운 일을 명하여도 했어야 하는데 몸을 씻으면 깨끗해진다더니 좋은 일이라고 하자 나아만이 요단강에 몸을 일곱 번 담그니 그의 피부가 완전히 회복되었다.

나아만이 엘리사에게 이르되 자기가 온 천하에 이스라엘 외에는 하나님이 없으신 줄 알았다고 하고 예물을 받으시라고 하자 엘리사가 절대 받지 않겠다고 사양하니 나아만은 여호와께만 번제와 희생제를 드리고자 하오니 흙을 노새에 싣게 주소서 하고 청한다. 그러면서 왕이 신당에 갈 때 자기 손에 의지하는데 들어가서 경배할 때 자기도 몸을 굽히게 되니 그에 대해 용서를 빈다. 엘리사가 그를 보낸 후 게하시는 주인이 나병을 고치고 예물은 받지 않은 것이 불만스러워 자기라도 무엇을 조금 받고자 쫓아가 나아만에게 지금 선지자의 제자 둘이 왔는데 그들에게 게하시는 은 한 달란트와 옷 두 벌을 주시라 하더이다. 그것들을 받고 그것을 감추고 엘리사에게 가니 엘리사는 지금이 그런 예물을 받을 때냐고 질책하고 그러니 나아만의 병이 너와 네 자손에게 영원토록 이르리라고 한다. 게하시가 물러나오자 나병이 들었다.

엘리사의 제자들이 머무는 공간이 협소하니 요단에 가서 재목을 가져다가 거주할 처소를 세우자고 하여 엘리사가 허락한다. 엘리사도 함께 가

나무를 베는데 한 사람의 도끼가 물에 빠진다. 그런데 그 도끼는 빌려온 것이다. 엘리사는 어디에 빠트렸냐고 묻고 나뭇가지를 그곳에 던지니 도끼가 떠올라 그 사람이 그것을 잡는다.

그때 아람이 이스라엘을 공격하라고 작전을 짜면 엘리사가 그들의 전략을 미리 왕에게 알려 주어 대비하게 한다. 그런 일이 반복되자 아람 왕은 자기 신복들 중에 스파이가 있어 그 사람이 정보를 판 것이 아닌가 생각했으나 한 신복이 엘리사가 우리의 계략을 왕에게 알려 주는 것이라고 설명한다. 그러자 아람 왕이 엘리사가 사는 성읍을 밤에 에워쌌다. 다음 날 선지자의 사환이 엘리사에게 포위되었다고 하니 선지자는 '두려워하지 말라. 우리와 함께한 자가 그들과 함께한 자보다 많으리라.'(열왕기하 6:16)고 한다.

여호와께서 그의 눈을 여시어 그가 보니 불말과 불병거가 산에 가득하였다. 아람 사람들이 엘리사에게 오자 엘리사가 여호와께 기도하여 '저 무리의 눈을 어둡게 하옵소서.' 하니 그들은 보지 못한다. 엘리사가 그들에게 '나를 따라오라. 너희가 찾는 사람에게로 나아가리라.'(열왕기하 6:19) 하고 그들을 사마리아로 데려간다. 그리고 여호와께서 그들의 눈을 여시자 그들은 사마리아 가운데 있는 것이다. 북이스라엘 왕이 엘리사에게 '내가 치리이까.' 하니 엘리사가 '치지 마소서.' 하고 말린다. 오히려 떡과 물을 주고 그들의 주인들에게 돌려보내라고 권한다. 그 후 아람은 다시는 북이스라엘 땅에 오지 못하였다.

그러나 시간이 지나자 아람의 벤하닷이 온 군대를 몰고 사마리아를 에워싼다. 그러자 사마리아는 먹을 것이 귀하여 나귀 머리가 은 80세겔이고 비둘기 똥 4분의 1갑이 은 5세겔이다. 북이스라엘 왕이 성벽 위로 지나가

자 여인이 '나의 주 왕이여 도우소서.'(열왕기하 6:26) 하여 무엇이냐고 물으니 사람들이 '네 아들을 내놓아라. 우리가 오늘 먹고 내일은 내 아들을 먹자.' 하여 우리가 내 아들을 삶아 먹고 이튿날 그 여인에게 네 아들을 내놓으라 하자 그가 이미 아들을 숨겼다고 한다. 그 말을 듣고 왕은 옷을 찢고 굵은 베를 입었다.

왕은 엘리사에 대한 큰 원망을 한다. 엘리사는 장로들과 함께 앉아 있다가 왕이 자기의 머리를 벨 사자를 보낼 것임을 알기 때문에 사자가 오면 문에 들이지 말라고 할 때 이미 사자가 이른다. 왕이 '이 재앙이 여호와께로부터 나왔으니 어찌 여호와를 더 기다리리오.'(열왕기하 6:32) 하니 엘리사가 여호와께서 이르시되 내일 이맘때에 사마리아 성문에서 고운 밀가루 한 스아가 한 세겔하고 보리 두 스아가 한 세겔로 매매되리라고 하신다. 그러자 왕의 장관은 '어찌 그런 일이 있으리요.' 하자 엘리사는 '네가 눈으로 볼 것이나 먹지는 못하리라.'고 말한다.

사마리아 관문 어귀에는 네 명의 나병 환자들이 있었다. 그들은 이곳에 앉아 죽을 것이나 성 안에 가도 굶주림밖에 없으니 차라리 아람 군대에게 항복하여 우리를 살려두면 살고 죽이면 죽는 것이라는 각오를 하고 아람 진영 끝에 이르러 보니 그곳에 아무도 없었다. 왜냐하면 여호와께서 큰 군대가 몰려오는 소리를 아람 군대에게 들리게 하시니 아람 군대가 모두 도망갔던 것이다. 그러니 나병 환자들은 한 장막에 들어가 먹고 마시고 은과 금과 의복을 가지고 또 다른 장막에 가서도 그렇게 한다.

그러다가 우리가 이 사실을 알리지 않으면 벌을 받을 것이니 왕궁에 가서 알리자고 한다. 성읍 문지기에게 아람 진영에 아무도 없다고 그들이 왕궁의 문지기에게 그 사실을 전한다. 왕은 아람군이 전략상 후퇴하고 진

한 인문학자의 구약성경 스토리텔링

영을 비워 놓았다가 우리가 밖으로 나오면 그때 우리를 사로잡기 위한 전략을 짰을 수가 있다고 신중론을 펴자 신복이 우선 성중에 있는 말 다섯으로 정탐하게 하자고 한다. 우선 병거들과 말들을 취하여 아람 군대 뒤로 보내 정탐하게 하였더니 그들이 요단강에 이른즉 급히 도망하느라 버린 의복과 병기가 길가에 가득하였다. 사자가 돌아와 왕에게 알리니 백성들이 아람 진영을 노략하여 고운 밀가루 한 스아가 한 세겔이 되고 보리 두 스아가 한 세겔이 되니 여호와의 말씀과 같이 되었다. 장관이 성문에 나가니 백성들에 밟혀 죽어 그가 먹지는 못하였다.

엘리사가 전에 아들을 다시 살려 준 여인에게 이 땅에 여호와께서 7년 동안 기근을 부르셨으니 가족과 함께 거주할 만한 곳에 가 살라고 권한다. 그 여인은 엘리사의 말대로 블레셋 사람들의 땅에 가서 7년을 살다가 돌아와 자기 집과 땅을 회복하기 위하여 호소하고자 왕에게 찾아갔다. 그때 왕은 엘리사의 사환 게하시에게 엘리사가 행한 일을 설명하라 하니 엘리사가 죽은 아이를 다시 살린 이야기를 하고 그 아이의 어머니가 자기의 집과 땅을 되찾으려고 호소하러 왔다고 하자 왕이 여인의 설명을 듣고 관리에게 명하여 그 여인에게 속한 모든 것을 되찾게 하고 소출도 돌려주게 한다.

엘리사가 다메섹에 갔을 때 아람 왕 벤하닷은 병들어 있었는데 엘리사가 왔다고 하니 하사엘을 시켜 그를 찾아가 자기의 병세에 대해 알아보라고 한다. 그 명을 받아 하사엘은 많은 예물을 싣고 가 엘리사에게 벤하닷의 병이 낫겠는가 묻는다. 엘리사는 왕이 반드시 낫겠다고 하라고 하고 여호와께서는 반드시 죽으리라고 말씀하셨다고 전한다. 하사엘을 오랫동안 쏘아보자 하사엘이 이유를 묻는다. 엘리사는 하사엘이 행할 모든 악을 자기가 알기 때문이라고 대답한다. 하사엘은 '개 같은 종이 어떻게 그런 큰 일을 하겠습니까?' 하니 엘리사는 여호와께서 '네가 아람 왕이 될 것을 내게 알게 하셨느니라.'(열왕기하 8:13) 하였다.

하사엘이 돌아가니 왕이 엘리사의 대답에 대해 묻자 하사엘은 왕이 반드시 살아나실 것이라고만 한다. 이튿날 하사엘이 왕의 얼굴에 물에 적신 이불을 덮으니 왕이 죽고 하사엘이 왕이 된다.

엘리사는 제자에게 이 기름병을 들고 길르앗 라못에 가 여호사밧의 아들 예후를 찾아가 그를 골방으로 데리고 가 그의 머리에 부으며 여호와의 말씀이 너를 이스라엘의 왕으로 삼노라 하셨느니라 하고 도망쳐 돌아오라고 한다. 그가 길르앗 라못에 가니 군대 장관들이 앉아 있는데 예후에게 할 말이 있다고 하여 둘이 집안에 들어간다. 그 제자가 예후에게 기름을 부으며 여호와의 말씀이 '내가 네게 기름 부어 여호와의 백성 곧 북이스라엘의 왕으로 삼으라.' 하시고 '네 주 아합을 치라. 내가 나의 종 곧 선지자들의 피와 여호와의 종들의 피를 이세벨에게 갚아주리라.'(열왕기하 9:7) 이세벨의 시체를 개들이 먹으리니 그를 장사할 사람이 없으리라 하고 그 제자는 문을 열고 줄행랑을 친다.

북이스라엘 왕 요람(여호람)이 아람 왕 하사엘과 싸우다가 길르앗 라못에서 부상을 당하여 이스르엘에서 치료할 때 예후는 자기가 왕이 된다는 소식을 요람에게 전하지 못하게 하고 이스르엘에 병거를 몰고 갔다. 요람이 예후를 맞아 '예후야 평안하냐.' 하니 대답하되 '네 어머니 이세벨의 음행과 술수가 이렇게 많으니 어찌 평안이 있으랴.'(열왕기하 9:22) 그 대답을 듣고 요람이 도망하며 아하시아 남유다 왕에게 '반역이로다.'라고 외친다. 예후는 활을 당겨 요람의 염통을 쏘니 그가 엎드려진다. 예후는 장관 빗갈에게 시체를 여호와께서 예언하신 대로 나봇의 밭에 던지라고 명한다.

남유다의 아하시아가 도망하자 예후가 그도 죽이라 하여 그가 므깃도까지 도망하다가 거기서 죽는다. 그의 신복들이 다윗성에서 조상들과 함께 장사지냈다. 예후가 이스라엘에 오니 이세벨이 소식을 듣고 화장을 하고 창 밖을 보고 있었다. 예후를 보자 이세벨은 '주인을 죽인 너 시므리여 평안하냐?' 한다. 예후가 '그를 내려 던지라.' 하니 그 피가 담과 말에 튀었다. 예후는 그의 시체를 밟고 들어가 먹고 마시고 저 여자가 왕의 딸이니 장사해 주라고 명한다. 그러나 시체를 모두 찾을 수 없어 그대로 방치하니 여호와께서 엘리야에게 하신 말씀을 이룬 것이다.

예후는 사마리아에 있는 아합의 아들 70명에게 편지를 써 아들 중 가장 어질고 정직한 아들을 왕으로 세울 것이니 집안을 위하여 싸우라고 한다. 왕궁의 책임자와 장로들과 왕자 교육을 담당하는 자들은 예후에게 자기들은 왕을 세우지 않겠으니 당신 보시기에 좋으실 대로 하시라고 한다. 예후가 그들에게 다시 편지를 보내 너희가 내 편이 되고자 한다면 아합 아들들의 머리를 들고 내일 이스르엘에 오라고 통지한다. 다음 날 그들은 예후가 요구한 대로 실제로 아합 아들 70명의 머리를 가지고 왔다.

다음 날 예후는 여호와께서 엘리야를 통하여 말씀하신 것이 모두 이루어졌다고 선언하고 사마리아로 가던 도중 남유다 왕 아하시아 형제들이 양털 깎는 집에 있는 것을 보고 예후가 그들을 모두 사로잡으라고 하여 양털 깎는 웅덩이 곁에서 죽였다. 예후는 사마리아에 가서 남아 있는 아합에게 속한 자들을 모두 죽였다.

예후는 백성들에게 아합은 바알을 조금 섬겼지만 자기는 많이 섬기겠다고 하고 바알에게 큰 제사를 드리고자 하니 바알의 선지자들과 제사장들을 모두 오도록 하고 오지 않는 자들은 모두 죽이겠다고 하니 그들이 모두 왔다. 바알 관계자들이 모두 산당에 들어가자 예후는 80명의 경비를 밖에 두고 밖으로 나오는 사람 모두를 빠짐없이 죽이라고 명한다. 그리고 호위병들과 지휘관들을 데리고 들어가 안에 있는 바알 선지자와 제사장들을 전부 죽인다. 그리고 산당들의 우상을 모두 불사르고 파괴하여 오늘에 이르렀으나 벧엘과 단에 있는 금송아지는 그대로 두었다.

여호와께서는 예후가 비교적 일을 정직하게 행하여 이스라엘 왕위를 사대까지 지내리라고 하셨다. 그럼에도 그가 진심으로 여호와의 율법에 따르지는 아니하여 여로보암의 죄에서 완전히 떠나지는 못하였다. 그 당시 아람의 하사엘이 북이스라엘 영토를 공격하기 시작하였다. 예후가 죽자 사마리아에 조상들과 함께 장사되고 그의 아들 여호아하스가 왕이 된다. 예후는 사마리아에서 북이스라엘을 28년간 다스렸다.

## 라. 여호아하스

남유다의 왕 아하스의 아들 요아스 제23년에 예후의 아들 여호아하스가 사마리아에서 북이스라엘의 왕이 되어 17년간 다스리며 여호와 보시기에 악을 행하여 여로보암의 죄를 따랐다. 노하신 여호와께서는 북이스라엘을 아람 왕 하사엘과 그 아들 벤하닷의 손에 넘기셨더니 그들이 북이스라엘을 학대하여 여호아하스가 여호와께 간구한다. 여호와께서 구원자를 보내서 이스라엘 자손이 아람 사람의 손에서 벗어나게 하였으나 그들은 여전히 여로보암의 죄에서 떠나지 않으며 아세라 목상도 그대로 두었다.

아람 왕은 여호아하스의 군대를 멸절하여 마병 50명과 병거 10대, 보병 1만 명만 남겼다. 여호아하스가 죽자 사마리아에 장사되고 그 아들 요아스가 왕이 된다. 남유다 요아스 왕 제37년에 여호아하스의 아들 요아스가 북이스라엘 왕이 되어 16년간 다스리며 여호와 보시기에 악을 행하며 여로보암의 죄에서 떠나지 아니하였다. 엘리사가 불치병에 걸리자 요아스 왕은 엘리사를 찾아와 눈물을 흘리며 '내 아버지여 내 아버지여 이스라엘 병거와 마병이여.'(열왕기하 13:14)라고 하자 엘리사가 왕에게 활과 화살을 가져오라하고 동쪽 창을 열라 하고 쏘라고 하면서 '여호와를 위한 구원의 화살이고 아람과 싸워 승리하는 화살이고 아벡에서 아람을 치는 화살이니이다.' 또 이르되 화살을 잡으라 하고 '땅을 치소서.' 하자 왕이 세 번 치고 그치니 엘리사가 화를 내며 '왕이 대 여섯 번을 칠 것이니이다. 그리하셨으면 아람을 진멸하기까지 쳤으리이다.'(열왕기하 13:18)라고 한다. 그러니 아람을 세 번만 치고 만다. 엘리사가 죽으니 장사지냈다.

하사엘 아람 왕은 여호아하스 시대에 북이스라엘을 학대하였으나 하사엘이 죽고 그 아들 벤하닷이 왕이 되자 북이스라엘의 여호아하스의 아들 요아스가 아람 벤하닷의 손에서 여호아하스가 빼앗겼던 성읍을 다시 찾고 요아스는 벤하닷을 세 번 무찔렀다. 요아스가 죽자 이스라엘 왕들과 함께 장사되고 그 아들 여로보암 2세가 북이스라엘 왕이 된다.

## 마. 여로보암 2세

남유다의 왕 야마샤 제15년에 북이스라엘 왕 요아스의 아들 여로보암 2세가 사마리아에서 왕이 되어 41년간 다스리며 여호와 보시기에 악을 행하여 느밧의 아들 여로보암의 죄를 떠나지 않아 여로보암 2세가 이스라엘 영토를 회복하되 하맛 어귀에서부터 아라바 바다까지 하였다. 결국 여호와께서는 여로보암 2세의 손으로 북이스라엘을 구원하게 하신 것이다. 여로보암 2세가 죽자 그 아들 스가랴가 왕위에 오른다. 남유다 아사랴 왕 제38년에 여로보암 2세의 아들 스가랴가 사마리아에서 왕이 되나 여섯 달 동안만 북이스라엘을 다스렸다.

## 바. 스가랴

여호와 보시기에 악을 행하여 느밧의 아들 여로보암의 죄에서 떠나지 않자 야베스의 아들 살룸이 반역하여 그를 쳐 죽이고 대신 왕이 된다. 그러니 여호와께서 예후에게 말씀하신 대로 예후 집안은 4대 동안 북이스라엘 왕위에 있었다. 남유다 왕 웃시야 제39년 야베스의 아들 살룸이 사마리아에서 왕이 되어 한 달 동안 다스린다. 가디의 아들 므나헴이 디르사에서 올라와 살룸을 쳐 죽이고 왕이 된다.

## 사. 므나헴

남유다 왕 아사랴 제39년에 가디의 아들 므나헴이 북이스라엘의 왕이 되어 10년간 왕위에 있었다. 여호와 보시기에 므나헴은 느밧의 아들 여로보암의 뒤를 따라 평생 악을 행하였다. 앗수르의 왕 불이 그 땅을 치려 하자 므나헴이 은 천 달란트를 주고 자기를 도와주게 함으로써 나라를 세우고자 하였다.

## 아. 브가히야

므나헴이 죽자 그의 아들 브가히야가 왕이 되어 사마리아에서 2년간 다스리며 여호와 보시기에 악을 행하여 느밧의 아들 여로보암의 죄악에서 떠나지 않자 장관 르말리야의 아들 베가가 왕궁호위소에서 왕과 길르앗 사람 50명을 죽이고 왕이 되었다.

## 자. 베가

남유다 왕 아사랴 제52년에 르말리야의 아들 베가가 왕이 되어 사마리아에서 20년간 다스리며 여호와 보시기에 악을 행하여 느밧의 아들 여로보암의 죄악에서 떠나지 않았다. 베가가 왕으로 있을 때 앗수르 왕 디글랏 빌레셀이 와서 이욘과 아벨벳, 마아가를 비롯하여 많은 성읍을 점령하고 백성을 사로잡아 앗수르로 끌고 갔다.

## 차. 호세아

남유다의 웃시야 왕의 아들 요담 제20년에 엘라의 아들 호세아가 반역하여 베가를 쳐 죽이고 왕이 되었다 호세아는 북이스라엘의 마지막 왕이 되어 9년간 다스리며 여호와 보시기에 악을 행하였으나 그전 북이스라엘의 왕들과는 같지 않았다.

앗수르의 왕 살만에셀이 쳐들어 와 호세아가 그의 종이 되어 조공을 드리다가 조공을 드리지 않으니 앗수르 왕이 와서 호세아를 감금하고 온 땅을 마음대로 다니다가 사마리아를 3년간 포위하였다. 호세아 제9년에 앗수르 왕이 사마리아를 점령하고 북이스라엘 백성들을 끌고 가서 고산 강가와 힐라, 하볼 등지에 두었다. 이와 같은 악행은 이스라엘이 애굽 바로의 손에서 구원해 내신 하나님 여호와께 죄를 범하고 우상을 경외하며 이방 사람들의 규례를 따랐고 산 위의 푸른 소나무 아래에는 산당과 목상을 세웠기 때문에 일어난 것이다. 그렇기 때문에 그들은 여호와의 명령을 버리고 송아지 형상을 부어 만들고 일월성신을 경배하고 복술과 사술을 행하고 자녀를 불 가운데로 지나게 하여 여호와께서 격노하신 것이다. 결국 여호와께서는 이스라엘 족속을 버리시고 그 땅에서 쫓아내신 것이다. 앗수르 왕은 바벨론, 구다, 아와, 하맛, 스발와임 등지에서 사람을 사마리아로 옮겨다가 여러 성읍으로 분산시켰다. 어떤 사람이 앗수르 왕에게 말하며 사마리아 여러 성읍에 옮겨 거주하게 한 사람들이 그 땅의 신의 법을 알지 못하여 죽는 경우가 있다고 하니 앗수르 왕이 잡아 온 제사장을 그곳에 데려가 그 땅의 신의 법을 무리에게 가르치라고 한다. 그러자 여러 민족은 각기 자기의 신상을 만들어 여러 산당에 둔다. 바벨론 사람들은 숙곳브놋을 만들었고 굿 사람들은 네르갈을 만들었고 하맛 사람들은 아시마를 만들었다. 아울러 또 여호와를 경외하여 자기들 중에서 산당의 제사장을 택하고 그 산당에서 자기들을 위하여 제사를 드리게 한다.

# (2) 남유다 왕국

## 가. 남유다 왕조의 형성

솔로몬은 예루살렘에서 40년간 왕으로 있었고 그가 사망하자 아들 르호보암이 왕이 된다. 그에게 남은 것은 유다 온 족속과 베냐민뿐이다. 유다 온 족속과 베냐민 지파는 약 18만의 용사가 있어 이스라엘 족속들과 싸워 나라를 회복하려 하나 하나님의 말씀이 선지자 스마야에게 임하여 싸우지 말고 각자 집으로 돌아가라고 하시니 결국 이스라엘은 열 개 지파가 이루는 북이스라엘 왕국과 두 개 지파가 예루살렘을 중심으로 하는 남유다 왕국으로 분열되게 된다.

## 나. 르호보암

남유다의 왕이 된 르호보암은 41세에 왕이 되어 17년간 다스린다. 그의 어머니는 암몬 출신의 나아마이다. 르호보암은 온 이스라엘의 성스러운 도시 예루살렘을 거룩하게 지킬 의무가 있었으나 여호와 보시기에 그는 조상들보다 더 악을 행하여 여호와를 노엽게 하였다. 그는 산위와 푸른 나무 아래에 산당과 우상들을 세우고 남색을 허용하고 온갖 가증한 일을 허용했다. 르호보암 제5년에 애굽 왕 시삭이 처들어와 여호와 성전의 보물과 왕궁의 보물들을 빼앗고 솔로몬이 만든 금 방패들도 빼앗겨 르호보암은 대신 놋 방패를 만들었다. 르호보암과 여로보암 사이에는 전쟁이 많았다. 르호보암이 죽으니 조상들과 함께 다윗성에 장사되고 아들 아비얌이 왕이 되어 예루살렘에서 3년 동안 다스린다. 그의 어머니의 이름은 마아가이고 아비살롬의 딸이다.

## 다. 아비얌

아비얌은 다윗의 마음과는 같지 못하고 그의 아버지가 행한 죄를 반복하여 하나님 여호와 앞에 온전하지는 못하였으나 하나님 여호와께서는 다윗을 생각하사 그의 아들을 세워 뒤를 잇게 하시어 예루살렘을 견고하게 하셨다. 아비얌과 북이스라엘 여로보암 사이에도 전쟁이 있었다. 아비얌의 군사 40만 명과 여로보암의 80만 명이 전쟁을 벌이자 여로보암이 남유다군의 뒤에 복병을 둔다. 남유다군이 그것을 알아보고 여호와께 부르짖고 나팔을 불자 하나님이 북이스라엘 군을 치신다. 그러자 남유다군은 도망하는 북이스라엘군을 크게 무찔러 북이스라엘군 50만 명이 죽었다. 남유다의 승리는 그들이 하나님 여호와를 의지하고 그 도움을 받았기 때문이다. 아비얌은 여로보암을 쫓아가 중요한 성읍 벧엘과 에브론을 빼앗았고 그 후 여로보암은 다시 강성하지 못한 반면 아비얌은 점점 강성해졌다. 아비얌은 아내 열 넷을 거느리며 아들 스물 둘과 딸 열 여섯을 낳았다.

아비얌이 죽자 조상들과 함께 다윗성에 장사되고 그의 아들 아사가 왕이 된다. 아비얌은 때때로 아비야라고도 불리운다.

# 라. 아사

북이스라엘의 여로보암 제20년에 아사가 남유다의 왕이 되어 예루살렘에서 41년 동안 다스린다. 어머니의 이름은 마아가이고 아비살롬의 딸이다. 아사는 여호와 보시기에 다윗과 같이 정직하게 행하여 남색하는 자를 쫓아내고 우상을 없애며 어머니가 마아가가 아세라상을 만들자 태후의 위를 폐하고 우상을 찍어 불살랐다. 그가 산당을 없애지 않았으나 평생 여호와 앞에 온전하였으며 은, 금 그릇 등 성별한 것을 여호와의 성전에 드렸다. 구스 군사 100만 명이 병거 300대를 거느리고 마레사에 이르자 아사가 스바다 골짜기에 진열을 갖추고 하나님 여호와께 부르짖어 많은 무리들이 쳐들어 왔으나 하나님 여호와밖에 도와줄 분이 안 계시니 도와주실 것을 호소하자 여호와께서 구스 군사들을 아사 앞에서 치신다.

구스 군사가 도망가나 남유다 군대가 추격하여 그들을 모두 죽이고 많은 물건을 노략하고 양과 낙타도 많이 끌고 돌아왔다. 오뎃의 아들 선지자 아사랴는 아사와 백성에게 '너희가 여호와와 함께하면 여호와께서 너희와 함께하실지라. 너희가 만일 그를 찾으면 그가 너희와 만나시게 되려니와 너희가 만일 그를 버리면 그분도 너희를 버리시리라.'(역대하 15:2) 아사는 선지자의 말을 듣고 마음을 강하게 하여 가증한 우상의 형상들을 온 땅에서 없애고 여호와의 제단들도 재건한다. 그것을 본 백성들은 하나님 여호와께서 아사와 함께하심을 보고 남과 북에서 아사에게 돌아오는 자들이 많았다.

여호와께서도 백성들의 제사를 기쁘게 받아 주시고 그들과 만나 주시고 평안을 주셨다. 아사 왕 제36년에 북이스라엘 왕 바아사가 남유다를 치러 올라와 라마를 건축하여 사람들이 아사 쪽에 왕래하지 못하게 하자 아사는 여호와의 전과 왕궁의 곳간에서 은금을 내어다가 아람 왕 벤하닷에게 보내고 그에게 북이스라엘의 바아사가 떠나게 해 달라고 호소한다. 벤하닷은 아사 왕의 소원대로 군대 지휘관들을 보내 북이스라엘의 성읍들을 치자 바아사는 라마 건축도 포기하고 돌아간다. 아사 왕은 유다 무리들을 거느리고 라마 건축하던 재목을 싣고 가 게바와 미스바를 건축한다.

그때 선견자 하나니가 왕에게 구스 사람들에 의한 침략을 하나님 여호와께 호소하여 여호와께서 그들을 물리쳐 주셨는데 바아사의 침공에 대해 아람 왕에게 의뢰한 것은 옳지 않은 일이라고 지적하자 아사는 노하며 하나니를 옥에 가두고 백성들도 일부 학대한다. 그 후 그는 발에 병이 들자 여호와께 간구하지 않고 의원들에게 의뢰하였으나 위독해져 죽고 다윗성 위 묘실에 장사된다. 아사는 41년간 왕위에 있었다. 그가 죽은 후 그 아들 여호사밧이 왕이 된다.

## 마. 여호사밧

북이스라엘의 아합 왕 제4년에 아사의 아들 여호사밧이 남유다의 왕이 된다. 왕이 될 때 여호사밧의 나이는 35세였고 예루살렘에서 25년 동안 다스렸다. 어머니의 이름은 아수바이고 실바의 딸이다. 여호사밧은 아버지 아사의 길로 행하며 여호와 앞에서 정직히 행하였으나 산당은 폐하지 않았다. 여호사밧은 북이스라엘의 왕과 화평하게 지냈다. 여호사밧은 남유다 모든 견고한 성읍에 군대를 주둔시키고 온 나라를 강하게 하고 여호와께서 여호사밧과 함께하신다. 그는 바알에게 구하지 않고 다윗의 길로 행하고 오로지 하나님께 구하며 그 계명을 행하였다. 그러므로 여호와께서 나라를 그의 손에서 견고하게 하셨고 백성들이 그에게 예물을 드려 그는 부귀와 영광을 크게 떨쳤다. 그는 산당들과 아세라 목상들을 제거하고 벤하일, 오바댜, 스가랴, 미가야 등을 남유다 여러 성읍에 보내며 여호와의 율법을 가르치게 하였고 여호와께서 남유다 주변 국가에 두려움을 주시어 나라가 점차 강대해지고 여러 나라에서 조공을 받았다. 남유다에는 용맹스런 군사가 122만이나 되었다. 한편 그는 각 성읍에 재판관 등을 두었고 그들에게 재판에 여호와께서 함께하시니 그것을 염두에 두고 판결하라고 당부하였다.

하나님의 아들 선견자 예후는 여호사밧이 악한 왕 아합을 도운 일 때문에 여호와께서 진노하셨으나 여호사밧의 행위는 대체적으로 정직하였다고 본다. 그래서 여호와께서 재앙을 내리시지는 않으셨다. 여호사밧이 죽자, 그의 조상들과 함께 다윗성에 장사되고 그의 큰아들 여호람이 왕이 된다. 여호사밧의 다른 아들들에게는 금, 은 보물들과 남유다의 견고한 성읍들을 선물로 후하게 주었다.

## 바. 여호람

북이스라엘 아합 왕 제5년 남유다 왕 여호사밧의 아들 여호람이 왕이 된다. 32세에 왕이 된 여호람은 예루살렘에서 8년 동안 통치한다. 아합의 딸과 결혼한 여호람은 여호와 보시기에 악을 행하였으나 여호와께서는 다윗을 생각해서 남유다를 멸하기를 즐겨 하시지 않으셨다. 여호람이 세력을 공고히 하고 그의 모든 아우들과 방백들 중 일부를 칼로 죽인다. 여호람 때에 에돔이 남유다를 배반하여 여호람이 병거를 이끌고 에돔 수도 사밀로 가 새벽에 자기를 포위한 에돔 사람과 병거장관을 쳤다.

그 후 에돔은 남유다에서 벗어났고 립나 역시 남유다를 배반하였다. 여호람이 여러 산에 산당을 세워 음행하고 우상에게 경배하게 하자 선지자 엘리야가 여호람에게 글을 보내 여호람이 여호사밧과 아사의 길로 행하지 않고 북이스라엘 왕들의 길로 행하여 백성들에게 음행하게 하고 착한 아우들과 충신들을 죽였으니 '여호와께서 네 백성과 네 자녀들과 네 아내들과 네 모든 재물에 큰 재앙을 내리실 것이고 또 너는 창자에 중병이 들고 그 병이 날로 중하여 창자가 빠져나오리라 하셨다.'(역대하 21:14, 15)

여호와께서 블레셋, 아라비아 사람들의 마음을 격동시키시어 여호람을 치게 하셨다. 그들이 남유다를 침략하여 왕궁의 모든 재물과 가족들을 모두 탈취하였다. 그 후 여호와께서 여호람을 치시어 그가 중병으로 죽고 만다. 여호람이 아끼는 사람 없이 죽자 백성이 그를 다윗성에 장사하였으나 열왕의 묘실에는 두지 않았다. 여호람이 죽자 백성들은 그의 막내아들 아하시아에게 왕위를 계승하게 한다.

## 사. 아하시아

22세에 왕이 된 아하시아는 예루살렘에서 1년 동안 다스린다. 그의 어머니는 북이스라엘 왕 오므리의 손녀이다. 아합의 사위가 된 아하시아는 아합의 집같이 여호와 보시기에 악을 행하였다. 아하시아의 어머니 아달야는 아하시아가 죽은 것을 보고 왕의 자손들을 모두 사살한다. 그러나 아하시아의 누이 여호세바는 난리 중에 왕자 요아스를 빼내어 성전에 숨긴다. 아달야가 나라를 다스리는 동안 요아스의 제사장 여호야다의 돌봄을 받다가 일곱째 해에 여호야다는 가리 사람 백부장들과 호위병들을 데리고 성전에 들어가 그들과 언약을 맺고 그들에게 왕자를 보인 후 그들 중 3분의 1은 왕궁을 지키고 3분의 1은 기초 문에 있고 3분의 1은 호위대 뒤의 문에서 지키고 두 부대는 성전의 왕을 호위하되 손에 무기를 들고 너희 대열을 침범하는 자는 모두 죽이고 왕이 출입할 때 시위하라고 명한다.

여호야다에게 백부장들이 나오자 여호야다는 다윗 왕의 창과 방패를 백부장들에게 주고 무기를 든 호위병들이 호위하고 여호야다가 왕자에게 왕관을 씌우고 율법책을 준 후 기름을 부어 왕으로 선언하니 모두 박수로 왕을 환호한다. 왕은 규례대로 단 위에 서 있고 장관들과 나팔수들이 왕의 곁에서 모시고 나팔수들이 나팔을 불고 백성들이 즐거워한다. 아달야가 옷을 찢으며 '반역이로다. 반역이로다.'(열왕기하 11:14) 하자 제사장이 백부장들에게 명하여 아달야를 밖으로 몰아내고 그를 따르는 자는 모두 죽이되 아달야는 성전 안에서 죽이지는 말라고 한다. 아달야가 왕궁의 말 다니는 길로 걷다 죽임을 당한다. 온 백성은 바알 신당으로 가서 그 신당을 허물고 제단과 우상들을 깨뜨리고 바알 제사장을 죽이고 여호와의 성전을 경비한다.

## 아. 요아스

새 왕은 호위병들을 거느리고 왕궁에 이르러 왕좌에 앉았다. 요아스는 7세에 왕이 되어 예루살렘에서 40년간 통치하였다. 그의 어머니는 시비아이고 브엘세바 출신이다. 여호야다의 훈육을 받는 동안 요아스는 정직하게 행하였으나 신당들은 제거하지 않아 백성들이 계속 그곳에서 제사하고 분향하였다. 요아스는 제사장들에게 백성들이 정성껏 드리는 모든 은을 받아 성전의 파손된 부분을 수리하게 하였으나 제사장들은 은을 받지도 않고 수리도 하지 않았다. 여호야다는 궤를 가져다 구멍을 뚫고 성전에 드리는 모든 은을 그 궤에 넣어 모으면 왕실 서기와 제사장이 은은 계산하고 봉하여 성전을 수리하는 목수와 건축자들에게 주고 미장이와 석수에게 주어 성전 파손된 부분을 수리하는 데 쓰게 하였다.

제사장 여호야다가 죽자 요아스는 잘못 오도되어 여호와와 멀어지고 아세라 목상과 우상을 섬겨 여호와의 진노가 임한다. 여호와께서 제사장 여호야다의 아들 선지자 스가랴를 감동시키자 그는 우리가 여호와의 명령을 거역하니 여호와께서도 우리를 버리셨다고 역설한다. 왕의 명령을 받은 무리들이 선지자 스가랴를 여호와의 전 뜰 안에서 돌로 쳐 죽인다. 여호와께서는 아람을 시켜 남유다를 징계하신다. 그때 아람 왕 하사엘이 쳐들어와 가드를 점령하고 예루살렘을 향하여 올라오고자 하여 요아스는 남유다 왕들이 모은 은, 금, 보물을 다 가져다가 하사엘에게 보냈더니 하사엘이 귀국하였다. 요아스의 신복들이 반역하여 밀로에서 그를 죽이자 그는 조상들과 함께 다윗성에 장사되고 그의 아들 아마샤가 그 뒤를 이어 왕이 된다.

## 자. 아마샤

북이스라엘의 요아스 제1년에 남유다의 왕 요아스의 아들 아마샤가 25세에 왕이 되어 예루살렘에서 29년간 다스렸다. 그의 어머니는 여호앗단이고 예루살렘 출신이다. 아마샤는 여호와 보시기에 정직히 행하였으나 다윗과 같지는 않았고 그의 아버지 요아스가 행한 대로는 다 행하였다. 그 역시 산당은 허물지 않아 백성이 산당에서 제사와 분향을 하였다. 그의 권력이 강화되자 아버지 요아스를 죽인 신복들은 모두 죽였으나 모세의 율법대로 자녀를 죽이지는 않았다. 아마샤는 군대를 강화하여 30만의 용사를 형성하였고 은 100달란트로 북이스라엘에서 큰 용사 10만 명을 고용하였다. 그러나 어떤 선지자가 이스라엘 군대와 함께하는 것은 여호와의 뜻이 아니라고 한다.

아마샤가 북이스라엘 출신들을 고향으로 돌려보내니 그들이 분노하여 돌아갔다. 그 군사들은 사마리아에서 벧호른까지 유다 성읍들을 약탈하고 사람을 3000명 죽이고 물건도 노략질하였다. 아마샤는 소금 골짜기에서 에돔 사람 1만 명을 죽이고 세라도 취하여 이름을 욕드엘로 개명하였다. 그러나 에돔 사람을 죽이고 돌아올 때 세일 자손들의 우상도 가져와 자기들의 신으로 섬겨 경배하고 분향하여 여호와께서 진노하신다. 여호와께서는 선지자를 보내 꾸짖으니 왕은 '우리가 너를 왕의 모사로 삼았느냐 그치라. 어찌하여 맞으려 하느냐.'(역대하 25:16)고 화를 낸다. 선지자는 왕이 여호와의 경고를 듣지 않으니 하나님 여호와께서 왕을 멸하시기로 작정하실 줄 안다고 하였다.

아마샤가 북이스라엘 여호아하스의 아들 요아스에게 사자를 보내 서로 만나자고 하였으나 요아스는 남유다 아마샤 왕에게 모욕적인 답장을 보낸다. 북이스라엘의 요아스 왕이 벧세메스에서 남유다 왕 아마샤를 사로잡고 예루살렘에 와서 성벽을 헐고 성전과 왕궁에 있는 금, 은 보물을 탈취하며 사람들을 포로로 잡아 사마리아로 데려갔다. 예루살렘에서 반역의 무리들이 있어 아마샤는 라기스로 도망하였으나 그곳까지 쫓아가 그를 죽이고 시체는 그의 조상들과 함께 다윗성에 장사하였다. (대하 25:26) 남유다의 백성들은 아마샤의 뒤를 이어 그 아들 아사랴를 왕으로 삼는다.

## 차. 아사랴

16세의 아사랴는 북이스라엘 여로보암 2세 제27년에 왕이 되어 예루살렘에서 52년간 다스렸다. 그의 어머니의 이름은 여골리아이고 예루살렘 출신이다.

아사랴는 아버지 아마샤의 행위대로 여호와 보시기에 정직히 행하였으나 그 또한 산당을 제거하지 않아 백성들이 산당에서 분향하고 제사를 지냈다. 여호와께서 왕을 치셨으므로 그가 나병환자가 되어 죽는 날까지 별궁에 있었고 왕자 요담이 대신 나와 다스렸다. 아사랴가 죽자 조상들과 함께 다윗성에 장사되고 아들 요담이 왕이 된다.

## 카. 요담

북이스라엘 베가 왕 제2년에 유다 왕 웃시야(일명 아사랴)의 아들 요담이 25세에 왕이 되어 16년간 예루살렘에서 다스렸다. 그의 어머니의 이름은 여루사이고 사독의 딸이다. 요담은 아버지 웃시야의 행위대로 정직히 행하였으나 성전에는 들어가지 않았고 백성들은 여전히 부패하였다. 요담은 여호와 성전의 윗문을 건축하였다. 암몬과 싸워 이기자 그해 암몬은 은 100달란트와 밀 1만 고르, 보리 1만 고르를 바쳤고 몇 년간 그와 같이

한 인문학자의 구약성경 스토리텔링

바쳤다. 요담이 하나님 여호와께 바른길을 걸었으므로 점점 강해졌다. 그가 조상들과 함께 누우니 다윗성에 장사되고 아들 아하스가 왕이 된다.

## 타. 아하스

북이스라엘 베가 왕 제17년에 남유다 왕 요담의 아들 아하스가 20세에 왕이 되어 예루살렘에서 16년간 다스렸다. 아하스 왕은 다윗과 같지 않아서 여호와 보시기에 정직히 행하지 아니하고 북이스라엘 왕의 길로 행하여 자기 아들을 불 가운데로 지나게 하고 산당과 산 푸른 나무 아래에서 제사드리면서 분향하였다. 그때에 아람 왕 르신과 북이스라엘 왕 베가가 예루살렘에 쳐들어오자 남유다의 아하스 왕이 그들을 이기지 못한다.

아람의 르신 왕은 홍해변의 엘랏을 빼앗고 그곳에 사는 남유다 사람들을 쫓아내었다. 그러자 아하스 왕은 앗수르 왕 디글랏 빌레셀에게 성전과 왕궁 곳간에 남아 있던 은, 금 보물을 보내면서 앗수르 왕의 신복인 자기를 아람 왕과 북이스라엘 왕이 치니 구해 달라고 애원을 하자 앗수르 디글랏 빌레셀 왕이 아람의 수도 다메섹을 점령하고 아람 왕 르신을 죽인다. 앗수르 왕을 만나러 다메섹에 간 아하스 왕은 그곳에 있는 제단을 보고 그 구조와 양식을 적어 제사장 우리야에게 보냈더니 아하스 왕이 돌아오기 전에 우리야가 같은 제단을 만들었다. 다메섹에서 돌아온 아하스 왕은 새 제단 위에서 제사를 지내고 짐승의 피를 제단에 뿌린다. 모든 번제물과 소제물은 그 새 제단에서 쓰고 놋 제단은 왕이 여호와께 여쭐 일이 있을 때만 쓰기로 한다. 아하스 왕이 죽어 다윗성에 열조와 함께 장사되고 그 아들 히스기야가 왕이 된다.

# 파. 히스기야

북이스라엘 왕 호세아 제3년에 유다 왕 아하스의 아들 히스기야가 25세에 왕이 되어 예루살렘에서 29년간 다스린다. 그의 어머니는 스가랴의 딸 아비야이다. 히스기야는 다윗의 행위를 따라 여호와 보시기에 정직히 행하여 여호와의 전의 문들을 수리하고 제사장들과 레위 사람들에게 여호와의 전을 성결하게 하고 귀인들과 정성껏 제사를 올리고 산당들을 제거한다. 그리고 주상들을 깨뜨리며 모세가 만들었던 놋 뱀을 부수었다. 히스기야는 그 어느 왕보다 더 여호와를 의지하여 여호와께 연합하였고 모세의 계명들을 잘 지켰다.

그는 앗수르 왕을 배반하여 섬기지 않았고 블레셋 사람들을 쳐서 가사 지역을 평정하였다. 그러나 히스기야 왕 제4년 곧 북이스라엘의 왕 호세아 제7년에 앗수르의 왕 살만에셀이 사마리아를 침공하여 3년 후 즉 히스기야 왕 제6년 북이스라엘 왕 호세아 제9년에 사마리아가 함락되자 앗수르 왕은 북이스라엘 백성들을 포로로 잡아가 여러 성읍에 두었으니 그것은 여호와의 말씀을 따르지 않았음에 일어난 것이다. 히스기야 왕 제14년에 앗수르 산헤립 왕이 쳐들어와 모든 견고한 성읍을 점령하매 히스기야 왕은 사자를 보내 '내가 범죄하였나이다. 나를 떠나 돌아가소서. 왕이 내게 요구하시는 것을 내가 지불하겠습니다.'(열왕기하 18:14)라 하였더니 앗수르 왕은 은 300달란트와 금 30달란트를 정하여 내라고 하자 히스기야는 성전과 왕궁에 있는 것 모두와 성전 문의 금, 은 기둥에 입힌 금을 벗겨 앗수르 왕에게 주었다. 앗수르 왕은 참모들로 하여금 대군을 거느리고 예루살렘으로 쳐들어가 히스기야 왕을 치게 한다.

그들이 왕을 불러내고자 하여 왕궁 책임자 엘리야김과 서기관 셉나와 사관 요아가 나가니 그들은 히스기야를 멸시하면서 '내가 여호와의 뜻이 아니고서는 어찌 이곳을 멸하러 올라왔겠느냐.'(열왕기하 18:25)라고 큰 소리를 한다. 그리고 큰 소리로 히스기야를 믿지 말라고 외치면서 너희들이 항복하면 각자 자신의 포도와 무화과를 먹고 자기의 우물물을 마실 수 있다고 최후통첩을 한다.

어느 민족의 신도 그 땅을 앗수르 왕의 손에서 구하지 못하였다고 자신 있게 털어놓는다. 그 말을 전해들은 히스기야 왕은 옷을 찢고 굵은 베를 두르고 여호와의 전에 들어가 엘리아김 셉나 그리고 장로들을 선지자 이사야에게 보내어 남아 있는 자들을 위하여 기도해 주시라고 부탁한다. 이사야는 '여호와의 말씀이 너는 앗수르 왕의 신복에게 들은 바 나를 모욕하는 말 때문에 두려워하지 말라.'(열왕기하 19:6)라고 하셨다고 하고 그들이 본국으로 돌아갈 것이며 산헤립이 칼을 맞아 죽을 것이라고 하셨다고 전한다.

앗수르 왕이 히스기야 왕에게 사자와 편지를 보내 협박을 하였으나 히스기야는 성전에 올라가 여호와 앞에 그 편지를 펴놓고 간절한 기도를 드렸다. 이사야는 여호와께서 히스기야의 간절한 기도를 들으셨다고 하고 여호와께서는 앗수르 왕에게 '네 교만한 말이 내 귀에 들렸도다. 그러므로 내가 갈고리를 네 코에 꿰고 자갈을 네 입에 물려 너를 오던 길로 끌어 돌이키리라.'(열왕기하 19:28) 하셨다고 전한다. 밤에 여호와의 사자가 나와서 앗수르의 군사 18만 5천 명을 쳤고 아침에 백성들이 보니 모두 송장뿐이다.

산헤립은 급히 니느웨로 돌아갔는데 니스록의 신전에서 경배할 때 그의 신복들이 그를 칼로 쳐 죽이자 그 아들 에살 핫돈이 왕이 된다. 큰 난리를 치른 히스기야 왕은 중병이 들어 죽게 되자 선지자 이사야가 찾아와 여호와께서 히스기야에게 죽게 되었으니 집안을 정리하라고 이르셨다고 전한다. 히스기야는 낮을 벽으로 향하고 여호와께 자기가 진심으로 선하게 행한 것을 기억해 주시라고 통곡한다. 그러자 여호와의 말씀이 이사야에게 임하여 여호와께서 히스기야의 기도를 들으시고 그를 낫게 하시어 15년을 더 살게 하실 것이고 앗수르 왕의 손에서 구원하시고 성을 보호하리라고 하셨다고 전하였다.

그러자 히스기야는 이사야에게 그에 대한 어떤 징표가 있었느냐고 물으니 '해 그림자를 10도 더 나아갈 것입니까. 아니면 10도를 물러가게 할 것입니까.' 선택하라고 하여 히스기야가 10도 뒤로 물러나게 하는 것이 좋겠다고 하여 이사야가 여호와께 구하여 해 그림자를 10도 뒤로 물러가게 하셨더라. 히스기야가 병이 들었다는 소식을 들은 바벨론 왕 브로닥발라단이 그에게 편지와 예물을 보낸다.

감격한 히스기야는 사자들에게 보물창고의 금, 은, 향품들과 무기고 모든 것과 사자들이 보기 원하는 것을 모두 보여 주었다. 이사야가 히스기야를 찾아와 사자들과 무슨 일이 있었냐고 묻자 먼 곳에서 온 사람들이니 모든 것을 다 보여 주었다고 하자 이사야는 여호와께서 왕의 조상들이 쌓아 두었던 모든 것이 바벨론으로 가게 되고 하나도 남지 않게 되며 왕실의 자손들이 다 바벨론으로 잡혀가 왕궁의 환관이 되리라 하셨다고 전하였다. 히스기야가 흥분하여 큰 실수를 하였으나 그는 저수지와 수도시설을 만들어 물을 성안으로 끌어들여 백성들의 삶에 큰 도움을 준 성실한 왕이었다. 그가 죽자 아들 므낫세가 왕이 된다.

# 하. 므낫세

12세에 왕이 된 므낫세는 예루살렘에서 55년간 다스렸다. 그의 어머니의 이름은 헵시바였다. 므낫세는 여호와 보시기에 악을 행하여 쫓아낸 이방인들의 가증한 일들을 따라 행하였다. 그는 히스기야가 헐어버린 산당들을 다시 세우고 북이스라엘 왕 아합의 행위를 따라 바알을 위한 제단을 쌓으며 아세라 목상을 만들며 하늘의 일월성신을 경배하고 섬기며 자기 아들들을 불 가운데로 지나게 하며 신접한 자와 박수를 신임하여 여호와의 진노를 일으켰다.

여호와께서는 '만일 이스라엘 백성들이 나의 모든 명령과 모세의 율법을 지켜 행하면 그들의 조상들에게 준 땅에서 떠나 살게 하지 않게 하시겠다.'고 하시고 '성전과 예루살렘에 내 이름을 영원히 두겠다.'고 하셨으나 므낫세의 꾐을 따라 모든 악을 행한 것이 여호와께서 멸하신 여러 민족보다 더 심하였다. 여호와께서는 선지자들을 통하여 므낫세가 행한 가증한 일들은 그 이전에 있던 아모리 사람들의 행위보다 더 심하였고 이스라엘을 우상으로 뒤덮인 나라를 만들었으니 예루살렘과 유다에 재앙을 내리시겠고, 백성들을 원수들의 손에 넘기시겠다 다짐하신다.

여호와께서는 므낫세와 백성들을 벌하시기 위해 앗수르 왕의 군대 지휘관들로 하여금 남유다에 쳐들어가 므낫세를 사로잡아 쇠사슬로 결박하여 바벨론으로 끌고 가게 하신다. 므낫세는 고난을 당하자 하나님 여호와께 겸비하고 잘못을 고하자 하나님이 그 기도를 들으시고 그가 예루살렘에 돌아와 다시 왕위에 앉게 하신다. 그러자 므낫세가 여호와께서 참 하나님이신 것을 깨닫게 된다.

그 후에 므낫세는 다윗성 밖 기혼 서쪽 골짜기 안에 외성을 쌓되 어문 어귀까지 매우 높이 쌓고 또 나라의 모든 견고한 성읍에 군대 지휘관을 둔다. 한편 그는 이방 신들과 여호와 전의 우상을 제거하고 여호와 전의 우상들과 예루살렘에 쌓은 모든 제단들을 다 성 밖으로 내던지고 여호와의 전은 보수하고 화목제와 감사제를 드리며 온 나라에 명하여 하나님 여호와를 섬기라고 명한다. 그러자 백성들이 하나님 여호와께만 제사드렸으나 일부 백성들은 산당에서 제사를 드리기도 하였다. 므낫세가 죽자 그가 장사되고 아들 아몬이 왕이 된다.

## 거. 아몬

22세에 왕이 된 아몬은 예루살렘에서 2년간 다스리었고 그의 어머니의 이름은 므술레멧이다. 아몬이 그 아버지 므낫세의 행함을 따라 여호와 보시기에 악을 행하여 우상에 경배하고 여호와를 버린다. 그의 신복들이 그를 반역하여 그를 왕궁에서 죽이자, 백성들이 아몬왕을 반역한 사람들을 다 죽이고 그 아들 요시야를 왕으로 한다. 아몬은 웃사의 동산 자기 묘실에 장사된다.

## 너. 요시야

8세에 왕이 된 요시야는 예루살렘에서 31년간 통치한다. 그의 어머니는 여디다이고 보스갓의 아다야의 딸이다. 요시야는 여호와 보시기에 정직하게 행하여 다윗의 길로 걸으며 일찍부터 하나님 여호와를 모시고 우상들을 제거하였다. 요시야 왕 열여덟째 해에 서기관 사반을 여호와의 성전에 보내어 대제사장 힐기야에게 백성이 드린 은을 계산하여 성전을 맡은 감독자의 손에 넘겨 성전 작업자에게 부서진 부분을 수리하게 하되, 목수, 건축자와 미장이에게 주어 성전을 수리하게 하라고 이른다.

대제사장 힐기야는 사반에게 율법책을 성전에게 발견하였다고 전해 주었다. 사반이 왕에게 전하며 사반이 왕 앞에서 읽으니 왕이 옷을 찢는다. 왕은 우리 조상들이 이 책의 말씀을 따르지 않아 여호와의 진노가 크시다고 한다. 이에 힐기야와 악볼, 아히감과 사반과 아사야가 여선지자 훌다에게 간다. 훌다는 예복을 주관하는 살룸의 아내이다. 훌다는 남유다의 왕 요시야가 읽은 대로 여호와께서 재앙을 내리시겠다고 하셨다. 이 백성이 여호와를 버리고 다른 신에게 분향하고 악행을 저질러 여호와를 격노케 하셨으나 요시야 왕이 겸비하여 옷을 찢고 통곡하였으므로 네가 살아 있을 동안에는 모든 재앙을 내리지 않겠다고 하셨다.

요시야 왕은 남유다와 예루살렘의 모든 장로들 제사장, 선지자들 그 밖의 모든 백성과 모든 사람들을 모아 성전에서 발견한 율법책의 모든 말씀을 읽자 모두가 율법책의 말씀을 따르겠다고 한다. 왕은 대제사장, 부제사장들에게 명하여 바알과 아세라와 일월성신을 위하여 만든 모든 그릇을 여호와의 성전에서 내어다가 예루살렘 밖 기드론 밭에서 불사르고 그 재를 벧엘로 가져가게 하고 산당에서 우상을 섬기게 한 제사장들을 폐하고 성전에 있는 남창의 집을 헐었다. 왕은 힌놈의 아들 골짜기의 도벳을 훼손하여 자녀들을 불 가운데로 지나지 못하게 하였고 남유다의 왕들이 태양을 위하여 만든 말들을 제거하였고 태양 수레를 불사르고 우상을 위한 제단들을 모두 헐었다.

그리고 왕은 율법책에 기록된 대로 유월절을 지키게 하였다. 또 요시야 왕은 남유다와 예루살렘에 있는 신접한 자 점쟁이, 드라빔, 우상 등 가증한 것을 다 제거하여 율법책에 기록된 모든 말씀을 이루려고 하였다. 한마디로 요시야와 같이 마음과 뜻을 다하여 모세의 율법을 따라 백성들을 여호와께로 돌이킨 왕은 요시야 전에도 없었고 후에도 없었다.

그러나 여호와께서는 남유다를 향하여 내리신 진노는 돌이키지 않으셨다. 그 이유는 므낫세가 여호와를 지나치게 격노케 하였던 것이다. 애굽의 왕 느고가 앗수르 왕을 치고자 유브라데강으로 올라갈 때 요시야 왕이 애굽과 맞섰더니 애굽 왕이 요시야를 므깃도에서 죽인 것이다. 그가 죽자 신복들이 그 시체를 예루살렘에 모셔와 장사 지내고 아들 여호아하스를 데려와 기름을 붓고 왕으로 삼았다. 선지자 예레미야는 요시야를 위하여 애가를 지어 노래하게 하니 그것이 이스라엘의 규례가 되어 전해진다.

## 더. 여호아하스

23세에 왕이 된 여호아하스 왕은 요아스 왕의 둘째 아들로 예루살렘에서 3개월간 다스렸다. 그의 어머니는 립나 출신의 하무달이고 예레미야의 딸이다. 여호아하스 왕은 여호와 보시기에 악을 행하였고 애굽의 바로 느고는 그를 립나에 가두어 예루살렘에서 왕이 되지 못하게 한다. 느고는 요시야 왕의 큰아들 여호야김을 왕으로 삼고 애굽으로 잡혀간 여호아하스는 그곳에서 죽었다. 여호야김은 애굽이 요구한 은 100달란트와 금 한 달란트를 백성들에게 징수하여 느고에게 지불하였다.

# 러. 여호야김

　25세에 왕이 된 여호야김은 예루살렘에서 11년간 다스린다. 그의 어머니는 스비다이다. 여호야김은 여호와 보시기에 여러 가지 악을 행하였다. 그는 바벨론의 느부갓네살이 쳐들어오자 3년간 그를 섬기다가 돌아서 그를 배반하니 여호와께서 므낫세의 죄의 대가로 갈대아, 아람, 모압, 암몬의 자손을 보내 남유다를 멸하려 하신다. 예레미야는 여호와께서 여호야김에 대해 말씀하신 것을 전한다. 여호야김이 죽으면 '무리가 그를 위하여 슬프다. 내 형제여 슬프다. 내 자매여 하며 통곡하지도 아니할 것이라. 그가 끌려 예루살렘 문 밖에 던져지고 나귀같이 매장함을 당하리라.'(예레미야 22:18, 19) 또한 예레미야는 여호와께서 남유다에 대해 하신 말씀을 두루마리에 기록하여 그것을 여호야김의 왕궁에 전하였더니 그것을 여후디로 하여금 읽게 하고 왕은 읽는 족족 칼로 베어 화로 불에 던져 두루마리를 모두 태웠다.

　왕과 신하들은 모든 말씀을 듣고도 두려워하거나 옷을 찢지도 않았다. 그런데 그 두루마리는 바벨론 왕이 반드시 와서 이 땅을 멸하고 사람과 짐승을 없어지게 하리라고 예언하신 것이다. 그 두루마리를 왕이 모두 불살라 없애니 여호와께서는 예레미야에게 처음 두루마리에서 말씀하신 것을 다시 기록하라고 명하시고 여호야김에게 '다윗의 왕위에 오를 자는 없게 될 것이고 그의 시체는 버림을 당하여 낮에는 더위, 밤에는 추위를 당하리라.'(예레미야 36:30) 여호야김이 죽자 그의 아들 여호야긴이 왕이 된다. 바벨론 왕에게 밀려난 애굽 왕은 자기 나라 밖으로 나오지도 못하였다.

## 머. 여호야긴

18세에 왕이 된 여호야긴은 예루살렘에서 석 달간 다스린다. 그의 어머니는 예루살렘 출신의 느후스다이다. 여호야긴은 아버지 여호야김을 따라서 여호와께서 보시기에 악을 행하였다. 그러자 바벨론 왕 느부갓네살의 신복 장군들이 예루살렘을 공격하여 성을 에워싸고 느부갓네살 왕도 그곳에 도착한다. 여호야긴이 자기 어머니와 신복들, 지도자들과 함께 느부갓네살 왕에게 찾아가니 느부갓네살이 그들을 모두 체포한다. 느부갓네살 왕은 성전과 왕궁의 모든 보물들을 실어가고 성전의 금 그릇 등을 다 파괴하니 여호와의 말씀과 같이 된 것이다. 그와 아울러 예루살렘의 왕을 비롯한 중요 지도자들, 지식인, 장인, 군인 등 능력 있는 자들을 모두 바벨론으로 잡아가니 예루살렘에는 비천한 자, 무능한 자들만 남긴다. 느부갓네살 왕은 여호야긴 왕을 폐하고 요아스의 동생 곧 여호야긴의 숙부 맛다니야를 왕으로 삼고 이름을 시드기야라고 고쳤다.

## 버. 시드기야

요아스 왕의 동생 시드기야가 21세에 왕이 되어 예루살렘에서 11년간 다스린다. 그의 어머니는 립나 출신 하무달이다. 시드기야는 역호야김의 행위를 따라 악을 행하여 여호와의 분노를 샀다. 시드기야 제9년에 바벨론 느부갓네살이 군대를 거느리고 예루살렘을 약 2년간 포위하자 성에 기근이 심하고 그 성벽이 파괴되자 모든 군사들이 왕과 함께 도망간다. 갈대아 군사들이 따라가 왕을 잡고 립나에 있는 느부갓네살 왕에게 끌고 가

한 인문학자의 구약성경 스토리텔링

그를 심문하고 그 아들들을 그 앞에서 죽이고 시드기야의 두 눈을 뽑은 후 바벨론으로 끌고 갔다. 바벨론 왕의 시위대장 느부사라단은 여호와의 성전과 왕궁을 불사르고 예루살렘 주위의 성벽을 헐었다. 그는 비천한 자는 남겨두고 기능인과 능력자들은 모두 사로잡아갔다. 성전의 놋 기둥과 받침들 놋 바다를 깨뜨려 바벨론으로 가져갔고 금, 은으로 만든 것을 모두 싣고 갔다.

느부갓네살은 자기에게 복종하는 그달리야를 지도자로 남겼는데 느다니아의 아들 이스마엘은 부하 10명과 함께 그달리야와 그와 함께 있는 같이 있는 유대인 갈대아인들을 죽이고 애굽으로 도피하였다.

유다 왕 여호야긴은 잡혀간 지 37년 후 옥에서 풀려나고 죄수의 의복을 벗고 왕의 앞에서 양식을 먹게 하고 종신토록 좋은 대우를 받았다.

# (3) 이스라엘의 선지자

## 가. 아모스

### ① 소명

아모스는 웃시아가 남유다 왕이고 여로보암 2세가 북이스라엘 왕으로 있던 시절 예루살렘 남쪽 고원지대의 작은 촌락 드고아에서 태어났다. 그 곳에서 그는 양 치던 목자이면서 뽕나무를 경작하였다 한다. 그 외에는 그의 아버지 이름도 알 수 없으나 그 집안은 선지자나 제사장과는 아무 관련이 없는 듯하다. 목자이고 뽕나무 경작자라는 사실밖에 알려진 바가 없지만 빈곤한 집안 출신은 아닌 것 같다. 왜냐하면 그가 키우던 양은 짧은 양모를 팔기 위하여서였고 뽕나무 역시 그 과일을 시기에 맞추어 팔기 위한 것이었기 때문에 집안 형편이 어려운 편은 아니었던 것 같다. 그리고 그가 쓴 아모스서의 문체로 보아 교육을 받은 교양인 같고 특히 모세 5경을 비롯한 성경에 대해서도 잘 알고 있었기 때문에 BC761년경 환상으로 하나님의 소명을 받자 지체 없이 그에 순응하였던 것이다. 그는 그때까지 목자로서 경작자로 매우 소박하고 건강한 생활을 하였고 언제나 변화 없는 생활을 하였으나 윤리 도덕과 공의에 대해 매우 엄격한 생각을 가진 인물이었다.[51] 아마 그러한 인물이기 때문에 하나님의 부르심을 받았던 것 같다. BC761년 처음 부름을 받은 아모스는 '여호와께서는 시온에서부터 우렁차게 부르짖으시고 예루살렘에서부터 우렛소리를 내시리니 목자의 초장이 마르고 갈멜산 꼭대기가 마르리로다.'(아모스 1:2) 다른 선지자들과는 달리 여호와께서는 아모스와는 이스라엘의 이웃 나라들에 대한 심판부터 풀어놓으신다.

### ② 열방의 심판

#### (a) 다메섹

여호와께서는 다메섹부터 시작하신다. '다메섹은 서너 가지 죄로 말미암아 그 벌을 누그러뜨릴 수 없으니 그들이 철 타작기로 타작하듯이 길르앗을 압박하였음이라.'(아모스 1:3) 구체적인 징벌로 다메섹 하사엘 왕에게는 불을 보내고 벤 하닷 왕궁을 불사르시겠다고 하신다. 그리고 다메섹 주민들을 포로로 잡아 기르로 데려오시겠다고 하신다. (아모스 1:4-5)

#### (b) 블레셋

블레셋은 이스라엘과 가장 충돌이 많은 이웃으로 이스라엘에서는 삼손이나 다윗 같은 인물도 나왔지만 이스라엘이 피해도 많이 당하였다. 가사(= 현재의 Gaza)는 그 중심도시로 여호와께서는 '가사의 서너 가지 죄로

---

51) Osty-Seuil판 성경, 1972쪽.

말미암아 내가 그 벌을 누그러뜨리지 아니하리니 이는 그들이 모든 사로 잡은 자를 끌어 에돔에 넘겼음이라.'(아모스 1:6) 블레셋은 사로잡은 이스 라엘 포로들을 이스라엘과 관계가 나쁜 에서(야곱의 형)가 세운 나라 에 돔에 팔아 넘겼다. 구체적인 징벌로는 여호와께서 가사에 불을 보내시고 궁궐을 불사르겠다고 하신다. (아모스 1:7) 기본 징벌은 다메섹과 같으나 그와 함께 우상으로 이름난 아스돗 주민과 아스글론의 왕권을 잡은 자를 끊고 에그론 성읍을 치시고 블레셋의 나머지 사람들이 멸망할 것이라고 하신다. (아모스 1:8)


(c) 두로


부유한 무역항 두로 역시 '서너 가지 죄로 말미암아 내가 그 벌을 누그 러뜨리지 아니하리니 그들이 형제의 계약을 기억하지 아니하고 모든 사 로잡은 자를 에돔에 넘겼음이라.'(아모스 1:9) 두로는 이스라엘과 좋은 관 계를 맺어 왔고 두로의 히람왕은 솔로몬을 '형'이라고 하였음에도 포로 로 잡힌 이스라엘인들을 에돔에 팔아넘긴 것이다. 그리하여 여호와께서 는 두로에게로 불을 보내시고 그 궁궐을 불사르시겠다고 하신다. (아모스 1:10)


(d) 에돔


에돔 또한 '서너 가지 죄로 말미암아 내가 그 벌을 누그러뜨리지 아니 하리니 이는 그가 칼로 그의 형제를 쫓아가며 긍휼을 버리며 항상 맹렬히

화를 내며 분을 끝없이 품었음이라.'(아모스 1:11) 에돔은 이스라엘의 형 제국이면서도 국가의 초창기부터 이스라엘에 적개심을 품고 악하게 행동하였기 때문에 여호와께서는 성읍 데만에 불을 보내시고 보스라의 궁궐을 불사르시겠다고 하신다.

### (e) 암몬

암몬은 '그 자손의 서너 가지 죄로 말미암아 내가 그 벌을 누그러뜨리지 아니하리니 이는 그들이 자기 지경을 넓히고자 하여 길르앗의 아이 밴 여인의 배를 갈랐음이니라.'(아모스 1:13)

아브라함의 조카 롯이 취한 채 그의 둘째 딸과 동침하여 낳은 아들이 세운 나라로 이스라엘과 좋지 않은 관계를 유지하면서 이스라엘 모압 등과 국경을 설정할 때 국경을 넓히고자 끔찍한 일을 저지른 죄 때문에 그 수도 랍바에 화재를 일으켜 그 궁궐을 불사를 것이며 그 왕은 지도자들과 함께 사로잡히게 되리하고 하신다. (아모스 1:14-15)

### (f) 모압

모압은 그의 '서너 가지 죄로 말미암아 내가 그 벌을 누그러뜨리지 아니하리니 이는 그가 에돔 왕의 뼈를 불살라 재를 만들었음이라.'(아모스 2:1) 모압은 롯과 그의 첫째 딸이 아버지와 동침하여 낳은 아들이 세운 나라로 그 왕이 에돔 왕의 시신을 에돔에 보내 주지 않고 불살라 버린 것이다. 이에 여호와께서는 그 징벌로 모압에 불을 내리고 그리욧에 있는 그

궁궐을 불사르시고 재판장과 지도자들은 모두 죽으리라고 하신다. (아모스 2:2-3)

## (g) 남유다

심판에서 남유다와 북이스라엘도 예외일 수는 없다. 남유다는 '서너 가지 죄로 말미암아 내가 그 벌을 누그러뜨리지 아니하리니 이는 그들이 여호와의 율법을 멸시하며 그 율례를 지키지 아니하고 그 조상들이 따라가던 거짓에 미혹되었음이라.'(아모스 2:4) 율법과 율례를 지키지 않은 죄가 구체적으로 무엇인지 여호와께서 밝히지 않으나 짐작으로는 여호와께 백성들이 신실하지 아니하였고 여호와께 순종하지 아니하였고 조상들처럼 우상에 미혹된 것이 아닌가 한다. 징벌로는 남유다에 불을 내리고 예루살렘의 궁궐이 불타게 하시겠다고 하셨다. (아모스 2:5)

## (h) 북이스라엘

마지막으로 북이스라엘은 '서너 가지 죄로 말미암아 내가 그 벌을 누그러뜨리지 아니하리니 이는 그들이 은을 받고 의인을 팔며 신 한 켤레를 받고 가난한 자를 팔며 힘없는 자의 머리를 티끌 먼지 속에 발로 밟고 연약한 자의 길을 굽게 하며 아버지와 아들이 한 젊은 여인에게 다녀서 내 거룩한 이름을 더럽히며/모든 제단 옆에서 전당 잡은 옷 위에 누우며 그들의 신전에서 벌금으로 얻은 포도주를 마심이니라.'(아모스 2:6-8)

이스라엘의 죄는 보다 구체적으로 지적되어 있다. 금전으로 재판을 판결하며 가난한 자가 핍박받고 경제적 폐해와 음란 행위가 보편화되었기 때문이다. 그러나 근본적으로 여호와께서는 북이스라엘을 온 이스라엘의 정통 핵심이라고 보시지 않는다. 가장 큰 이유는 유다의 열두 지파 중 열 지파를 포용하고 있으나 북이스라엘에는 우상숭배가 널리 퍼져있고 외교적으로도 문제가 있기 때문이다. 그뿐 아니라 여호와께서는 애굽에서 종노릇 하던 이스라엘 백성을 끌어내어 40년 동안 광야에서 연단하시고 본래 아모리 사람들의 땅이던 가나안 땅을 차지하게 하셨고 선지자들을 보내서 바른길을 가게 하려 하셨고 나실인도 일으키셨으나 그러한 여호와의 노력은 깡그리 잊어버리고 금하신 죄악의 길로 나간 것이다.

여호와께서는 그런 모든 죄악을 눈감으실 수 없어 다음과 같은 결정을 내리신다. '내가 이스라엘의 모든 죄를 보응하는 날에 벧엘의 제단들을 벌하여 그 제단의 뿔들을 꺾어 땅에 떨어뜨리고/겨울 궁과 여름 궁을 치리니 상아 궁들이 파괴되며 큰 궁들이 무너지리라 여호와의 말씀이니라.'(아모스 3:14-15) 또한 '너희는 벧엘에 가서 범죄하며 길갈에 가서 죄를 더하며 아침마다 너희 희생[52]을, 3일마다 너희 십일조를 드리며/누룩 넣은 것을 불살라 수은제로 드리며 낙헌제를 소리 내어 선포하려무나. 이스라엘 자손들아 이것이 너희가 기뻐하는 바니라. 주 여호와의 말씀이니라.'(아모스 4:4-5) '(⋯) 너희의 각 처소에서 양식이 떨어지게 하였으나 너희가 내게로 돌아오지 아니하였느니라. 여호와의 말씀이니라.'(아모스 4:6)

먹을 양식이 떨어지게 하였어도 그것이 여호와와 무슨 관련이 있을까 하고 여호와께 돌아오지 않았고 비를 멈추게 하여 마실 물을 끊어도 마찬가지였다. '또 추수하기 석 달 전에 내가 너희에게 비를 멈추게 하여 어떤

---

52) 희생제의.

성읍에는 내리고 어떤 성읍에는 내리지 않게 하였더니 땅 한 부분은 비를 얻고 한 부분은 얻지 못하여 말랐으며 두세 성읍 사람들이 비틀거리며 물을 마시러 가서 충분히 마시지 못하였으나 너희가 내게로 돌아오지 아니하였느니라. 여호와의 말씀이니라.'(아모스 4:7-8)

또한 농사를 짓지 못하도록 재앙을 내리고 해충으로 과수나무를 못 쓰게 만들어도 마찬가지로 여호와께는 돌아오지 않았다. '내가 곡식을 마르게 하는 재앙과 깜부기 재앙으로 너희를 쳤으며 팔충이로 너희의 많은 동산과 포도원과 무화과나무와 감람나무를 다 먹게 하였으나 너희가 내게로 돌아오지 아니하였느니라.'(아모스 4:9)

여호와께서 전염병을 보내고 칼로 청년들을 쳐 죽게 했어도 회개하고 여호와께 돌아오기는커녕 아무런 반응이 없고 오래전 부패하고 죄악에 쌓인 소돔과 고모라를 없애듯이 몇몇 성읍을 무너뜨려도 역시 마찬가지로 아무런 반응이 없었다. (아모스 4:10-11) 그러한 일련의 재앙들이 자기들의 죄 때문에 여호와께서 내리셨다는 것을 모르기 때문일까 아니면 그것을 일시적인 불행이라고 생각하고 그 순간만 참아내고자 생각한 것일까? 그 정확한 이유는 알 수 없지만 여호와께서는 선지자 아모스를 통하여 구체적인 이스라엘의 죄악을 상기시켜 회개를 촉구하시고 죄악을 심판하신다.

### ③ 이스라엘 회개의 촉구와 죄악의 심판

백성들은 그들을 책망하는 선지자를 싫어하고(아모스 5:10) '너희가 힘 없는 자를 밟고 그에게서 밀의 부당한 세를 거두었은즉 너희가 비록 다듬은 돌로 집을 건축하였으나 거기 거주하지 못할 것이오 아름다운 포도원을 가꾸었으나 그 포도주를 마시지 못하리라.'(아모스 5:12) 불의를 자행하고도 무사한 듯 살 수는 없을 것이다. 여호와께서 특히 묵과하실 수 없는 것은 의인의 학대와 가난한 자가 억울함을 당하는 것이다. '너희의 허물이 많고 죄악이 무거움을 내가 아노라 너희는 의인을 학대하며 뇌물을 받고 성문에서 가난한 자를 억울하게 하는 자로다.'(아모스 5:11) 그러므로 그런 죄악을 범하고 살 수 있는 길은 한 가지. '너희는 살려면 선을 구하고 악을 구하지 말지어다. 만군의 하나님께서 너희의 말과 같이 함께 하시리라.'(아모스 5:14)

그러나 아무리 여호와께서 선한 길로 이끄시려 해도 아무런 효과가 없다. 여호와께서는 겉치레나 형식적인 제사들을 미워하시고 종국에는 그것을 거절하신다. '내가 너희 절기들을 미워하여 멸시하며 너희 성회들을 기뻐하지 아니하나니/너희가 내게 번제나 소제를 드릴지라도 내가 받지 아니할 것이오. 너희의 살진 희생의 화목제도 내가 돌아보지 아니하리라.'(아모스 5:21-22) 그러니 여호와께서는 역으로 이스라엘 백성들이 다메섹 너머로 사로 잡혀갈 때에 그들이 모시는 우상들이나 지고 가라고 찌르신다. '너희가 너희 왕 식굿[53]과 기윤[54]과 너희 우상들과 너희가 너희를 위하여 만든 신들의 별 형상을 지고 가리라.'(아모스 5:26)

마침내 여호와께서는 북이스라엘과 적대 관계에 있는 앗수르를 강한 나라로 만들어 그로 하여금/이스라엘을 정벌하게 하신다. '만군의 하나님 여호와의 말씀이니라. 이스라엘 족속아 내가 한 나라를 일으켜 너희를 치

---

53) 바벨로니아의 전쟁신.
54) 목성의 신.

리니 그들이 하맛[55] 어귀에서부터 아라바[56] 시내까지 너희를 학대하리라 하셨느니라.'(아모스 6:14) 그와 함께 이스라엘의 성소들이 파괴되고 왕실을 치시겠다고 예언하신다. '이삭의 산당들이 황폐되며 이스라엘의 성소들이 파괴될 것이라 내가 일어나 칼로 여로보암의 집을 치리라 하시니라.'(아모스 7:9) '(…) 이스라엘은 반드시 사로잡혀 그 땅에서 떠나겠다 하시나이다.'(아모스 7:11)

### ④ 다섯 가지 환상

아모스는 다섯 가지 환상으로 계시받는다.

### (a) 첫째: 메뚜기의 재앙

'주 여호와께서 내게 보이신 것이 이러하니라. 왕이 풀을 벤 후 풀이 다시 움돋기 시작할 때에 주께서 메뚜기를 지으시매 메뚜기가 땅의 풀을 다 먹은지라. 내가 이르되 주 여호와여 사하소서 야곱이 미약하오니 어떻게 서리이까 하매/여호와께서 이에 대하여 뜻을 돌이키셨으므로 이것이 이루어지지 아니하리라 여호와께서 말씀하셨느니라.'(아모스 7:1-3)

---

55) 하맛은 레바논 남쪽 성읍.
56) 사해 남단에서 발원되는 지류.

한 인문학자의 구약성경 스토리텔링

### (b) 둘째: 불의 환상

'주 여호와께서 또 내게 보이신 것이 이러하니라. 주 여호와께서 명령하시어 불로 징벌하게 하시니 불이 큰 바다를 삼키고 육지까지 먹으려 하는지라/이에 내가 이르되 주 여호와여 청하건대 그치소서 야곱이 미약하오니 어떻게 서리이까 하매/주 여호와께서 이에 대하여 뜻을 돌이키시어 주 여호와께서 이르시되 이것도 이루지 아니하리라 하시니라.'(아모스 7:4-6)

### (c) 셋째: 다림줄[57]의 환상

'또 내게 보이신 것이 이러하니라. 다림줄을 가지시고 쌓은 담 곁에 주께서 손에 다림줄을 잡고 서셨더니/여호와께서 내게 이르시되 아모스야 네가 무엇을 보느냐 내가 대답하되 다림줄이니이다. 주께서 이르시되 내가 다림줄을 내 백성 이스라엘 가운데 두고 다시는 용서하지 아니하겠다.'(아모스 7:7-8) 이에 아모스는 여호와께 아무런 말씀도 드리지 않았고 여호와께서는 산당과 성소들을 파괴하시고 여로보암의 가문을 칼로 치시겠다고 하였다.

### (d) 넷째: 익은 과일 광주리 환상

'주 여호와께서 내게 이와 같이 보이셨느니라 보라 여름 과일 한 광주리이니라/그가 말씀하시되 아모스야 네가 무엇을 보느냐 내가 이르되 여름

---

57) 다림줄은 심판을 위한 도구이다.

과일 한 광주리이니다 하매 여호와께서 내게 이르시되 내 백성 이스라엘의 끝이 이르렀은즉 내가 다시는 그를 용서하지 아니하리니/그날에 궁전의 노래가 애곡으로 변할 것이며 곳곳에 시체가 많아서 사람이 잠잠히 그 시체를 내어버리리라 주 여호와의 말씀이니라.'(아모스 8:1-3) 다림줄 환상과 마찬가지로 여름 과일 광주리 환상도 초지에 변화가 없으심을 확인한다.

### (e) 다섯째: 이스라엘 파괴의 환상

'내가 보니 주께서 제단 곁에 서서 이르시되 (그들이) 기둥머리를 쳐서 문지방이 움직이게 하며 그것으로 하여금 부서져서 무리의 머리에 떨어지게 하라 내가 그 남은 자를 칼로 죽이리니 그중에서 한 사람도 도망하지 못하며 그중에서 한 사람도 피하지 못하리라 그들이 파고 스올로 들어갈지라도 내가 거기에서 붙잡아 낼 것이요 하늘로 올라갈지라도 내가 거기에서 붙잡아 낼 것이며/갈멜산 꼭대기에 숨을지라도 내가거 기에서 찾아낼 것이요 내 눈을 피하여 바다 밑에 숨을지라도 내가 거기에서 뱀을 명령하여 물게 할 것이요/그 원수 앞에 사로잡혀 갈지라도 내가 거기에서 칼을 명령하여 죽이게 할 것이라 내가 그들에게 주목하여 화를 내리고 복을 내리지 아니하리라 하시니라.'(아모스 9:1-4) 여로보암 2세가 본래 아브라함이 만든 성지에 우상숭배 하는 신전을 세웠는데 여호와는 그 신전을 출입하는 자들의 기둥머리를 쳐서 그 신전이 무너져 사람들의 머리를 건물 더미가 쳐 죽게 하고 남은 자는 도망하지 못하게 하고 칼로 죽이겠다는 무서운 환상으로 우상숭배를 절대 허용하실 수 없음을 보여 주신다.

## ⑤ 이스라엘 회복의 약속

여호와 하나님은 자비와 긍휼의 하나님이시다. 이스라엘의 죄악과 징벌은 여호와의 의가 이스라엘로 하여금 죄악을 깨닫고 거기에서 마음을 돌려 하나님께 돌아와 율법을 지키고 여호와 하나님께 순종하도록 하기 위하여 징벌을 내리셨으나 징벌을 받고 고통받는 백성들의 모습에 가장 가슴 아파하시는 분이 여호와시다. 여호와께서 이스라엘을 멸절시키는 것이 목적일 수는 없으시다. '(…) 그러니 야곱의 집을 온전히 멸하지는 아니하리라 여호와의 말씀이니라.'(아모스 9:8) 그것은 이스라엘이 회개하고 돌아오면 회복의 기회를 주시겠다는 것을 담고 있는 것이다. 그리하여 때가 되면 '그날에 내가 다윗의 무너진 장막을 일으키고 그것들의 틈을 막으며 그 허물어진 것을 일으켜서 옛적의 것과 같이 세우고.'(아모스 9:11) 모든 것을 원상 복귀시켜 백성의 삶을 회복시키는 것이 여호와의 계획이시다. '내가 내 백성 이스라엘이 사로잡힌 것을 돌이키리니 그들이 황무한 성읍을 건축하여 거주하며 포도원들을 가꾸고 그 포도주를 마시며 과수원들을 만들고 그 열매를 다시 먹으리라 내가 그들을 그들의 땅에 심으리니 그들이 내가 준 땅에서 다시 뽑히지 아니하리라 네 하나님 여호와의 말씀이니라.'(아모스 9:14-15)

## 결언

아모스는 의롭고 하나님에 대한 믿음이 철저하기 때문에 단순한 목동이었던 그는 여호와의 명령이 있자 즉시 순종하여 모든 것을 버리고 선지자의 길로 나아갔다. 그는 여호와의 말씀을 무조건 받들었고 이스라엘 죄악은 마땅히 심판을 받아야 된다고 생각했으나 그로 인한 징벌에 고통받는 산하와 백성들의 삶을 보면서 괴로워하였고 여호와께서 내리실 징벌이 백성에게 너무 무겁고 가혹하다고 생각되어 여호와께 간청하여 세 번까지 여호와께서도 생각을 돌리셔 자비를 베푸셨다. 그러나 여호와께서 네 번째 징벌을 예고하시자 아모스도 말을 잃었다. 왜냐하면 의의 하나님이 죄악을 깨닫게 하기 위한 매를 드셨는데 그것을 끝까지 막을 수는 없고 막아도 안 된다는 것을 그가 알기 때문이다. 하나님께서는 긍휼과 자비의 하나님이시지만 무조건 모든 죄악을 용서하시는 것이 긍휼과 자비는 아니고 하나님의 의는 죄악을 깨닫고 반성하게 하기 위하여서는 마땅한 징벌이 따를 수밖에 없다는 것이 하나님께서 가지신 불변의 원칙이다. 회개하고 하나님께 돌아오면 그들을 품어주고 범죄 이전의 생활로 돌아갈 수 있도록 회복시켜 주시는 것 또한 불변의 원칙이기 때문이다.

## 나. 요엘

### ① 인물

요엘의 이름은 요(여호와)와 엘(하나님)의 합성어로 '나의 여호와는 하나님이시다.'라는 뜻이다. 요엘에 대해 알려진 것은 서두에서 '브두엘의 아들'이라고 언급한 것이 전부이다. 그의 이름이 유다적인 색체를 띄고 있고 그가 글에서 '유다와 예루살렘'이라는 이름을 자주 쓰는 것으로 보아 그가 남유다 왕국 출신으로 추정될 뿐이다.

뉴톰슨 성경은 그가 남유다 왕국의 요시아 왕 시대에 살았던 제사장 선지자였을 것으로 상정하고 Osty 성경[58]은 그가 BC400-BC200년에 살았을 것으로 생각하고 T.O.B 성경[59]은 그의 글이 BC700-BC600년대에 활동하던 선지자들과 문체적인 유사성이 있다고 지적하나 어떤 주장도 확실한 근거는 없다.[60] 단지 요엘이 글에서 곤충들의 생태에 대한 상당한 지식을 보여 주고 있어 곤충에 밝은 시인이며 선지자임을 알 수 있다.

## ② 이야기의 전개

그가 처음부터 '여호와의 말씀'(1:2)이라고 밝히지만 그의 글이 여호와의 말씀을 직접 받아쓴 것은 아니고 여호와의 말씀을 전하기도 하지만 자기가 알고 있는 하나님의 뜻을 각색하여 비유와 비교, 상징 등을 통하여 극적인dramatic 연출을 전개한다. 또한 지시대상의 실체를 먼저 제시하지 않고 그에 대한 묘사를 진행하다가 후에 갑자기 그것이 무엇인지를 드러내 보여 준다.

이야기는 이방 군대로 비유되면서 그것을 상징하는 여러 가지 메뚜기 떼들이 농산물들을 싹 쓸고 지나갔는데도 먹을 것이 없는 백성들은 아무 걱정 없이 무사태평하게 지낸다. 자연이 시들고 땅은 황폐하여 남은 것이 없어 제사장들은 성전의 소제와 전제도 드리지 못해 슬픔에 빠졌다.

그러한 상황에 이르게 된 것은 나라와 백성들의 죄악이 불러온 결과이니 시급히 서둘러야 할 일은 모든 백성이 '금식일을 정하고 성회를 소집하

---

58) 뉴톰슨 성경 1270쪽.
59) Osty 성경 1962쪽.
60) T.O.B 성경 724쪽.

여 장로들과 이 땅의 모든 주민들을 너희 하나님 여호와의 성전으로 모으고'(요엘 1:14) 굵은 베옷을 입고 회개하고 통곡하여야 한다고 선지자가 부르짖는다. 그 모든 것은 '여호와의 날'이 가까웠음을 알리고 있기 때문이다.

메뚜기 떼들은 달리는 기병 같고 병거소리와 불을 뿜는 강한 군대 같다. 그들이 질서 정연하게 전진하니 땅이 요동치며 세상이 캄캄하다. 여호와께서 천둥소리를 내시니 여호와의 날이 두렵기만 하다. 여호와께서는 지금이라도 금식하고 마음을 다하여 순종하라 하셨다.

여호와께서는 너희는 마음을 찢고 돌아오라 하신다. 그리고 "그러면 은혜롭고 자비롭고 더디 노하시며 인애가 크신 여호와께서 복을 내리시고 소제와 전제를 드리지 아니하게 하실 수도 있지 않겠는가.

너희는 서둘러 금식일을 정하고 거룩한 성회를 소집하라. 장로들 백성들 어린이들, 신랑신부들도 모이고 제사장들은 울면서 여호와의 긍휼을 간구하라. 이방의 수치를 받지 않도록 간곡히 기도드리면 자기 백성을 불쌍히 여기신 여호와께서 곡식과 새 포도주를 내리시리라.

그리고 북쪽에서 온 메뚜기 떼들을 동해와 서해로 쫓아내시리라. 그러니 시온의 자녀들은 여호와를 기뻐하라. 예전처럼 비도 적절히 내리시고 메뚜기 떼들의 피해도 보상해 주시리라. 너희는 여호와 하나님의 이름을 송축하라.

그러면 여호와께서 너희 모두에게 성령을 부어 주시리니 자녀들은 장래일을 말하고 늙은이는 꿈을 꾸며 젊은이는 비전을 갖게 되리라. 여호와의 날이 이르게 되면 어두워지겠지만 여호와의 이름을 구하는 자는 구원을 얻으리라."라고 하셨다.

여호와께서는 유다와 예루살렘에서 포로로 잡혀간 사람들을 돌아오게

한 인문학자의 구약성경 스토리텔링

하실 때[61] 여러 나라를 여호사밧 골짜기로 소집하여 그들이 이스라엘을 어떻게 대하였는가를 중심으로 심판하실 예정이다.

### ③ 열국에 대한 심판

두로와 시돈과 블레셋은 이스라엘의 보화를 강탈하였고 유다와 예루살 렘의 자손들을 헬라에게 팔아 버렸으니 나 여호와도 그들의 자손을 팔아 멀리 스바에 가게 하리라고 여호와께서 말씀하신다. 심판의 날이 가까우 면 많은 무리들이 모이리라 여호와께서 말씀하시면 하늘과 땅이 진동하 고 여호와는 이스라엘 자손들의 피난처가 되시리라.

그러면 너희들은 내가 여호와 하나님인줄 알게 될 것이고 이방인들은 거룩한 예루살렘을 지나다니지도 못하게 되리라. 산에 재배한 포도나무 는 열매가 풍성하고 싯딤 골짜기에도 냇물이 흐르리라.

그러나 애굽은 황무지가 되고 에돔은 황폐한 들이 되어 유다 자손에게 행한 포악의 대가를 치르리라 유다와 예루살렘은 영원할 것이고 과거에 는 그들이 죄 없이 흘린 피를 내가 갚아주지 않았으나 앞으로는 갚아 줄 것이며 그것은 여호와께서 시온에 거하시기 때문이니라. (요엘 3:21)

### ④ 시적인 언어

곤충의 생태적 특성에 풍부한 지식을 갖춘 요엘은 세련된 직유, 은유,

---

61) 이 귀환이 바벨론에 포로로 잡혀간 백성들의 귀환이라고 하는 학자들도 있지만 일부 학자들은 그것이 말세의 한 시기라고 말한다.(뉴톰슨 성경 1275쪽) 그러나 바벨론 포로 귀환의 전이나 후 에 그만큼 중요한 귀환은 또 없었다.

상징과 함께 명령법, 시제 전용 등을 구사하여 상상력을 자극하고 있다.

## (a) 상상력의 제고

요엘은 지칭 대상을 먼저 제시하고 그에 대한 서술을 하는 것이 아니고 서술을 통하여 문제되는 실체에 대한 궁금증을 끌어올린 후에 그 실체를 갑자기 밝힌다. 예컨대 '다른 한 민족이 내 땅에 올라왔음이로다.'(요엘 1:6)에서 '다른 한 민족'이 누구인지 즉시 가르쳐 주지 않고 요엘 2장 25절에 가서야 그것이 '큰 군대 곧 메뚜기와 느치와 황충이'임을 알려 준다.

'여호와의 날'이 어떤 날인지 바로 설명하지 않고 요엘 2장 2절에서 '곧 어둡고 캄캄한 날이요 짙은 구름이 덮인 날이라. 새벽 빛이 산 꼭대기에 덮인 것 같으니.'라고 하면서 여호와께서 민족들을 여호사밧의 골짜기에서 '심판하시는 날'(요엘 3:2)임을 가르쳐 준다.

## (b) 비유와 상징

'그 이빨은 사자의 이빨 같고 그 어금니는 암사자의 어금니 같도다.'(요엘 1:6)에서 '사자의 이빨', '암사자의 어금니'는 비교를 위한 직유이다.

'그들의 예전의 땅은 에덴동산 같았으나 그들의 나중의 동산은 황폐한 들 같으니.'(요엘 2:3)의 에덴동산과 황폐한 들은 수식을 위한 직유이며 에덴동산은 축복의 상징이다.

'그의 모양은 말 같고 달리는 것은 기병 같으며 뛰는 소리는 병거소리와 같고 불꽃이 검불 사르는 소리와도 같으며 강한 군사가 줄을 벌이고 싸우는 것 같으니.'(요엘 2:3-5)에서 '말', '기병', '병거소리', '검불 사르는 소리', '강한 군사' 등은 직유로 쓰인 것이다.

'북쪽 군대'(요엘 2:20)는 메뚜기의 은유이다.


### (c) 명령형 문장

요엘 1장 1절부터 명령형이 나온다. '너희는 이것을 들을지어다.' '귀를 기울일지어다.'

요엘 1장 3절의 '너희는 너희 자녀에게 말하고 너희 자녀는 자기 자녀에게 말하고 그 자녀는 후세에 말할 것이니라.' 명령형은 여호와가 말씀하신 것을 직설법으로 요엘이 전하는 경우가 많으나 요엘이 자기가 명하는 경우도 있다.

요엘 1장 5절의 '너희는 깨어 울지어다 (…) 울지어다.'는 답답한 요엘이 백성들에게 강력히 권고하는 말이다.


### (d) 시제의 전용

요엘은 자기가 생각하는 뉘앙스를 표현하기 위하여 평상적인 시제를 쓰지 않고 다른 시제를 전용한다. 요엘 1장 7절의 '내 포도나무를 멸하며 (…) 벗겨버리니.'는 멸하였으며, '벗겨버렸으니'라고 현재완료적인 시상을 미완의 현재 시제로 한 것은 멸하는 행위나 벗겨버리는 행위가 일회로 완전히 끝난 것이 아니라 지속, 반복될 수 있는 시상으로 생동감을 주기 위한 배려가 있다.

영어 성경은 'It has stripped off, (…) through it away (…)'라고 현재완료형을 사용하였고 프랑스어 성경도 복합과거를 썼다.

요엘 1장 10절의 '곡식이 떨어지며'도 요엘 1장 7절과 마찬가지 이유에서 현재시제를 사용한다.

미래적 시상을 현재로 나타내는 경우도 있다. 요엘 3장 2절의 '내가 만국을 모아 데리고'에서 '모을 것이고'라고 할 것을 '데리고'라는 현재형을 사용한 것은 그 전제가 되는 모으는 행위를 현재로 나타낸 것이다. 영어 성경은 'I will gather'라고 미래형을 썼고 프랑스어 성경도 미래형을 썼다.

요엘 3장 16절 '여호와께서 시온산에서 부르짖고' 역시 미래 시상을 현재로 표현함으로써 그 사실을 기정사실화하고 틀림없는 사실임을 보여 준 것이다. 영어성경도 'The Lord will roar from Zion'이라고 하였다.

## 결언

### (a) 요엘의 시온주의zionism적 사상

시온이즘이 국제적으로 공식 용어로 사용이 된 것은 디아스포라로 동유럽에 정착한 유태인들이 그 사회와는 아무런 교류를 하지 않고 경제적 이익만 추구한다는 이유로 배척과 핍박을 받게 되자 자기들 본향 가나안(현 팔레스타인)을 동경하면서 일어난 운동을 일컬으면서부터이다.

그러나 유대 중심적 사상은 하나님이 아브라함을 축복하면서 언약을 맺으시고 아브라함에게 가나안으로 가라고 명하신 후 유대인의 의식 속에 형성된 것이다. 특히 바벨론 포로 귀환 이후 에스겔 에스라 느헤미야

등이 일으킨 이스라엘 공동체 의식의 제고와 이방인과의 혼인 및 교류 금지 등의 배타적 민족정신의 발흥과 함께 시온이즘이 강화되었다.

시온은 예루살렘 남동쪽에 있는 산이다. 시온과, 예루살렘은 본래 여부스족이 살고 있었는데 다윗이 그들과 싸워 이기고 그곳에 살면서 그곳을 다윗성이라고 부르게 되고(사무엘하 5:6-8) 그곳에 하나님의 궤를 두고 성전을 지으면서 하나님이 그곳에 계시니 시온은 성스런 하나님의 왕국을 상징하고 이스라엘인들의 정신적인 중심지가 되었다. 시온과 예루살렘은 상호 포괄적인 개념의 고유명사로 쓰인다.

요엘의 글에는 유다, 시온, 예루살렘의 이름이 자주 쓰이고 그의 정신의 밑바탕에는 유다 중심적 성향이 배어 있다. 유다와 예루살렘은 축복과 구원의 대상이고 열방 국가들은 이스라엘을 어떻게 대하였는가를 중심으로 하나님의 심판을 받는다.

그런 사실들로 볼 때 요엘은 시온이즘이 정치적 용어로 등장하기 오래 전부터 시온이즘적인 성향을 보여 준 선지자라고 할 수 있다.


(b) 거듭나야 하는 민족


메뚜기의 싹쓸이 환상이 한 가지 암시하는 것이 있다. 이 세상을 주재하시는 여호와 하나님께 크게 죄지은 것이 있으니 베옷 입고 하나님께 울부짖어 해결될 일이 아니다. 여호와께서 말씀하시기를 '너희는 이제라도 금식하고 울며 애통하고 마음을 다하여 내게로 돌아오라 하셨다. 너희는 옷을 찢지 말고 마음을 찢고 너희 하나님 여호와께로 돌아올지어다.'(요엘 2:12-13) 마음을 찢고 여호와께 돌아오라 하는 선지자의 권고는 여호와를 떠났던 이스라엘 백성들에게 그냥 돌아오라는 것이 아니라 자기 죄악을 철저히 회개하고 새사람으로 다시 태어나 돌아오라는 말이다.

요엘이 또 권고한다. '너희는 시온에서 나팔을 불어 거룩한 금식일을 정하고 성회를 소집하라/백성을 모아 그 모임을 거룩하게 하고 장로들을 모으며 어린이와 젖 먹은 자를 모으며 신랑을 그 방에서 나오게 하며 신부도 그 방에서 나오게 하고/여호와를 섬기는 제사장들은 (…) 울며 이르기를 여호와여 주의 백성을 불쌍히 여기소서 주의 기업을 욕되게 하여 이방의 조롱거리가 되지 말게 하옵소서 (…)'(요엘 2:15-17) 하고 여호와께 호소한다.

### (c) 여호와의 축복

그때에 여호와께서 응답하여 이르시기를 '내가 너희에게 곡식과 새 포도주와 기름을 주리니 너희가 이로 말미암아 흡족하리라 내가 다시는 너희가 나라들 가운데에서 욕을 당하지 않게 할 것이며/내가 북쪽 군대[62]를 너희에게서 멀리 떠나게 하며 메마르고 척박한 땅으로 쫓아내리니 그 앞의 부대는 동해로 그 뒤의 부대는 서해로 들어갈 것이라. 상한 냄새가 일어나고 악취가 오르리니 이는 큰일을 행하셨음이니라 하시니라/땅이여 두려워하지 말고 기뻐하며 즐거워할지어다. 여호와께서 큰일을 행하셨음이로다/들짐승들아 두려워하지 말지어다. 들의 풀이 싹이 나며 나무가 열매를 맺으며 무화과나무와 포도나무가 다 힘을 내는도다/시온의 자녀들아 너희는 너희 하나님 여호와로 말미암아 기뻐하며 즐거워할지어다.

---

62)  북쪽 군대는 메뚜기 군단을 의미한다. (Osty-Seuil 1967쪽 각주)

그가 너희를 위해 비를 내리시되 이른 비와 늦은 비가 예전과 같을 것이다.'(요엘 2:20-23)

하나님 여호와께서는 대부분의 백성이 하나님께 돌아와서 자기의 죄를 깨우치고 다시 새로운 각오로 자기들의 하나님 여호와를 모시겠다는 각오와 호소가 진정성이 있다고 판단하시고 즉석에서 이스라엘 백성들에게 모든 자연이 예전과 같이 풍요롭고 아름다울 것이니 백성들에게 기뻐하고 즐거워하라고 이르신다. 마치 혹독한 겨울날이 별안간 따뜻한 봄날을 맞은 듯하다. 그러시면서 '내가 전에 너희에게 보낸 큰 군대 곧 메뚜기와 느치와 황충과 팔중이가 먹은 햇수대로 너희에게 갚아 주리니/너희는 먹되 풍족히 먹고 너희에게 놀라운 일을 행하신 너희 하나님 여호와의 이름을 찬송할 것이다. 내 백성이 영원히 수치를 당하지 아니하리로다.'(요엘 2:25-26) 하나님께서 메뚜기 등 해충의 폐해를 보상해 주시겠다고 약속하셨을 뿐 아니라 앞으로는 영원히 이스라엘 백성이 하나님께서 수치스러운 일을 당하지 않으리라고 약속하신다.

### (d) 열국의 심판

여호와께서는 바벨론이 포로로 잡아간 이스라엘 백성들을 돌아오게 하시겠다고 예언하시면서 여호와께서 모든 나라들을 여호사밧 골짜기에 모아 그들을 심문하시겠다고 하시고 그들이 이스라엘을 여러 나라로 흩어버린 일과 이스라엘을 어떻게 처리했느냐를 기준으로 심판하시겠다고 하신다. 보다 구체적으로 두로, 시돈과 주변 국가들을 심판하시고자 하신다. 그들 나라들은 이스라엘의 은과 금 여호와의 진기한 보물을 자기들의 신전으로 가져갔고 유다 자손들을 헬라 족속에게 팔아넘긴 나라에서 그들을 나오게 하고 두로, 시돈 등이 이스라엘 백성에게 한 것을 그들에게 돌려줘 그들의 자녀를 유다 자손들에게 팔게 하시겠다고 알리신다. 만약 여호와의 심판에 반발하여 여호와께 보복하겠다고 한다면 여호와께서 그들에게 보복하시겠다고 선언하시고 그들 나라들에게 전쟁을 준비하고 선포하라고 이르신다. 그리하여 그들이 여호사밧 골짜기로 몰려오면 여호와께서 거기 앉으셔서 그들을 심판하신다. 애굽과 에돔은 그들이 유다 자손에게 그 땅에서 포악을 행하고 무죄한 피를 흘렸으므로 애굽은 황량하게 되겠고 에돔은 황폐한 사막이 될 것이나 유다와 예루살렘은 영원하리라고 하신다.

짧은 예언서인 요엘은 메뚜기 환상으로 북이스라엘과 남유다에 여호와께서 이스라엘의 죄악에 대해 내리실 심판을 보여 주셨으나 이스라엘 백성이 여호와께 돌아오고 잘못을 깊이 회개하자 여호와께서는 이스라엘의 회복과 축복 내리실 것을 약속하신다. 그뿐 아니라 이스라엘에 해악을 행한 두로, 시돈. 애굽. 에돔 등의 나라에 대해서는 그들이 이스라엘에 한 대로 보복하시겠다고 다짐하신다. 북이스라엘. 앗수르, 바벨론 바사 등에 대한 언급이 없는 것은 요엘이 활약하던 때 그 나라들이 이미 망했고 바사는 바벨론이 데리고 간 포로들과 약탈해간 보물들을 이미 돌려주고 호의를 베풀었기 때문이라고 생각된다.

한 인문학자의 구약성경 스토리텔링

# 다. 이사야

## ① 소명

이사야의 이름은 '야웨는 구원이시다.'라는 의미이고 바벨론 판 탈무드에 의하면 귀족 가문 출신으로 추정되며[63] 어쩌면 남유다 아마샤 왕의 동생이거나 웃시야(아사랴) 왕의 사촌이라고 한다. 여하튼 이름의 '야'는 곧 야웨를 가리키고 그것은 귀족임을 나타낸다. 그는 이사야서에서 아모스의 아들이라고 하나 선지자 아모스와는 아무 관련이 없다.

이사야는 웃시야(= 아사랴) 왕이 죽던 해 환시로 하늘의 보좌에 앉아 계신 거룩하신 하나님을 뵙고 자신은 입술이 부정한 사람인데 '입술이 부정한 백성 중에 거하면서 만물의 여호와이신 왕을 뵈었으므로' 나에게는 화가 미칠 것이라고 걱정을 하자 천사가 부젓가락으로 숯불을 쥐고 '보라 이것이 네 입에 닿았으니 네 악이 제하여졌고 네 죄가 사하여졌느니라.'(이사야 6:5-7) 하였다. 그러자 주께서 '내가 누구를 보내며 누가 우리를 위해서 갈꼬.'(이사야 6:8) 하시자 이사야가 '내가 여기 있나이다. 나를 보내소서.'라고 하며 이사야가 환시를 통하여 여호와 말씀의 전달자가 된 것이다.

## ② 책망과 징벌

이사야가 가장 먼저 받은 말씀은 이스라엘의 여러 죄악에 대한 여호와

---

63) Osty-Seuil 519쪽.

의 실망과 책망이다.

여호와께서는 택하신 백성 이스라엘이 하나님 여호와의 뜻을 따라주기를 기대하시고 최선을 다하셨으나 기대가 벗어난 것이다. '내가 자식을 양육하였거늘 그들이 나를 거역하였도다.'(이사야 1:2) 그러므로 '슬프도다 범죄 많은 나라, 죄 많은 백성, 행악자의 종자들, 부패한 자식들아! 그들이 주를 져버렸도다.'(이사야 1:4) 이스라엘을 손수 기르셨는데 여호와를 거역하였다 이스라엘이 악을 행하고 주를 버렸다는 것은 십계명 중 첫째 계명과 둘째 계명 즉 다른 신을 섬기지 말라는 계명, 우상에게 절하지 말라는 계명을 어긴 것을 여호와께서 지적하신 것이다.

2장에서는 보다 구체적으로 명시된다. '주께서 주의 백성 야곱 족속을 버리셨음은 그들에게 동방 풍습이 가득하며 그들이 블레셋 사람들같이 점을 치며 이방인과 더불어 손을 잡아 언약하였음이라/(…) 그 땅에는 우상도 가득하므로 그들이 자기 손으로 짓고 자기 손가락으로 만든 것을 경배하며/(…) 사람이 자기를 위하여 경배하려고 만들었던 은과 금 우상을 그날에 두더지와 박쥐에게 던지고(…)'(이사야 2:6-20)

동방 풍습이란 중동 여러 국가에서 행하여지는 각종 우상을 섬기는 문화를 의미하며 이방인과 가까이하지 말라함을 이방인들의 풍습을 받아들여 우상 섬김에 빠지는 것을 막고자 하는 것이다. 우상이란 장인의 손으로 빚은 인공물인데 그것을 모시고 경배하고 그것에 복을 비는 것은 너무 어처구니없는 일이기 때문이다. 그러나 우상을 숭배하는 이외에도 교만 특히 여인들의 교만이 인간을 악으로 유인하기 때문에 그것을 지탄하신다. '여호와께서 또 말씀하시되 시온의 딸들이 교만하여 늘인 목, 정을 통하는 눈으로 다니며 아기작거려 걸으며 발로는 쟁쟁한 소리를 낸다. 하시

한 인문학자의 구약성경 스토리텔링

도다/그러므로 주께서 시온의 딸들의 정수리에 딱지가 생기게 하시며 여호와께서 그들의 하체가 드러나게 하시리라/주께서 그 날에 그들이 장식한 발목고리와 머리의 망사와 반달 장식과/(…) 옷머리 수건과 너울을 없애버리실 것이다.'(이사야 3:16-23) 여호와께서는 교만에서 비롯되는 몸동작과 교만을 과시하기 위한 장식물과 치장을 극도로 싫어하신다. 교만은 겸손의 반대로 자신의 분수와 위치를 생각하지 않고 주위 사람들과의 화합은 전혀 염두에 두지 않으며 안하무인식으로 자기 제일을 과시하고 천하에 자기밖에 없다는 사고는 불륜과 불의를 불러들일 뿐이다.

남자의 경우 특히 책망하는 것은 생활습관이다. 포도원 가꾸는 것은 삶과 경제생활에서 중요한 역할을 하지만 술에 빠지는 것은 화의 근원이다. '아침에 일찍 일어나 독주를 마시며 밤이 깊도록 포도주에 취하는 자들은 화 있을진저/그들이 연회에는 수금과 비파와 소고와 포도주를 갖추었어도 여호와께서 행하시는 일에 관심을 두지 아니하며 그의 손으로 하신 일을 보지 아니하는도다/그러므로 내 백성이 무지함으로 말미암아 고향을 등지게 될 것이요 그들의 윗사람들은 굶주릴 것이요 무리는 목이 탈 것이다.'(이사야 5:11-13) 이 모든 불행은 만군의 여호와의 뜻을 따르지 않고 나쁜 생활습관에 빠졌기 때문에 생기는 것이다.

이스라엘 백성들이 율법을 무시하고 율례를 어기고 여호와와의 언약을 깨트린 결과 백성들은 그에 대한 대가를 치르는 것이다. '보라. 여호와께서 땅을 공허하게 하시며 황폐하게 하시며 지면을 뒤집어엎으시고 그 주민을 흩으시리니/백성과 제사장이 같을 것이며 사는 자와 파는 자가 같을 것이며 종과 상전이 같을 것이며 여종과 여주인이 같을 것이며 빌려주는 자와 빌리는 자가 같을 것이며 이자를 받는 자와 이자를 내는 자가 같을 것이라/(…) 그러므로 저주가 땅을 삼켰고 그중에 사는 자들이 정죄함을 당하였고 땅의 주민이 불타서 남은 자가 적도다.'(이사야 24:1-6)

이 상황은 바벨론의 느부갓네살 왕이 대군을 끌고 와, 예루살렘의 모든 것을 파괴하고 왕궁과 여호와 성전의 모든 보물들을 쓸어가고 소수의 하층민들을 제외하고 모든 시민을 포로로 잡아간 후의 모습을 선지자 이사야가 그 순간 이전에 예언한 것이다. 그와 같은 큰 난리가 있고 나서 그 이전에 있었던 환경과 자연은 모두 파괴되고 주민들의 신분·직업에 의한 차이툰 또한 없어져 포로로 잡혀간 모든 사람은 본의 아니게 완전한 평등을 이루게 된 것이다. 그것은 여호와를 따르지 않으면서 온갖 죄악에 젖어 있던 이스라엘 백성에게 여호와는 누구이시고 자기들은 누구인지를 깨닫게 하기 위한 징벌이었던 것이다.

### ③ 예언

이사야가 아들을 낳자 여호와께서는 그 이름을 마헬 살랄 하스바스 '급히 노략하며 서둘러 강탈하다.'로 하라고 하시고 그 이유는 '다메섹의 재물과 사마리아의 노략물들이 앗수르 왕에게로 옮겨갈 것임이라.'(이사야 8:3-4)라고 설명하신다. 그리고 그것은 다메섹 즉 아람과 사마리아가 망하고 그 보물들이 앗수르 즉 바벨론으로 옮겨질 것임을 예언하신 것이다.

연이어 '이 백성이 천천히 흐르는 실로아 물을 버리고 르신[64]과 르말리야[65]의 아들을 기뻐하느니라/그러므로 주 내가 흥용하고 창일한 큰 강 곧

---

64)  앗수르의 왕.
65)  북이스라엘의 장관.

한 인문학자의 구약성경 스토리텔링

앗수르 왕과 그의 모든 위력으로 그들을 뒤덮을 것이라. 그 모든 골짜기에 차고 모든 언덕에 넘쳐/흘러 유다에 들어와서 가득하여 목에까지 미치리라. 임마누엘이여 그가 펴는 날개가 네 땅에 가득하리라 하셨느니라/너희 민족들아 함성을 질러 보아라 그러나 끝내 패망하리라(…)/너희는 함께 계획하라 그러나 끝내 이루지 못하리라. 말을 해 보아라 끝내 시행되지 못하리라 이는 하나님이 우리와 함께 계심이라.'(이사야 8:6-10) 이 구절은 이스라엘과 그것을 둘러싼 열방들의 운명을 예언한 것이다. '천천히 흐르는 실로아 물을 버리고'는 예루살렘의 기혼 수원에서 흘러나오는 여호와로부터의 평안을 상징하나[66] 그것을 백성들이 버리고 패역한 아람과 북이스라엘 베가 왕과 화친하고자 하니 여호와께서 유브라데의 큰 강물 즉 앗수르 왕의 힘을 길러 그 나라들을 싹 쓸어버리고 남유다까지 차지하게 한다는 말이다. 그러나 결과적으로는 임마누엘 즉 하나님과 함께 계심이 이스라엘과 세계를 이끌 것이라는 예언이다.

북이스라엘과 남유다 그리고 시시때때로 그 두 나라를 침략한 아람까지 여호와께서는 앗수르(= 바벨론)을 강화시켜 징벌하였으나 마르둑이라는 우상을 숭배하며 이스라엘과 이웃나라에 권력을 휘두른 바벨론의 교만도 때가 되면 여호와께서 징벌하신다. '앗수르 사람은 화 있을진저 그는 내 진노의 막대기요 그 손의 몽둥이는 내 분노라/내가 그를 보내어 경건하지 아니한 나라를 치게 하며 내가 그에게 명령하여 나를 노하게 한 백성을 쳐서 탈취하며 노략하게 하며 또 그들을 길거리의 진흙같이 짓밟게 하려 하거니와/그의 뜻은 이 같지 아니하며 그의 마음의 생각도 이 같지 아니하고 다만 그의 마음은 허다한 나라를 파괴하며 멸절하려는도다.

---

66) Osty-Seuil 1544쪽.

(…)/그러므로 주 만군의 여호와께서 살진 자를 파리하게 하시며 그의 영화 아래에 불이 붙는 것같이 맹렬히 타게 하실 것이라/이스라엘의 빛은 불이 되고 그의 거룩하신 이는 불꽃이 되실 것이니라 하루 사이에 그의 가시와 찔레가 소멸되며 (…) 병자가 점점 쇠약하여 감 같을 것이라.'(이사야 10:5-18)

영원할 것 같았던 바벨론의 권세와 영화도 여호와의 말씀에 의하여 소멸될 것이라는 사실을 바벨론은 알지 못하였던 것이다. 이스라엘의 두 나라가 항상 서로 기회만 있으면 싸우는 나라가 블레셋이다. 남유다의 아하스 왕이 죽던 해에 블레셋에 대한 경고성 예언이 내린다. '블레셋 온 땅이여 너를 치던 막대기가 부러졌다고 기뻐하지 말라. 뱀의 뿌리에서는 독사가 나겠고 그의 열매는 날아다니는 불뱀이 되리라/(…)/성문이여 슬피 울지어다 성읍이여 부르짖을지어다. 너 블레셋이 다 소멸되리로다 대저 연기가 북방에서 오는데 그 대열에서 벗어난 자가 없느니라.'(이사야 14:29-31) 블레셋은 오늘날에는 그 나라와 민족이 없어졌으나 고대에는 철 생산이 활발하여 좋은 무기를 갖추고 거인족들이 있어 강한 나라였다. 아마도 가나안 지역의 다른 민족들과 융합되어 오늘날의 팔레스타인 국가의 모태가 되었다고 추정된다. 그 블레셋도 여호와께서 그 징벌을 위해 일으키신 앗수르의 공격에 북이스라엘과 함께 소멸될 운명이었다. 그러나 북이스라엘은 바벨론에서의 포로 귀환 후에 남유다와 다시 한 국가를 이루게 되나 블레셋은 예고된 대로 슬그머니 역사의 무대에서 사라진 것이다.

이스라엘과 사이가 좋지 않은 모압에 대한 경고적 예언이 있다. 모압의 주요 성읍이 하룻밤 사이에 망하여 황폐하게 되고 거리에서 사람들은 슬픔을 당하여 굵은 베를 두르고 애통하나 많은 백성들이 있는 재산을 들고

한 인문학자의 구약성경 스토리텔링

남쪽으로 피난할 것이니 여호와께서는 그 땅에 남은 자들을 물어 죽이도록 사자를 보내신다고 하신다. 이사야가 드는 그들의 큰 죄는 그들의 교만이다. '우리가 모압의 교만을 들었나니 심히 교만하며 무례하고 그의 자랑은 헛될 뿐이다.'(이사야 16:6) 그리하여 여호와께서는 '삼년 내에 모압의 영화와 그 큰 무리가 능욕을 당할지라. 그 남은 수가 심히 적어 보잘것없이 되리라 하시도다.'(이사야 16:14) 여호와께서 예언하신 대로 모압 역시 소멸되고 다른 민족에 통합된다.

오랜 옛날부터 중동의 강자였던 애굽에도 경고가 내린다. 이사야는 '보라 여호와께서 빠른 구름을 타고 애굽에 임하시리니 애굽의 우상들이 그 앞에서 떨겠고 애굽인의 마음이 그 속에서 녹으리로다.'(이사야 19:1)라고 예고한 후 여호와의 말씀을 전한다. '내가 애굽인을 격동하여 애굽인을 치리니 그들이 각기 형제를 치며 각기 이웃을 칠 것이요 성읍이 성읍을 치며 나라가 나라를 칠 것이며.'(이사야 19:2) 한마디로 골육상쟁을 통하여 애굽을 난장판으로 만들며 자연도 황폐하게 될 것임을 예고하신다. 그리고 나면 '그날에 애굽 땅 중앙에는 여호와를 위하여 제단이 있겠고 그 변경에는 여호와를 위하여 기둥이 있을 것이요/이것이 애굽 땅에서 만군의 여호와를 위하여 징조와 증거가 되리니'(이사야 19:19, 20) 사실상 애굽이 그 후 바벨론과 바사에 중동의 패권을 넘겨주었지만 애굽의 사막에는 수도원들이 생기고 애굽에서 콥트파 기독교가 생겨 오늘날까지 명맥을 잇고 있으며 알렉산드리아에 유명한 성서 연구 집단들이 활약하였고 성 어거스틴의 고향 카르타고 근방의 타가스테 역시 그리스도교 연구의 중요 거점이었다. 이사야는 '여호와께서 애굽을 치실지라도 치시고는 고치실 것이므로 그들이 여호와께로 돌아올 것이고 여호와께서 그들의 간구함을 들으시고 그들을 치유해 주시리라.'(이사야 19:22)고 예상하고 때가 이르면 이스라엘, 애굽, 앗수르(= 바벨론)는 '세계 중에 복이 될 것'이라고 예언한다.

그 밖에 구스, 에돔 아라비아 등에 대한 예언도 있었으나 마지막으로 예루살렘에 대한 경고가 내린다. 예루살렘은 바벨론의 침공이 있은 후 '너희가 다윗성의 무너진 곳이 많은 것도 보며 너희가 아래 저수지의 물도 모으며 예루살렘의 가옥을 계수하며 가옥을 헐어 성벽을 견고하게도 하며 (…) 그날에 주 만군의 여호와께서 명령하사 통곡하며 애곡하며 머리털을 뜯으며 굵은 베를 띠라 하셨거늘 너희가 기뻐하며 즐거워하여 소를 잡고 양을 잡아 고기를 먹고 포도주를 마시면서 내일 죽으리니 먹고 마시자 하는도다/만군의 여호와께서 친히 내 귀에 들려 이르시되 진실로 이 죄악은 너희가 죽기까지 용서하지 못하리라 하셨느니라.'(이사야 22:12-14) 남유다의 백성들이 성도와 성전이 파괴된 것을 보고 통곡하면서 그 원인이 자기들의 죄악 때문이라는 것을 깨닫고자 하기는커녕 먹고 마시자고 하는 것을 보시면서 여호와께서는 그들을 용서할 수 없다고 이사야에게 귀띔하신다. 계속하시어 '나 여호와가 너를 단단히 결박하고 장사같이 세게 던지리니/(…) 그곳에서 네가 죽겠고 네가 자랑스러워하는 수레들은 네 주인집의 불명예가 되리라.'(이사야 22:17, 18)

여호와의 뜻과 반대 방향으로만 가는 이스라엘은 언제까지 그대로 두지 않으시고 깨달음을 주시기 위하여 광막한 세계로 던지면 너의 영광의 수레도 거기 있겠고 너는 그곳에서 죽으리라고 예언하신다. 그러나 그것이 마지막은 아니고 여호와께서는 힐기아의 아들 엘리아김에게 다윗의 집의 열쇠를 맡기겠다고 하시면서 전통의 단절이 아니고 전통 계승의 여지를 남기신다.

### ④ 구원과 축복

환상을 통하여 선지자가 된 이사야는 하나님의 말씀을 전하기만 하는 대언자가 아니고 하나님의 생각을 알아내어 미래를 예측하는 예언자이며 백성들의 고통을 하나님께 호소하는 변호자이기도 하다. 이사야에게 여호와께서 바사의 고레스는 '내 목자이고 그가 나의 모든 기쁨을 성취하리라.' 하시고 예루살렘에 대하여는 '중건되리라.'라고 하시고 성전에 대해서는 '네 기초가 놓여지리라.'(이사야 44:28)라고 예단하셨는데 그 말씀과 같이 바사 왕 고레스는 모든 이스라엘인들에게 예루살렘에 가서 성전을 재건하라고 하고 포로 귀환 칙령을 선포한다. 그리고 드디어 이사야에게 기쁜 소식을 내리신다. '너희는 위로하라. 내 백성을 위로하라/너희는 예루살렘이 마음에 닿도록 말하며 그것에게 외치라. 그 노역의 때가 끝났고 그 죄악이 사함을 받았느니라. 그의 모든 죄로 말미암아 여호와의 손에서 벌을 배나 받았느니라 하시느니라.'(이사야 40:1, 2)

여호와의 무한하신 능력에 대해 제대로 의식하지 못하는 백성들에게 이사야는 답답한 심정이다. '너는 알지 못하였느냐 듣지 못하였느냐 영원하신 여호와 땅 끝까지 창조하신 이는 피곤하지 않으시며 곤비하지 않으시며 명철이 한이 없으시며/피곤한 자에게는 능력을 주시며 무능한 자에게는 힘을 더하시나니.'(이사야 40:28, 29)

여호와의 축복과 구원에는 한 가지 전제가 있다. 그것은 백성들의 형식적인 제사나 금식에 앞서 인간들 서로의 화평과 사랑이다. '내가 기뻐하는 금식은 흉악의 결박을 풀어주고 멍에의 줄을 끌러내 주며 압제당하는 자를 자유케 하며 모든 멍에를 꺾는 것이 아니겠느냐/또 주린 자에게 양식을 나누어 주며, 유리하는 빈민을 집에 들이며 헐벗은 자를 보면 입히며 또 네 골육을 피하여 스스로 숨지 아니하는 것이 아니겠느냐.'(이사야 58:6, 7) 그러면 '네가 부를 때에는 나 여호와라 응답하겠고 네가 부르짖을 때에는 내가 여기 있다 하리라.'(이사야 58:9)

하나님을 섬기기 전에 하나님의 마음 가지심을 따라 낮은 곳을 향하여 손을 뻗는 것이 하나님이 원하시는 것이다. 여호와께서는 새로운 예루살렘을 약속하신다. '보라 내가 예루살렘을 즐거운 성으로 창조하여 그 백성을 기쁨으로 삼고/내가 예루살렘을 즐거워하며 나의 백성을 기뻐하리니 우는 소리와 부르짖는 소리가 그 가운데에서 들리지 않을 것이며/(…) 그들은 여호와의 복된 자의 자손이요 그들의 후손도 그들과 같을 것임이라.'(이사야 65:17-23) 그러나 거기에는 한 가지 염원이 뒤따른다. '나 여호와가 말하노라. 이스라엘 자손이 예물을 깨끗한 그릇에 담아 여호와의 집에 드림 같이 그들이 너희 모든 형제를 뭇 나라에서 나의 성산 예루살렘으로 말과 수레와 교자와 노새와 낙타에 태워다가 여호와께 예물로 드릴 것이요/나는 그 가운데에서 택하여 제사장과 레위인을 삼으리라.'(이사야 66:20, 21) 말하자면 여호와께서는 이스라엘 자손을 성민으로 그들의 행복한 삶을 이룩하시겠지만 여호와를 경외하는 모든 나라의 백성들도 다 같은 형제이니 그중에서도 제사장과 성전 책임자를 선정하시겠다는 의도를 보이신 것이다.

## ⑤ 메시야 오심

구약성경 여러 곳에서 선지자들이 메시야가 오시는 것을 예언하고 있다. 그러나 이사야는 누구보다도 메시야에 대해 여러 번 다각적으로 언급하고 있다. 이사야가 메시야 관계로 처음 언급한 것은 처녀에 의한 잉태이다. '보라 처녀가 잉태하여 아들을 낳을 것이요 그의 이름은 임마누엘이라 하리라/그가 악을 버리며 선을 택할 줄 알기 전에 네가 미워하는 두 왕의 땅이 황폐하게 되리라.'(이사야 7:14, 15) 이스라엘을 비롯한 중동 문화에서 여인의 부정이나 아내의 간음을 돌로 쳐 죽이는 끔찍한 징벌의 대상이 되는데 처녀 잉태는 남자를 알기 전 남자와 관계없는 무염수태를 의미하며 그 아이 이름을 '임마누엘' 즉 '하나님과 함께 계심'이라고 하는 것은 그 아이가 하나님과 한 몸임을 나타내고 두 왕은 북이스라엘 왕과 남유다의 왕을 지칭한다. 메시야께서는 '그는 태에서부터 나를 그의 종으로 지으신 이시오 야곱을 그에게로, 돌아오게 하시는 이시니 이스라엘이 그에게로 모이는도다.'(이사야 49:5) 다시 말하자면 여호와께서 쓰시고자 하여 나(= 메시야)를 지으시고 나를 통하여 야곱 지파의 자손들 즉 모든 이스라엘을 모이게 하시는도다. 그러나 중요한 것은 메시야는 이스라엘만을 위한 것이 아니다 '너를 이방의 빛으로 삼아 나의 구원을 베풀어서 땅 끝까지 이르게 하리라.'(이사야 49:6) 하나님과 하나님의 뜻을 실천으로 옮기는 메시야에 대한 경외와 그 사랑이 이스라엘 경계 안에서 이루어질 뿐 아니라 그 경계를 넘어 땅 끝까지 이른다는 것을 명확히 밝히신다.

그 메시야는 어디로부터 오는가. '다윗의 아버지 이새의 줄기에서 한 싹이 나며 그 뿌리에서 한 가지가 나서 결실할 것이요/그의 위에 여호와의 영, 곧 지혜와 총명의 영이요 조언과 능력의 영이요 여호와에 대한 지식과 경외의 영이 강림하리니/그가 여호와를 경외함으로 즐거움을 삼을 것이며.'(이사야 11:3) 여호와의 영을 그대로 받은 메시야는 어떻게 오는가. '이는 한 아기가 우리에게 태어났고 한 아들을 우리에게 주신 바 되었는데 그의 어깨에는 정사를 메었고 그의 이름은 놀라우신 영도자, 전능하신 하나님, 영존하시는 아버지이시고 평강의 왕이라 할 것임이라.'(이사야 9:6) 처녀에게서 태어날 그 아기 메시야는 하나님 여호와에게서 모든 처리를 위임받았고 인간의 현재와 미래를 이끌어 줄 지도자이시며 하나님의 모든 권능을 지니고 오셨으며 우리를 영원히 품어주실 아버지이시며 지상의 평화를 이루실 분이다. 그는 왕이라고 불린다. '보라 장차 한 왕이 공의로 통치할 것이요 방백들은 정의로 다스릴 것이며.'(이사야 32:1)에서도 왕이라고 한 것은 고대사회의 최고의 지도자를 왕이라고 하였기 때문이고 이 경우 왕은 관념적이고 도덕적 정신적 의미의 지도자를 가리킨다.

그렇기 때문에 그 왕 메시야는 세상에서 권력과 영화를 누리기는커녕 여호와께서 모든 권한을 위임받고 오신 메시야는 '그는 멸시를 받아 사람들에게 버림받았으며 간고를 많이 겪었으며 질고를 아는 자라 (…) 그는 실로 우리의 질고를 지고 우리의 슬픔을 당하였거늘 (…) 그가 찔림은 우리의 허물 때문이요 그가 상함은 우리의 죄악 때문이라.'(이사야 53:3-5) 선지자 이사야는 예수 그리스도의 오심에서부터 임무, 시련과 죽으심까지 거의 모든 과정을 예고하였고 특히 그의 마지막 고난이 우리의 죄악 때문이라는 것을 밝힘으로서 예수님이 우리 모두의 구원을 위하여 자신을 희생할 것임을 깨우쳐 주고 있다.

## 결언

구약성경에는 많은 선지자들이 등장하고 각 선지자들은 모두 하나님 여호와로부터 일정한 임무를 부여받고 수행하였고 예언서의 크기에 따라 대예언서와 소예언서로 나누지만 그것은 편의상의 구분일 뿐 중요성을 중심으로 구분한 것은 아니다. 그렇기는 하나 이사야는 중요한 소명을 받고 그것을 수행한 선지자이다. 메시야 예수님의 오심을 예언한 선지자들이 여럿이 있지만 이사야는 예수님의 오심부터 마지막 죽으심까지 예언하면서 특히 예수님의 고난과 죽으심이 우리 모두를 구원하시기 위한 것임을 명확히 밝힌 것은 그 이름 '야웨는 구원이시다.'라는 것을 보여 준 매우 중요한 가르침이다.

# 라. 미가

### ① 소명

남유다 왕국의 요담, 아하스, 히스기야 등의 시대에 예루살렘 서남쪽 40km의 시골 마을 모레셋에서 태어난 미가의 이름은 '누가 여호와 같으랴'를 뜻한다.

모레셋은 유다와 블레셋의 경계에 있는 성읍으로 미가에게는 귀족 가문이나 제사장 가문의 후손이라는 후광이 없는 무명 가문의 선지자로 당시 사회 지배계층의 다양한 부조리와 불의를 관찰하여 그는 그것을 파헤치는 활동을 하기로 마음을 굳히게 된다.

## ② 미가서의 핵심 줄거리

미가는 첫째 당시 사회의 지배계층을 중심으로 하는 여러 가지 부조리와 불의를 파헤쳐 드러내고 둘째 부조리와 불의에 대한 여호와의 징계와 재앙을 보여 주고 셋째 구원과 축복을 위한 희망의 길을 제시한다.

### (a) 사마리아와 유다에 대한 경고와 심판

앗수르가 사마리아를 침공하여 점령하고 자기 백성을 그곳에 이주시키기 전부터 사마리아는 우상숭배가 성행하던 북왕국의 중심이었고 유다는 유다와 벤야민의 두 지파만으로 구성된 국가로 예루살렘 사회의 지도층들이 거주하고 활동하면서 하나님의 성전을 모시고 있어 이스라엘의 정통성을 수호한다는 자부심이 있었으나 권력과 경제적 부를 누리는 지배계층은 실제적으로는 죄악의 온상이 되고 있었다. 그렇기 때문에 미가는 우선 사마리아에 경고를 내린다.

우상숭배를 중심으로 각종 죄악을 저지르는 '사마리아를 돌의 무더기 같게 하고 포도 심을 동산 같게 하며 또 그 돌들을 골짜기에 쏟아내며/그 새긴 우상들은 다 부서지고 그 음행의 값은 다 불살라지며 내가 그 목상들을 다 깨뜨리니 그것을 기생prostitute의 값으로 모았은즉 그것이 기생의 값으로 돌아가리라/이러므로 내가 애통하며 애곡하고 벌거벗은 몸으로 행하며 들개같이 애곡하고 타조같이 애곡하리니.'(미가 1:6-8)

하나님의 뜻을 알고 있는 미가는 사마리아에 내려질 재앙을 예언하면서 그 악영향이 '유다에까지도 이르고 내 백성의 성문인 예루살렘에도 미

한 인문학자의 구약성경 스토리텔링

쳤음이라.'(미가 1:9) '지배계층의 죄악은 그들이 침상에서 죄를 꾀하며 악을 꾸미고 날이 밝으면 그 손에 힘이 있으므로 그것을 행하는 자 화 있을 진저.'(미가 2:1)

보다 구체적으로 '밭들을 탐하여 빼앗고 집들을 탐하여 차지하니 그들이 남자와 그의 집과 사람과 그의 산업을 강탈하도다.'[67](미가 2:2) 그러면 사람들이 너희를 조롱하는 시를 지어 '우리가 온전히 망하게 되었도다. 그(여호와)가 내 백성의 산업을 옮겨 내게서 떠나게 하시며 우리 밭을 나누어 패역자에게 주시는도다 하리니'(미가 2:4)

특히 미가는 사회의 지도층을 책망한다. '내가 또 이르노니 야곱의 우두머리들과 이스라엘 족속의 통치자들아 들으라 정의를 아는 것이 너희의 본분이 아니냐/너희가 선을 미워하고 악을 기뻐하여 내 백성의 가죽을 벗기며 그 뼈를 깎아 다지기를 냄비와 솥 가운데에 담을 고기처럼 하는도다/(…) 내 백성을 유혹하는 선지자들은 이에 물을 것이 있으면 평강을 외치나 그 입에 무엇을 채워주지 아니하는 자에게는 전쟁을 준비하는도다. (…) 이 선지자 위에는 해가 져서 낮이 캄캄할 것이라.'(미가 3:1-6)

특별히 지배계층에 속하는 '야곱 족속의 우두머리들과 이스라엘 족속의 통치자들아 (…) 원하노니 이 말을 들을지어다 (…) 그들의 우두머리들은 뇌물을 위하여 재판하며 그들의 제사장들은 삯을 위하여 교훈하며 그들의 선지자는 돈을 위하여 점을 치면서도 여호와를 의뢰하여 이르기를 여호와께서 우리 중에 계시지 아니하냐 재앙이 우리에게 임하지 아니하리로다 하는도다.'(미가 3:9-11) 그러므로 온 이스라엘은 폐허가 되고 성전

---

67) 남의 재산을 탈취하는 범죄는 십계명의 열 번째 계명을 어기는 행위인데 옛 이스라엘에서는 증인을 매수하고 재판관하고 모의하면 남의 재산과 아내까지도 합법적으로 갈취할 수 있었다.

은 덤불 위에 서 있으리라고 미가가 예언한다.

### (b) 이방의 침략과 민족들의 심판

미가는 이스라엘 사회의 지배계층에 대한 신랄한 책망을 하나 다른 어
두운 그림자도 이스라엘에 드리운다. 내우외환이라고 할까. '앗수르 사람
이 우리 땅에 들어와서 우리 궁들을 밟을 때에는 우리가 일곱 목자와 여
덟 군왕[68]을 일으켜 그를 치리니/그들이 칼로 앗수르 땅을 황폐하게 하며
니므롯[69] 땅 어귀를 황폐하게 하리라 앗수르 사람이 우리 땅에 들어와서
우리 지경을 밟을 때에는 그[70]가 우리를 그에게서 건져내리라.'(미가 5:6)

이스라엘의 남은 자들은 이방국가들의 침략에도 굳건히 나라를 지키는
힘으로 남을 것이다. '야곱의 남은 자는 여러 나라 가운데와 많은 백성 가
운데 있으리니 그들은 수풀의 짐승들 중의 사자 같고 양 떼 중의 젊은 사
자 같아서 만일 그가 지나간즉 밟고 찢으리니 능히 구원할 자가 없을 것
이라.'(미가 5:7)

그러나 결국 이방 사람들이 이스라엘을 쳐서 이스라엘이 바벨론까지
가게 되나 여호와 하나님은 이스라엘을 버리지 않으시고 '거기서 구원
을 얻으리니 여호와께서 거기서 너를 네 원수의 손에서 속량하여 내시리
라.'(미가 4:10)라고 선지자는 예언한다.

마지막 날이 되면 즉 하나님의 나라가 도래하고 심판의 날이 되면 '여호

---

68) 일곱 목자와 여덟 군왕은 단순히 남은 자들의 지휘자와 군장들을 가리킨다.
69) 니므롯은 앗수르를 처음 세운 임금으로 메소포타미아 근처의 지명이 되었다.
70) 우리를 건져낼 '그'가 누군지는 성경 주석가들이 침묵하고 있는데 우리는 산헤립의 대군을 밤사
이에 모두 궤멸하신 여호와를 지칭하는 것으로 추정한다.

와의 전의 산이 산들의 꼭대기에 굳게 서며 작은 산들 위에 뛰어나고 민족들이 그리로 몰려갈 것이라.'(미가 4:1) '그[71]가 많은 민족들 사이의 일을 심판하시며 먼 곳 강한 이방 사람을 판결하시리니 무리가 그 칼을 쳐서 보습을 만들고 창을 쳐서 낫을 만들 것이며 이 나라와 저 나라가 다시는 칼을 들고 서로 치지 아니하며 다시는 전쟁연습을 하지 아니하고.'(미가 4:3)

때가 이르면 하나님의 나라가 세워지고 하나님은 나라들을 심판하실 것이나 그것은 침략의 죄를 징계하시기 위한 것이 아니라 나라 간의 평화를 이루게 하기 위한 것이다.

(c) 이스라엘과 여호와, 쟁론과 재앙

여호와께서는 이스라엘의 허물과 불의를 일방적으로 규탄하실 수도 있지만 그것에 대한 이스라엘의 변론을 듣고 여호와가 생각하신 바를 대응함으로서 자신의 문제점을 스스로 깨닫게 하는 것이 더 효과적이라고 믿고 그런 방법으로 접근하신다.

'여호와께서는 애굽에서 종 노릇 하는 이스라엘 백성을 구원하셨고 발락 왕이 발람으로 하여금 이스라엘 저주를 부탁하였으나 그로 하여금 이스라엘을 축복하게 하고 백성에게 공의로 행한 것을 아는 이스라엘은 여호와께 어떻게 보응하였는가. 너희들이 여호와 경외를 어떻게 표하는 것이 좋을까. 어린 송아지를 번제물로 드릴까 숫양이나 올리브기름을 드릴까. 내 허물을 위하여 이교도들처럼 내 장자를 드릴까. 내 영혼의 죄를 위

---

71) 여호와.

하여 내 몸을 드릴까. 이와 같은 외형적인 것을 여호와께서 원하는 것이 아니다.'

'여호와께서 네게 원하시는 것은 오직 정의를 행하며 인애를 좋아하며 겸손하게 네 하나님과 함께 행하는 것이 아니냐.'(미가 6:8) '그런데 악인의 집에는 아직도 불의한 재물이 있고 눈속임 저울을 사용하고 그 부자들은 강도가 가득하고 백성들은 거짓말을 하니 그러므로 여호와도 그들을 쳐서 병들게 하였고 땅을 황폐하게 하였나니 네가 씨를 뿌려도 추수할 것이 없으며 감람 열매를 짜도 기름이 없으리라. 너희가 오므리와 아합의 예법과 전통을 따르면 민족들의 조소거리가 되고 수욕을 당하리라.'(미가 6:8-16)

### (d) 미래의 전망과 구원

그러나 미가는 '나는 오직 여호와를 우러러 바라보며 나를 구원하시는 하나님을 바라보나니 나의 하나님이 나에게 귀를 기울이시리로다.'(미가 7:7) 여호와께서도 '야곱아 내가 반드시 너희 무리를 다 모으며 내가 반드시 이스라엘의 남은 자를 모으고 그들을 한 처소에 두기를 보스라[72]의 양 떼같이 하며 초장의 양떼같이 하리니 (⋯) 그들의 왕이 앞서가며 여호와께서는 맨 선두에 서시리다.'(미가 2:12, 13)

'나의 대적이 이것을 보고 부끄러워하리니 그는 전에 내게 말하기를 네 하나님 여호와가 어디 있느냐 하던 자라 그가 거리의 진흙같이 밟히리니 그것을 내가 보리로다.'(미가 7:10) '야곱의 남은 자는 많은 백성들 가운데

---

72) 요새 지역의 양우리(뉴톰슨 성경 159쪽).

있으리니 그들은 여호와께로부터 내리는 이슬 같고 풀 위에 내리는 단비 같아서 사람을 기다리지 아니하며 누구에게도 의지하지 않을 것이다.'(미가 5:7)

### (e) 메시야의 오심

메시야의 오심을 여러 선지자들이 예언하였으나 그가 태어날 고장과 그가 속한 족속까지 베들레헴 유다 지파의 에브라다 족속[73]의 이름까지 예고한 선지자는 미가뿐이다. 그는 '베들레헴 에브라다야 너는 유다 족속 중에 작을지라도 이스라엘을 다스릴 자가 네게서 나올 것이라. 그의 근본은 상고에 영원에 있느니라.'(미가 5:2) 에브라다가 베들레헴의 옛 이름으로 사용된 것이 아니라 유다 지파의 족속 중에 에브라다 족속에 속한다고 밝혔고 또 한 가지는 '그의 근본은 상고에 영원에 있다고 하는 것은 메시야의 존재는 태어나시기 전에 정하여진 것이 아니라 태고적부터 계셨고 또 영원히 계실 것이라.'고 한 것도 매우 중요한 언급이다.

또 중요한 언급은 '그가 여호와의 능력과 그의 하나님 여호와의 이름의 위엄을 의지하고 서서 목축하니 그들이 거주할 것이라 그가 창대하여 땅 끝까지 미치리라/이 사람은 우리의 평강이 될 것이라.'(미가 5:4, 5)

메시야는 여호와의 능력을 부여받았고 여호와의 이름의 위엄을 의존하며 목자로서 필요한 양식을 주시고 그의 인도하심과 영향은 온 지구촌의 방방곡곡에까지 이르리라고 확언하였고 그가 우리 모두에게 평강을 주실

---

73) 사무엘상 17장 12절은 다윗의 아버지 이새가 에브라다 족속임을 밝히고 있다. 에브라다는 야곱의 아내 라헬이 묻힌 곳인데 베들레헴의 옛 이름으로도 쓰였다.

것이라고 미가가 선언하였다. 미가는 예수 그리스도의 존재에 관한 핵심을 집약하여 그리스도께서 태어나기 500여 년 전에 예언한 선지자이다.

### 결언

미가는 농촌 출신의 선지자로서 서민 입장에서 유다와 예루살렘 그리고 온 이스라엘 사회를 관찰하면서 특히 권력과 부를 누리고 서민층을 힘들게 하는 사회 상류계층의 부조리와 불의를 집중적으로 규탄하고 있다.

주로 그들의 회개를 강조하면서 그들을 여호와의 구원과 축복에서 제외하고 남은 자만의 새 이스라엘을 구별하는 것이 지나치게 과격하다는 지적을 받을 수도 있다.

그러나 사회의 약자 계층을 옹호하고 형식적인 여호와 경외를 생활화하는 것보다 백성에 대하여 공의를 실천하고 겸손한 인애를 행하는 것은 곧 여호와의 마음을 현실 속에서 실천하는 것이다.

그러한 의미에서 미가는 무엇보다 서민층을 대변하는 선지자로서 특히 오실 메시야의 핵심을 500여 년 전에 우리에게 전해 준 귀중한 전달자이다.

## 마. 나훔

### 서언

필자 나훔은 자신이 '엘고스 사람'이라는 사실 외에는 알려 주는 것이 없고 그가 쓴 짧은 예언서밖에 참고할 자료가 없으나 그가 앗수르가 망하는

BC612년 전후에 활약하였고 스바냐와 하박국 등과 같은 시기에 꽤 알려진 선지자였다고 추정된다.

### ① 역사적 상황

요나의 전도로 하나님을 경외하던 니느웨는 그 후 모든 것을 그 전의 삶으로 돌리고 이웃 국가들을 침공하고 잔학한 행위를 하게 된다. 이에 하나님께서는 신흥 바벨론으로 하여금 앗수르를 멸망으로 이끌게 하신다. 앗수르의 여러 가지 모습을 목격한 나훔은 하나님의 계시와 말씀을 받고 묵시를 통하여 니느웨가 멸망하게 되는 모습을 자세하고 생생하게 그린다. 그 과정에서 그가 마음속에 가졌던 앗수르에 대한 원한도 남김없이 털어놓는다.

구약성경에서 한 도읍 니느웨의 멸망만을 다룬 글은 나훔이 유일하다.

### ② 여호와의 진노

나훔은 우리가 알고 있는 하나님과는 다른 하나님을 대하게 된다. 우리는 하나님이 전능하시며 사랑이 많으시고 온유하시고 긍휼과 자비가 많으시며 오래 참으시고 공의로우시다고 생각하나 하나님께서는 다른 면도 지니고 계신다. 하나님은 원칙에 철저하시며 보응하시고 악을 미워하시고 진노하시며 죄악을 징계하시며 악의 소굴을 진멸하시며 진실한 마음으로 참회하면 죄악을 너그러이 용서하신다.

나훔에서 보는 하나님께서는 '질투하시며 보복하시는 하나님'으로 '자기를 거스르는 자에게 여호와는 보복하시며 자기를 대적하는 자에게 진노를 품으시는(나훔 1:2) 하나님이시다. 니느웨 네 이름이 다시는 전파되지 않을 것이라.'(나훔 1:14) 너희는 죄악 때문에 진멸되어 너희 이름을 지니는 후손은 없을 것이라는 통고이다.

### ③ 니느웨의 멸망

니느웨로 인하여 많은 고통을 당하던 이스라엘에게는 니느웨의 멸망은 '화평을 전하는' '아름다운 소식'이니 '절기를 지키고 서원을 갚을' 것을 권고하시고 그것은 이스라엘의 영광을 회복하고 '포도나무 가지를 없이' 하고 이제까지 약탈을 일삼던 니느웨가 멸망하였기 때문이다. (나훔 2:2)

그러나 니느웨를 직접 파괴하고 멸망시키는 것은 이스라엘이 아니다. 하나님께서는 새로 건립된 메대-바벨론 군대를 키워 메대-바벨론으로 하여금 니느웨를 침공하여 멸망하게 하신다. 메대-바벨론의 용사는 붉은 전투복을 입고 붉은 무기를 들었으며 줄지어 침략하면 번개처럼 번쩍이고 병거는 번개처럼 빠를 것이다. (나훔 2:1-4)

물론 니느웨의 방위 군사들이 달려올 것이나 이미 강의 수문들이 열리고 왕궁은 불탈 것이며 왕후가 벌거벗은 채로 끌려갈 것이니 궁녀들은 통곡할 것이다. 그러나 북적이던 니느웨는 공허하고 황폐하게 된다.

침략군은 금은보화를 마음껏 노략하라. 이제까지는 니느웨의 사자들이 거리를 휩쓸고 다니면서 수사자들이 새끼와 암사자들을 위하여 사냥한 것으로 그들의 굴을 채웠으나 이제는 그들의 굴도 없어지고 아무도 사자들을 두려워하지 않는다.

만군의 여호와께서는 니느웨에게 '내가 네 대적이 되어 네 병거들을 불살라 연기가 되게 하고 네 젊은 사자들을 칼로 멸할 것이며 네가 노략할 것을 땅에서 끊으리니.'(나훔 2:13)라고 하신다.

### ④ 니느웨에 대한 저주

거짓과 포악이 가득하고 탈취물로 채워진 피의 성 니느웨에는 화가 있을 뿐이다. 말이 뛰고 병거가 달리던 니느웨는 죽임을 당한 자들의 시체가 쌓여 걷는 사람이 시체에 걸려 넘어지게 된다.

그것은 미모의 마녀가 음행과 마술로 많은 나라를 미혹하였기 때문이다. 여호와의 말씀이 '네 치마를 걷어올려 (…) 네 부끄러운 곳을 여러 나라에 보이라고 하셨다.'(나훔 3:5) 니느웨가 황폐하였으나 너를 위로할 자는 없구나.

'니느웨야 네가 어찌 노아몬[74]보다 낫겠느냐. 노아몬은 포로로 잡혀가 압제를 당하고 그 권세자들도 사슬에 결박되었으나 너도 같은 운명이니 피난처를 찾게 되리라. 너의 성문들은 네 원수들에게 활짝 열리고 빗장들은 불에 타리라. (나훔 3:13) 포위에 대비하여 물을 비축하고 성벽들을 견고히 하라.

불이 너를 삼킬 것이며 호위대와 장수들이 아무리 많아도 위험이 가까워지면 모두 메뚜기들처럼 다 날아가 버릴 것이다. 네 목자가 자고 네 귀족은 누워 쉬며 네 백성은 산들에 흩어지나 그들을 모을 사람이 없도

---

74) 노아몬은 애굽의 옛 수도 테베를 가리킨다. 앗수르의 아슈르 바니팔 왕은 테베를 공격하여 점령한 적이 있다. 번창하고 부유하던 테베는 동맹국들의 지원에도 불구하고 파괴되고 앗수르에게 희생을 당하였으나 이번에는 니느웨도 같은 운명을 겪게 되었다.

다.(나훔 3:18) 너는 고칠 수 없는 중상을 입을 것이고 네 소식을 듣는 자
는 다 손뼉을 치나니 이는 그들이 항상 네게 행패를 당하였음이 아니더
냐.'(나훔 3:19)

### ⑤ 시제의 전용

시간은 과거, 현재, 미래로 나눈다. 그러나 언어마다 현실을 나타내는
방법은 다르고 문법이 그것을 규정한다. 그러나 작가는 자신이 표현하고
싶은 뉘앙스에 따라 문법의 규정을 따르지 않고 과거적인 사행을 현재로
바꾸어 나타내고 미래적인 것도 현재로 나타내기도 한다. 그것을 시제의
전용이라고 부른다. 나훔은 그의 짧은 글에서 통시간적인 시제의 전용을
비교적 많이 보여 주고 있다.

#### (a) 직설적 현재

두 가지 상이한 성품을 품으신 하나님의 성격을 설명하고자 하는 1장의
경우 직설적 진술을 하면서 현재를 쓰는 것은 피할 수 없다.

#### (b) 미래를 현재로

2장 3절 '병거의 쇠가 번쩍이고' '창이 요동하는도다.'는 현재에 일어나
는 일이 아니니 '번쩍일 것이고'와 '요동하리로다.'의 미래에 일어날 일을
눈에 보이는 현재로 나타냄으로써 그것을 보다 생생하고 현실감 있게 하

기 위하여 시제를 전용한 것이다.

2장 4절의 '거리를 달리며' '빨리 달리니' 역시 미래의 사행을 현재로 바꿈으로써 현실감을 나타낸 것이다. 영어 성경도 2장 3절과 2장 4절의 미래를 현재로 나타내며 그 같은 효과를 노리고 있다.

2장 13절의 '연기가 되게 하고' 역시 '되게 할 것이고'라고 함으로써 의지적 미래 사행을 눈에 보이는 현재로 대신한 것이다. 같은 절의 '네가 노략한 것을'도 '네가 노략할 것'을 대신 사용된 것이다. 영어 텍스트는 그 두 경우 모두 will로 나타내었다.

3장 3절 '시체에 걸려 넘어지니'도 '걸려 넘어지리니'라고 하는 것보다 현장감을 높인다.

마찬가지로 3장 5절의 '나라들에게 보이며'는 영어와 프랑스어 성경은 미래 시제로 썼으나 현재시제가 부끄러움을 더 드러낸다고 본다.

3장 13절의 '장정들은 여인 같고'는 '여인 같을 것이고'보다 단정적인 감을 준다.

3장 15절의 '너를 삼키며'와 3장 17절의 '메뚜기 같고', 3장 18절의 '네 목자가 자고', 3장 19절의 '고칠 수 없고 네 부상은 중하도다.' 등도 3장 13절과 같은 효과를 노린 것이다.


(c) 미래를 과거로


영어 성경과 프랑스어 성경에서 미래시제를 사용할 경우에도 미래시제 대신 현재시제로 표현하는 경우가 많이 보이지만 그와 반대로 미래시제로 표현할 것을 과거시제로 표현한 경우도 있다.

2장 10절의 '니느웨가 공허하였고 황폐하였도다.'는 미래시제를 사용하여 '공허할 것이고 황폐하리로다.'라고 할 것을 그 상태가 이미 완료되었다고 강조하기 위하여 과거시제로 표현하였다.

나훔은 짧은 글이지만 필자는 시제를 전용하는 것이 독자의 현실감을 높일 수 있다는 사실을 누구보다 잘 포착하여 사용한 사람이다.

### ⑥ 나훔의 믿음

나훔은 그의 글을 시작하면서 여호와 하나님의 전지전능하심을 상기시킨다. 하나님은 바다를 마르게, 땅도 솟아오르게 하시고 자연을 원하시는 대로 변화시킬 수 있는 권세와 능력을 가지신 분으로 죄악을 보복하시고 징계하시는 무서운 분이시면서 아울러 인내가 많으시며 선하시며 환난의 날 자기를 경외하는 자들에게 피난처를 제공하시는 분임이심을 강조한다.

그것은 나훔이 누구보다도 하나님을 잘 알고 마음속에서 하나님을 경외하고 하나님에 대한 깊은 믿음을 가졌음을 보여 주시는 것이다.

### ⑦ 나훔의 시온주의

하나님의 두 가지 상이한 면, 즉 천지를 주재하시고 자연을 다스리시면서 악을 징계하시지만 악의 보복과 징계가 이스라엘에게는 아름다운 화평을 주는 영광스러운 소식이라고 하면서 그의 마음속에 시온주의가 깃들어 있음을 보여 준다.

시온이즘에도 여러 가지 면이 있지만 단순하게 보자면 시온주의는 다른 민족들과의 평화적 공존을 추구하는 대신 여호와 하나님을 앞세워 이스라엘만의 영광을 실현하는 것이다. 나훔이 '하나님' 또는 '여호와 하나님'이라고 하지 않고 단순히 '여호와'라고 호칭하는 것은 그가 히브리적 전통을 철저히 따르고 시온주의를 깊이 신봉하고 있음을 보여 주는 징표이다.

### 결언

나훔의 글은 하나님의 찬송으로 시작되어 요나의 전도로 하나님을 경외하던 니느웨가 그 후 인근 국가들에 대한 잔인한 망나니짓을 행하여 그 잔혹한 불의에 진노하신 하나님께서 바벨론의 힘을 키워 니느웨를 징벌하시는 것을 묵시를 통하여 전개될 가까운 미래로 보여 주고 있다.

선지자 나훔은 그의 짧은 글에서 시인으로서의 역량과 드라마틱한 전개와 세세한 디테일을 표출하는 날카로운 눈을 가진 수사학자임을 보여 준다. 아울러 그는 그의 정신의 뒷받침이 전지전능하신 하나님 경외와 시온이즘의 부활과 영광에 대한 소망 그리고 꿈이라는 사실을 유감없이 보여 주고 있다.

## 바. 스바냐

### ① 인물

스바냐는 히스기야 왕의 후손으로 히스기야 왕의 아들 아마랴는 그의 증조부이며 예루살렘의 방백으로 유다의 총독이었던 그다랴의 손자이니

요즘 표현으로 '금수저'인 셈이다. 요시아 왕 시절 활약한 선지자 스바냐가 쓴 스바냐서는 하나님의 말씀을 주로 전한 것으로 소예언서 중에서도 짧은 기록이다.

## ② 유다에 대한 경고

시작부터 여호와께서는 '내가 땅 위에서 모든 것을 진멸하리라.'(스바냐 1:2)고 선언하신다. 유다에 대한 경고로 시작하신다. 여호와께서는 먼저 유다에 남아 있는 바알 신앙의 잔재들부터 파멸하시고 아울러 일월성신에게 경배하는 암몬의 밀곰 신봉자들과 여호와를 배반한 자들을 모두 없애시겠다고 하시고 심판을 위한 '여호와의 날'이 가까워졌다고 알려 주신다.

강포와 거짓으로 보화를 쌓아둔 자들, 여호와께서는 복도 내리지 않으시고 화도 내리지 않으신다고 믿고 있는 자들을 모두 찾아내어 그들을 벌하시겠다고 선언하신다. (스바냐 1:9)

여호와의 날은 '분노의 날이요, 환난과 고통의 날이요 황폐와 패망의 날이요 캄캄하고 어두운 날이요 구름과 흑암의 날이요.'(스바냐 1:15) '은과 금이 여호와의 분노의 날에 능히 그들을 건지지 못할 것이며 온 땅이 여호와의 질투의 불에 삼켜지리니 이는 여호와가 이 땅 모든 주민을 멸절하되 놀랍게 멸절할 것임이라.'(스바냐 1:18) 하신다. 그러나 '여호와의 규례를 지키는 세상의 모든 겸손한 자들은' '여호와를 찾으며 공의와 겸손을 구하면' 아마도 '여호와의 분노의 날에 숨김을 얻으리라.'고 귀띔한다.

그러나 온 유다와 예루살렘이 모두 멸절되는 것은 아니다. '여호와의 규례를 지키는 세상의 모든 겸손한 자'들은 여호와께 범죄한 자들과 구별된다. '여호와를 찾으며 공의와 겸손을 구하는 자'는 '여호와의 분노의 날에 숨김을 얻으리라.'(스바냐 2:3)고 제한을 두신다.

### ③ 블레셋[75]에 대한 경고

틈만 있으면 이스라엘을 괴롭히는 블레셋은 경고의 대상이다. 그 중심 도시 가사는 버려질 것이고 아스글론은 폐허가 되며 아스돗은 어둠의 도시가 되고 에그론은 뿌리가 뽑히리라. 가나안의 지중해 변에 거주하는 그렛족들에게도 화가 있을 것이다. 여호와께서 그들을 파멸하시어 주민이 남지 않을 것이고 그 땅에는 목자와 양 우리만 남고 그 일대는 유다의 남은 자들에게 돌아갈 것이다. 하나님께서 그들을 돌봐주실 것이다. (스바냐 2:4-7) 아울러 아프리카의 북쪽에 거주하는 구스 사람들도 하나님의 칼에 죽임을 당하리라. (스바냐 2:12)

### ④ 앗수르에 대한 경고

북방의 강국으로 바사에게 예속되기 전까지 이스라엘의 침략을 일삼던 앗수르는 여호와께서 그의 멸망을 예고하신다. 세상에는 자기만 있다고 교만을 부리던 그 땅에는 각종 짐승 떼들만 남고 삭막한 사막같이 되리라.

---

75) 블레셋 사람들은 본래 그리스의 크레타섬에서 왔다.

### ⑤ 모압과 암몬에 대한 경고

아브라함의 조카 롯의 자손인 모압과 암몬은 같은 뿌리들의 나라인 이스라엘에 대한 악담과 훼방을 부려왔으니 모압은 소돔같이 되고 암몬은 고모라같이 되어 찔레가 나는 소금 구덩이처럼 될 것이고 이스라엘의 남은 자들의 땅이 될 것이다. (스바냐 2:13-15)

### ⑥ 예루살렘의 장래

이스라엘의 인근 나라들은 이스라엘에 대한 악행들 때문에 모두 멸망하겠고 그들의 땅은 이스라엘의 남은 자들에게 돌아가게 된다. 그러나 어느 선지자보다도 예루살렘의 여러 가지 패악한 행위를 잘 아는 스바냐는 여호와께서도 그와 같으신 뜻을 가지고 계신 것을 알고 예루살렘의 장래에 대한 신랄한 비난과 경고를 내린다.

'패역한 곳 포악한 그 성읍이 화 있을진저.'(스바냐 3:1)라고 포문을 연 스바냐는 특히 그 지배계층의 악행에 초점을 맞추고 '그 가운데 방백들은 부르짖는 사자요 그의 재판장들은 이튿날까지 (먹이를) 남겨 두는 것이 없는 저녁 이리요/그의 선지자들은 경솔하고 간사한 사람들이요 그의 제사장들은 성소를 더럽히고 율법을 범하였도다.'

'(…) 여호와는 의로우사 (…) 자기의 공의를 비추시거늘 불의한 자는 수치를 알지 못하는도다.'(스바냐 3:3-5)라고 하면서 쌓여 있던 분노에 불을 지피며 여호와의 말씀을 전한다. '내가 이르기를 너는 오직 나를 경외하고 교훈을 받으라. 그리하면 내가 형벌을 내리기로 하였지만 너의 거처가 끊

어지지는 아니하리라 하였으나 그들은 기를 쓰고 그들의 모든 행위를 악하게 행하였느니라.'(스바냐 3:7)

그러므로 부끄러움을 모르고 죄악 가운데에서 살아온 백성들이 살아남을 수 있는 유일한 길은 오로지 '모일지어다 모일지어다/명령이 시행되어 바람에 날리는 겨chaff처럼 날이 지나가 버리기 전에, 여호와의 진노가 너희에게 내리기 전에, 여호와의 분노의 날이 너희에게 이르기 전에 모여야 할 지어다.'(스바냐 2:1, 2) 모두 모여 자기들의 허물어진 삶을 통회하고 여호와에게 돌아와야 한다.

### ⑦ 남은 자들에 대한 축복

교만하고 여러 가지 죄악을 행하는 자들이 제거된 이스라엘에게는 축복과 구원이 약속된다. '이스라엘의 남은 자는 악을 행하지 아니하며 거짓말을 행하지 아니하며 입에 거짓된 혀가 없으며 먹고 누울지라도 그들을 두렵게 할 자가 없으리라.'(스바냐 3:13)

왜냐하면 '그들이 여호와의 이름을 의탁하여 보호를 받을' 것이기 때문에, 그러니 '시온의 딸아 노래할지어다. 이스라엘아 기쁘게 부를지어다. 예루살렘아 전심으로 기뻐하며 즐거워할 지어다 (…) 너의 하나님 여호와가 너의 가운데에 계시니 그는 구원을 베푸실 전능자이시라 (…) 너희에게 천하 만민 가운데에서 명성과 칭송을 얻게 하리라. 여호와의 말이니라.'(3:14-20)

스바냐는 남은 모든 이스라엘 백성에게 여호와 하나님께서 풍성한 은혜를 베푸시리라는 약속을 듣고 그 약속을 전달한다.

### ⑧ 회복의 희망

이스라엘은 죄악을 저지른 대가로 하나님께서 내리신 두 가지 징벌을 받는다. 한 가지는 젖과 꿀이 흐르는 복된 땅 가나안의 자연이 피폐하여 삶의 터전이 황폐하게 되는 것과 또 한 가지는 가나안에서 삶을 영위할 수 없게 된 이스라엘 민족이 그 축복의 땅을 떠나 세계 방방곡곡에 가서 살게 되는 디아스포라를 맞게 되는 것이다.

그러나 이스라엘 민족을 사랑하시는 하나님께서 그들이 자기의 죄악을 깨닫고 하나님께 돌아오면 그들을 다시 품으시고 새로운 삶의 터전을 만들어 주실 것을 계획하신다. 하나님께서는 이스라엘에 남은 자들은 '악을 행하지 아니하며 거짓을 말하지 아니하며 입에 거짓된 혀가 없으며 먹고 누울지라도 두렵게 할 자가 없으리라.'(스바냐 3:14) 그리하여 이스라엘이 기쁨의 노래를 부를 것이고 그때는 '내게 구하는 백성들이 (…) 구스강 건너편에서 예물을 가지고 와서 내게 바칠지라.'(스바냐 3:10)라고 예측하신다.

### 결언

짧은 예언서인 스바냐도 구약성서의 다른 예언서들과 같은 궤적과 가르침을 보여 주어 이스라엘 백성들이 하나님의 은혜를 잊고 여러 가지 죄악으로 하나님의 징벌을 받으며 삶이 어려워지면 자기들의 죄악을 회개하나 하나님께 돌아오면 자비로우신 하나님께서 그들에게 새로운 삶과 희망을 안겨 주신다.

스바냐서가 이스라엘 백성을 주 대상으로 삼으나 이스라엘 백성은 하나의 표본으로 예시된 것이고 다른 이방의 백성들도 죄악을 떠나 하나님을 경외하고 그 가르침을 따른다면 하나님의 축복과 기쁨을 누릴 수 있음을 보여 주는 예언서이다.

## 사. 하박국

### 서언

선지자 하박국에 대해서는 그의 이름 이외에 알려진 정보가 남아 있지 않다. 단지 하박국 3장 하박국의 기도가 시기오놋에 맞춰지고 3절과 9절, 13절에 셀라를 삽입하는 등 제사의식의 형식 등이 나오는 것으로 보아 그가 제사를 담당한 레위족 출신이고 본인 자신이 제사장 출신으로 선지자가 된 것이 아닌가 추정될 뿐이다. 그는 요시아의 아들 여호아하스가 애굽에 납치된 후 여호야김이 왕으로 있던 BC600년경에 예루살렘을 중심으로 활약하였다고 전해진다.[76]

### ① 선지자의 고민

다른 선지자들은 여호와의 부름을 받고 선지자의 길로 나섰으나 그는 자기가 고민하던 문제를 여호와께 부르짖어 선지자 활동을 시작하였다.

---

76) 최종진, 구약 성서 개론, 583쪽 참조.

## (a) 질문 1

그가 여호와께 드린 첫 질문은 '어째서 여호와께서는 죄악과 패역을 우리가 보게 하시고 겁탈과 광포가 존재하고 악인이 의인을 에워싸게 되었는지' 하는 문제이다. (하박국 1:3-4) 그러자 여호와께서는 죄악과 악인이 생기는 이유에 대해서는 대답 안 하시고 이스라엘의 죄악을 징벌하시기 위하여 갈데아 즉 바벨론을 일으키시어 그 일을 감당하라고 하신다. '그들은 두렵고 무서우며 당당함과 위엄이 자기들에게서 나오며/그들의 군마는 표범보다 빠르고 저녁 이리보다 사나우며 그들의 마병은 먼 곳에서부터 빨리 달려오는 마병이라 마치 먹이를 움키려 하는 독수리의 날음과 같으니라/(…)/그들은 왕들을 멸시하며 방백을 조소하며 모든 견고한 성들을 비웃고 흉벽을 쌓아 그것을 점령할 것이라/그들은 자기들의 힘을 자기들의 신으로 삼는 자들이라 이에 바람같이 급히 몰아 지나치게 행하여 범죄하리라.'(하박국 1:7-11)라고 하신다.

## (b) 질문 2

질문하는 선지자는 두 번째 질문을 여호와께 드린다.

'(…) 어찌하여 거짓된 자들을 방관하시며 악인이 자기보다 의로운 사람을 삼키는데도 잠잠하시나이까. (…) 그가 그물을 떨고는 계속하여 여러 나라를 멸망시키는 것이 옳으니이까.'(하박국 1:13-17) '하박국이 우회적으로 말씀드렸으나 솔직히 말씀드리자면 바벨론이 이스라엘보다 더 악한 나라인데 어째서 여호와께서는 더 악한 나라가 그보다 의로운 나라 사람들을 삼키는데도 조용히 그것을 허용하십니까.'라는 항의 섞인 견해를 말씀드린 것이다. 그에 대해 여호와께서 밝히시는 것을 기록하여 누구나 읽을 수 있도록 판에 명백히 새겨 놓으라고 하신다. '이 묵시는 정한 때가 있나니 그것은 종말이 속히 이르리라. 비록 더딜지라도 기다리라 지체되지 않고 반드시 응하리라/보라 그[77]의 마음은 교만하여 그 속에서 정직하지 못하나 의인은 그의 믿음으로 말미암아 살리라.'(하박국 2:3, 4)

## ② 여호와의 저주

### (a) 교만과 징벌

'그[78]는 술을 즐기며 거짓되고 교만하여 가만히 있지 아니하고 스올처럼 자기의 욕심을 넓히며 또 그는 사망 같아서 족한 줄을 모르고 자기에게로 여러 나라를 모으며 여러 백성을 모으나니/그 무리가 다 속담으로 그를 평론하며 조롱하는 시로 그를 풍자하지 않겠느냐 곧 이르기를 곧 화 있을진저 자기 소유 아닌 것을 모으는 자여 언제까지 이르겠느냐 볼모잡은 것으로 무겁게 짐 진 자여 그것이 인제까지 이르겠느냐 너를 억누를 자들이 갑자기 일어나지 않겠느냐 괴롭힐 자들이 깨어나지 않겠느냐 그들에게 노략을 당하지 않겠느냐/네가 여러 나라를 노략하였으므로 그 민족의 남은 자가 너를 노략하리니 이는 네가 사람의 피를 흘렸음이요 또 땅과 성읍과 그 안의 모든 주민에게 강포를 행하였음이니라.'(하박국 2:5-8)

---

77) 악인.
78) 악인.

### (b) 탐심과 착취

'재앙을 피하기 위하여 높은 데 깃들이려 하며 자기 집을 위하여 부당한 이익을 취하는 자에게 화 있을진저/네가 많은 민족을 멸한 것이 네 집에 욕을 부르며 네 영혼에게 죄를 범하게 하는 것이 되었도다/담에서 돌이 부르짖고 집에서 들보가 응답하리라.'(하박국 2:9-11)

### (c) 강포

'피로 도읍을 건설하며 불의로 성읍을 세우는 자에게 화 있을진저/백성들이 노동하는 것이 단지 불타게 하기 위한 것이라면 나라들이 뼈 빠지게 일한 것이 재가 된다면 그 모든 것은 여호와께로부터 오는 것이 아니더냐/이는 물이 바다를 덮음같이 여호와의 영광을 인정하는 것이 세상에 가득함이니라.'(하박국 2:12-14)

### (d) 불의

'이웃에게 술을 마시게 하되 자기의 분노를 더하며 그에게 취하게 하고 그 하체를 드러내려 하는 자에게 화 있을진저/네게 영광이 아니요 수치가 가득한즉 너도 마시고 너의 할례받지 않은 것을 드러내리라 여호와의 오른손의 잔이 네게로 돌아올 것이라 더러운 욕이 네 영광을 가리리라/이는 네가 레바논에 강포를 행한 것과 짐승을 죽인 것 곧 사람의 피를 흘리며 땅과 성읍과 그 안의 모든 주민에게 강포를 행한 것이 네게 돌아오리

라.'(하박국 2:15-17)

### (e) 우상숭배

'새긴 우상은 그 새겨 만든 자에게 무엇이 유익하겠느냐 부어 만든 우상은 거짓 스승이라 만든 자가 이 말하지 못하는 우상을 의지하니 무엇이 유익하겠느냐/나무에게 깨어나라 하며 말하지 못하는 돌에게 일어나라 하는 자에게 화 있을진저 그것이 교훈을 베풀겠느냐 보라 이는 금과 은으로 입힌 것인즉 그 속에는 생기가 도무지 없느니라.'(하박국 2:18-19)

### ③ 찬양과 기도

### (a) 하나님의 전능성

3장 13절 첫 구절에 나오는 '여호와'는 히브리 성경에서 '엘로아Eloah'로 나온다.[79] '전능한 하나님'이라는 뜻의 엘로아는 욥기에 약 40여 회 전능자로 나온다. 2절은 출애굽 역사에서 그리고 그 후에도 여호와께서 행하신 이적에 대해 알고 있으니 하박국은 여호와께서 전능성을 한 번 더 발휘하시어 현재의 어려운 상황에서 빗어나게 해 주십사고 말한다. '여호와여 내가 주님에 대한 소문을 듣고 놀랐나이다. 여호와여 주께서 이 시대에도 그 이적을 우리에게 행하여 주시옵소서. 진노 중에도 긍휼을 잊지 마옵소서/(…)/그의 광명이 햇빛 같고 광선이 그의 손에서 나오니 그의

---

79) Osty-Seuil판 성경, 2029쪽 주 3.

권능이 그 속에 감추어졌도다/역병이 그 앞에서 행하여지며 불덩이가 그의 발 밑에서 나오는구나/(…) 진노하시며 세상을 활보하셨고 노여움 속에서 여러 나라를 짓밟으셨나이다.'(하박국 3:4-12)

### (b) 여호와에 대한 인내와 믿음

'주께서 주의 백성을 구원하시려고 기름 부음 받은 자를 구원하시려고 나오시어 악의 집안의 머리를 치시며 기초를 바닥까지 드러내셨나이다.'(하박국 3:12-13) 한마디로 여호와께서는 전능하시고 의로운 분이시며 우리의 고통을 잘 아시나 악의 종말은 반드시 있기 때문에 우리는 인내를 가지고 그것을 이겨내면서 여호와를 믿고 찬양하는 것이 우리의 도리임을 하박국이 깊이 깨달은 것이다.

## 결언

하박국은 선택받은 선지자로서 우리 모두가 부딪히고 괴로워하는 악의 문제를 여호와께 '어째서', '언제까지'냐고 과감히 제기하였다. 그가 철학적인 문제를 규명하고자 한 것이다. 그 해답을 찾고자 하는 과정에서 모든 근본적인 악의 원인은 우리에게 있고 그것을 바로잡기 위해 때로는 우회적인 방법을 이용하시기도 하지만 인내는 무리를 단련시키는 효과도 있고 모든 것은 끝이 있으니 그 끝이 우리의 희망처럼 쉽게 오지 않더라도 반드시 오겠고 의로운 자세로 믿음과 함께 살면 하나님의 구원이 틀림없이 온다는 것을 우리로 하여금 깨닫게 해 준다. 하나님의 계획은 인간이 생각할 수 있는 차원을 넘어선 원대한 것임으로 우리는 오로지 하나님에 대한 믿음으로 즐겁게 살아야 한다고 하박국이 가르쳐 준다.

## 아. 예레미야

### ① 상황

남유다 므낫세의 장기 통치(BC687-642) 말기 BC645년 예루살렘에서 5km 떨어진 아나돗에서 제사장 힐기야의 아들 예레미야가 태어난다. 남유다 왕국은 북이스라엘과 아람의 연합군이 침공해 오자 앗수르의 티글랏빌레셀에게 구원을 요청한 것을 계기로 거의 100여 년간 앗수르의 속국으로 있었다. 티글랏빌레셀은 BC733년 연합군을 격파하고 다메섹과 이스라엘 영토 대부분을 점령하였다. 한편 티글랏의 후계자 살만에셀 5세와 사르곤 3세는 북이스라엘의 나머지 영토를 점령, 수도 사마리아를 함락하고 이스라엘을 멸망시킨다. 멸망 위기를 벗어난 유다는 앗수르에게 조공 바치는 속국으로 모든 국사는 앗수르의 지시에 따랐다. 아하스의 아들 히스기야시대(BC715-687)에는 앗수르의 왕이 된 산헤립에 의하여 유다가 존망의 위기에 처했으나 하나님의 돌보심으로 앗수르의 내부에 분열이 생겨 산헤립이 후퇴하고 사망하게 된다. 그 후계자 에살핫돈(BC681-669)과 바니팔은 애굽까지 정복하였다. 유다의 요시야 왕 13년(BC627년)에 활동을 시작한 예레미야는 바벨론이 예루살렘을 함락한 BC587년경까지 계속 활동하였고 므낫세 말기 앗수르는 절정기를 지나 국력이 쇠퇴하기 시작했다. 바니팔이 BC627년에 죽자 앗수르도 붕괴되었고 메데와 바벨론의 세력이 중동의 강자로 부상하였다. 한편 유다의 므낫세가 죽자 아들 아몬이 왕위를 계승하였으나 암살당하고 그 뒤를 이은 어린 요시아의 통치 아래 유다는 독립을 되찾았고 앗수르는 멸망하기 시작하였다. 바로 그 시점 BC627년 예레미야는 예언 활동을 시작하였다.

앗수르가 망하자 갈데아의 왕자 나보플라살은 새 바벨론 제국을 창설한다. BC626년 그는 드디어 왕위에 오르고 세력을 확대해 나갔고 애굽은 몰락해 가는 앗수르와 동맹을 맺고 메대와 바벨론의 세력을 저지하고자 한다. 이때 남유다의 요시아 왕은 진군하는 예굽의 느고 2세에 대항하여 싸우다가 아깝게 전사한다. 그러자 느고 2세는 요시아의 아들 여호아하스를 폐위시키고 여호야김을 왕으로 세운다. 그러나 바벨론의 왕이 된 느부갓네살은 갈그미스 전투에서 애굽을 굴복시키고 바벨론이 중동의 명실상부한 강자로 부상한다.

느고 2세에 의하여 왕이 된 여호야김은 BC601년 바벨론에 반항하여 반란을 일으켰으나 BC598년 바벨론 군대의 공격을 받고 여호야김은 사망하고 그 아들 여호야긴이 왕이 되지만 3개월 후 바벨론의 느부갓네살은 예루살렘을 정복하고 여호야긴을 비롯한 고급 인재들을 포로로 끌고 간다. 그리고 여호야긴의 숙부 시드기야를 허수아비에 지나지 않는 유다의 왕으로 앉힌다. 그러자 바벨론에 저항하는 반란이 끊이지 않아 느브갓네살의 친위대장 느부사라단이 예루살렘을 탈취하고 유다는 완전히 망하게 된다. 바벨론은 그달리야를 유대 총독으로 임명하고 유다를 직접 통치하게 된다. 유다 백성들은 음모를 꾸며 그달리야를 암살한다. 예레미야는 백성들에게 바벨론의 통치를 받아들이고 그에 순종하는 것이 살아남을 수 있는 길이라고 역설했지만 그달리야를 암살한 자들은 예레미야를 강제로 데리고 애굽으로 도망간다. 느부갓네살은 BC582년 제3차 유다 백성의 강제 이주 명령을 시행한다. 결국 예레미야는 유다가 겪어야 했던 환란의 시기 BC627-580년까지 약 40여 년간 활약하여 여호와 하나님의 대변자 역할을 하였다.

예레미야의 사역은 3단계로 나누어 볼 수 있다. 1단계 BC627-605년 앗수르와 애굽이 유다를 위협하던 시기, 2단계 BC605-586년 바벨론이 유다를 침략하여 포위 공격을 하던 시기, 3단계 BC586-580년 시드기야가 애굽과 동맹하여 바벨론에게 대항하려 하였으나 예루살렘이 패망하고 유다가 멸망할 때까지 예레미야는 예루살렘에서 사역하였다. 이렇게 나눈 것은 예레미야 생존 당시 남유다의 상황과 연계하여 예레미야를 살펴보는 것이다. 물론 당시 상황에 따라 하나님의 말씀이 달라지는 것을 볼 수 있다. 에레미야 역시 지혜의 서를 구성하는 다른 선지자들의 글과 마찬가지로 일정한 체제를 갖추고 쓴 것이 아니고 예레미야는 비서 바룩의 도움을 상당히 받았기 때문에 중요한 테마를 뽑아 살펴보기로 한다.

## ② 소명

예레미야는 태어나기 전부터 여호와께서 그를 선지자로 점지하시고 여러 나라에 선지자로 세우실 것을 밝히신다. 그러자 예레미야는 자기가 너무 어려 말을 어떻게 할 줄 모르는데 어떻게 그런 일을 감당할 수 있느냐고 일단 사양한다. 양을 치던 모세에게 여호와께서 이스라엘 백성을 애굽에서 인도해 내라고 하자 여호와께 드린 말과 비슷하게 대답한 것이다. 그러자 여호와께서는 예레미야에게 그의 임무는 누구에게 보내든지 가서 여호와께서 지시하신 말만 하면 되는 것이니 말을 잘하고 못하는 것은 문제가 아니라고 설득하신다. 말하자면 그는 여호와의 대언자로 선택된 것이니 자기 자신의 말은 할 필요가 없다는 것이다. 여호와께서는 북방의 족속들을 불러 죄악으로 가득한 이스라엘에게 재앙을 퍼부어 잘못을 깨닫도록 징계하실 예정이니 그들이 예레미야를 치고자 해도 여호와께서 그들이 이길 수 없도록 하시기 때문에 조금도 두려워 말도록 하라고 명하신다. (예레미야 1:17) 그리고 예레미야는 개인적으로 아내를 맞이하지 말며 자녀를 두지 말라고 명하신다. (예레미야 16:1-2)

### ③ 이스라엘의 심판, 정죄

기본적으로 여호와는 이스라엘 사회에 여러 가지 죄악이 널리 퍼져 있어 그대로 놔둘 수 없는 상황에 이르렀다고 보신다. 그러면 이스라엘의 죄악은 무엇인가? 여호와께서는 우선 두 가지를 꼽으신다. '내 백성이 두 가지 악을 행하였나니 곧 그들이 생수의 근원이 되는 나를 버린 것과 스스로 웅덩이를 판 것인데 그것은 그 물을 저장하지 못할 터진 물 저장 웅덩이들이니라.'(예레미야 2:13) 이스라엘의 죄악은 추상적으로 언급된 점이 있다. 그러나 예레미야는 백성들이 힌놈의 아들 골짜기에 도벳 사당을 건축하고 그들의 자녀들을 불에 사르는 죄악을 지적하고 (예레미야 7:32) 또 백성들이 여호와 대신 장인들이 만든 우상을 모시는 것을 두고 예레미야는 '그것들이 헛것이고 망령되이 만든 것인즉 징벌하실 때에 멸망할 것.'(예레미야 10:15)이라고 경고한다. 그러니 이스라엘 백성들이 저지른 죄악 중 가장 중대한 것은 여호와 하나님을 경배하지 않고 이방의 생명이

한 인문학자의 구약성경 스토리텔링

없는 우상들을 들여다가 숭배하는 것이다. 그것은 십계명에서 가장 중요한 계명을 어기는 죄악이면서 '어리석고 무식한' 행위인 것이다. 그것뿐이 아니다.

'내가 너의 간음과 사악한 소리와 들의 작은 산 위에서 네가 행한 음란과 음행과 가증한 것을 보았노라 화있을진저 예루살렘이여 네가 얼마나 오랜 후에야 정결하게 되겠느냐 하시니라.'(예레미야 13:27) 그러니 예루살렘과 이스라엘의 폭넓은 음란과 음행 또한 그대로 넘길 수 없는 죄악인 것이다. 그러한 죄악은 소돔과 고모라로 끝나지 않았고 이제 예루살렘과 이스라엘은 여호와 하나님의 정죄의 대상이 된 것이다. 그리하여 여호와는 내리실 벌을 이스라엘에 통고하신다. '너희가 너희 조상들보다 더욱 악을 행하였도다. 보라 너희가 각기 악한 마음의 완악함을 따라 행하고 나에게 순종하지 아니하였으므로/내가 너희를 이 땅에서 쫓아내어 너희와 너희 조상들이 알지 못하던 땅에 이르게 할 것이라. 너희가 거기서 주야로 다른 신들을 섬기리니 이는 내가 너희에게 은혜를 베풀지 아니함이라 하셨다 하라.'(예레미야 16:12-13)

여호와께서는 이스라엘의 범죄로 이미 디아스포리를 예고하신다. 한 걸음 나가 여호와께서는 더 큰 재앙을 알리신다. '내가 (…) 그들로 그 대적 앞과 생명을 찾는 자의 손의 칼에 엎드러지게 하고 그 시체를 공중의 새와 땅의 짐승의 밥이 되게 하며/이 성읍으로 놀람과 조롱거리가 되게 하리니 그 모든 재앙으로 말미암아 지나는 자마다 놀라며 조롱할 것이며/그들이 그들의 원수와 그들의 생명을 찾는 자에게 둘러싸여 곤경에 빠질 때에 내가 그들이 그들의 아들의 살, 딸의 살을 먹게 하고 또 각기 친구의 살을 먹게 하리라 하셨다.'(예레미야 19:7-9) 이스라엘에 북방세력 침략의 구름이 짙게 드리워지고 사회가 어수선하니 늘어나는 것이 여호와를 빙자한 거짓 선지자들이다. '여호와의 말씀이니라. 그러므로 보라 서로 내 말을 도둑질하는 선지자들을 내가 치리라. (…) 거짓 꿈을 예언하여 이르며 거짓과 헛된 자만으로 내 백성을 예언하여 이르며 거짓과 헛된 자만으로 내 백성을 미혹하게 하는 자를 내가 치리라. 내가 그들을 보내지 아니하였으며 명령하지 아니하였나니 그들은 이 백성에게 아무 유익이 없느니라. 여호와의 말씀이니라.'(예레미야 23:30-32)

### ④ 북방의 재앙

이스라엘은 남북의 우상숭배, 음행의 확산, 사회적 불안정 가운데 애굽은 물론 북방 세력의 강화로 앗수르, 바벨론 등으로부터의 위험이 계속되면서 여호와의 도움이 더욱 필요하게 되었다. 이런 시기를 놓치지 않고 거짓 선지자들이 날뛰게 되고 예레미야 같은 선지자가 전하는 여호와의 말씀에는 귀 기울이고자 하는 자들이 많지 않았다. 그럼에도 불구하고 예레미야는 하나님의 말씀을 전한다. '그러므로 여호와께서 이와 같이 말씀하시되 보라 한 민족이 북방에서 오며 큰 나라가 땅 끝에서부터 떨쳐 일어나나니/그들은 활과 창을 잡았고 잔인하여 사랑이 없으며 그 목소리는 바다처럼 포효하는 소리라. 그들이 말을 타고 전사같이 대열을 벌이고 시온의 딸인 너를 치려하느니라 하시도다.'(예레미야 6:21-23) 그러나 이러한 위험에 대처하는 이스라엘의 힘은 미약하기 짝이 없다. '누가 능히 철곧 북방의 철과 놋을 꺾으리오/그러나 네 모든 죄로 말미암아 네 국경 안의 모든 재산과 보물도 값없이 탈취를 당할 것이며/네 원수와 함께 네가 알지 못하는 땅에 이르게 하리니 이는 나의 진노의 맹렬한 불이 너희를 사르려 함이라.'(예레미야 15:12-14)

그러니 북방의 위협은 이스라엘의 죄악이 불러온 결과인 것이다. 그런 사실을 예레미야가 확언한다. '네가 마음으로 이르기를 어찌하여 이런 일이 내게 닥쳤는고 하겠으나 네 죄악이 크므로 네 치마가 들리고 네 발뒤꿈치가 상함이니라.'(예레미야 14:22) 북방 세력 곧 바벨론의 무력은 국내의 세력 강화로 자연적으로 이루어진 것이 아니다. '그러므로 만군의 여호와께서 이와 같이 말씀하시느니라. 너희가 내 말을 듣지 아니하였느니라/보라 내가 북쪽 모든 종족과 내 종 바벨론의 왕 느부갓네살을 불러다가 이 땅과 그 주민과 사방 모든 나라를 쳐서 진멸하여 그들을 놀램과 비웃음거리가 되게 하매 땅으로 영원한 폐허가 되게 할 것이라 여호와의 말씀이니라.' (…) 이 모든 땅이 폐허가 되어 놀랄 일이 될 것이며 이 민족들은 70년 동안 바벨론 왕을 섬기리라.'(예레미야 25:8-11)

바벨론을 강국으로 일으키신 이가 바로 여호와이시며 그것은 이스라엘의 여러 가지 죄악을 벌하시기 위하신 일이었고 이스라엘을 70년 동안 바벨론을 섬기도록 하신 것 또한 여호와시다. 그러한 사실을 시드기야 왕에게 알리라고 여호와께서 예레미야에게 이르신다. '이스라엘의 하나님 여호와께서 이와 같이 말씀하니라. 너는 가서 유다의 시드기야 왕에게 아뢰어 이르기를 여호와의 말씀에 보라 이 성을 바벨론 왕의 손에 넘기리니 그가 이 성을 불사를 것이라/네가 그의 손에서 벗어나지 못하고 반드시 사로잡혀 그의 손에 넘겨져서 네 눈은 바벨론 왕의 눈을 볼 것이며 그의 입은 네 입을 마주 대하여 말할 것이요 너는 바벨론으로 가리라.'(예레미야 34:2-3)

아울러 여호와께서는 최선은 아니지만 차선의 길을 알려 주신다. '(…) 만군의 하나님이신 여호와께서 이와 같이 말씀하시되 네가 만일 바벨론 왕의 고관들에게 항복하면 네 생명이 살겠고 이 성이 불사름을 당하지 아니하겠고 너와 네 가족이 살려니와/네가 만일 나가서 바벨론 왕의 고관들에게 항복하지 아니하면 이 성이 갈데아인의 손에 넘어가리니 그들이 이성을 불사를 것이며 너는 그들의 손을 벗어나지 못하리라 하셨나이다.'(예레미야 38:17-18) 결국 시드기야는 여호와의 충고 말씀을 따르지 않아 그는 바벨론 왕에게 끌려 나가 두 눈을 뽑히는 불행의 주인공이 되었고 예루살렘과 전 국토가 파괴되었을 뿐 아니라 왕궁의 모든 진귀한 보물들이 바벨론에 살려가고 말았다.

### ⑤ 예레미야의 눈물

이스라엘의 죄악을 여호와께서는 그대로 넘기시지 않고 정죄하신다. 물론 이스라엘은 죄의 대가를 치르는 것이 당연하다. 그러나 기근에 시달리는 백성들은 북방으로부터 밀려오는 죽음의 위협 앞에 놓여 있고 아내들은 자녀를 잃고 과부가 되며 장정들은 전장에 나가 칼을 맞고 넘어지는 현실(예레미야 18:2)을 보면서 예레미야는 괴로워하지 않을 수 없다. 그러니 예레미야는 '슬프다 나의 근심이며 어떻게 위로받을 수 있을까 내 마음이 병들었다.'(예레미야 8:21)고 탄식한다. 그의 탄식은 계속된다. '슬프다 내 상처여 내가 중상을 당하였도다. 그러나 내가 말하노라, 이는 참으로 고난이라 내가 참아야 하리로다/내 장막이 무너지고 모든 줄이 끊어졌으며 내 자녀가 나를 떠나가고 있지 아니하니 내 장막을 세울 자와 내 휘

한 인문학자의 구약성경 스토리텔링

장을 칠 자가 다시없도다.'(예레미야 10:19, 20)

답답한 예레미야는 백성에게 호소한다. '너희는 들을지어다. (…) 그가 어둠을 일으키시기 전, 너희 발이 어두운 산에 거치기 전, 너희가 바라는 빛이 사망의 그늘로 변하여 침침한 어둠이 되게 하시기 전에 너희 하나님 여호와께 영광을 돌리라/너희가 이를 듣지 아니하면 나의 심령이 너희 교만으로 말미암아 은밀한 곳에서 울 것이며 여호와의 양 떼가 사로잡힘으로 말미암아 눈물을 흘려 통곡하리라.'(예레미야 13:15-17) 자기가 사랑하는 백성의 상처가 예레미야 자신의 상처가 된다. '딸 내 백성이 상하였으므로 나도 상하여 슬퍼하며 놀라움에 잡혔도다.'(예레미야 8:21) 마지막에는 예레미야는 이스라엘을 정죄하시는 여호와의 목적이 무엇이냐고 묻고 호소하기에 이른다. '주께서 유다를 온전히 버리시나이까. 주의 심령이 시온을 싫어하시나이까. 어찌하여 우리를 치시고 치료하지 아니하시나이까. 우리가 평강을 바라도 좋은 것이 없고 치료받기를 기다리나 두려움만 보나이다. (…) 주의 이름을 위하여 우리를 미워하지 마옵소서. 주의 영광의 보좌를 욕되게 마옵소서. 주께서 우리와 세우신 언약을 기억하시고 폐하지 마옵소서.'(예레미야 14:19-21)

## ⑥ 위로와 구원

이스라엘에 죄악이 널리 퍼지니 여호와께서는 더 이상 참지 못하시고 북방 민족까지 일으키셔서 이스라엘에 중벌을 내리신다. 이스라엘 백성이 겪는 참상을 보면서 눈물을 흘리게 하시는 참뜻이 무엇인지, 여호와께서 혹시 이스라엘과 맺으신 언약을 아주 버리시고 이스라엘을 아예 없애

버리고자 결정하신 것은 아닌지 의심하게 된다. 그러나 여호와께서는 '엄한 아버지의 마음'을 가지시고 자기가 선택하신 백성으로 하여금 자신의 죄악이 무엇인지를 깨닫게 하기 위하여 사랑의 매를 드신 것이다. '그들의 혀는 죽이는 화살이라 거짓을 말하며 입으로는 그 이웃에게 평화를 말하나 마음으로는 해를 꾸미는도다/내가 이 일들로 말미암아 그들에게 벌하지 아니하겠으며 내 마음이 이런 나라에 보복하지 않겠느냐 여호와의 말씀이니라.'(예레미야 9:8-9)

그러시면서 그 백성을 벌하시는 까닭을 밝히신다. '(…) 보라 내 딸 백성을 어떻게 처리할꼬. 그들을 녹이고 연단하리라.'(예레미야 9:7) 그러니 여호와의 초심에 어떤 변화가 있는 것은 아니다. 여호와께서는 명검을 만드는 장인의 심정을 가지셨다고 할까. 명검이 탄생하기 위해서는 장인이 쇠를 수백 번 아니 수천 번 불 속에 넣었다가 꺼내어 두드려야 하는 것이다. 그렇기 때문에 그런 의도와 계획을 밝히신다. '(…) 그러나 보라 날이 이르리니(…)/이스라엘 자손을 북방 땅과 그 쫓겨났던 모든 나라에서 인도하여 내신 여호와께서 살아 계심을 두고 맹세하리라. 내가 그들을 그들의 조상들에게 준 그들의 땅으로 인도하여 드리리라.'(예레미야 16:14-15)

바벨론은 이스라엘의 각 분야에서의 중견들을 모두 잡아가 더 훌륭한 바벨론을 건설하는 역군으로 부렸으나 바벨론의 정도를 넘어선 점령지에 대한 폭력을 여호와께서는 그대로 용인하실 수 없게 된다. 그리하여 바사로 하여금 바벨론을 멸망시키고 잡혀간 포로들을 풀려나게 하신다. '슬프다 그날이여 그와 같이 엄청난 날이 없으리라. 그날은 야곱(즉 이스라엘)의 환난의 때가 됨이로다. 그러나 그가 환난에서 구하여 냄을 얻으리로다/만군의 여호와의 말씀이라 그날에 내가 네 목에서 그 멍에를 꺾어 버리며 네 포박을 끊으리니 다시는 이방인을 섬기지 않으리라/그들은 그들의 하나님 여호와를 섬기며 내가 그들을 위하여 세울 그들의 왕 다윗을 섬기리라.'(예레미야 30:7-9)

여호와께서는 포로들의 귀환을 구체적으로 밝히신다. '여호와께서 말씀하시니라. 보라 내가 야곱 장막의 포로들을 돌아오게 할 것이고 그 거처들에 사랑을 베풀 것이라 성읍은 그 폐허가 된 언덕 위에 건축될 것이요 그 보루는 규정에 따라 사람이 살게 되리라/그들에게서 감사하는 소리가 나오고 즐거워하는 자들의 소리가 나오리라. 내가 그들을 번성하게 하리니 그들의 수가 줄어들지 아니하겠고 내가 그들을 고귀하게 하리니 그들은 비천하여지지 아니하리라.'(예레미야 30:18-19) 포로들뿐 아니라 고국을 등지고 여러 열방으로 나갔던 이스라엘인들도 돌아오게 하시겠다고 약속하셨다. '보라 내가 노여움과 분함과 큰 분노로 그들을 쫓아 보내었던 모든 지방에서 그들을 모여들어 이곳으로 돌아오게 하여 안전히 살게 할 것이라/그들은 내 백성이 되겠고 나는 그들의 하나님이 될 것이며.'(예레미야 32:37-38) 한 걸음 더 나아가 여호와께서는 백성들이 저질렀던 모든 죄악을 깨끗하게 사하시겠다고 약속하신다. '내가 그들을 내게 범한 모든 죄악에서 정하게 하며 그들이 내게 범하며 행한 모든 죄악을 사할 것이라.'(예레미야 33:8)

## ⑦ 새 언약

여호와께서는 '이 언약의 말을 따르지 않는 자는 저주를 받을 것'이라고 하시면서 모세와 있었던 언약에 대해 말씀하신다. '이 언약은 내가 너희 조상들을 쇠풀무 애굽 땅에서 이끌어 내던 날에 그들에게 명령한 것이라. 곧 내가 이르기를 너희는 내 목소리를 순종하고 나의 모든 명령을 따라 행하라. 그리하면 너희는 내 백성이 되겠고 나는 너희의 하나님이 되리라.' 내가 또 너희 조상들에게 한 맹세는 그들에게 젖과 꿀이 흐르는 땅을 주리라 한 언약을 이루리라 한 것인데 오늘이 그것을 증인하느니라 하시기로 내가 대답하여 이르되 아멘 여호와여 하였노라.'(예레미야 61:6) 여호와께서 이르시되 너는 이 모든 말로 유다 성읍들과 예루살렘 주민에게 말하라 그들에게 이르시기를 '너희는 이 언약의 말을 따르지 않는 자는 저주를 받을 것이니라/내가 너희 조상들을 쇠풀무 에굽 땅에서 인도하여 내던 날에 그들에게 명령한 것이라. 너희는 내 목소리를 순종하고 나의 모든 명령을 따라 행하라 그리하면 너희는 내 백성이 되겠고 나는 너희 하나님이 되리라.' 이스라엘의 죄악이 하나님과 맺은 조상들과의 언약을 깨뜨린 것이다. 그러나 하나님이 이스라엘인들을 포로로 잡아간 바벨론의 오만과 점령지 파괴를 벌하시어 바벨론을 멸망시키신 후 이스라엘 포로들을 본국으로 돌아오게 하고 이스라엘의 죄를 사하시고 화해하신다.

그것을 계기로 여호와께서는 이스라엘 백성들과 새로운 언약을 구상하신다. 그 언약은 전에 맺었던 언약과는 같을 수 없다. '여호와의 말씀이니라. 보라 날이 이르리니 내가 이스라엘 집과 유다 집에 새 언약을 맺으리라 이 언약은 내가 그들의 조상들의 손을 잡고 애굽 땅에서 인도하여 내던 날에 맺은 것과 같지 아니할 것은 내가 그들의 남편이 되었어도 그들이 내 언약을 깨뜨렸음이라. 여호와의 말씀이니라. 그러나 그날 후에 내가 이스라엘 집과 맺을 언약은 이러하니 곧 내가 나의 법을 그들의 머릿속에 두며 그들의 마음에 기록하여 나는 그들의 하나님이 되고 그들은 내 백성이 될 것이라 여호와의 말씀이니라.'(예레미야 31:31-33) 그러니 새 언약을 백성 전체나 그 대표와 맺는 언약이 아니다. 새 언약의 내용을 백성 개개인의 머릿속에 각인시켜 여호와와 이스라엘 백성 한 사람 한 사람과의 관계를 확실하게 심어 놓는 것이다.

### ⑧ 예언

예레미야의 가장 주목할 만한 예언은 여호와께서 다윗의 가문에서 '의로운 가지' 즉 '의로운 구세주 왕'을 보내신다는 전언을 통하여 예수 그리스도를 보내시겠다는 약속을 예언하신 것이다. '여호와의 말씀이니라. 보라 때가 이르리니 내가 다윗에게 한 의로운 가지를 일으킬 것이라. 그가 왕이 되어 지혜롭게 다스리며 세상에서 정의와 공의를 행할 것이며/그날에 유다는 구원을 받겠고 이스라엘은 평안히 살 것이며 그의 이름은 여호와 우리의 공의라 일컬음을 받으리라.'(예레미야 23:5-6) 그 밖에도 이스라엘을 둘러싸고 있으면서 주로 영토 문제를 놓고 갈등과 마찰이 끊이지 않던 나라들 즉 애굽, 모압, 암몬, 엘람, 에돔, 다메섹, 아라비아, 바벨론, 게달, 하손 등에 대한 여호와의 예언을 하신다.

애굽은 신흥 강국 바벨론과 맞서야 하고, 역사적으로 이스라엘과 끊임없는 갈등과 투쟁을 벌여야 하는 블레셋, 아브라함의 조카 롯이 큰딸과 낳은 모압을 조상으로 하는 우상숭배가 심한 모압에 대한 여호와의 충고, 롯의 작은 딸이 낳은 벤암미를 조상으로 하는 암몬의 수도 랍바는 폐허가 되겠고 제사장들과 고관들은 포로로 잡혀가겠으나 후일 여호와께서 포로들이 돌아오게 하시겠다고 하신다. 야곱의 형 에서가 차지한 에돔은 출애굽 하는 이스라엘 백성들이 그 영토를 통과하고자 하였으나 그것을 거부한다. 그러므로 재난으로 나라가 황폐하게 되고 많은 인명이 살상되겠고 모두가 진통하게 되리라. 고대부터 부유한 상권을 구축한 다메섹은 어려움에 처하겠고 도시가 불타게 된다.

게달과 하솔에 대해서는 게달은 동방으로 진출하여 양 떼들과 낙타들, 기구들을 약탈하라고 여호와께서 말씀하시고 하솔은 바벨론의 느부갓네살을 피하여 깊은 산으로 도망하라고 권한다. 엘람은 바사 북쪽 한 지방으로 고대에는 하나의 국가를 이루었으나 여호와께서는 엘람의 활을 꺾고 백성을 사방으로 흩으시며 왕과 고관들을 멸하시겠다고 예언하시나 포로 된 엘람 사람들은 자기 고장으로 돌아가게 될 것이라고 하신다. 고대부터 융성한 지방이었던 바벨론은 강력한 무력으로 인근 국가들을 압도한다. 많은 이스라엘인들을 포로로 잡아갔던 바벨론은 지나친 힘의 남용으로 여호와의 분노를 사서 바사의 공격을 받아 수도가 함락되고 수호신 므로닥도 파괴된다. 나라가 망하면서 새로운 강자 바사의 고레스는 이스라엘 포로들을 돌려보내고 약탈한 물품들도 돌아오게 된다. 바벨론의 영광은 하루아침에 폐허가 된다. 예레미야가 전한 여호와의 예언은 애굽과 모압과 암몬 및 엘람 네 나라는 전쟁에 패한 후 회복이 되겠으나 에돔, 다메섹. 바벨론, 게달 하솔 등은 부정적으로 평가된다.

## 결언

이스라엘이 국내외적으로 환란기를 맞은 때에 여호와의 소명을 받고 선지자 예레미야는 여러 가지 어려움에도 불구 여호와의 말씀을 충실히 맡은 하명을 수행한 선지자이다. 그는 죄악에 젖은 이스라엘 사회에 대한 여호와의 심판과 정죄를 여과 없이 그대로 전하면서도 여호와의 당연한 징벌에 고통받는 백성의 참상을 여호와께 전해드린다. 그를 통하여 여호와께서도 징벌이 충분하다고 판단하서 징벌을 중지하시고 이스라엘에 정도를 넘는 지나친 폐해를 끼친 나라를 멸망시키고 이스라엘 백성을 고향으로 돌려보내도록 조치하시고 약탈물도 모두 돌려보내도록 한다. 평생 독신으로 자신을 희생하면서 자기 자신에게 닥치는 죽음의 위험도 주저 없이 견뎌낸 '눈물의 선지자' 예레미야야말로 여호와와 백성 그리고 이스라엘의 재건과 회복에 찬란한 공헌을 세운 인물이다.

# (4) 이스라엘의 산과 굴

## 가. 산

고대 사회에서 산은 하늘에 대한 제사를 지내고 하늘과 소통하는 장소로 사용되는 신성한 공간이다. 우리나라에서도 오래전부터 산에 제단을 조성하고 천제를 지내어 오늘날까지도 그 터가 남아 있고 무속 종교는 번잡한 사회를 벗어나 산속에 자리 잡고 종교적 행위를 하고 있다. 이스라엘에서도 아브라함 시대 이래로 산에 제단을 쌓고 하늘의 하나님에게 제를 올렸다. 구약성경에서 제일 먼저 나오는 산은 대홍수 후 노아의 방주가 머무른 아라랏산이나 학자들이 그 산에서 오래전부터 노아의 흔적을 찾고 있으면서도 현재까지 찾지 못하였고 그 산이 별다른 의미는 없다.

### ① 모리아산

하나님은 아브라함의 믿음을 시험하시기 위하여 사랑하는 어린 아들 이삭을 모리아산에 가서 번제로 바치라고 말씀하신다. (창세기 22:1, 2) 아브라함은 그 말씀에 대해 아무런 이의도 달지 않고 다음 날 이삭을 데리고 간다. 이삭이 보니 번제로 드릴 양이 없는 것이다. 그리하여 아버지에게 어째서 번제로 드릴 어린 양이 없느냐고 물으니 아브라함이 그것은 하나님이 준비하신다고 하였다. 그리고 일러 주신 곳에 제단을 쌓고 이삭을 결박하여 제단 위에 올려놓고 칼을 들어 아들을 잡으려고 하자 천사가 '아브라함아. 아브라함아.' 부르고 '그 아이에게 네 손을 대지 말라. 네가 네 아들 네 독자까지도 내게 아끼지 아니하였으니 내가 이제야 네가 하나님을 경외하는 줄을 아노라.'(창세기 22:11, 13)라 하여 아브라함이 주위를 살펴보니 숫양이 있어 그것으로 번제를 드렸다. 그러므로 모리아산은 이스라엘의 중요한 성산이고 솔로몬이 성전을 세운 산이다.

### ② 호렙산

모세가 애굽에서 동포를 학대하는 애굽인을 죽인 것이 사람들에게 알려져 위험에 처하자 도망하여 미디안 제사장 이드로의 양 떼를 치다가 광야 서쪽으로 가 하나님의 산 호렙산에 이르자 여호와의 사자가 떨기나무 가운데로부터 불꽃 안에 나타났다. 떨기나무는 분명 불이 붙었으나 그 떨기나무는 타지 않았다. 모세는 뒤돌아가 그 광경을 보려고 하니 여호와께서 모세가 돌이켜 오는 것을 보시고 그를 부르시고 '(…) 가까이 오지 말라 네가 선 곳은 거룩한 땅이니 네 발에서 신을 벗으라.'(출애굽기 3:5)라 하시고 자기는 네 조상의 하나님이라고 하시니 모세가 하나님 뵙기를 두려워한다. 하나님께서는 애굽에 있는 내 백성의 고통과 부르짖음으로 괴로워하시어 애굽에서 구해 내시어 모세를 앞세워 젖과 꿀이 흐르는 가나안 땅으로 인도해 내시고자 하는 계획을 말씀하신다. 그러나 애굽 궁정에서 교육받은 모세는 여러 가지를 분명히 짚고 넘어가고자 한다. 먼저 백성들이 하나님의 이름이 무엇이냐고 물으면 어떻게 대답하여야 하느냐고 여쭙자 하나님께서는 '나는 스스로 있는 자이니라.'(출애굽기 3:14)라고 답하신다. 그리고 장로들에게 가서 우리 조상의 하나님이 내게 백성을 애굽에서 젖과 꿀이 흐르는 땅으로 이끌어 가시겠다고 하셨다고 밝힌다. 그리고 모세의 지팡이는 요술 지팡이로 필요할 때 쓰도록 하신다. 그리하여 애굽으로 돌아가 형 아론과 함께 왕을 설득하여 이스라엘인들이 광야에 가서 제사를 지낼 수 있도록 하는 힘든 작업을 착수하게 된다. 호렙산은 시내산과 같은 산이다.

### ③ 시내산

이스라엘 자손이 애굽을 떠나 3개월이 되던 날 그들이 시내 광야에 이르러 시내산 앞에 장막을 치고 모세가 산에 올라가니 여호와께서 그를 불러 여호와의 이스라엘 백성에 대한 사랑을 말씀하시고 세계가 다 여호와께 속하였으니(출애굽기 19:5) 백성들이 여호와께 순종하면 이스라엘이 여호와의 제사장 나라가 되고 백성들이 성민이 될 것이라고 약속하시고 사흘 후 여호와께서 직접 백성에게 직접 말씀하시겠으니 성결케 하고 기다리라 하신다. 과연 셋째 날 우레와 번개가 있고 산 위에 구름이 빽빽한데 나팔 소리와 함께 여호와께서 연기가 오르는 가운데 불 가운데서 산 정상에 강림하신다. 여호와께서는 모세를 부르시고 백성들이 올라오면 죽을까 하노라고 하시고 산 주위에 경계를 세워 산을 거룩하게 하라 하신다. 여호와께서는 십계명을 말씀하시고 히브리 종에 관한 규제와 인간 상호간의 해를 갚는 원칙을 알려 주신다. '눈은 눈으로 이는 이로 손은 손으로, 발은 발로(…)'(출애굽기 21:24) 그 원칙은 잔인한 응징을 피하고 상대방이 끼친 상해에 대한 것만 갚으라는 의미이다. 그 밖에 가축 도둑질에 대한 보상원칙, 공의와 자비에 대한 규례 안식에 대한 규례 등도 가르치신다. 모세는 여호와와 함께 40여 일을 지내면서 여러 가지 기본 가르치심을 받아 여호와께서 써주신 십계명을 적은 돌판을 들고 내려오니 아론은 그동안 백성들의 성화를 못 이겨 금반지 등을 녹여 황금 송아지를 만들어 놓고 좋아하는 모습을 보고 십계명을 적은 돌판을 산 아래로 내던져 산산조각을 낸 후 그 후 여호와께 부탁하여 여호와께서 먼저와 같은 돌판에 십계명을 써 주신다.

시내산은 여호와와 모세와 백성간의 우여곡절을 겪으면서 여호와께서 모세에게 십계명을 비롯한 지켜야 할 규례와 법도들을 가르쳐 주신 성스러운 산이다.

### ④ 그리심산과 에발산

요단강 서쪽 아라바 지역 모레 상수리나무 곁의 가나안 족속의 땅이 있는 그리심산과 에발산은 두 가지 상이한 기능을 위한 대조적인 산이다. 만약 이스라엘 백성이 여호와께서 명하시는 모든 명령을 잘 지켜 행하여 여호와를 사랑하고 그의 계명과 율법을 행하고 의지하면 가나안에 거주하는 강대한 나라들을 차지할 것이지만 만약 여호와께서 명하시는 계명과 율법을 떠나 여호와의 명령을 듣지 아니하고 다른 이방의 신들을 따른다면 마땅히 저주를 받으리라. 여호와께서 너희들이 거주할 땅으로 인도하실 때 너희들은 그리심산과 에발산을 지나는데 그리심산에서는 율법에 따른 축복을 선포하고 에발산에서는 율법에 의한 저주를 선포하라고 명하시고 가나안 족속의 땅에 들어가 그들이 신을 섬기는 곳은 높은 산이든 낮은 산이든 푸른 나무 아래든 막론하고 그 모든 곳을 파괴하고 제단을 헐고 주상을 깨뜨리며 아세라상을 불사르고 조각한 신상들을 찍어 없애라고 명하신다. 그리심산과 에발산은 상반되는 두 명령을 선포하게 한 산으로 기록된다.

### ⑤ 비스가산

비스가산은 여리고 동쪽 반대편 아바림 산맥에 위치한 산으로 민수기에서 모압 왕 발락이 이름 있는 점술가 발람으로 하여금 이스라엘을 저주해 달라고 요청하여 두 번째 신탁을 위하여 간 곳이 비스가산 정상이다. 그곳에 일곱 제단을 쌓고 각 제단에 수송아지와 숫양을 드렸으나 발람은 여호와께서 그들과 함께 계시고 여호와께서 이스라엘에 복을 주신 것을 자기가 돌이키지 않겠다고 하였던 곳이 비스가산이다. 그 산은 모세와의 인연으로 유명하다. 이스라엘 백성은 여호와의 도우심으로 가나안의 문턱까지 이르고 모세 역시 형 아론을 따라 그에게도 죽음이 가까워졌는데 여호와께서 그에게 가나안 입성을 허락지 않으시어 모세는 느보산에 올라가 비스가산 정상에 이른다. 여호와께서는 모세에게 길르앗 땅을 모두 서해까지의 유다 땅과 남쪽으로 네겝 광야와 여리고 골짜기 평야를 보이시고 모세가 가나안 땅에 건너가지 못할 것이라고 하시자 모세가 모압 땅에서 장사되었으나 묻힌 곳이 어디인지는 아무도 모른다.

## ⑥ 갈멜산

갈멜은 헤브론 근처의 고지대에 위치한 성읍이지만 갈멜산은 이스라엘 서북쪽에 위치한 아름다운 숲이 있는 산이다.

북이스라엘 왕국의 왕으로 오므리의 아들과 우상을 숭배하는 이세벨의 남편인 아합 왕이 선지자 엘리야를 만나 엘리야의 불충을 꾸짖으려 하자 그는 아합 당신이 여호와의 명령을 버리고 바알을 따랐기 때문이라고 역공을 펼치고 바알 선지자 450명과 그 어머니 신 아세라의 선지자 400명을 갈멜산에 모아서 어느 쪽이 진리인지 겨루어 보고 만일 바알이 하나님이라는 것이 드러나면 자기도 바알을 믿겠다고 제안한다. 그리하여 바알 선지자 450명이 모였고 여호와를 모시는 엘리야는 혼자 그들을 대한다. 그는 백성들을 오라고 하여 어느 쪽이 진리인지 판단하라고 한다. 양쪽은 각각 송아지 한 마리를 택하여 각을 떠 나무 위에 올려놓고 불을 붙이지 않고 각각의 신을 부르고 불로 응답하는 신을 참 하나님으로 하자고 하니 백성들이 모두 찬성한다. 엘리야는 먼저 바알 사제들에게 바알의 이름을 불러 그가 불을 붙이게 하라고 제의하자 그들이 아침부터 낮까지 바알을 부르지만 아무런 응답이 없자 엘리야는 바알이 묵상 중인지 잠이 들었는지 더 큰 소리로 부르라고 하자 그들이 미친 듯이 저녁때까지 불렀으나 아무 변화가 없다. 엘리야는 백성들을 가까이 부르고 제단을 수축한 후 통 넷에 물을 채워 제물과 나무 위에 부으라 하고 그것을 세 번 반복하게 한 후 하나님이 참 하나님이신 것과 자기가 하나님의 종인 것을 보여주어 백성들이 여호와께서 참 하나님이신 것을 깨닫고 그들의 마음을 돌이키게 해 주시라고 기도를 올리자 여호와의 불이 내려와 번제물과 나무

등을 태운다. 그것을 본 백성들은 엎드려 여호와께서 참 하나님이신 것을 고백한다. 엘리야는 그들에게 바알 선지자들을 모두 죽이라고 하자 그들이 바알 선지자들을 빠짐없이 진멸한다. 갈멜은 고유명사로서의 이름을 높여 가장 금욕적인 수도회로 알려진 갈멜 수도회도 갈멜산의 이름에서 이름을 빌려왔다.

### ⑦ 헤르몬산

아람의 가장 높은 산으로 구약시대 바산에 속하였다가 앗수르의 산으로 현재 레바논에 있다. 모세는 여호와의 도우심을 힘입어 바산 왕 옥이 다스리던 땅과 60의 성읍들과 아모리 족속의 두 왕이 다스리던 헤르몬산까지의 땅들을 빼앗았는데 시돈 사람들은 헤르몬산을 시룐이라 부르고 아모리 족속은 스닐이라고 불렀다.(신명기 3:9) 모세가 빼앗았던 헤르몬산 지역은 여호수아가 나이 들어 또다시 히위 족속이 살고 있는 헤르몬산 지역을 공격한다. 그러자 하솔 왕 야빈을 주축으로 하는 여러 왕들의 연합군이 대결하였다. 여호수아의 군대는 기습 작전을 펴 그들을 제압하였고 여호와 도우심으로 동쪽과 서쪽의 영토들도 정복하였다. 모세와 여호수아가 헤르몬산 부근에서 전쟁을 하고 승리를 거두었으나 헤르몬산 자체가 종교적으로 문제가 된 것은 아니고 헤르몬산의 백향목이 그 후 솔로몬 성전을 건축할 때에 큰 도움을 주었다.

## ⑧ 다볼산

우상숭배를 적극 배척하던 사사 에훗이 죽으니 이스라엘이 다시 악에 빠진다. 여호와께서 하솔에서 통치하던 가나안 왕 야빈으로 하여금 이스라엘을 징벌하도록 시키신다. 야빈의 군대 장관은 막강한 철 병거를 900대나 거느리는 시스라였다. 야빈 왕은 시스라를 앞세워 이스라엘 백성을 심히 학대하고 압제하니 백성들은 여호와께 호소하자 긍휼이 많으신 여호와께서 야빈의 압제에서 이스라엘을 구원하시기로 마음을 정하셨다. 그 당시 이스라엘 사사는 여선지자 드보라였다. 드보라는 바락을 불러 여호와의 명령이 있었으니 1만 명의 군대를 모아 다볼산으로 가면 자기 병거가 시스라의 병거를 기손강으로 유도하겠으니 그때를 이용하여 공격하면 시스라를 제압할 수 있다고 지시한다. 그러나 바락은 사사도 함께 가면 가겠으나 혼자는 가지 않겠다고 하여 함께 갔다. 그 지역에는 겐 사람 헤벨이 상수리 곁에 장막을 치고 살았는데 바락이 다볼산으로 올라간 것을 사람들이 시스라에게 알려 주자 시스라는 모든 병거와 군대를 기손강으로 모으고 바락은 군대를 이끌고 다볼산을 내려간다. 여호와께서는 시스라의 군대를 칼날로 혼란스럽게 하자 시스라는 병거에서 빠져나와 헤벨의 장막에 이른다. 헤벨의 아내 야엘은 시스라를 반갑게 맞고 그를 안심시킨다. 시스라는 누가 찾아오면 아무도 없다고 하라고 이르고 곧 잠에 떨어진다. 그러자 야엘이 장막 말뚝을 가지고 와 그의 관자놀이에 박자 시스라는 소리를 지르지도 못하고 즉사한다. 다볼산은 야엘과 드보라의 공적이 서려 있는 역사적 산이면서 전망이 수려하고 대해라 부르는 지중해까지 볼 수 있는 산으로 예레미야는 다볼산이 '산들 중의 산'(예레미야

46:18)이라 하였고 오늘날 성지 순례자들이 도보로 찾아가는 훌륭한 순례 길의 종착지이다.

## 나. 굴

인간은 태어나면서부터 자연의 여러 가지 변화로부터 자신을 보호할 공간이 필요했고 그래서 우선적으로 택한 것이 자연적으로 형성된 산속의 굴이었다. 왜냐하면 추위와 더위, 비, 바람, 눈 등은 인간이 자연 공간에서 견뎌내기 어려웠기 때문이다. 그래서 인간은 태초부터 동굴과 떼려야 뗄 수 없는 인연을 맺고 있다. 구약성경도 창세기 때부터 동굴이 생활의 거주지였고 피난처였으며 위험이 있을 때에는 은신처였으며 사람이 죽으면 매장하는 무덤이었음을 보여 준다.

소돔과 고모라가 여호와께서 내리신 유황과 불로 멸망할 때 롯의 아내는 뒤돌아보지 말라는 명령을 어기고 뒤돌아보아 소금 기둥이 되어 롯은 두 딸을 데리고 소알에 갔다가 그 성읍에 살기가 두려워 산에 올라가 동굴에 살게 된다. 한편 아브라함과 사라는 가나안 땅 기럇 아르바에서 살던 중 사라가 127에 죽자 헷 족속의 에브론이 가지고 있던 막벨라 굴을 은 400세겔을 주고 사 사라를 그곳에 매장하였다. 그것으로 보아 이미 아브라함 시대에 산속의 굴도 소유자가 있었던 것 같다.

### ① 막게다 굴

여호수아가 아도니세덱을 비롯한 다섯 왕들과 싸우다가 그 다섯 왕들이 도망하여 막게다 굴에 숨는다. 그 정보를 들은 여호수아는 굴 어귀를 큰 돌로 막아 지키게 하고 적군을 모두 쳐부순 후 굴을 열고 다섯 왕을 끌어낸다. 여호수아는 부하들에게 왕들의 목을 밟게 한 후 여호수아가 그 왕들을 쳐 죽여 나무에 매달고 저녁까지 두었다가 저녁때 그들의 시체를 막게다 굴에 던지고 굴 어귀를 큰 돌로 막았다 여호수아가 아모리족 다섯 왕들에게 한 것은 너무 잔인하지 않나 생각되지만 거기에도 어떤 의도가 있었던 것 같다. 그 다섯 왕들의 연합군은 여호수아의 부대에 비하면 강한 대군인데 여호와의 도움으로 그들을 모두 진멸하였으니 여호수아는 자기의 부하들이 더 자신감을 가지고 여호와를 믿고 강하고 담대하라는 주문을 하기 위하여서는 그와 같은 힘의 과시가 필요하다고 생각한 것 같다.

### ② 아둘람 굴과 앤게디 굴

다윗에게 왕위를 빼앗길 것을 두려워 한 사울이 다윗을 죽이려 하자 다윗은 달아나 가드 왕 아기스에게 찾아갔으나 아기스가 받아들이지 않자 그는 자기 가족과 그를 따르는 자들 모두 400여 명을 데리고 아둘람 굴로 갔다가 생활의 불편도 있어 모압의 미스베로 갔다. 그러나 선지자 갓의 진언에 따라 그곳을 떠나 제사장 아히멜렉에게 찾아가 제사 지낸 떡과 음식을 먹고 골리앗의 칼도 받았다. 그러나 그것을 안 사울은 도엑을 시켜 아히멜렉을 살해한다. 블레셋에게 공격을 당한 그일라를 구하려고 엔게디 광야에 온 다윗은 길가에 있는 엔게디 굴이 있어 그 굴 깊은 곳에 있는데 그 고장에 다윗이 있다는 정보를 들은 사울이 3000여 명의 부대를 이끌고 엔게디 광야에 왔다가 용변을 보러 굴속에 들어와 일을 본다. 그것을 본 다윗의 부하가 사울을 죽이자고 하니 다윗은 사울이 여호와의 기름 부음을 받은 왕이니 죽일 수 없다고 하고 옷자락만 벤다. 일을 끝내 사울이 굴에서 나가자 다윗이 뒤에서 자기에게 사울을 해할 기회가 있는데도 그리하지 않았는데 당신은 왜 나를 죽이려 하느냐고 묻고 사울의 옷자락 벤 것을 흔든다. 그 소리를 들은 사울은 부끄러웠던지 '이것이 네 목소리냐.' 하고 소리 높여 묻더니 '나는 너를 학대하되 너는 나를 선대하니 나보다 의롭다.'(사무엘상 24:16, 17) 하고 네가 왕이 된 후 내 후손을 끊지 않겠다는 맹세를 하라고 요구하고 다윗이 그것을 맹세하자 사울은 그곳을 떠난다. 아둘람 굴과 엔게디 굴은 다윗이 사울의 추적을 피하여 들렸던 사연을 품고 있는 의미 있는 굴이다.

한 인문학자의 구약성경 스토리텔링

# (5) 이스라엘의 성문제

십계명은 제7계명 '간음하지 말라.'와 제10계명 '네 이웃의 아내 및 소유를 탐내지 말라.'에서 남성들의 음행을 금하고 있다. 그리고 율법은 50여 가지의 성관계를 금하고 있고 선지자들은 이스라엘 백성들의 다양한 음행에 대해 경고하고 있다. 성경을 통해서만 보더라도 성의 문제는 이스라엘 사회가 안고 있는 중요한 문제임을 알 수 있다. 이스라엘의 영광을 세계적으로 과시한 솔로몬이 정식 후궁 700명과 첩 300명을 두었다고 하는 것은 제도적으로 허용된 사항이니 특별히 언급할 필요는 없다고 해도 어떻게 그런 일이 있을 수 있는지 의아스러운 일이다. 이스라엘도 다른 중동의 고대 국가들과 같이 첩 제도가 있었지만 다른 나라들보다 많은 처첩을 두고 있었던 것 같다.

창세기 18장 소돔과 고모라 편에서 하나님의 세 사자에게 자칫 일어날 뻔하였던 충격적인 일이 있었다. 하나님의 명을 받고 소돔으로 향하여 가다가 그 입구에서 아브라함의 조카 롯을 만나 롯의 초청으로 그의 집에서 하룻밤 유숙하고자 들어갔다. 그런데 얼마 후 소돔 사람들이 몰려와 롯에게 '당신 집에 들어간 사람들을 내놓으라. 우리와 (성)관계를 하게 하라.'고 요구한다. 일촉즉발의 위기 상황에서 천사들이 몰려온 사람들의 눈을 볼 수 없게 하여 그 천사들은 화를 면할 수 있었다. 소돔과 고모라가 남자끼리의 동성애도 만연했던 고장이었던 것 같다. 결국 소돔과 고모라는 여러 가지 죄악의 소굴로 하나님께서 유황불로 멸망시키게 된다.

하나님께서는 이스라엘 후손들에게 죄악은 멸망을 부르게 한다는 가르침을 주시기 위하여 그 본보기를 보여 주신 것이다. 또 야곱의 큰 아들 르우벤은 야곱의 첩 빌하와 동침한다. 아버지의 첩은 르우벤에게 어머니 격이다. 어머니 격의 여자와 동침한 것은 십계명 중 여러 계명을 어긴 것이다. 율법에 따르면 두 사람 모두 죽임을 받아야 마땅하지만 무사히 넘어갔고 다윗의 아들 압살롬도 반란을 일으키고 아버지 다윗을 죽이고자 하자 다윗은 신복들만 데리고 가고 후궁 10여 명을 남기고 피신하지만 왕궁을 접수한 압살롬은 후궁 열 명과 모두 동침한다. 나중에 다윗이 승리하자 다윗의 친위대장 요압이 압살롬을 죽이고 그 사실을 알게 된 다윗은 친위대장 요압도 죽인다. 이처럼 불륜은 살해에 살해를 낳는다. 레위기 18장에서는 여호와께서 모세에게 간통과 근친상간의 다양한 경우를 열거하면서 그런 행위를 저지른 자들을 죽이라고 명시하지는 않았으나 금하신다.

선지자들도 음행을 하지 말라는 충고를 아끼지 않는다. 솔로몬도 잠언에서 '여인과 간음한 자는 무지한 자라. 이것을 행하는 자는 자기 영혼을 망하게 하며.'(잠언 6:23)라 하고 음녀에 빠짐은 인생을 비참하게 한다고 경고한다. '음녀로 말미암아 한 조각 떡만 남게 됨이며 음란한 여인은 귀한 생명을 사냥함이니라.'(잠언 6:32) 그러나 그런 정도의 충고로 각종 음행을 그치게 하기는 역부족이었다. 예레미야는 '눈을 들어 헐벗은 산을 보라. 네가 행음하지 아니한 곳이 어디 있느냐. 네가 길가에 앉아 사람을 기다린 것이 광야에 있는 아라바 사람 같아서 음란한 행각으로 이 땅을 더

럽혔도다.'(예레미야 3:2)라고 한탄한다. 그에 대한 여호와의 징벌로 '그러므로 단비가 그쳤고 늦은 비가 없어졌느니라. 그럴지라도 네가 창녀의 낯을 가졌으므로 수치를 알지 못하느니라.'(예레미야 3:3)라고 탄식한다.

하나님께서는 에스겔을 통하여 보다 솔직하게 구체적 사례를 지적하신다. '네 가운데 자기 아버지의 하체를 들어내는 자도 있었으며 (…) 월경하는 부정한 여인과 관계하는 자도 있었으며 어떤 사람은 자기 며느리를 더럽혀 음행하였으며 네 가운데 어떤 사람은 그 자매 곧 아버지의 딸과 관계하였으며 (…) 주 여호와의 말씀이니라.'(에스겔 22:10-12) 자기의 자매 곧 아버지의 딸을 범한 경우가 사무엘의 기록 속에도 있다. 다윗의 큰 아들 암논은 배다른 아름다운 누이동생 다말을 계략을 써 완력으로 범하고 그 즉시 증오하고 버린다. 그러자 다말의 친오빠 압살롬은 그 사건이 있은 지 2년 후 양털 깎기 이벤트에 암논을 다른 왕자들과 같이 초대하여 잔치가 끝나자 하인을 시켜 암논의 목을 단칼로 자른다. 암논은 자기가 저질은 죄 때문에 죽었지만 암논을 사랑한 다윗은 크게 상심한다. 다윗의 벌을 두려워한 압살롬은 인근의 다른 나라로 급히 도망한다. 본래 간음한 사람은 동네 사람들이 그를 둘러싸고 돌로 쳐 죽이는 것이 전통이다.

그런가 하면 가문을 잇기 위하여 아버지와 동침한 경우도 있다. 소돔과 고모라가 멸망한 직후 아브라함의 조카 롯의 아내는 천사의 명령을 어기고 아쉬움에 뒤돌아보자 소금 기둥으로 변하고 만다. 롯은 아내가 죽은 후 두 딸을 데리고 굴에 들어가 생활하는데 하루는 두 딸이 아버지가 돌아가시면 손이 끊어지니 아버지에게 후사를 잇게 하자고 공모하여 아버지를 취하게 한 후 큰딸이 아버지와 동침하여 임신하게 된다. 다음 날 작은딸도 아버지를 취하게 한 후 아버지와 동침하여 임신하게 된다. 큰딸은 아들 모압을 낳아 모압족을 이루게 되고 작은딸도 아들 벤암미를 낳아 암몬족을 형성하게 된다. 두 딸이 근친상간한 것은 틀림없는 사실이지만 이 경우는 정욕에 의하여 범죄를 저지른 것이 아니고 남성 중심의 사회에서 가문의 대를 잇기 위해 희생적으로 행한 성행위이니 하나님께서도 진노하지 않으셨고 그 덕분에 두 민족이 탄생한 것이다. 그 밖에도 남자가 남자와 동침하는 것은 가증한 일로 규정되었고 짐승과 성행위 특히 여자가 서서 짐승과 교접하는 것은 문란한 일이라고 여호와께서 말씀하신다. 이 모든 일들이 언급되는 것은 그러한 가증한 성행위들이 실제로 행하여졌기 때문에 그것을 금하기 위해서 여호와께서 나선 것이다.

이 외에도 이스라엘 사회에는 매춘을 위한 창기의 집이 있었는데 구약에서 창녀라는 어휘가 좀 천하다고 생각해서인지 그 대신 창기 혹은 기생이라는 어휘로 창녀를 대신하지만 영어 성경은 prostitute, 프랑스어 성경 역시 prostituée라고 표기하고 있다. 이스라엘 정탐들이 라합의 집에서 유숙하기 위해서 들어갔는데 라합의 집은 여인숙으로 이스라엘 남성들이 친구들 간의 모임도 열리는 일종의 홍등가였다. 또 여호와께서 호세아에게 음란한 여자를 맞이하여 음란한 자식들을 낳으라고 명하신다. 그 명령에 따라 호세아는 음란으로 이름이 난 고멜을 맞이한다. 여호와께서는 이스라엘이 여호와를 떠나 크게 음란하기 때문에 호세아로 하여금 여호와의 심정이 어떠하신지 알게 하신 것이다. (호세아 1:2) 고멜은 3남매를 낳고도 음욕이 발동하여 매음굴로 팔려갔는데 바알 신전 앞에는 매음굴이 있어 신전에 가서 제를 올리기 전에 남자 신도들이 그 매음굴에 가서 먼저 성행위를 통하여 의식 혼탁의 무아경을 경험하게 하는데 고멜이 그 '신전의 창기'가 된 것이다. 호세아는 그럼에도 여호와의 뜻에 순종하여 많

한 인문학자의 구약성경 스토리텔링

은 대가를 지불하고 고멜을 찾아와서 같이 살았던 것이다. 고멜은 타고난 음녀로 음란한 본성을 자신의 자제력으로 성욕을 억제하지 못한다. 호세 아는 인내와 사랑으로 그런 고멜을 끝까지 감쌌으나 여호와께서는 성적 인 음란의 문제뿐만 아니라 이스라엘 사회의 총체적 우상숭배 불순종, 불 의 등을 보여 주는 사례로써 호세아를 통하여 하나님의 심정을 체험하게 한 것이다. 결론적으로 호세아는 여호와의 뜻을 전적으로 받아들여 대선 지자의 반열에 오른 인물이고 고멜은 이스라엘에서 보편적으로 행해지는 음행의 문제를 표출하는 상징적 여인이 되었다.

그러나 이스라엘 사회에서의 음행의 문제는 여호와와 선지자들만 경 종을 울리는 문제이고 그것을 해소할 다른 방도는 없었다. 음행의 뿌리는 식생활과 관련이 있다고 본다. 이스라엘 민족은 목축을 기본으로 가나안 지방에서 농사도 풍부한 수확을 볼 수 있어 백성들이 대부분 식생활 염려 가 없었고 제사를 드릴 때마다 많은 소, 양, 염소들을 제사상에 올린 후 제 사가 끝나면 제사장과 고관들뿐 아니라 일반 백성들도 배불리 먹을 수 있 었던 것이다. 그것이 백성들의 영양 과다와 정력 과잉의 원인이 되어 성 적인 음행의 원인이 되었다고 본다.

또한 이스라엘 학생의 증언에 의하며 하나님의 명령으로 이스라엘 뿐 아니라 아랍 민족도 시행하고 있는 할례는 남성에게는 엄청난 정력 을 솟구치게 하고 여성에게는 성적 흥분을 유발하여 인구증가의 동력 으로 작용하고 구약시대의 음행의 원인도 된다는 것이다. 물론 유사 한 문제가 기타 다른 중동 민족에게도 있었고 그것이 이스라엘에서의 문제만은 아니라고 보지만 특히 이스라엘에서 그 문제가 구약시대에 보편화되었다고 생각한다.

9.

포로 귀환 시대

# (1) 에스겔

## 가. 소명

제사장 부시의 아들로 태어난 에스겔은 BC598년 포로로 잡혀가 바벨론에서 멀지 않은 갈대아 땅의 델라비브의 그발 강가에서 지냈다.(에스겔 1:1) 그는 결혼하였으나 예루살렘이 바벨론에게 망하던 BC587년 갑자기 부인을 잃는다. 에스겔은 외면적으로는 매우 냉정한 태도를 보이나 내면적으로는 지나칠 정도로 감수성이 예민하고 강력한 상상력을 지녔다. 그리하여 몇 살 위의 선지자 예레미야가 말하는 내용과 사명은 비슷한 점이 많으나 성전의 배열, 제사 형식 그리고 율법 등에 대해 매우 엄격한 기준을 보여 주고 있다. 그리고 그는 영상을 통하여 계시를 많이 받는 선견자여서 그가 소명을 받고 선지자가 된 것도 영상을 통하여 궁창 위에 있는 보좌 뒤의 형상에게서 말씀을 듣고서이다.(에스겔 2:1)

보좌 위의 형상은 에스겔에게 '인자야 내가 너를 이스라엘 자손 곧 패역한 백성, 나를 배반하는 자에게 보내노라 그들과 그 조상들이 내게 범죄하여 오늘까지 이르렀나니/이 자손은 얼굴이 뻔뻔하고 마음이 굳은 자니라 내가 너를 그들에게 보내노니 너는 그들에게 이르기를 주 여호와의 말씀이 이러하시다 하라/그들은 심히 패역한 족속이라 그들이 듣든지 아니

든든지 그들 가운데에 선지자가 있음을 알지니라/인자야 너는 비록 가시와 찔레와 함께 있으며 전갈 가운데 거주할지라도 그들을 두려워하지 말고 그들의 말을 두려워하지 말며 그 얼굴을 무서워하지 말지어다.'(에스겔 2:3-6) 이미 이스라엘 백성은 여호와를 배반하고 범죄의 길에 섰으니 여호와께서는 그들이 '듣든지 말든지' 신경 쓰지 말고 여호와의 말씀만 그대로 전하라고 에스겔에게 이르신다. 그리고 나서 여호와께서는 에스겔에게 단순한 메신저 역할뿐 아니라 에스겔을 '이스라엘 족속의 파수꾼으로 세웠으니 내 입의 말을 듣고 나를 대신하여 그들을 깨우치라.'(에스겔 3:17)고 하신다. 그 말씀은 이스라엘 백성이 죄악에 대한 벌은 받겠으나 여호와께서 이스라엘 백성을 완전히 포기하신 것은 아니고 에스겔에게 그들로 하여금 자신의 죄악을 깨우치고 마음을 돌리게 하라는 의미를 내포하는 것이다. 그러면 여호와께서는 이스라엘 백성이 어떤 죄악을 저질렀다고 하시는 것일까.

## 나. 우상숭배

에스겔은 남유다의 장로들 앞에 앉았는데 환상 가운데 불같은 형상의 광채가 손 같은 것을 펴서 에스겔의 머리털을 잡고 예루살렘 북향 한 문의 안뜰로 가니 거기에는 질투의 우상이 서 있었다. 그러자 여호와 하나님께서 에스겔에게 이르시되 '인자야 이스라엘 족속이 행하는 일을 보느냐 그들이 여기에서 크게 가증한 일을 행하여 나로 내 성소를 멀리 떠나게 하느니라. 너는 다시 다른 큰 가증한 일을 보리라 하시더라.'(에스겔 8:5-18) 성스러운 이스라엘의 정신적인 고향 예루살렘 곳곳에 우상이 있고 장로들 70명이 어두운 우상의 방에 향로를 들고 서서 자기들이 행하는 것을 여호와께서는 보시지 않으실 것이고 여호와께서는 이 땅을 버리셨다고 한다.

우상 경배는 십계명의 제1계명을 어길 뿐만 아니라 우상은 장인들이 지어낸 생명이 없는 물로 그것은 인간이 위험에 처하였을 때 도움을 줄 수도 없고 그런 물체를 경배하는 것은 천지를 지으시고 사랑으로 인간을 돌봐주시는 여호와에 대한 모독일 수밖에 없다. 그렇기 때문에 여호와께서 산과 언덕과 시내와 골짜기를 향하여 말씀하시기를 '칼이 너희에게 임하게 하여 너희 산당을 멸하리니 (…) 너희가 죽임을 당하여 너희 우상 앞에 엎드러지게 할 것이다.'(에스겔 6:3-7) 여호와께서는 이스라엘의 우상숭배에 대한 단호한 정죄를 선언하신다.

## 다. 거짓 선지자

난세에는 우상숭배와 함께 거짓 선지자들이 많이 등장하기 마련이다. 거짓 선지자들은 여호와의 말씀을 듣지 못하는 자들로 그들은 지배층에게 듣기 좋은 소리를 전하거나 백성에게 현혹하는 말들을 전파시킴으로써 결과적으로 혼란을 일으키고 앞에 닥친 위기에 제대로 방비하게 하지 못한다. 에스겔 시대에도 거짓 선지자들이 백성들 속에 파고들자 여호와께서 그런 현실을 그대로 보고 계실 수 없으셨다. '인자야 너는 이스라엘의 예언하는 선지자들에게 경고하여 예언하되 자기 마음대로 예언하는 자에게 말하기를 너희는 여호와의 말씀을 들으라.'(에스겔 13:2-16)고 명하신다.

# 라. 음행

십계명에서 제7조와 제10조는 음행과 관련된다. 그만큼 음행은 여호와께서 중요시하고 계신다. 그것은 음행이 사회적으로 널리 퍼져 있는 현상임을 반증하기 때문이라고 할 수 있다. 여호와께서는 어릴 적부터 행음으로 유명한 오홀라와 아우 오홀리바 자매의 이야기를 에스겔에게 알려 주신다. 오홀라는 히브리어로 '내 장막' 오홀리바는 '장막 안에 있는 내 장막'이라는 뜻으로 오홀라는 북이스라엘을 상징하고 오홀리바는 남유다를 상징하는 이름이다.[80] 에스겔은 오홀라와 오홀리바로 상징되는 두 인물을 등장시켜 전 이스라엘에서 벌어지는 다양한 음행을 감각적인 필치로 묘사한다. 앗수르 사람, 애굽 사람, 바벨론 사람 등은 이스라엘의 국제 관계를 상징하기 위하여 선정된 인물들이다. 에스겔은 여호와는 고아로 태어난 예루살렘을 잘 키워 신부로 삼고 성장을 시켜 놓으니 '네가 네 화려함을 믿고 네 명성을 가지고 행음하되 지나가는 모든 자와 더불어 음란을 많이 행하므로 네 몸이 그들의 것이 되도다.'(에스겔 16:15-17) 중요한 것은 그러한 묘사가 현실적으로 실현되는 상황이라는 점이다. '네 가운데에 자기 아버지의 하체를 드러내는 자도 있으며.'(에스겔 22:10-11) 여호와께서는 율법에서 엄숙히 금하는 딸과 아버지의 동침하는 사실을 거론하시고 아울러 이웃의 아내와의 성관계, 며느리와의 근친 성관계 자매간의 성관계까지 언급하신다.[81] 이스라엘이 윤리적으로 율법으로 도저히 용납될 수 없는 음행을 저지른다는 사실을 여실히 보여 주고 있다.

---

80) Osty-Seuil Bible, 1844쪽.
81)  Osty-Seuil Bible, 1842쪽.

# 마. 사회적 배려

여호와께서 말씀하셨다. '목자가 양 가운데 있는 날에 양이 흩어졌으면 그 떼를 찾는 것같이 내가 내 양을 찾아서 흐리고 캄캄한 날에 그 흩어진 모든 곳에서 그것들을 건져낼지라. (…)/그 잃어버린 자를 내가 찾으며 쫓기는 자를 내가 돌아오게 하며 상한 자를 내가 싸매주며 병든 자를 내가 강하게 하려니와 살진 자와 강한 자는 내가 없애고 정의대로 그것들을 먹이리라.'(에스겔 34:12-16) 사회적 약자들을 구원해 주시고 고르게 사는 사회를 파괴하여 무리하고 부정한 방법으로 재물을 축재하는 인간들을 제거하시겠다는 것이다. '네 가운데에는 뇌물을 받는 자도 있었으며 네가 변돈과 이자를 받았으며 이익을 탐하여 이웃을 속여 빼앗았으며 나를 잊어버렸도다. 주 여호와의 말씀이니라.'(에스겔 22:9)

그리고 '이 땅 백성은 포악하고 강탈을 일삼고 가난하고 궁핍한 자를 압제하고 나그네를 부당하게 학대하였으므로/(…) 내가 내 분노를 그들 위에 쏟으며 내 진노의 불로 멸하여 그들 행위대로 그들 머리에 보응하였느니라. 주 여호와의 말씀이니라.'(에스겔 22:29-31) 이스라엘 백성들이 사회적 약자를 돌보지 않고 억압하여 부정한 사회를 만드는 것도 여호와께서 분노하시고 깨달음을 주시기 위하여 강도 높은 징벌을 내리시겠다는 것이다. 물욕을 탐하지 않는 사람이란 '(…) 빚진 자의 저당물을 돌려주며 강탈하지 아니하며 주린 자에게 음식을 주며 벗은 자에게 옷을 입히며/변리를 위하여 꾸어 주지 아니하며 이자를 받지 아니하며 (…) 가난하고 궁핍한 자를 학대하거나 강탈하거나 빚진 자의 저당물을 돌려주지 않거나 (…) 변리를 위하여 꾸어 주거나 이자를 받거나 할진대 그가 살겠느냐 결코 살지 못하리니 이 가증한 일을 행하였은즉 반드시 죽을지라. 자기의 피가 자기에게로 돌아가리라.'(에스겔 17:7-13) 재물을 가진 것은 죄악이니 가난한 사람을 위해 모두 내어놓으라는 말로 들리기 쉬우나 그렇지는 않다. 자기에게 여유가 있을 때에는 자기보다 못한 사람을 위해 아무런 대가를 바라지 말고 선한 마음으로 도와서 사회적 극빈층을 만들지 말고 보다 따뜻한 사회를 이룩하라는 여호와의 기본적인 배려가 표현된 것이다.

## 바. 이스라엘의 징벌

북이스라엘에서 우상숭배가 남유다에서보다 더 많이 전파되었다고 하겠으나 그것은 정도의 차이일 뿐 이스라엘 전체가 이방의 우상신 숭배에 빠져 있었고 거기에다 우상들을 모신 산당들은 행음들이 자행되는 장소로 그리고 자녀들을 희생시키는 공간으로 이용되기도 하였고 그 밖에도 사회적 약자들을 핍박하고 그들의 재산을 약탈하는 등의 죄악이 널리 퍼지자 여호와의 인내심도 한계에 다다르시게 되었다. 그리하여 여호와께서 선언하신다. '너 인자야 주 여호와께서 이스라엘 땅에 관하여 이렇게 말씀하셨느니라. 끝났도다. 이 땅 사방의 일이 끝났다/이제는 네게 끝이 이르렀나니 내가 내 진노를 너에게 나타내며 네 행위대로 심판하고 네 모든 가증한 일을 보응하리라/내가 너를 불쌍히 여기지도 아니하고 네 행위대로 너를 벌하여 네 가증한 일이 너희 중에 나타나게 하리니 내가 여호와인 줄을 너희가 알리라/즉 여호와께서 이같이 이르시되 재앙이로다 볼지어다 그것이 왔도다.'(에스겔 7:2-5) 그와 함께 여호와께서 성전을 떠나신다. '여호와의 영광이 문지방을 떠나서 그룹들 위에 머무르니.'(에스겔

10:18) 모든 사람들이 징벌의 대상이고 극소수의 예외도 있을 수 있다. '비록 노아, 다니엘, 욥 이 세 사람이 거기에 있을지라도 그들은 자기의 공의로 자기의 생명만 건지리라. 주 여호와의 말씀이니라.'(에스겔 15:14) 여호와께서 세우신 원칙을 엄격히 지키시는 것은 사랑이 없으신 것이 아니라 자신이 지은 죄를 깨닫고 뉘우치게 하려 하심이라.

여호와의 징벌을 안타깝게 느끼는 에스겔이 '(…) 내가 홀로 있었는지라. 엎드려 부르짖어 이르되 아하 주 여호와시여 예루살렘을 향하여 분노를 쏟으시오니 이스라엘의 남은 자를 모두 멸하려 하시나이까/그분이 내게 이르시되 이스라엘과 유다 족속의 죄악이 심히 중하여 그 땅에 피가 가득하며 그 성읍에 불법이 찼나니 이는 그들이 이르기를 여호와께서 이 땅을 버리셨으며 여호와께서 보지 아니하신다 함이라/그러므로 내가 그들을 불쌍히 여기지 아니하며 긍휼을 베풀지 아니하고 그들의 행위대로 그들의 머리에 갚으리라 하시더라.'(에스겔 9:8-10) '여호와께서 내리시는 벌은 내가 그 땅을 황폐하게 하리니 이는 그들이 범법함이니라. 나 주 여호와의 말이니라 하시니라.'(에스겔 15:8)

## 사. 회복의 예언

여호와께서는 이스라엘의 죄악이 도를 넘어서자 그에 대한 징벌로 북이스라엘은 앗수르에게 남유다는 바벨론으로 하여금 사회의 중견들을 모두 포로로 잡혀가게 하시고 그 땅을 황폐하게 하셨다. 또 많은 백성들이 외국으로 흩어지게 하셨다. 그러나 모든 이스라엘 백성들을 멸절시키시지는 않으셨다. 왜냐하면 이스라엘 백성들은 선택된 백성으로 여호와와 언약을 맺었고 이번에도 백성들이 잘못을 깨닫고 돌아오기를 기대하셨기 때문이다. 그러나 '악인이 만일 그가 행한 죄에서 돌이켜 떠나 내 모든 율례를 지키고 정의와 공의를 행하면 반드시 살고 죽지 아니할 것이다/그 범죄한 것이 하나도 기억함이 되지 아니하리니 그가 행한 공의대로 살리라/주 여호와의 말씀이니라. 내가 어찌 악인이 죽는 것을 조금인들 기뻐하랴 그가 돌이켜 그 길에서 떠나 사는 것을 어찌 기뻐하지 아니하겠느냐.'(에스겔 18:21-23)

자기에 대한 반역을 심판하신 후 '주 여호와께서 이같이 말씀하시되 내가 백향목 꼭대기에서 높은 가지를 꺾어다가 심으리라 내가 그 높은 새 가지 끝에서 연한 가지를 꺾어 높고 우뚝 솟은 산에 심되/이스라엘 산에 심으리니 그 가지가 무성하고 열매를 맺어서 아름다운 백향목이 될 것이요 각종 새가 그 아래에 깃들이며 그 가지 그늘에 살리라.'(에스겔 17:22-23) 아브라함을 선택해서 큰 민족을 이루게 하신 것처럼 새 이스라엘을 건설하게 해서 아름다운 백향목을 심으시어 푸르고 풍성한 새 나라를 만드시겠다는 청사진을 보여 주시는 것이다. 황폐한 자연만 소생시키시는 약속을 하시는 것이 아니라 골짜기에 뼈들만 가득한데 뼈들이 말랐다.

여호와께서 또 내게 이르시되 '인자여 이 뼈들은 이스라엘 온 족속이라 그들이 이르기를 우리의 뼈들이 말랐고 우리의 소망이 없어졌으니 우리는 다 멸절되었다 하느니라/그러므로 너는 대언하여 그들에게 이르기를 여호와께서 이렇게 말씀하시기를 내 백성들아 내가 너희 부담을 덜고 너희로 거기에서 나오게 하고 이스라엘 땅으로 들어가게 하리라/내 백성들아 내가 너희 무덤을 열고 너희로 거기에서 나오게 한 즉 너희는 내가 여호와인 줄을 알리라/내가 또 내 영을 너희 속에 두어 너희가 살아나게 하고 또 너희를 너희 고국 땅에 두리니 나 여호와가 이 일을 말하고 이룬 줄을 너희가 알리라 여호와의 말씀이니라.'(에스겔 37:11-14) 그러나 여호와께서 사랑으로 살려내시어 고향에 돌아온 백성들이 자칫 옛 생활로 돌아가 여러 가지 죄악에 빠지게 할 수는 없다는 것이 여호와 생각이시다. 그리하여 계획하신 것이 그들을 정결케 하시고 그들에게 새 영을 주시어 새 마음을 가지게 하시는 것이다. '내가 너희를 여러 나라 가운데에서 인도하여 내고 여러 민족 가운데에서 모아 데리고 고국 땅에 들어가서/맑은 물을 너희에게 뿌려서 너희로 정결하게 하되 곧 너희 모든 더러운 것에서와 모든 우상숭배에서 너희를 정결하게 할 것이며/또 새 영을 너희 속에 두고 새 마음을 너희에게 주되 너희 육신에서 굳은 마음을 제거하고 부드러운 마음을 줄 것이며/또 내 영을 너희 속에 두어 너희로 내 율례를 행하게 하리니 너희가 내 규례를 지켜 행할지라.'(에스겔 36:24-27)

## 아. 열방에 대한 예언

### ① 암몬

이스라엘이 황폐해지고 백성들이 포로로 잡혀가는 것을 좋아하던 암몬을 동방국가에 넘겨주신다고 여호와께서 예언하셨다.

### ② 모압과 세일

두 나라 역시 동방국가에게 주시겠다고 하셨다.

한 인문학자의 구약성경 스토리텔링

### ③ 에돔

에돔에 대해 진노하신 여호와께서는 이 나라를 황폐하게 하시겠다고 하셨다.

### ④ 블레셋

이스라엘 초창기에서부터 이스라엘과 갈등을 빚어 온 블레셋에 벌을 내리시겠다고 하셨다.

### ⑤ 두로

무역으로 부유하던 두로의 왕은 교만하여 느부갓네살로 하여금 두로를 치게 하시겠다고 여호와께서 말씀하셨다.

### ⑥ 시돈

두로 바로 위쪽의 항구 시돈 역시 여호와의 분노로 심판을 통하여 전염병을 내리시고 피가 흐르게 하시겠다고 하셨다.

### ⑦ 애굽

이스라엘 민족이 종살이를 했던 애굽의 바로를 신흥세력 느부갓네살로

하여금 칼로 치게 하시겠다고 하셨다.

### ⑧ 곡

이스라엘을 침략하여 이스라엘 산에 이르는 곡을 산 위에 엎드러지고 사나운 새와 짐승의 먹이가 되게 하시겠다고 여호와께서 말씀하신다. 그리하여 여호와의 영광을 여러 민족 가운데 나타내어 여호와의 권능을 보게 하시겠다고 하신다.

### 맺는말

여호와께서는 이스라엘의 죄악을 타 민족으로 하여금 징벌하게 하시지만 그 민족들의 정도를 넘는 비리 또한 심판하시겠다고 계획하신다. 이스라엘을 둘러싼 여러 나라에 대한 예언에서는 그들 나라가 이스라엘에게 저지른 잘못을 모두 처단하시겠다고 하시어 여호와께서 이스라엘과의 관계를 중심으로 주변 국가들을 다루신다는 의도를 보여 주신다.

한 인문학자의 구약성경 스토리텔링

# (2) 다니엘

## 들어가며

바벨론의 느부갓네살은 여호야김이 왕위에 있은 지 3년이 되었을 때 이스라엘을 침략하여 정복하고 많은 백성을 포로로 데려간다. 다니엘도 16살 때 왕의 환관장이 청소년 중 지혜가 있고 학문이 뛰어난 왕족과 귀족 출신을 선발하는 데 뽑혀 갈대아의 학문과 언어를 배우고 특별한 대우를 받았다. 환관장은 다니엘을 갈대아의 동화정책으로 이름도 벨드사살로 바꾸었으나 일찍부터 투철한 민족의식을 지니고 여호와에 대한 강한 신앙심을 가졌던 다니엘은 왕이 내리는 음식과 포도주 대신 채식 위주의 소박한 식생활을 하면서 자신의 정체성을 지켰다. (다니엘 1:3-16)

여호와께서는 다니엘에게 학문을 통달하게 하고 높은 지혜를 주셨고 그와 함께 모든 환상과 꿈을 해석하는 능력까지 주셨다. 끊임없는 기도로 늘 여호와와 함께한 다니엘은 포로로 잡혀온 동포들에게 여호와의 의도와 계획을 전하여 그들에게 삶에 대한 의욕과 용기를 북돋아 주는 것이 여호와께서 자기에게 부과하신 사명이라고 믿게 되어 자신이 깨닫고 체험한 것을 기록하고 남기게 되었다. 그가 이스라엘에서 선지자로 활약한 것은 아니었기 때문에 그의 모든 기록물은 케투빔(성문서)으로서 히브리어 성경에서 에스더와 에스라 사이에 있었는데 70인의 헬라어 성경에서 다니엘이 대선지자로 간주되어 에스겔과 호세아 사이에 들어가게 되었다. [82]

## 가. 꿈과 환상

다니엘은 갈대아의 우수한 교육과정을 마치고 학문과 지혜를 지닌 젊은이로 왕궁에서 생활하면서 느부갓네살이 왕이 된 지 2년이 되던 때 왕의 꿈과 관련하여 중요한 전기를 맞는다. 왕은 꿈을 꾼 후 그 의미를 몰라 크게 번민하다가 전국의 박수, 술객, 점쟁이, 지혜자들을 모두 불러 꿈을 해석해 달라고 요청했으나(다니엘 2:1-3) 그들은 모두 왕에게 왕이 꿈의 내용을 일러 주면 그것을 해석하겠다고 한다. 그러나 왕은 그들에게 꿈과 해석을 함께 보이라고 명령한다. 그리고 그 꿈을 알게 하지 않으면 다 죽이겠다고 한다.

이때 근위대장이 다니엘에게도 알리니 밤에 그에게 환상이 나타났다. 그는 영원부터 영원까지 이 세상과 인간을 다스리시는 하나님께 감사와 찬송을 드리고 다음 날 근위 대장에게 자기를 왕께 인도하면 그 해석을 알게 하겠다고 한다. 왕에게 나아간 다니엘은 하나님이 은밀한 것을 나타내시어 느부갓네살 왕의 후일을 알게 하신 것이라고 하고 왕이 큰 신상을 보셨다고 말한다. 찬란한 광채를 보이는 그 신상은 머리는 순금이고 가슴과 두 팔은 은이고 배와 넓적다리는 놋이고 종아리는 쇠요 발의 일부는 쇠이고 일부는 진흙이라고 아뢴다.

그런데 왕이 보시니 돌이 나와 발을 쳐서 부러뜨려 쇠와 진흙과 놋과 은

---

82)  Osty-Seuil판 성경, 1897쪽 참조.

한 인문학자의 구약성경 스토리텔링

과 금이 모두 부서져 바람에 불려 날아갔고 그 돌은 태산을 이루어 온 세계에 가득하였다고 말한다. 그 꿈을 해석한다면 하나님께서 왕에게 나라와 권세와 영광을 주셨고 왕은 곧 그 금 머리이나 왕을 뒤이어 은 같은 나라가 일어날 것이며 그 후 놋 같은 나라가 일어나 온 세계를 다스릴 것이며 강하기가 쇠 같은 나라는 뭇 나라를 부서뜨릴 것이나 발가락이 진흙과 은, 금을 깨뜨리고 결국 하나님이 영원한 나라를 세우실 것임을 하나님이 왕에게 알게 하신 것이라고 해석한다. (다니엘 2:19-45)

그 해석을 하자 느부갓네살 왕은 엎드려 다니엘에게 '너희 하나님은 신들의 신이시고 모든 왕들의 주이시고 은밀한 것도 나타내신다.'라고 이르고 다니엘을 온 바벨론 지방을 다스리며 모든 지배자들의 어른으로 삼고 왕궁에 있게 하였다. 다시 그 후 느부갓네살은 꿈에서 본 환상을 다니엘에게 설명한다. 왕께서 보신 꿈은 한 나무가 높게 자라서 하늘에 닿았고 견고하여지고 아름다운 잎새와 만민이 먹을 만한 열매가 열리고 모든 새들이 가지에 깃들이고 또 보니 한 거룩한 천사 사자가 하늘에서 내려와 그 가지와 나무를 베고 잎새들을 떨고 그 아래에 있는 짐승들을 떠나게 하고 쇠와 놋줄로 동이고 그것을 들풀 가운데에서 이슬에 젖게 두고 그 나무는 짐승의 마음을 받아 일곱 때를 지난다고 했다. (다니엘 4:10-16)

다니엘은 그 나무는 왕이고 왕의 세력이 견고해지고 커져 하늘에 닿고 땅 끝까지 미치는데 하늘의 사자가 내려와 그 나무를 베고 뿌리와 그루터기를 남겨두고 쇠와 놋줄로 동이고 그것을 들풀 가운데 두어 이슬에 젖게 하고 짐승들과 더불어 제 몫을 얻어 일곱 때를 지내리라 하였는데 그 해석은 하나님이 명령하신 것이 왕에게도 미칠 것이라는 것이다. 왕은 자리

에서 쫓겨나 들짐승과 함께 살며 소처럼 풀을 뜯으며 일곱 때[83]를 지낼 것
이고 하나님이 세상을 다스리시는 줄을 왕이 깨달은 후에야 왕의 나라가
견고하게 되니 내가 아뢰는 것을 왕이 받으시고 공의를 행하고 죄를 사하
고 가난한 자를 긍휼히 여기시면 왕의 평안함이 장구할 것이라고 아뢴다.

그 후 느부갓네살 왕이 왕궁을 거닐 때 하늘에서 소리가 내려 이 나라의
왕위가 너에게서 떠나고 너는 쫓겨나 들짐승과 같이 지내다가 일곱 때[84]
가 지나면 왕이 총명을 되찾아 지극히 높으신 이에게 감사드리고 그의 권
세는 영원한 권세이며 그 나라도 영원하리라고 찬양한다. 결국 아들 벨사
살에게 왕위를 물려주게 되고 그 아들은 바벨론의 마지막 왕이 된다.

왕이 된 벨사살은 귀족 1000여 명을 초청하여 큰 잔치를 베풀고 예루살
렘에서 탈취하여 온 금은 그릇을 가져오라고 하여 그것에 음식을 담고 자
기들의 신을 찬양하였다. 그러자 벽에 사람의 손가락이 나타나 글씨를 쓴
다. 왕의 안색이 변하고 번민하여 소리 질러 술객과 점쟁이 지혜자들을
불러 글자를 읽고 해석하는 자에게 큰 상을 내리고 높은 지위를 주겠다고
하였으나 응하는 자가 없어 결국 다니엘을 부른다.

다니엘은 '하나님이 왕의 부친에게 영광과 권세를 주셨는데 그가 완악
하고 교만을 행하여 왕위에서 쫓겨나 한때 들짐승들과 함께 지내게 되었
고 그의 뒤를 이은 아들은 왕이 되어 모든 것을 알면서도 성전의 그릇으
로 후궁들까지 술을 마시게 하며 하나님께 영광을 드리지 않으시니 이 글
씨를 쓴 것입니다.'라고 설명하고 '메네메네 데겔 우바르신'은 하나님이 이
미 왕의 나라가 끝나게 하셨고 메대와 바사에게 그것을 주셨다고 설명한

---

83) Osty-Seuil은 일곱 때를 7년이라고 해석함. Osty 성경 1910쪽 뉴톰슨 성경은 주석이 없음.
84) Osty는 그의 성경 1912쪽에서 '때'를 '시대'라고 하고 NIV도 'times'라고 하나 뉴톰슨 성경은
1240쪽에서 아무 주석도 붙이지 않는다.

다. 왕은 그에게 큰 상을 내리고 나라의 셋째 통치자로 삼으나 벨사살 왕은 그날 밤 죽임을 당하고 나라의 막이 내린다.

하나님이 예고하신 바와 같이 바벨론은 바사의 다리오에게 예속된다. 다리오 역시 다니엘을 높이 평가하여 그를 세 총리중의 하나로 발탁한다. 그러자 다른 총리들과 고관들이 다니엘을 질투하여 다니엘이 왕의 금령을 따르지 않고 집에 가서 하루 세 번씩 무릎 꿇고 자기 하나님에게 기도하고 감사드리면서 왕에게 순종하지 않으니 법에 따라 다니엘을 사자굴에 넣어야 한다고 주장하니 왕도 어쩔 수 없이 법을 따를 수밖에 없어 다니엘을 사자굴에 넣고 밤새 걱정이 되어 다음 날 새벽같이 사자굴에 가본다.

## 나. 믿음과 구원

다니엘을 사랑하시는 하나님은 천사를 보내시어 사자들의 입을 봉하시니 사자들이 다니엘에게 아무런 해도 끼치지 못하게 된다. 그 사실을 목격한 왕은 다니엘을 고소한 사람들과 그 처자들을 사자굴에 넣으니 사자들이 그들을 물어뜯어 뼈도 남지 않게 된다. (다니엘 6:16-22)

다니엘의 친구들 사드락, 메삭, 아벳느고도 바사의 황금 신상에 절하는 규칙을 지키지 않아 모두 불타는 풀무불에 던져졌으나 천사가 와서 그 불이 하나님을 경외하는 그들의 머리털 하나도 그을리지 않게 하였고 불탄 냄새도 없었다. 느부갓네살 왕은 사드락, 메삭, 아벳느고의 하나님을 칭송하고 조서를 내려 그들의 하나님에 대한 경솔한 행동은 극형에 처하라고 명령하고 그 세 사람의 관직도 높여 주었다. (다니엘 3:22-28)

## 다. 다니엘의 꿈

다니엘은 벨사살 원년에 꿈에서 환상을 보고 그것을 기록한다. 하늘의 네 바람이 바다로 몰려와서는 큰 짐승 넷이 바다에서 나왔는데 첫째 짐승은 독수리의 날개를 단 사자인데 그 날개가 뽑혔고 둘째 짐승은 한쪽으로 들린 곰의 잇사이에 세 갈빗대가 물렸는데 사람들이 그에게 일어나 고기를 많이 먹으라고 하였다. 또 등에 새의 날개 넷이 있는 표범이 있고 그 짐승은 권세를 받은 머리 넷이 있었다. 네 번째 짐승은 무섭고 강하며 쇠 이빨이 있고 나머지를 밟았으며 열 뿔이 있었다. 그 중에서 작은 뿔이 나더니 세 뿔 중 하나를 뿌리까지 뽑았고 그 작은 뿔은 사람의 눈과 입이 있어 말을 크게 하였다. (다니엘 7:8)

왕좌에는 '항상 계시는 이'[85]가 좌정하고 계셨는데 보좌는 불꽃이고 바퀴는 타오르는 불이어서 불이 강처럼 흐르는데 '수종드는 자'[86]는 천천이고 '모셔 선 백성'[87]들은 만만이고 그곳은 법정으로 앉아서 책을 펴고 있었다. 그 순간 큰 소리로 말하던 작은 뿔이 죽임을 당하여 불속에 던져졌다. 나머지 짐승들은 생명은 보전되어 정한 시기를 기다리게 되었다.

다니엘이 또 환상 중에 보니 '인자 같은 이'[88]가 구름을 타고 와 '항상 계신 이'[89] 앞에 인도되어 영원히 소멸되지 않는 권세를 받고 모든 나라와 백성들이 그를 섬기게 된다. 다니엘이 곁에 선 자에게 물어보니 네 큰 짐승은 세상에서 일어날 네 나라를 상징하고 '지극히 높으신 이'의 성도들이

---

85) 하나님의 별칭.
86) 보좌하는 천사들.
87) 하늘나라의 백성.
88) 예수 그리스도의 별칭.
89) 시간과 공간을 넘어 계시는 하나님.

영원히 지속될 나라를 건설하리라고 한다.

다니엘이 넷째 짐승에 대해 묻자 심히 무서운 그 짐승은 머리에 열 뿔이 있고 또 다른 뿔이 나오자 세 뿔이 빠진다. 그 다른 뿔에는 입도 있어서 큰 소리로 말하고 모양도 커 보였다. 그 뿔은 성도들과 싸워 그들을 압도하더니 '항상 계신 이'가 성도들을 위하여 증언하시자 성도들이 나라를 얻었다.

모신 자가 이르되 넷째 짐승은 넷째 나라인데 그 나라는 온 천하를 삼키고 밟을 것이며 열 뿔은 일어날 열 왕인데 일어날 또 한 나라가 세 왕을 복종시킬 것이며 지극히 높으신 이를 말로 대적하며 그의 성도들을 괴롭게 할 것이며 또 때[90]와 법을 고치려고 할 것이고 백성들을 압제할 것이며 한 때와 두 때와 반 때 후에 구출될 것이다. (다니엘 7:25)

'그러나 심판이 시작되면 그 한나라는 완전히 멸망할 것이다. 재판에서 모든 나라의 주권과 위세는 지극히 높으신 이의 거룩한 백성[91]에게 넘겨지게 되리니 그 나라는 영원한 나라라 모든 권세 있는 자들이 다 그를 섬기며 복종하리라.' (다니엘 7:27)

그 말이 그치자 다니엘은 고민에 빠졌고 그 일을 마음에 간직하였다.

벨사살 왕 제3년에 또 환상을 보게 되었다. 수산성에 있을 때 두 뿔 가진 숫양을 보았는데 나중에 난 뿔이 더 길었다. 그 양이 서쪽, 남쪽을 받으나 당할 짐승이 없고 양은 더욱 강해졌다. 그때 한 숫염소가 와서 날듯이 지나갔는데 그 눈 사이에는 뾰족한 뿔이 있었다. 그 염소가 양에게 달려들자 숫양은 맥없이 꺼꾸러지고 숫염소에게 짓밟혔다.

---

90)  Osty 성경은 1918쪽 주 7:25에서 때를 'moments'(시기 또는 계기)라고 설명하고 '한 때와 두 때와 반 때'를 3년 반이라고 번역하나 우리는 그것이 시간적 개념이 아니고 주관적으로 정한 '시기'의 개념이라고 추정한다.
91)  Osty 성경은 1918쪽 주 7:27에서 메시야가 다스리는 이스라엘을 가리킨다고 본다.

숫염소가 강대해 지더니 큰 뿔이 꺾이고 그 대신 뾰족한 뿔이 사방을 향해 났다. 그중 한 뿔에서 작은 뿔[92]이 하나 나와서 남쪽과 동쪽 그리고 영화로운 땅을 향하여 하늘 군대에 미칠 만큼 커지더니 하늘 군대와 별을 몇 개 떨어뜨려 그것들을 짓밟고 높아져 군대의 지휘관에게 대적하여 제사를 없애고 성소를 헐었다.

그 악으로 말미암아 백성은 제사를 지낼 수 없게 되고 그런데도 그의 모든 행위는 형통하였다. 한 거룩한 이가 다른 거룩한 이에게 제사를 망치고 그의 모든 행악한 일이 언제까지 계속되겠느냐고 묻자 2300주야[93]가 되면 성소가 정결하게 되겠다고 대답한다. 다니엘은 그 환상의 뜻을 알고자 하다가 가브리엘이 나타나자 두려워 땅에 엎드렸다가 잠이 들었다.

그런데 누군가가 깨워 이르기를 그것은 여호와의 진노의 때가 있은 후의 일을 알게 하기 위한 것이라고 한다. 두 뿔 가진 숫양은 메대와 바사 왕들이고 숫염소는 헬라 왕이고 그 두 눈 사이의 왕은 그 첫째 왕이고 그 뿔이 꺾이고 대신 네 뿔이 난 것은 거기에서 나온 네 나라인데 그 권세는 약하였다. 그들 나라의 말기에 반역자들이 가득한데 한 고약한 왕이 나와 권세가 강하고 파괴적 행위를 하나 그가 형통하여 거룩한 백성을 멸하리라. 그는 스스로 위대하다고 믿고 많은 무리를 멸하고 만왕의 왕과 대적하고자 하나 인간의 힘이 아닌 어떤 힘에 의하여 파멸될 것이다. 그 말을 듣고 다니엘은 지쳐 앓다가 다시 왕의 일을 보게 되었다.

---

92) Osty 성경 1919쪽 주 8:10에서 네 뿔 중에서 작은 뿔은 안티오쿠스 에피파네스라고 설명한다.
93) 뉴톰슨 주석 성경은 1247쪽 주 8:14에서 2300일을 의미하는 주야는 안티오쿠스가 특히 악행을 저지른 BC171년-165년을 가리킨다고 본다. 그에 비해 Osty 성경은 1919쪽 주 14에서 2300주야는 그 반이 되는 1150일을 의미한다고 본다.

## 라. 다니엘의 기도

　다니엘은 이스라엘 민족의 죄악을 고백하면서 회개하고 아무쪼록 그 죄악을 용서해 주십사고 간곡히 간구한다. '주여 구하옵나니 주는 공의에 따라 주의 분노를 주의 성 예루살렘의 거룩한 산에서 떠나게 하옵소서. 이는 우리의 죄와 우리 조상들의 죄악으로 말미암아 예루살렘과 주의 백성이 사면에 있는 자들에게서 수치를 당함이니다/그러하온즉 우리의 하나님이시어 주의 종의 기도와 간구를 들으시고 주를 위하여 주의 얼굴빛을 주의 황폐한 성소에 비추시옵소서.'(다니엘 9:24)

　다니엘의 간절한 기도를 들으신 여호와께서 가브리엘을 통하여 '다니엘이 하나님에게서 은총을 입은 자라. 다니엘의 백성과 그들의 성도를 위하여 일흔 이레[94]를 정하였나니 그때가 되면 허물이 그치고 죄가 끝나며 죄악이 용서되고 영원한 의가 드러나며 환상과 예언이 응하며[95] 지극히 거룩한 이[96]가 기름 부음을 받으리라.'(다니엘 9:24)고 한다.

　연이어 62이레에는 기름 부은 자가 끊어지며[97] '한 왕[98]'의 백성이 와서 그 성읍과 성소를 무너뜨릴 것이며 전쟁이 있을 것'(다니엘 9:26)이고[99]

---

94)　뉴톰슨 성경은 1250쪽 주 9:24에서 일흔 이레는 메시야의 구속기간이라고 본다. Osty는 1923쪽 9:24 본문에서 70주라고만 번역한다.

95)　뉴톰슨 성경은 1250쪽 주 9:24에서 구약시대의 환상과 예언이라고 메시야의 오심과 함께 끝나는 것을 의미한다고 본다.

96)　같은 쪽 같은 주에서 예수 그리스도의 별칭이라고 본다.

97)　뉴톰슨 성경 1250쪽 주 9:26에서 메시야의 죽음이라고 보나 Osty 성경은 1923쪽 주 9:26에서 그것은 대제사장 Onias III의 죽음이라고 단정한다.

98)　뉴톰슨 주석성경은 그것이 티투스 베스파시아누스 황제로 보나 Osty는 안티오쿠스 에피파네스라고 한다.

99)　뉴톰슨 성경은 1250쪽 주 9:27에서 제사를 폐지한 것이 메시야라고 하나 Osty 성경은 1923쪽 주 9:27에서 안티오쿠스 에피파네레스라고 단정한다.

그는 한 이레[100] 동안 백성과 언약을 맺으나 이레의 절반에 제사와 예물을 금지할 것이며 정한 종말까지 분노가 쏟아진다고 한다.

바사 왕 고레스 제3년에 다니엘에게 전쟁에 대한 환상이 있었다. 다니엘은 세 이레[101] 동안 슬퍼하며 떡과 고기와 포도주를 입에 대지 않았다. 첫째 달 24일 그가 힛데겔강에 서 있는데 세마포에 정금 띠를 띤 사람이 있는데 다른 사람들은 두려워 사라지고 다니엘 혼자만 있는데 힘이 빠졌고 그[102]의 음성을 듣자 다니엘은 깊은 잠에 빠진다.

어떤 보냄을 받은 사자가 다니엘을 깨웠고 그는 다니엘이 은총을 받은 사람이라고 하면서 백성이 마지막 날 당할 일을 깨닫게 하기 위해서 왔다고 하자 다니엘은 얼굴을 땅에 향하고 말문이 막혔다. 그러자 누군가가 그의 입술을 만져 다니엘이 환상 때문에 근심이 되어 힘이 빠졌다고 하자 그 사람이 그를 강건하게 해 주었다. 그는 자기를 도와줄 사람은 우리의 군주 미가엘뿐이라고 한다. (다니엘 10:21)

다리오 왕 원년에 사자는 미가엘을 도와준 일이 있는데 그 후 바사는 세 나라로 나뉘어 세 왕이 나올 것이며 넷째 왕은 그들보다 강하고 헬라 왕국을 칠 것이며 장차 크게 능력 있는 왕[103]이 일어나 큰 권세를 떨치나 그 큰 나라는 여러 나라로 갈라질 것이다. (다니엘 11:4) 남방 왕[104]은 강할 것이나 남방 왕의 딸은 북방 왕[105]과 혼인한다. 그러나 공주의 힘은 쇠약해지고 왕은 권세를 잃으며 공주는 배반당한다.

---

100) 뉴톰슨 성경은 단순히 이레라고 하고 Osty 성경은 3년 반이라고 해석한다.
101) 뉴톰슨 성경은 주를 달지 않고 Osty는 단순히 3주(week)라고 번역한다.
102) 뉴톰슨 성경은 1251쪽 주 5에서 하나님이라고 하고 Osty 성경은 복장으로 보아 그가 사제들의 의복을 입었다고만 한다.
103) 알렉산더 대왕을 가리킨다.
104) 남방왕은 대부분 애굽 왕을 가리킨다.
105) 뉴톰슨 성경과 Osty 성경은 그가 셀레우코스 왕이라고 본다.

남방 왕은 북방 왕을 쳐서 이기고 모든 노획물을 남방으로 가져간다. 북방 왕의 아들들은 전쟁을 준비하고 많은 군대가 남방 왕을 칠 것이나 분노한 남방 왕은 싸울 것이고 북방 왕의 대군은 남방 왕을 이기지 못한다. 승리 후 남방 왕은 교만에 빠지고 그의 세력은 약화된다.

북방 왕은 군대를 규합하고 다시 대군으로 남방 왕을 칠 것이다. 북방 왕은 토성을 쌓고 견고한 성들을 점령할 것이요, 남방 왕은 그를 당할 수 없게 된다. 북방 왕은 '영화로운 땅'[106]을 장악하리라. 북방 왕은 남방 왕과 화친할 것이고 북방 왕은 미인계로 남방 왕을 망하게 하려하나 그 계획을 이루지는 못할 것이다.

그 후 북방 왕은 관심을 바닷가 쪽으로 돌려 많은 섬들을 점령할 것이나 한 장군이 그를 가로막아 자기 땅 산성들로 향하고 다시 일어나지 못하게 된다. 한 비천한 사람[107]이 모략으로 그의 왕위를 차지할 것이다. 그는 약조 후에 힘을 키우고 뇌물을 써서 산성들을 점령할 것이고 큰 군대를 일으켜 남방 왕을 치자 남방 왕도 그에 맞서 싸울 것이다. 두 왕은 서로를 속이고자 한다. 결국 북방 왕은 많은 재물을 얻고 본국으로 돌아갈 것이나 돌아가도 그전만은 못할 것이다.

서부의 배들이 그를 치게 된다. 그는 낙심하고 돌아가서 군대를 앞세워 성소를 더럽히며 제사를 폐하고 우상들을 세울 것이다. 그러나 하나님을 경외하는 백성들은 강하고 용맹하다. 지혜로운 자들이 백성들을 가르칠 것이나 불과 칼과 약탈 때문에 큰 곤경에 빠진다. 지혜로운 사람들은 연단을 받아 정결하게 된다.

---

106)  '영화로운 땅'과 '거룩한 땅'은 이스라엘 땅을 지칭한다.
107)  뉴톰슨 성경은 1255쪽 주 11:44에서 안티오쿠스 에피파네스가 아니라고 말한다.

왕[108]은 스스로 모든 신보다 크다고 하며 자기를 높이고 이방신을 힘입어 큰 산성들을 점령하게 되고 뇌물을 받고 땅을 다스리게 하며 땅을 나눠 주기로 한다. 마지막 때에 남방 왕이 그와 힘을 겨루겠으나 북방 왕은 강한 힘으로 여러 나라들을 침공하고 영화로운 땅에도 들어갈 것이고 그리고 에돔, 모압, 암몬만 살아남고 애굽까지 그의 힘이 미칠 것이다. 그는 애굽의 금은보화들을 차지할 것이고 리비아 사람과 구스 사람은 그의 시종이 될 것이다.

동북에서의 소식[109]이 그를 분노케 하므로 많은 사람을 진멸하고자 하나 그는 종말에 이르고 아무도 그를 도와주려고 하지 않을 것이다.

마지막 때가 이르면 '미가엘이 나타날 것이다.'(다니엘 12:1) 그러면 책[110]에 기록된 자만 구원될 것이고 티끌[111]에서 깨어나 영생을 누리게 되는 자도 있을 것이고 영원히 부끄러움을 당할 자도 있을 것이다. 그러나 지혜 있는 자들은 영원히 빛나리라. 천사의 계시는 다니엘에게 이 말들을 잘 간직하고 봉합하라고 당부한다.

다니엘이 보니 강의 양쪽 언덕에 사람이 하나씩 서 있는데 그중 한 사람이 물 위에 있는 사람에게 이 놀라운 일이 어느 때까지냐고 물으니 물 위에 있는 사람은 한 때 두 때 반 때[112]를 지나면 모든 일이 끝나리라고 말한다. 천사는 많은 사람들이 연단을 통하여 더 정결하게 되나 악인은 악행 때문에 아무것도 깨닫지 못한다고 하고 제사가 폐지되고 가증한 일들이

---

108) 안티오쿠스 에피파네스.
109) 뉴톰슨 성경은 1253쪽 주 11:44에서 그것을 적그리스도에 관한 소식이라고 보나 Osty 성경은 1929쪽 주 11:44에서 그에 대한 반란으로 본다.
110) 하나님이 기록한 생명의 책.
111) 무덤.
112) 다니엘 7장 25절에도 나오는 이 표현은 아랍어 쪽에서 나온 표현으로 '한 때와 두 때' 즉 세 때는 상승적인 기간을 나타내고 '반 때'는 하강적 기간을 나타낸다.

세워질 때까지 1290일이 지날 것이고 기다려서 1350일[113]까지 이르는 사람은 복이 있을 것이라고 말하면서 다니엘에게 그때까지 편안히 쉬면서 기다려 보면 최종적인 보상이 있으리라고 예언한다.

## 맺는말

### ① 하나님 경외와 믿음

다니엘과 그의 친구들은 믿음으로 자기들의 목숨을 구하였을 뿐 아니라, 그들의 믿음을 눈으로 목격한 왕들은 우상들을 섬기면서도 하나님만이 참 신이라는 것을 인정하고 백성 중 어느 사람도 그 신을 욕되게 하면 무거운 징벌을 받는다는 법령을 공포하였다는 사실이다.

한 걸음 더 나아가 다니엘과 그의 친구들은 바사의 왕들에게서도 바벨론 제국 때와 같은 대우를 받았다. 그리고 바사의 고레스왕은 꿈에 하나님의 감동을 받고 예레미야의 예언과 같이 이스라엘 백성들이 끌려온 지 70여 년이 되자 돌아가 성전을 복원하도록 모두 본국으로 돌아가게 하였을 뿐 아니라 느부갓네살이 예루살렘에서 탈취해 온 금은 그릇들과 보물들을 모두 돌려보내고 왕의 술 담당이었던 느헤미야를 이스라엘 총독으로 임명하고 성전 복원에 필요한 물자들을 보내 주었다.

다니엘은 비록 고국에 돌아가 활동은 하지 못했으나 포로로 온 동표들을 위로하고 돌봐 주었으며 자신의 믿음생활을 통하여 동료들이 하나님

---

113) 뉴톰슨 성경은 1256쪽 주 12:13에서 안티오쿠스 에피파네레스와 적그리스도의 활동기간을 나타내고 그 45일 후 1335일을 기다리면 하나님의 복이 나타난다는 것을 의미하는 것이라고 본다.

에 대한 믿음을 잃지 않도록 영적인 성자로서의 생활을 하면서 자기가 겪었던 삶과 꿈에서 본 환상을 글로 남겨 성문서(케투빔)으로 인정받았다. 그는 온갖 환난이 끝나면 하나님이 최후의 심판자가 되시는 나라가 설 것이고 하나님의 백성에게 주어지는 그 나라는 망하지 않고 영원히 빛나는 나라라는 굳은 믿음이 있었다.

## ② 메시야 사상

다니엘은 환상을 통하여 메시야가 오실 것임을 보여 주고 있다. '내가 또 환상 중에 보니, '인자 같은 이one like son of man'가 구름을 타고 와서 '옛적부터 항상 계신 이'에게 나아가 앞으로 인도되매'(다니엘 7:13)에서 '인자 같은 이'와 하나님이 함께하면서 '옛적부터 항상 계신 이'가 '그에게 권세와 영광과 나라를 주고 모든 백성과 나라들과 다른 언어를 말하는 모든 자들이 그를 섬기게 하였으니 그의 권세는 소멸되지 아니하는 영원한 권세요 그의 나라는 멸망하지 아니할 것이라.'(다니엘 7:14)고 쓰고 있다.

'옛적부터 항상 계시는 이'는 메시야에게 모든 권세 나라뿐만 아니라 이스라엘을 넘어 모든 나라들과 다른 언어를 말하는 모든 자들의 섬김을 받고 세계가 영원히 그의 가르침을 받으리라고 한 것이 그때로부터 2000년이 지난 오늘날에도 그리고 영원한 현실일 것임을 예언하고 있다. 다니엘 10장 24절과 25절에 언급되는 '기름 부음을 받은 자'도 메시야를 지칭한다고 생각되지만 그에 대해서는 구약성경 연구가들의 견해들이 다르다.

### ③ 아쉬운 점

다니엘의 글들이 정확한 현실로 실현된 것이 역사가들의 감탄을 받고 있지만 그중 일부는 아직도 신비에 가려져 있다. 가령 여러 번 나오는 '때', '이레' 숫자 등은 성경학자들마다 다르게 보고 있다. 우리의 견해로는 다니엘이 그 용어들을 정확한 수치로 표시한 것이라고 하기 보다는 추상적인 관념으로 표시하였기 때문에 다른 사람들이 정확히 알아맞히기 어렵다고 본다. 몇몇 용어들과 나라 이름들도 주관적인 개념으로 사용하였기에 같은 문제를 안고 있다.

# (3) 학개

    바사 다리오 왕 제2년 즉 BC520년에 여호와의 말씀을 받은 학개는 총독으로 있던 스룹바벨과 대제장 여호수아에게 받은 말씀을 전하여 성전 재건을 독려한 선지자이다. 그것이 선지자로서 행한 유일한 행적이고 앞서 느헤미아와 에스라가 성전과 예루살렘 성벽의 재건 공사에 대해 자세한 보고를 한 바 있으나 백성들이 귀환한 지 15년이 지나도록 성전이 폐허로 남아 있는 것을 여호와께서 보시고 선지자에게 그 중요성을 말씀하신 것이 학개에게 이기 때문에 학개의 소명이 특이하다.

    포로들이 귀환 후 이스라엘은 내우외환을 앓고 있었다. 백성들의 삶은 어려워져 갔고 특히 비가 없고 땅이 메말라 노력을 하여도 농사와 축산을 통한 백성들의 삶이 한계에 부딪혔는데 거기에는 까닭이 있었다. 여호와의 전이 황폐해 있는데도 포로생활에서 돌아온 백성들은 언제까지나 자기 집을 재건하는 일에만 신경을 썼고 여호와의 전을 재건해야 한다는 것은 생각지 않았던 것이다. 여호와의 말씀이 학개를 통하여 스룹바벨과 대제사장 여호수아에게 전해진 후 백성들도 공감하여 성전재건에 나서게 된 것이다.

    그러나 성전재건이 순조롭지만은 않았다. 성전재건을 이스라엘 안과 밖에서 반대하는 움직임이 있었기 때문이다. 여호와께서는 스룹바벨과 대제사장 여호수아에게 '스스로 굳세게 할지어다.'라고 용기를 주셨고 백성들에게도 '스스로 굳세게 하여 일할지어다 내가 너희와 함께 하노라. 만군의 여호와의 말이니라.'(학개 2:4) 용기를 주신 것이다. 아울러 여호와께서는 앞날의 밝은 희망도 말씀하신다. '만군의 여호와가 이같이 말하노라 조금 있으면 내가 하늘과 땅과 바다와 육지를 진동시킬 것이요/또한 모든 나라를 진동시킬 것이며 모든 나라의 보배[114]가 이르리니 내가 이 성전에 영광이 충만하게 하리라 만군의 여호와의 말이니라/은도 내 것이요 금도 내 것이니라 만군의 여호와의 말이니라/이 성전의 나중의 영광이 이전 영광보다 크리라 만군의 여호와의 말이니라. 내가 이곳에 평강을 주리라.'(학개 2:6-9)

## 맺는말

'세계를 진동시키고' '모든 나라의 보배가 이르리니'는 결국 예수 그리스도가 오시어 이 땅에 평강을 주신다는 말을 비유적으로 표현한 것이다. 아울러 짧은 기간의 사역기간을 통하여 또 한 가지 강조한 것은 여호와께 드리는 제물이 정결하여야 하고 정성을 들여야 한다고 강조하였다. 그리고 스룹바벨을 귀하게 쓰고 그를 '인장으로'(학 2:23) 삼으시겠다고 약속하셨다.

---

114) '보배'는 NIV에서는 '사모하는 것'이라고 하였고 열린 성경 1312쪽 주 2:7에서 보배는 그리스도라고 해석하고 삼상 9:20과 단 9:23에서도 같은 표현이 나온다고 한다.

# (4) 스가랴

## 가. 소명과 사명

선지자 스가랴는 잇도의 손자요. 베레갸의 아들이다. 바사의 다리오 왕 2년 BC520년 여덟째 달에 여호와의 말씀이 내렸다. 그는 학개와 같은 시기에 활동하였으나 나이는 그보다 어렸던 것 같다.[115] 여호와께서 이스라엘 조상들에게 진노하셨고 따라서 여호와께서는 스가랴에게 백성들에게 여호와에게로 돌아오면 여호와께서도 백성들에게 돌아오시겠다고 하신다. (스가랴 1:2-3) 그러시면서 여호와께서 조상들을 본받지 말라고 하시고 '너희가 악한 길 악한 행위를 떠나서 돌아오라.'(스가랴 1:4) 하셨으나 그들은 여호와의 말씀에 귀 기울이지 않았다고 하신다. (스가랴 1:4) 그러므로 백성들을 여호와께 돌아오게 하고 그들이 여호와께 순종하도록 하게 하는 것이 스가랴의 가장 중요한 사명이다. 여호와께서는 스가랴를 도와주시기 위해 그에게 여덟 가지 환상을 보여 주셨고 네 가지 교훈을 내리셨으며 두 가지 경고를 선포하셨다.

---

115) 뉴톰슨 관주 주석 성경 1313쪽 저자와 시대적 배경.

## 나. 여덟 가지 환상

### ① 첫 번째 환상

다리오 왕 제2년 열한째 달 24일에 스가랴에게 여호와께서 첫 번째 환상을 보여 주신다. 밤에 한 사람이 붉은 말을 타고 골짜기 속 화류 나무 사이에 섰고 그 뒤에 붉은 말, 자줏빛 말 백마가 있었다. (스가랴 1:8) 그 뜻을 물으니 화석류 나무 사이에 선 자가 여호와의 천사에게 대답하길 '(…) 이는 여호와께서 땅에 두루 다니라고 보내신 자들인데 (…) 그들이 땅에 두루 다녀보니 온 땅이 편안하고 조용하더이다.'라고 하고 여호와의 천사가 '(…) 만군의 여호와여 여호와께서 언제까지 예루살렘과 유다 성읍들을 불쌍히 여기지 아니하시려 하나이까. 이를 노하신 지 70년이 되었나이다 하였다/여호와께서 내게 말하는 천사에게 선한 말씀 위로하는 말씀으로 대답하셨더라.'(스가랴 1:12-13) 이어 '여호와께서 이렇게 말씀하셨다. 내가 불쌍히 여기므로 그들이 예루살렘에 돌아왔은즉 내 집이 그 가운데 건축되리니 예루살렘 위에 먹줄이 쳐지리라. 만군의 여호와의 말씀이니라. 그분이 다시 외쳐 이르시기를 만군의 여호와의 말씀에 나의 성읍들이 넘치도록 다시 풍부할 것이라. 여호와께서 다시 시온을 위로하시며 다시 예루살렘을 선택하시리라 하라 하셨다.'(스가랴 1:16-17) 포로의 귀환이 예상되고 예루살렘의 재건이 예정되었음을 짐작케 하는 환상인 것이다.

## ② 두 번째 환상

스가랴가 두 번째로 본 인상은 네 뿔과 대장장이 네 명이었다. 이에 대해 천사에게 묻자 '그 뿔들이 유다를 흩뜨려서 사람들이 능히 머리를 들지 못하게 하니 이 대장장이들이 와서 그것들을 두렵게 하고 이전의 뿔들을 들어 유다 땅을 흩뜨린 여러 나라의 뿔들을 떨어뜨리려 하느니라 하시더라.'(스가랴 1:21) 여러 나라로 흩으신 이스라엘 백성들을 여호와께서 다시 모아들이고자 하시는 의도를 보여 주는 구절이다.

## ③ 세 번째 환상

세 번째 환상으로 본 것은 측량줄을 잡은 사람이었다. 내가 그에게 어디로 가느냐고 물은 즉 그는 예루살렘을 측량하여 그 규모를 보고자 한다고 말할 때에 다른 천사가 나와 그를 맞으며 그에게 달려가 그 소년에게 '예루살렘에는 가축과 사람이 많으므로 성곽 없는 성읍이 될 것이라 하라고 한다. 내가 그곳에 머물 것이고 여호와께서는 나는 불로 쌓인 성곽이 되며 그 가운데에서 영광이 되리라.'(스가랴 2:4)고 하신다. 또 여호와께서는 백성들에게 북방 땅에서 떠나라고 하신다. 여호와께서는 영광을 위하여 백성들을 그곳으로 보내셨으나 백성들을 '범하는 자는 그들의 눈동자를 범하는 것'(스가랴 2:8)이라 간주될 것이고 백성들이 그들을 약탈할 것이라고 예고하시고 '그날에는 많은 나라가 여호와께 속하여 내 백성이 될 것이요 나는 네 가운데에 머물리라.'(스가랴 2:11)고 약속하신다.

　　　　　　　　한 인문학자의 구약성경 스토리텔링

### ④ 네 번째 환상

네 번째 환상으로 보인 장면에서는 대제사장 여호수아가 천사 앞에 섰고 그의 오른쪽에는 사단이 서 있었다. 여호와의 천사는 예루살렘이 불에 타다 남은 나뭇조각처럼 된 것을 책망하신다. 여호와께서는 대제사장이 더러운 옷을 입고 서 있는 모습을 보시고 여호와께서 앞에 서 있는 자들에게 의식용의 아름다운 복장을 입히라고 명하시고 '만군의 여호와께서 말씀하시되 네가 만일 나의 도를 행하며 내 규례를 지키면 네가 내 집을 다스릴 것이요 내가 또 너로 여기서 있는 자들 가운데에 왕래하게 하리라. 만군의 여호와가 말하노라 그날에 너희가 각각 포도나무와 무화과나무 아래로 서로 초대하리라 하셨느니라.'(스가랴 3:7-10) 여호와께서는 사단이 예루살렘을 파괴한 것이 지나치다고 그에게 책임을 물으시겠다고 하시며 여호수아가 대제사장으로서 입은 옷이 지나치게 초라하니 그 직위에 걸맞는 아름다운 옷으로 입히라고 하시면서 그가 여호와께서 가르치신 바를 따라 살면 그가 여호와의 성전의 주인으로 그것을 다스릴 것이며 그와 함께 앉은 사람들은 장차 올 세상을 미리 보여 주는 예표로서 여호와께서는 새싹이신 여호와의 아드님을 오게 하시겠다(스가랴 3:7)고 장래를 예고하시고 그 싹이 열고 다스리는 세상은 평안과 화목의 태평성대가 되리라고 알려 주신다.

### ⑤ 다섯 번째 환상

천사가 스가랴를 깨워 눈을 떠 보니 순금 등잔대 위에 기름 그릇이 일곱

개 있고 그 위에 등잔을 위한 일곱 관이 있고 등잔대 곁에는 두 감람나무가 등잔대의 오른쪽과 왼쪽에 있었다. 이것들이 무엇이냐고 묻자 모든 것이 힘이나 능력이 아닌 여호와의 영으로 가능한데 '스룹바벨의 손이 이 성전의 기초를 놓았은즉 그의 손이 또한 그 일을 마치리라 하셨나니 만군의 여호와께서 나를 너희에게 보내 주신 줄을 네가 알리라 하였느니라.'(스가랴 4:9) 아울러 일곱 기름 그릇은 온 세상에 두루 다니는 여호와의 눈이고 두 감람나무는 두 기름 부은 자들로 주 앞에 서 있는 자라고 천사가 알려 준다.

### ⑥ 여섯 번째 환상

스가랴가 눈을 들어보니 날아가는 두루마리가 있는데 길이가 약 9m, 넓이가 약 4.5m로 그것은 저주의 두루마리인데 '도둑질하는 자는 이쪽 글대로 끊어지고 거짓맹세하는 자는 저쪽 글대로 끊어지리라.'(스가랴 5:3) 두루마리가 집에 머무르면 그 집을 나무와 돌과 더불어 불사르리라고 하셨다 한다.

### ⑦ 일곱 번째 환상

스가랴가 보기 바구니가 보였는데 그 안에 한 여인이 앉아 있었다. 천사가 이르되 그것이 악이라고 하고 그것을 납판이 덮고 있었다. 또 두 여인이 나오는데 두 여인에게는 날개가 달려 있고 날개에 바람이 들었다. 두 여인이 바구니를 들기에 물어보니 그 바구니를 들어 시날 땅 곧 바벨론으로 가져가 바구니 속의 여자를 위해 집을 짓고 집이 다 되면 그 여자가 그 곳에 머물게 되리라고 한다. (스가랴 5:5-11)

### ⑧ 여덟 번째 환상

선지자의 눈에 네 병거가 두 산 사이에서 나오는데 그 산은 구리 산이었다. 첫째 병거는 붉은 말들이, 둘째 병거는 검은 말들이, 셋째 병거는 흰말들이, 넷째 병거는 얼룩말들이 끌었는데 그 말들은 모두 건장하였다. 그들이 무엇이냐고 묻자 천사는 그들은 하늘의 네 바람인데 온 세상의 주님에게 소개된 후 사방으로 흩어져 다닌다는 것이다. 검은 병거는 북쪽으로 하얀 병거는 서쪽으로 얼룩진 병거는 남쪽으로 가는데 북쪽으로 가는 병거는 북쪽 바벨론에서 여호와의 영을 쉬게 하였다고 알려 준다.

## 다. 한 가지 명령

여호와의 말씀이 이르시되 바벨론에서 돌아온 헬대와 도비야와 여다야가 스바냐의 아들 요시야의 집에 들어가 은과 금을 받아 면류관을 만들어 대제사장 여호수아의 머리에 씌우고 여호와께서 '보라 싹이라 이름하는 사람이 나와 여호와의 전을 건축하고 영광을 얻고 다스릴 것이니 제사장과의 사이에 평화의 의논이 있으리라 하셨다.' 하신다. 그 면류관은 헬렘과 도비야, 여다야, 스바냐의 아들 헨을 기념하기 위하여 여호와의 전에 두라 하셨다. 너희가 만일 여호와의 말씀을 따르면 먼데서 사람들이 와서 여호와의 전을 건축하리라 하셨다.

## 라. 네 가지 말씀

### ① 첫째 말씀

다리오 왕 제4년 BC522 아홉째 달 여호와의 말씀이 스가랴에게 임하였다. 벧엘에서 사람들을 보내어 여호와께 은혜를 구하고 제사장들에게 '그동안 행한 대로 5월 중에 울며 근신할까요?' 하고 물었다. 이에 여호와께서 백성들이 70년 동안 다섯째 달과 일곱째 달에 금식하고 애통하였는데 그 금식이 여호와를 위한 것이었냐고 물으시면서 먹고 마실 때 자기를 위하여 먹고 마시는 것이 아니냐고 하시면서 스가랴에게 말씀하시되 '(…) 너희는 진실한 재판을 행하며 서로 인애와 긍휼을 베풀며/과부와 고아와 나그네와 궁핍한 자를 압제하지 말며 서로 해하려고 마음에 도모하지 말라.'(스가랴 7:9-10) 하였으나 이스라엘 백성들이 듣지 않음으로 여호와께서 크게 진노하시어 재앙과 재난이 그들에게 닥친 것이라고 하였다. 형식뿐인 제사나 금식 이전에 공의와 자비가 우선임을 가르쳐 주신 것이다.

### ② 둘째 말씀

여호와께서는 '내가 시온에 돌아와 예루살렘 가운데 거하리니 예루살렘은 진리의 성읍이라 일컫겠고 만군의 여호와의 산은 성산이라 일컫게 되리라/(…) 예루살렘 길거리에 늙은 남자들과 늙은 여자들이 다시 앉을 것이라. 다 나이가 많으므로 저마다 손에 지팡이를 잡을 것이요/그 성읍 거리에 소년과 소녀들이 가득하여 거기에서 뛰놀리라/(…) 이 일이 그날에

남은 백성의 눈에는 기이하리니와 내 눈에야 어찌 기이하겠느냐. (…)'(스 가랴 8:3-6)

### ③ 셋째 말씀

만군의 여호와께서 '내가 백성을 구원하되 해 뜨는 땅과 해지는 땅에서 부터 구원하여 내고/인도하여 예루살렘 가운데에 거주하게 하리니 그들 은 내 백성이 되고 나는 진리와 공의로 그들의 하나님이 되리라.'(스가랴 8:7) 그리고 여호와께서는 백성들이 평강의 씨앗을 얻고 포도나무가 열매 를 맺으며 땅이 농산물을 제공할 것이니 백성들이 복을 누리게 하시겠다 고 하신다.

### ④ 넷째 말씀

여호와께서는 넷째 달의 금식과 다섯째 달의 금식과 일곱째 달의 금식 그리고 열째 달의 금식은 온 유다에게 희락의 기회와 행복한 축제가 될 것이니 '진리와 평화를 사랑하라.'고 하신다. 넷째 달 금식은 예루살렘 성 벽이 훼손된 것을 기념하고 회상하기 위한 것이고 다섯째 달의 금식은 예 루살렘이 바벨론에 함락된 달을 상기하기 위한 것이고 일곱째 달의 금식 은 느다니야의 아들 이스마엘이 아히감의 아들로 유다를 관할하던 책임 을 맡고 있는 그달리야와 미스바의 유대사람이 갈대아 사람을 죽인 것을 기억하기 위한 것이고 열째 달의 금식은 남유다의 시드기야 왕 9년에 바 벨론 왕 느부갓네살이 예루살렘을 포위한 것을 기억하기 위한 것이다.

여호와가 내리시는 은혜를 보고 여러 강대국의 백성들이 예루살렘을 찾아와 만군의 여호와께 은혜를 구하리라.

## 마. 메시아의 예고

스가랴서는 분량으로는 대예언서들보다 훨씬 적으나 예수 그리스도에 관계되는 예표는 가장 많이 포함하고 있다. 스가랴 3장 8절에서는 '대제사장 여호수아야 너와 네 앞에 앉은 네 동료들은 내 말을 들을 것이니라. 이들은 예표의 사람들이라 내가 내 종 싹을 나게 하리라.' 여호와께서는 예수 그리스도를 이 세상에 보내실 계획이심을 밝히신다. 싹은 영어의 'the Branch' 프랑스어의 'germe'를 옮긴 역어인데 영어의 branch는 일반적으로 '가지'이고 프랑스어의 'germe'은 배아, 싹, 근원이라는 뜻이다. 'branch'는 여호와라는 나무의 같은 둥지에서 갈라져 나왔음을 암시하고 'germe'는 예수께서 그리스도교의 싹이자 근원이심을 암시한다. 6장 12절에서는 '(…) 싹이라 이름하는 사람(the man whose name is the Branch and will branch out from his place and build the temple of the Lord.)이 자기 곳에서 돋아나서 여호와의 전을 건축하리라.'라고 한다. 'branch out'은 동사로 '가지를 뻗다.', '분기(分岐)하다.', '사업을 확장하다.'의 뜻이 있는데 예수님께 합당한 어휘이다.

Osty-Seuil 성경에서는 'germe'[116]라고 되어 있는데 '싹이 자라다.'라는 의미로 모두 같은 현상을 예고한다. 그 밖에도 스가랴 13장 7절의 '목자' 9장 9절의 '예루살렘의 딸아 즐거이 부를지이다. (…) 네 왕이 구원을 베푸

---

116) Osty-Seuil판 성경 2054쪽 참조.

시며 (…) 나귀를 타시나니' 11장 16절의 '보라 내가 한 목자를 이 땅에 일으키리라.' 12장 10절의 '그들이 그 찌른 바 그를 바라보고 그를 위하여 애통하기를 독자only child를 위하여 애통하듯 하며 그를 위하여 통곡하기를 장자를 위하여 통곡하리로다.' 스가랴 12장 12절의 '온 땅 각 족속이 따로 애통하되 다윗 족속이 따로 하고 그들의 아내들이 따로 하고' 13장 1절의 '그 날에 죄와 더러움을 씻는 샘이 다윗의 족속과 예루살렘 주민을 위하여 열리리라.' 14장 4절 '그 날에 그의 발이 예루살렘 앞 곧 동쪽 감람산에 서실 것이요.' 14장 9절 '여호와께서 천하의 왕이 되시리니' 등등이 있다.

## 맺는말

스가랴의 예언서는 내용상으로나 형식상으로도 확연히 두 부분으로 나뉜다. 전반부 1-8장에서 여호와께서 스가랴에게는 주로 환상을 통하여 말씀하시고 그 환상들은 선지자도 이해가 어려워 여호와의 천사나 말 탄 기사 혹은 하나님이 보낸 사람들에 의하여 설명된다. 전반부에서 스가랴는 이스라엘이 여호와에게 순종치 않아 여러 가지 어려움을 겪는 것이 여호와의 당연한 징벌이니 모두 한마음으로 여호와에게 돌아와 여호와께 순종하여야 한다고 역설한다. 여호와께서는 '내가 불쌍히 여기므로 내가 예루살렘에 돌아왔으니 이곳에 내 집이 다시 지어질 것이라.'고 말하신다. 아울러 여호와께서는 여호와의 성읍들이 '넘치도록 다시 풍부할 것이고 여호와가 다시 시온을 위로하여 힘을 내게 하고 예루살렘을 선호하시겠다.'(스가랴 1:17) 하시며 미래의 청사진을 보이시고 이스라엘을 위로하신다. 그러나 전반부의 가장 중요한 문제는 경제적으로 어려운 시기에 파괴된 성전을 다시 건축하다가 중도에 여러 가지 어려움으로 지지부진한 것을 완공해야 하는 것이다. 성전이 중요한 것은 여호와를 모시고 나아가 장차 오실 미래의 메시아를 모시기 위해서이다. 포로 귀환 후 흐트러진 백성의 마음을 결집시키고 하나님 여호와께로 이끌게 할 가장 적임자로는 여호수아를 꼽고 그를 여호와의 제사장으로 높인다. 성전을 완공하는 열쇠를 쥔 것은 바사의 남유다의 총독이 된 스룹바벨이다. 그는 다윗의 후손으로 바사 왕의 호의에 힘입어 성전 건축을 행정적으로 그리고 실제적으로 완공까지 이끌어 갈 수 있는 지도자여서 여호수아와 스룹바벨은 이스라엘을 여호와의 뜻하시는 대로 이끈 쌍두마차인 것이다.

후반부에서는 선지자의 예언은 시적인 문체를 보여 주고 마지막 부분에 가서는 산문적이 되지만 성전 건축을 독려하면서 백성의 노고를 위로하고 있고 특히 선지자의 예언사역은 메시아가 어떻게 오셔서 어떤 고난을 받으시고 그분이 여호와와 어떤 관계인지 그리고 결국 여호와께서 승리하심을 알려 주는 데 그 핵심이 있다.

메시아에 대한 예언이 전반부에서 시작되어 후반부에서 완성되는 것은 스가랴서의 일관성을 뚜렷이 보여 주는 징표이기 때문에 그것이 두 사람이 쓴 것인지에 관한 논의는 별 의미가 없다. 헬라 시대의 제사장이나 사관이 가필하였을 가능성은 있지만 그렇다 해도 스가랴서는 스가랴가 썼다고 보아야 옳지 않을까?

여호와께서는 이스라엘 백성의 고통을 가슴 아프게 생각하시고 그들을 구원하시겠다는 계획을 세우시면서 그들에게 희망을 가지게 하고 싶으셔서 '만군의 여호와께서 이 같이 말하노라. 보라 내가 내 백성을 해가 뜨는 땅과 해가 지는 땅에서부터 구원하여 내고/인도하여다가 예루살렘 가운데 거주하게 하리니 그들은 내 백성이 되고 나는 진리와 공의로 그들의 하나님이 되리라/만군의 여호와가 이같이 말하노라 만군의 여호와의 집 곧 성전을 건축하려고 그 지대를 쌓던 날에 있었던 선지자들의 입의 말을 이날에 듣는 너희는 손을 견고히 할지어다/이날 전에는 사람도 삯을 얻지 못하였고 짐승도 삯을 받지 못하였으며 사람이 원수로 말미암아 평안히 출입하지 못하였으니 내가 모든 사람을 풀어 서로 치게 하였느니라/만군의 여호와의 말씀이니라. 이제는 내가 이 남은 백성을 대하기를 옛날과 같이 아니할 것인즉/곧 평강의 씨앗을 얻을 것이라 포도나무가 열매를 맺으며 땅이 산물을 내며 하늘은 이슬을 내리리니 내가 이 남은 백성으로 이 모든 것을 누리게 하리라/유다 족속아 이스라엘 족속아 너희가 이방인 가운데에서 저주가 되었으나 이제는 내가 너희를 구원하여 너희가 복이 되게 하리니 두려워하지 말지니라 손을 견고히 할지니라."[117](스가랴 8:7-13) 여호와께서 사방에 흩으셨던 이스라엘 백성을 불러들이시고 포로로 잡혀간 사람들도 돌아오게 하시어 자기들의 고장과 성전을 다시 세우게 하고 평안 속에서 삶의 풍요를 누리게 하시겠다고 다짐하시면서 이스라엘 백성에 대한 따뜻한 애정을 보여 주신다.

---

117)  Osty는 '손을 견고히 함'은 마음을 단단히 먹으라는 뜻이라고 본다.

# (5) 에스라

에스라는 모세와 함께 출애굽을 이끈 아론의 16대 손으로 직계 레위가의 후손이다. 그의 조상 중에는 제사장이었던 사람이 다수 있었고 에스라도 제사장이었으나 그는 그보다 율법학자로 바사 왕실에서도 존경을 받았으며 아닥사스다 왕의 칙령을 받고 4개월 동안 백성들을 이끌고 귀국한 후 율법학자로서 신앙적으로 퇴락하고 정신적으로 피폐한 백성들을 교화시키는 데 힘쓰면서 포로귀환과 관련이 있는 기록들을 문서로 남긴 역사가이기도 하다.

## 가. 1차 귀환과 성전의 건축

에스라는 제사장 직을 맡은 레위족 출신으로 그리고 사가로서의 기록을 위하여 바사의 고레스 왕의 허락으로 이스라엘 백성들이 제1차로 귀환하여 성전을 건설하는 과정부터 에스라서를 기록한다.

여호와께서 예레미야를 통하여 예언하신 바와 같이 느부갓네살 왕이 이스라엘인들을 포로로 끌고 간 지 70여 년이 되자 바사의 고레스 왕은 꿈에서 여호와의 감동을 받고 이스라엘 백성들이 귀국하여 성전을 건축하게 하는 조서를 공포하고 느부갓네살이 예루살렘에서 탈취해 온 금은 기물들과 보물들을 모두 돌려준다. 그리하여 스룹바벨이 이끄는 4만 2360명의 이스라엘 백성들이 종들과 가축을 이끌고 귀국하게 된다. (스가라 1:2)

성읍에 돌아간 백성들은 7개월 후에 예루살렘에 모여 제일 먼저 제단을 세우고 율법에 따라 여호와께 번제를 드리고 초막절을 지킨다. 그리고 성전을 짓기로 하고 기금을 모으고 자재를 준비한다. 스룹바벨과 제사장들은 예를 갖추고 여호와께 감사드리고 여호와를 찬송하며 통곡하기도 하고 기쁨의 함성도 지른다.

성전을 건축한다는 소식을 듣고 그 일에 참가하지 못한 훼방꾼들이 몰려와 자기들도 참여하겠다고 하자 스룹바벨과 장로들이 거절하였고 훼방꾼들의 방해가 시작되었다. 고레스를 이어 아하수에로가 즉위하자 훼방꾼들은 성전 건축을 주도하는 사람들을 고발하여 지장을 주더니 아닥사스다가 왕이 되자 그에게 상소의 글을 올려 귀국한 패역한 유다 사람들이 예루살렘에서 성전을 짓고 성곽을 중수하는데 그것이 끝나면 조공과 관세와 통행세를 바치지 않을 것이라 결국 왕의 영지가 없어지니 그 일을 중지시켜 달라고 청원한 것이다.

그러자 왕은 조치를 내려 공사를 중지시키고 다음 조서를 기다리라고 하여 공사가 다리오 왕 제2년까지 중단된다. 선지자 학개와 스가랴는 여호와의 이름으로 유다와 예루살렘에 거주하는 사람들에게 모든 인간들 위에 계시는 하나님의 뜻을 전하니 스룹바벨과 예호수아가 일어나 성전 건축을 다시 시작한다. 유브라데강 건너편 총독 닷드내와 그의 부하관리들이 건축자들에게 누구의 명을 받고 건축하느냐고 묻자 하나님이 돌봐주신다고 하니 그 공사를 막지 못하고 다리오 왕에게 그에 대한 질의문을 올렸다. 그러자 다리오 왕은 보물전각에서 그에 관한 두루마리 문서를 찾아내었다. 그 문서는 성전의 건축을 위하여 필요한 물자를 공급하고 그 명령을 따르지 않으면 중죄로 다스리겠다고 한다.

이에 닷드내는 공사를 신속히 진행하라고 하여 학개와 스가랴의 독려를 받고 다리오 왕 제6년에 공사를 끝내었다. 제사장들을 비롯한 이스라엘 자손들은 성대한 봉헌식을 열고 제사장들의 지휘를 따라 백성들이 하나님을 섬기게 하였다. 그 후 아닥사스다 왕 때에 에스라가 바벨론에서 제2차 귀환 백성들을 이끌고 예루살렘에 도착하였다. 그가 귀국하자 아닥사스다 왕은 에스라를 위하여 특별조서를 내리고 그에게 성전에 필요한 것은 궁중창고에서 내다가 드리라고 한다. 아울러 하나님의 명령과 왕의 명령을 거스르는 자는 모두 중죄로 다스리겠다고 엄명한다.

느헤미야의 주도로 3차 포로 귀환이 이루어진 후 에스라는 느헤미야와 연합하여 이스라엘의 정신적, 종교적 부흥을 위하여 힘쓰지만 에스라는 성전을 중심으로 활동하였고 느헤미야는 성곽의 중수를 주도하여 보완적인 면이 있으나 두 사람 모두 이방인과의 결혼을 반대하는 운동에는 상당히 적극적이었다.

이스라엘 남성들이 가나안 사람, 헷 사람, 브리스 사람, 여부스 사람, 암몬 사람, 모압 사람, 애굽 사람, 아모리 사람들의 여인과 결혼하는 사람들이 많았다. 그것은 자녀들의 언어문제와 과도한 이방문화의 유입 문제 특히 이방의 우상숭배 등으로 십계명에 어긋나는 죄악을 저지르게 한다는 문제를 안고 있었다.

이방 여인과의 결혼 반대운동이 펼쳐지고 에스라가 성전 앞에서 엎드려 울며 기도하고 많은 백성들도 크게 통곡하고 이방 여인과 그 소생들을 내보내겠다고 약속하였다. 에스라는 이방 여인과 결혼한 제사장들의 이름을 모두 기록하였는데 그중에는 자녀를 가진 자도 있었고 그 자녀들의 이름도 기록되었다. 물론 에스라의 생각과 그의 처신이 배타적 민족주의 성격이 있는 것은 사실이나 그는 우선적으로 여호와의 성민으로서의 이스라엘의 정신을 세우는 것이 모든 것에 우선되어야 한다고 굳게 믿었다.

# (6) 느헤미야

히브리 성서에서 에스라와 느헤미야는 원래 원전에서는 한 책으로 있었던 것을 오리게네스가 두 책을 분리하는 것이 맞다고 한 후 학자들의 연구를 통해 두 가지 책으로 분리된다. 원전의 통합을 해야 한다는 주장도 일리가 있고 현재와 같이 분리해야 한다는 주장도 일리가 있다.

말하자면 객관적으로 단일한 주장을 내놓기가 어려운 경우라고 할까. 두 사람은 바사의 고레스 왕이 이스라엘 포로의 방면과 귀환을 허락하여 귀환 후 같은 시기에 활동하였고 특히 예루살렘 성곽과 성전 재건에 참여한 사실만도 하나의 책으로 묶어 볼 만하다.

그리고 바사 왕의 술 담당이던 느헤미야를 예루살렘에 다녀오라고 보낸 것도 아닥사스다 왕이고 율법학자인 에스라에게 조서를 내려 바사에 있는 이스라엘 백성, 제사장, 레위 사람 중 귀환을 원하는 사람들을 모두 함께 돌아가고 성전을 위하여 필요한 것은 모두 지급하라고 유브라데강 건너 창고지기에게 조서를 내린 것도 아닥사스다 왕이다. 그러나 두 사람은 성장과정도 다르고 자기의 능력을 발휘하는 분야도 다르다. 그렇기 때문에 두 사람을 묶어서 살펴보기보다 각 사람을 분리해서 고찰한 후 두 사람의 합류점을 찾는 것이 보다 바람직하다고 생각한다.

한 인문학자의 구약성경 스토리텔링

하가랴일의 아들 느헤미야가 말한 것이 느헤미야서이다.

그는 바사의 아닥사스다 왕 제20년 수산 궁에서 유다에 다녀온 하나니와 만나 포로로 잡혀가지 않고 유다와 예루살렘에 남아 있는 사람들의 근황을 묻자 하나니는 그 사람들이 남아서 큰 환난을 겪었고 능욕을 받았으며 예루살렘성은 허물어지고 성문도 불탔다는 소식을 전했다. 그러자 느헤미야는 울고 며칠 동안 금식하고 기도한다. 그는 이스라엘 자손이 주께 범죄한 죄들을 자복하고 그 결과 이스라엘 자손이 여러 나라에 흩어졌으나 주께 돌아와 계명을 지켜 행하면 그들이 하늘 끝에 있을지라도 그들을 모아 주님 이름을 두신 곳에 돌아오게 하시겠다고 말씀하셨다. '그 말씀을 기억하시고 종들의 기도를 들으시고 모두 형통하게 하옵소서.'(느헤미야 1:8-11) 하고 기도드린 것이다. 그러자 그는 왕의 술 담당관으로 등용된다.

그리고 그 해 니산월에 왕에게 포도주를 드렸더니 왕이 '네가 병이 없거든 어찌하여 얼굴에 수심이 있느냐.'고 묻자 느헤미야는 '내 조상들의 묘실이 있는 성읍이 이제까지 황폐하고 성문이 불탔사오니 내가 어찌 얼굴에 수심이 없사오리이까'(느헤미야 2:3)라고 하니 왕이 원하는 것을 말하라 하여 '나를 유다 땅 나의 조상들의 묘실이 있는 성읍에 보내어 그 성을 건축하게 하옵소서.'(느헤미야 2:5) 하자 왕이 호의를 가지고 기한을 물어 말씀드리며 왕에게 '좋게 여기시면 강 서쪽 총독들에게 내리는 조서를 써 주시어 내가 유다에 갈 수 있게 해 주시고 왕의 삼림 감독 아삽에게 조서를 내리시어 내가 쓸 재목을 내게 주게 하옵소서.'(느헤미야 2:8) 하니 왕이 쉽사리 받아들이고 군대 장관과 마병을 함께 가도록 하였다.

느헤미야가 예루살렘에 도착하여 사흘 후 밤에 말을 타고 나가보니 예루살렘 성벽이 모두 무너졌고 성문은 불에 탔다. 느헤미야는 자기의 행보를 아무에게도 알리지 않고 생각을 정리한다. 그 후에 사람들에게 예루살렘이 황폐하고 성문이 불타고 성벽이 무너졌으니 다시 건축하고 다시 수치를 당하고 말자고 하고 왕이 자기에게 이른 말씀을 전했더니 사람들이 일어나 모두 힘을 합쳐 건축하자고 동의한다.

그러나 반기를 들고 나온 사람들이 있었다. 산발랏과 종이었던 도비야 등이 성을 건축하자는 말을 듣고 비웃으며 '너희가 왕을 배반하고자 하느냐.'(느헤미야 2:19)면서 건축을 막으려고 하여 느헤미야는 '하늘의 하나님이 우리를 형통하게 하시리니 그의 종들인 우리가 일어나 건축하려니와 오직 너희에게는 예루살렘에서 아무 기업도 없고 권리도 없고 기억되는 바도 없다.'(느헤미야 2:20)고 못 박았다. 사실 예루살렘 건축은 왕의 배반과는 전혀 관계가 없고 그와 반대로 아하수에로 왕은 축복과 잘 보살피라는 조서까지 내렸다. 예루살렘 건축 특히 성벽의 건축은 특별한 상징적 의미가 있는 공사이다. 예루살렘 성벽은 하나님의 이름을 모시고 있는 성전을 둘러싸고 있고 성벽이 성전의 방어벽 역할을 하고 있다.

그동안 백성들은 여호와의 경외에서 벗어나 이방 우상에 빠져 저질렀던 죄를 통회하고 예루살렘을 떠나신 여호와를 다시 모셔오기 위해서는 우선적으로 예루살렘을 떠나신 여호와를 다시 모셔올 수 있도록 백성들의 정신을 개조하고 성벽과 성전을 재건하여야 하는데 그 중요한 시작을 느헤미아와 스룹바벨이 하고자 하는 것이다. 느헤미야는 제3장을 모두 건축과 중수에 참여한 사람들의 업적을 그들이 작업한 부분과 함께 기록하는데 할애하고 있다.

건축은 완전히 파괴된 것을 새로이 짓는 것이고 중수는 부분적 파괴로 인한 것을 보수, 개축하는 것으로 거기에 참여한 사람들은 대제사장으로

부터 관리와 관리들의 자제, 평범한 지방의 백성들에 이르기까지 한 사람도 빼지 않고 모두 자세하게 기록되었다. 모두가 자기 직업이나 일거리 등을 중지하고 자기 비용을 쓰면서 작업하였고, 모두 자발적으로 참여하였다. 그럼으로써 하나님 여호와에 대한 경외심을 증거하여 이스라엘의 정신적 부흥의 초석이 된 것이고 느헤미야는 그러한 작업의 중심이 된 것이다.

그런가 하면 몇몇 사람은 성을 건축하고 중수한다는 소식을 듣고 비웃다가 분노하고 자기 형제들과 사마리아 군대 앞에서 유다인들이 스스로를 견고하게 하고 자기들을 위하여 제사를 한다고 하지만 그러나 그들이 건축하는 성벽은 여우가 올라가도 곧 무너지리라 하고 악담하는 것이다. 예루살렘성이 다시 건축하고 고쳐지는 것을 가만히 보고 있을 수만은 없으니 예루살렘에 가서 그곳을 공격하여 난장판을 만들고 그들을 살육하여 공사를 중지하게 해야 한다고 사람들을 모은다.

느헤미야는 성벽 곳곳에 칼과 창과 활을 가지고 경비를 세우고 나서 귀족들과 관리들, 백성들에게 두려워 말고 오로지 위대하신 주를 의지하고 형제 자녀와 아내와 가문을 위하여 싸우자고 제의하였다. 그때부터 사람들의 절반은 일하고 절반은 갑옷을 입고 완전 무장을 하고 관리들은 뒤에 있었다. 나팔을 신호로 나팔 소리를 들으면 그곳에 모여 우리 하나님이 함께하시니 적들을 물리칠 수 있다고 독려하였다.

그 시기에 경제적인 어려움이 찾아와 어려운 백성들이 부르짖게 되었다. 느헤미야는 백성들의 불평을 듣고 노하다가 귀족들과 관리들을 꾸짖어 그들이 백성들에게서 높은 이자를 받아 그들의 경제적 어려움이 가중되니 그런 원인이 되는 사람들을 규탄하자고 하고 대회에서 느헤미야는 이방에 팔려나간 형제들을 되찾아오니 그 형제들에게 돈을 꾸어주고 높은 이자를 받아 그들을 살지 못하게 하고 소유물을 팔려고 한다. 하나님을 경외하는 가운데 서로 도와주고 이자 받는 것은 그치자고 역설하였다. 그러자 이자를 받던 사람들이 그렇게 하겠다고 이구동성으로 화답하고 제사장들에게 그 말대로 행하겠다고 맹세하게 한다.

느헤미야 자신은 자기를 유다 총독으로 임명한 아닥사스다 왕 제20년에서부터 제32년까지 12년 동안 총독의 녹을 받지 않았다. 느헤미야 이전의 총독들은 매달 백성에게서 양식과 포도주, 은 40세겔을 갈취하였고 그들의 종들도 백성들을 압제하고 뜯었었다. 느헤미야는 오로지 공사에만 힘을 쏟고 쉽게 이익을 보기 위해 땅을 사는 일은 하지 않았고 그의 종들도 모두 일을 하였으며 끼니때마다 백성들과 관리들 그리고 이방인으로 작업에 나오는 사람들 150여 명을 함께 식사에 초대하였다. 느헤미야는 매일 소 한 마리, 양 여섯 마리, 많은 닭 그리고 포도주도 준비하면서도 총독의 녹은 백성들에게서 걷지 않았으니 그 모든 것은 백성들로 하여금 오로지 예루살렘 재건에만 신경 쓰게 하기 위한 것으로 느헤미야는 하나님께서 은혜를 베풀어 주시라고 기도한다.

느헤미야가 이와 같이 성벽 공사에 전력을 기울이고 있는 동안에도 성벽 재건 방해 세력들의 음모는 계속되었다. 산발랏과 게셈이 사람을 보내 오노 평지의 촌에서 만나자고 제의하는데 그것은 사실 그를 죽이려고 한 것이다. 나는 그들에게 사람을 보내 큰 공사를 중지하고 그곳에 갈 수 없다고 하였으나 그들이 네 차례 사람을 보내어 와달라고 하였고 나는 그때마다 같은 대답을 보냈다. 그러자 다섯 번째에는 봉하지 않은 편지를 보내 성벽을 짓고 모반하려고 한다는 소문이 외국에까지 돌고 있으니 느헤미야가 왕이 되려고 한다는 것이다. 느헤미야는 사람을 보내 그런 일은 있을 수 없는 일이고 그런 것은 모두 당신의 마음으로 지어낸 것이라고 하였다.

들라야의 아들 스마야가 나오지 않으므로 느헤미야가 찾아가니 그가 저들이 당신을 죽이려 하니 하나님의 전으로 가서 문을 잠그고 있자고 제의하자 느헤미야는 자기는 도망하거나 하나님의 전에 숨어 목숨을 보전하고 싶지는 않다고 하였다. 생각해 보니 스마야가 산발랏과 도비야의 뇌물을 받고 그런 말을 하였음을 깨달았다. 성벽의 공사가 52일 만에 드디어 끝나자 방해 공작하던 무리들은 낙담한다. 하나님께서 이 공사를 이루었음을 알게 되었기 때문이다.

느헤미야는 자기 동생 하나니와 충성스런 관원 하나냐에게 성벽과 성문을 관리하게 하고 경비에서의 주의사항도 일러 주었다. 예루살렘 성읍은 광대하고 주민은 적고 가옥은 미처 건축하지 못하였다. 느헤미야는 바벨론 왕에게 잡혀갔다가 일차로 귀환한 자들의 계보를 구하여 느헤미야서 제7장에서 돌아온 자들을 계보별로 계수하니 모두 4만 2360명이다. 그외에 노비가 7337명이고 노래하는 남녀가 245명이고 말이 736마리 노새가 245마리 낙타가 435마리 나귀가 6720마리였다.

성벽 공사에 어떤 족장들은 보조금을 냈고 총독 느헤미야는 금 1000드라크마와 은 2200마네 제사장 의복 67벌을 냈다. 일곱째 달 모든 백성이 수문 앞 광장에 모여 학사 에스라에게 여호와께서 명하신 모세의 율법책을 가져오기를 청한다. 일곱째 달 초하루에 제사장 에스라가 율법책을 가지고 새벽부터 정오까지 읽자 모든 백성이 그 율법책을 읽고 그 뜻을 해석하여 다 깨닫게 하니 백성들이 모두 울자 느헤미야와 에스라, 레위 사람들이 오늘은 여호와의 성일이니 울지 말고 느헤미야는 그들에게 살진 것을 먹고 마시되 준비하지 못한 자들에게는 나누어 주라고 하고 여호와로 인하여 기뻐하는 것이 우리의 힘이라고 일렀다. 에스라가 첫날부터 날마다 율법책을 낭독하고 무리가 이레동안 절기를 지키고 여덟째 날에 규례를 따라 성회를 열었다.

같은 달 스무 나흘 날 이스라엘 자손이 모여 굵은 베 옷을 입고 티끌을 뒤집어쓰고 모든 이방인들과 절교 절연 자기 죄와 조상들의 죄를 통회하고 낮 4분의 1은 하나님 여호와의 율법책을 낭독하고 낮 4분의 1은 죄를 자복하며 하나님 여호와께 경배하는데 레위 사람 몇은 단에 올라가 큰 소리로 하나님 여호와께 부르짖고 또 몇몇 사람은 주의 이름을 송축하고 여호와께서 일월성신과 땅과 땅 위의 만물과 바닷속의 모든 해물을 지으시고 보존하시니 주께 경배드린다고 하고 아브라함을 택하시고 그의 마음이 주 앞에 충성됨을 보시고 그와 언약을 세우사 가나안 족속, 헷 족속, 아모리 족속, 브리스 족속, 여부스 족속, 기르가스 족속의 땅을 주시겠다고 하시고 그 약속을 지키시는 의로우신 여호와를 경배드린다고 하였다. 애굽에 간 조상들이 부르짖음에 이적을 베푸사 바로와 그의 백성들을 치셨고 광야에서 우리 조상들을 낮에는 구름 기둥 밤에는 불기둥으로 밝혀주시고 인도해 주셨다고 말한다.

'시내산에 강림하시어 정직한 규례와 진정한 율법과 선한 율례와 계명을 주시고 거룩한 안식일의 의미를 알려 주시고 백성들에게 먹을 양식을 내려보내 주셨고 그들이 목마르면 반석에서 물을 내시고 40여 년간 백성들을 연단하신 후 약속하신 땅에 들어가게 해 주셨으나 우리 조상들이 교만하여 주의 명령을 듣지 아니하고 종 되었던 땅에 돌아가자고까지 하였나이다. 그러나 은혜로우시고 긍휼히 여기시는 하나님은 인자가 풍부하시어 그들을 버리지 아니하셨음에도 조상들은 이방의 신에 빠져 금송아지를 부어 만들어 하나님을 모독하였고 주께서는 큰 긍휼로 그들을 버리지 않으시었다. 우리 조상들은 여호와의 도우심으로 시혼의 땅 곧 헤스본 왕의 땅과 바산 왕 옥의 땅을 차지할 수 있었으며 이스라엘 자손을 하늘의 별같이 많게 하시고 약속하신 땅으로 인도하여 이르게 하셨고 그들이 견고한 성읍들과 기름진 땅을 점령하고 아름다운 물건이 가득한 집과 우물과 포도원 감람원 과목들을 차지하여 배불리 먹고 주의 큰 복을 즐겼으나 그들이 주께 순종치 않고 율법을 등지고 이방 신들을 섬기며 주께 돌아오기를 권면하는 선지자들을 죽여 주를 심히 모독하였다.'고 아뢴다.

'그러므로 주께서 그들을 대적의 손에 넘기사 곤고를 당하게 하셨으나 그들이 환난 중에 주께 부르짖으며 주께서 들으시고 크신 긍휼로 구원자를 주시어 대적의 손에서 그들을 구원하셨으나 조상들이 평강을 얻은 후 다시 주 앞에 악을 행하여 주께서 그들을 원수들의 손에 버려두셨으며 그들이 또다시 돌이켜 부르짖으면 주께서 여러 번 주의 긍휼로 건져내셨나이다. 그럼에도 주의 율법에 돌아오지 않아 주께서 여러 해 참으시고 선지자들을 통하여 경고를 보냈음에도 듣지 않으므로 열방의 손에 넘기셨으나 그들을 아주 멸하게는 아니하시고 주께서는 은혜로우시고 긍휼히 여기시는 하나님이십니다. 우리는 주께 악을 행하였으나 주는 공의로우시고 진실하게 행하셨사옵니다. 우리의 죄로 말미암아 주께서 우리 위에 세우신 이방 왕들이 이 땅의 많은 소산을 얻고 그들이 우리의 몸과 가축을 임의로 관할하오니 우리의 어려움이 크오며 이런 문제를 놓고 우리 모두 견고한 언약을 세워 기록으로 남기고 우리의 지도자들과 레위 사람들

과 제사장들이 모두 인봉하나이다.'

기타 나머지 백성 모두는 형제 귀족들을 따라 저주로 맹세하기를 주 여호와의 모든 계명과 규례와 율례를 지켜 우리의 아들, 딸들을 우리 주변의 이방인들에게 주지도 받지도 않으며 이웃 백성들이 물품이나 곡물을 가져다 팔려고 해도 안식일에는 그들에게서 사지 않겠고 일곱째 해마다 땅을 쉬게 하고 빚을 말소하겠다고 하였고 스스로가 규례를 정하여 해마다 각자 3분의 1세겔씩 하나님의 전을 위하여 쓰겠다고 하였다.

또 각 지파들은 율법에 따라 매년 정해진 시기에 하나님 여호와의 전 제단에 불사를 나무 봉헌을 두고 제비를 뽑았다. 해마다 소산의 맏 물과 각종 과수의 열매를 여호와의 전에 드리기도 하였고 우리의 맏아들과 처음 난 가축을 율법에 따라 하나님의 전에서 섬기는 제사장들에게 주고 처음 찧은 밀가루와 견본 채취물, 각종 과수 열매, 새 포도주와 기름을 제사장들에게 가져가 하나님의 전 곳간에 두고 산물의 십일조를 레위 사람들에게 주겠다고 하였으니 왜냐하면 우리가 사는 성읍에서 산물의 십일조를 받는 자이기 때문이다.

백성의 지도자들은 예루살렘에 거주하고 백성들은 제비 뽑아 10분의 1은 예루살렘에서 거주하게 하고 나머지 10분의 9는 다른 성읍에서 살게 된다. 이 모든 것은 주민들이 많이 떠난 예루살렘을 새 주민들로 채우기 위한 총독 느헤미야의 계획에서 나온 것이다. 예루살렘 성벽 봉헌식을 앞두고 각지에서 레위 사람들을 찾아 데려와 감사 노래를 하며 제금을 치고 비파와 수금을 타며 봉헌식을 축하하고자 하였다. 그날 모세의 율법책을 백성에게 낭독해 주었는데 그 책에는 암몬과 모압 사람은 하나님의 총회에 영원히 들어오지 못하도록 하는 구절이 있었다. 그들이 이스라엘 자손에게 양식과 물을 주지 않고 도리어 발람에게 뇌물을 주어 저주하도록 시켰으나 하나님은 그 저주를 돌이켜 이스라엘에 복이 되게 하셨기 때문에 율법책이 그런 규정을 둔 것이다.

그 율법책의 낭독을 들은 백성들은 즉시 무리들 가운데서 이방인들을 분리하여 내어 보냈다. 전에 하나님의 전을 관리하였던 대제사장 엘리아십은 도비야와 가까운 사이였으므로 도비야를 위하여 큰 방 하나를 마련하여 주었는데 그 방은 본래 소제물과 유향과 그릇 그리고 십일조로 낸 곡물과 새 포도주와 기름, 또한 제사장들에게 주기 위한 견본 채취물들을 두는 곳이었다. 느헤미야는 아닥사스다 왕 제32년에 왕에게 갔다가 왕에게 말미를 청하고 돌아와서 엘리아십이 도비야를 위하여 악한 일을 한 것을 알게 되었다. 몹시 분노한 느헤미야는 도비야의 세간을 방 밖으로 다 내어 던지고 그 방을 정결케 하라고 명령하고 본래 있던 물건들을 다시 들여놓게 하였다.

또 한 가지는 레위 사람들에게 줄 것을 하나도 주지 않으니 그 사람들과 노래하는 자들이 모두 떠난 것이다. 느헤미야는 관리들을 꾸짖어 레위 사람들을 다시 돌아오게 하였더니 유다 백성들이 곡식과 새 포도주와 기름의 십일조를 가져와 곳간에 들이게 되어 느헤미야는 새로이 충직한 관리관들을 임명하였다. 그 시기에 어떤 사람이 안식일에 곡식을 나귀에 싣고 와서 포도주, 포도, 무화과 등을 예루살렘에 와서 파는 것을 보고 경고를 주었고 두로 사람은 물고기와 여러 가지 물건을 가지고 와서 파는 것을 보고 유다의 지도자들에게 이런 악을 저지를 수 있느냐고 꾸짖었다. 안식일에는 느헤미야가 종 몇 명을 세워 장사치들이 전혀 들어오지 못하게 성문을 지키게 하였고 기본적으로 레위 사람들을 정결하게 하고 성문을 지켜 안식일을 거룩하게 하라고 하였다.

또 한 가지 느헤미야가 목격하고 충격을 받은 것은 아스돗이나 모압이나 암몬 등 이웃 국가들의 여인들과 결혼하는 것이다. 그런데 이방 여인과의 결혼은 두 가지 문제를 일으킨다. 첫째는 자녀들의 언어 문제이다. 이방 여인과 결혼하여 태어난 자녀는 엄마 손에서 하루 대부분의 시간을 보내고 엄마의 모유를 빨면서 엄마의 모든 것에 동화되기 마련이다. 그렇기 때문에 언어도 엄마의 언어를 배우게 되고 아빠의 언어와는 거리가 멀게 된다. 그 좋은 예가 프랑스인데 프랑스는 켈트족의 한 갈래인 갈리아족이 만든 조그마한 왕국들의 모임인데 그것이 기원 전후에 로마 시저에게 정복되어 정복자의 언어와 문화를 배우다가 5세기경에 게르만족의 일파인 프랑크족의 침입으로 힘이 약해진 로마를 물리치고 프랑스 대부분을 차지한다.

그러나 프랑스는 400여 년간 언어와 문화가 거의 완전히 로마화되어 있었다. 그렇기 때문에 봉건 제후국인 프랑크족은 남자가 태어나면 어릴 때부터 제후의 궁에 나가 무기를 다루고 말 타는 법을 배웠으나 집에 돌아가면 엄마의 언어인 로마어화된 고대 로망어를 익히게 되어 2대, 3대가 되면 아버지의 게르만어는 전혀 모르게 된 것이다. 그리하여 10세기경부터 상고 프랑스어가 쓰이고 거기에서 출발하여 발달된 것이 16세기에 근대 프랑스어가 된 것이다. 그와 마찬가지로 어머니가 이방인인 가정에서는 이스라엘어는 거의 사용되지 않게 된다.

둘째 더 심각한 것이 종교적 문제이다. 이방 여인은 자신이 자라면서 익힌 문화를 버리지 못하고 결국 여호와를 경외하는 대신 바알이나 아스다롯이나 다른 신들의 형상을 만들어 그를 경배하고 그에게 소원을 빌게 되

한 인문학자의 구약성경 스토리텔링

고 솔로몬의 경우 여호와의 사랑을 가장 많이 받은 왕이지만 많은 이방 출신의 여인들에게 그들이 모시는 신의 신당도 지어 주게 되고 솔로몬이 자기 궁에서 우상숭배를 용인하고 때로는 그 의식을 참관하게 되니 여호와의 분노를 사게 되지만 여호와께서 다윗에게 주신 언약 때문에 솔로몬 시대에는 별다른 징벌을 내리시지 않다가 그다음 르호보암 때 나라를 둘로 갈라 12개 지파 중에서 10개를 떼어 여로보암의 북왕국 이스라엘을 만들게 하시고 유다 지파는 가장 작은 베냐민 지파와 함께 남왕국 유다를 만들게 하신 것이다.

따라서 이방 여인과의 결혼이 어떤 결과를 초래하는지를 잘 아는 느헤미야는 그러한 결혼은 막기 위하여 모든 노력을 경주한다. 느헤미야는 이스라엘 사람들에게 이방인에게는 딸들과 아들들을 주지도 않고 받지도 않겠다는 맹세를 하는 운동을 벌이게 된다.

느헤미야는 선지자가 아니다. 그는 바사 왕국의 왕실 고위직인 술 담당관으로 있으면서 아닥사스다 왕의 신임을 얻어 그의 호의로 휴가를 받고 예루살렘에 가서 그 성읍이 폐허가 된 것을 확인하고 만사 제쳐놓고 그 재건에 뛰어들었던 인물로 왕에게서 유다 총독으로 임명되어 높은 위치에서 먼 후일을 내다보면서 이스라엘 부흥을 이끈 행정가이다.

그러나 그는 단순한 행정가는 아니다. 그는 여호와를 깊이 경외하고 이스라엘의 전통을 반드시 지켜야 한다는 강한 열정을 가지고 있었고 그러한 정신을 끝까지 관철한 인물이기 때문에 구약성경의 역사서에 오른 인물이다. 그러나 그가 이스라엘의 정신적 부흥을 혼자서 이룬 것은 아니다. 그보다 먼저 총독이었던 스룹바벨의 노력에 의하여 성전이 다시 건축될 수 있었고 그보다 13년 먼저 포로 귀환으로 돌아온 율법학자 에스라가 정신교육을 이끌었고 거기에 느헤미야는 여러 가지 방해를 극복하고 허물어진 성벽을 재건하였을 뿐 아니라 이스라엘 사회가 안고 있는 여러 가지 문제점을 개혁하고 바로잡은 인물이다.

우리가 앞에서 살펴본 바와 같이 백성들의 세금 부담을 조금 줄여주기 위하여 자기의 봉록을 받지 않고 12년간 무료 봉사했을 뿐 아니라 하나님 여호와의 가르치심에 충실하여 가난한 사람들에게 가능한 배려를 다 하게 하여 부유한 사람들에게 이자를 받지 않도록 설득하였고 전당 잡힌 물건은 해지기 전에 돌려주게 하였으며 백성들이 성전의 재정을 위하여 3분의 1세겔씩 내도록 하면서 성전에 돈이 들어와 손상된 부분을 즉시 수리하게 하고 봉급을 주지 않아, 성전을 떠난 레위 사람들이 성전에 돌아와 성전을 위하여 봉사할 수 있게 하였다.

율법에 금지된 이방종족들이 이스라엘인들의 총회에 들어오지 못하게 하였고 거룩한 안식일에 상인들이 성읍에 오지 못하게 하였으며 인식일에 성읍에서 물건 사고파는 것을 완전히 금하도록 하였고 또한 이스라엘 자녀들이 이방 자녀들과 결혼하여 비롯되는 폐해를 방지하기 위하여 자녀들이 이방인들과 결혼을 금지하겠다는 서약 운동도 벌인 것이 느헤미야이다.

그러나 결과적으로 이스라엘 정신의 부흥을 이끈 것은 스룹바벨 에스라 느헤미야 세 사람이기 때문에 이스라엘에 정신을 부흥하게 한 것은 이들 세 사람이 같은 시대에 '삼인일체'가 되어 일으킨 운동이다. 단지 외국인의 관점에서 보면 외국인은 철저히 배제되어 오늘날까지 '오로지 이스라엘을 위하여'라는 민족주의가 이어져 오는 것이 아닌가 하는 아쉬움이 남는다.

　　　　　　　　　한 인문학자의 구약성경 스토리텔링

# (7) 말라기

말라기는 히브리어로 '나의 사자my messanger'를 의미하기 때문에 그것을 쓴 선지자의 고유명사가 아니고 보통명사이고 익명으로 사용된 이름이라는 주장이 있으나 우리는 그 이름이 그 서를 쓴 사람과 하나님의 말씀을 적은 장본인이라고 이해할 수밖에 없다. 말라기서는 하나님을 즐겨 '만군의 여호와'(영 Lord Almighty, 프 Yahve des Armées)라고 지칭하는데 그것은 하나님께서 영어와 프랑스어 역어가 의미하는 바와 같이 전능하시고 막강한 능력과 위엄을 지니셨음을 강조하고자 하기 때문이다.

짧지만 하나님의 중요한 경고와 훈계를 전하고 있는 말라기는 6가지 정도의 주제를 가지고 있다. 말라기는 우리가 가지고 있는 의문을 먼저 제시하고 그에 대한 하나님의 답변을 듣는 방식을 취하고 있다.

## 가. 봉헌물

아들은 자기를 낳은 아버지를 공경하여야 하고 종은 자기를 부리는 주인을 마땅히 공경하여야 하는데 천지와 인간을 지으시고 사랑으로 보살펴 주시는 주 여호와를 경시하고 있으면서 그것을 지적하면 '우리가 어떻게 주의 이름을 멸시하였나이까.'라고 반문한다.

하나님의 성전에 드리는 봉헌물은 하나님에 대한 경외와 감사를 표현하는 표상으로 가장 정결한 것을 정성스레 드려야 하는데 제사장부터 더러운 떡, 다리 절거나 병든 제물을 드리니 그것이 여호와의 식탁을 경멸히 여김을 나타내는 것이 아니냐고 질책하신다. (말라기 1:7-8) 총독에게도 드리지 못한 선물을 '만군의 여호와'께 올리니 그런 것을 받아들일 수 있겠느냐고 반문하신다. (말라기 1:9)

그러면서 나 여호와에게 은혜와 긍휼을 주시라고 하니 그것이 가당한 일이냐고 물으신다. 그런 일이 반복되면 아예 성전 문을 닫아버리는 것이 좋겠다고 하신다. 그런데 하나님은 '큰 임금이요 내 이름은 이방민족에게도 두려워하는 것이 됨이니라.'(말라기 1:14)라고 하시며 만방의 하나님 여호와에게 흠 있는 제물을 드리는 자는 저주를 받을 것이라고 경고하신다.

## 나. 하나님 이름의 훼손

십계명의 셋째 계명은 하나님의 이름을 망령되이 부르지 말라고 명하고 있다. 그런데 누구보다도 하나님의 이름을 영화롭게 해야 하는 의무가 있는 제사장들에게 '내 이름을 영화롭게 하지 아니하면 내가 너희에게 저주를 내려 너희 복을 저주하리라.'(말라기 2:2)라고 선언하신다. 한 문장 안에 '저주'라는 어휘를 연거푸 쓰시는 것은 제사장들에 대한 강한 질책을 드러내시는 것이다. 다음 구절에서는 '똥 곧 너희 절기의 희생의 똥을 너희 얼굴에 바를 것이라.'(말라기 2:3)고 극언을 하시고 '너희가 (그와 함께) 제하여 버림을 당하리라.'고 선언하시면서 그런 극언을 하시는 것은 레위 족과 세운 '나의 언약을 항상 있게 하려 함이라.'(말라기 2:4)고 하는 뜻에서 나온 것임을 밝힌다.

그러면 '하나님의 이름을 영화롭게 하는 것'은 무엇을 어떻게 하는 것인 가. 그것은 적어도 하나님 제사의 책무를 맡은 레위족은 언제나 하나님의 진리를 전함으로써 화평과 긍휼의 모범을 보여 사람들로 하여금 율법을 늘 마음에 두어 그들의 삶과 같이하게 하여야 하나 레위들은 오히려 옳은 길에서 떠나 '치우치게 하였으므로 나를 모든 백성 앞에서 멸시와 천대를 당하게 하였노라고 하시니라.'(말라기 2:8) 그렇기 때문에 너희들이 너희 조상들과 나의 언약을 깨뜨린 것이라고 일깨우신다.

## 다. 결혼과 이혼의 문제

제사장들과 레위족을 질책하신 하나님은 유다족을 표적으로 삼으신다. 유다족은 성민으로 택한 이스라엘 민족 중에서도 이스라엘의 영적 리더 역할을 하는 지파이다. 다윗을 낳았고 메시아도 인간의 몸으로 유다 지파 에서 태어날 예정이어서 유다는 이스라엘을 대표하는 지파로 모든 면에 서 이스라엘 열두 지파의 모범을 보여야 할 의무가 있다.

그런데 이스라엘 남자들 특히 유다 지파의 남자들도 이방 여인들의 젊 음과 미모에 끌려 결혼하기도 하고 자기 아내와 이혼하기도 한다. 그러 한 행위는 종교적으로 사회적으로 문화적으로 여러 가지 복잡한 문제를 끌어들일 뿐 아니라 '여호와께서 사랑하시는 성결을 욕되게 할'(말라기 2:11) 뿐 아니라 형제에게 거짓을 행하고 결혼을 축복해 주는 여호와를 분 노하게 한다. 그리하여 그런 일을 행하는 자는 '여호와께서 야곱의 장막에 서 끊어버리시리라.'(말라기 2:12)고 하신다.

바벨론에서의 포로 귀환 후 에스겔, 에스라, 느헤미야 등의 선지자들의 강력한 권고로 그러한 행위가 거의 사라지고 이방 여인과의 혼인으로 자식이 있는 가정도 이방 여인들이 축출되기도 하였으나 시간이 지나면서 사회적 규범이 느슨하게 되어 다시 이방 여인들이 유입되자 하나님께서는 '네가 어려서 맞이한 아내 사이에 여호와께서 증인이 되시기 때문이라. 그는 네 짝이요 너와 서약한 아내로되 네가 그에게 거짓을 행하였도다.'(말라기 2:14)고 질책하신다.

## 라. 십일조와 봉헌물

봉헌물을 포함하여 십일조는 성도들이 하나님으로부터 받은 은혜에 감사드리기 위하여 하나님께 자진해서 바치는 것이기 때문에 하나님이나 성직자들이 강요할 수 있는 것은 아니다. 그러나 그것이 성전의 재원이 되기 때문에 부족하면 성전의 삶과 재정이 원활하지 못하여 대내외적으론 필요한 사업들이 많은 영향을 받게 된다. 그러한 문제를 하나님은 하나님의 관점에서 보시고 보다 직설적으로 말씀하신다.

백성들이 들에 농작물을 심으면 하나님께서는 비와 햇빛으로 그것들이 생육하게 하시고 곤충과 벌레들이 토지의 소산을 먹어치우지 못하도록 천적으로 하여금 지켜 주시고 풍성한 수확을 안겨주시고 쾌적한 환경을 만들어 주신다. 우리가 하나님의 창고에 온전한 십일조와 봉헌물을 드린다면 하나님께서 하늘문을 여시고 우리에게 '복을 쌓을 곳이 없도록' 주실 터인데 우리는 죽을 때 한 푼도 가져갈 수 없는 재화를 마지막 순간까지 끼고 있는 것이다. 하나님은 하나님께 드려야 할 것을 드리지 않고 하나님의 창고를 비워 두는 것을 도둑질이라고 직설적으로 표현하신다. '그러나 너희는 나의 것을 도둑질하고도 말하기를 우리가 어떻게 주의 것을 도둑질 하였나이까 하는도다. 이는 곧 십일조와 봉헌물이라/너희 곧 온 나라가 나의 것을 도둑질하였으므로 너희가 저주를 받았느니라.'(말라기 3:8-9)

## 마. 심판과 계획

우리는 '하나님을 섬기는 것이 헛되니 만군의 여호와 앞에서 그 명령을 지키며 슬프게 행하는 것이 무엇이 유익하리요.'(말라기 3:14)라고 한다. 이렇게 여호와에게 대적하고도 '우리가 무슨 말로 주를 대적하였나이까?'(상동) 하는도다.

여호와께서는 여호와를 경외하는 자의 이름을 기념책에 기록하시고 그들을 아버지의 온정으로 아끼시고 하나님을 섬기는 의인과 그렇지 않은 악인을 분별하시겠다고 하신다. (말라기 3:18)

여호와께서는 '용광로 불같은 날'이 오면 교만한 자와 악인은 남김없이 불사르고 하나님을 경외하고 순종하는 자에게는 '공의로운 해가 떠올라서 치료하는 광선을 비추리니 (……)'(말라기 4:1-2)라고 하신다.

아울러 여호와의 크고 두려운 날이 이르기 전에 엘리야[118]를 사자[119]로 보내어 '아버지[120]'의 마음을 자녀에게로 돌이키게 하고 자녀들의 마음을

---

118) 엘리야를 보내는 것은 메시야의 오심을 미리 예비하게 하심인데 그 역할을 세례 요한이 맡게 된다. (뉴톰슨 성경 1331쪽 주 4:6)
119) 엘리야는 일반적인 사자, messenger가 아니다. Osty는 Precurseur, 즉 영어로 Precursor, 선봉대라고 본다. 우리는 사자보다 특사, emissary 즉 특별 임무를 부여받은 인물이라고 본다.
120) 뉴톰슨 성경은 1331쪽 주 4:6에서 아버지는 조상들을 의미한다고 본다.

그들의 아버지에게 돌이키게 하리라.'(말라기 4:6) 하나님의 사자는 레위 자손을 깨끗하게 하고 '금, 은같이 그들은 연단하여 공의로운 제물[121]'을 바칠 것.'이라(말라기 3:3)고 하신다.

## 맺는말

말라기에서 하나님께서는 모든 백성들의 삶과 믿음에서 지적되지 않았고 선지자들도 거론되지 않았던 몇 가지 주제에 대해 솔직한 질책과 하나님이 품고 있는 큰 계획을 알리고자 하셨다. 그 과정에서 저자인 말라기는 선지자나 중보자의 역할은 없이 하나님의 말씀을 text화하는 제한적인 역할로 국한된다.

논쟁적인 방식으로 진행되는 말라기에서 백성들의 생각을 꿰뚫어 보시는 하나님은 쌓여 있는 중요한 주제에 대해 백성들의 생각을 표출하는 질의문을 만드시고 그에 대해 하나님의 관점을 솔직하게 표현하는 반론을 제시하시고 경고하시고 훈계하시며 가지고 계신 계획도 알려 주신다.

구약성경에서 가장 짧은 예언서 중의 하나인 말라기는 하나님이 품고 계신 생각의 핵심을 일깨워 주신다는 점에서 말라기가 구약성경의 마지막 예언서이면서 아울러 그 결론이라고 보고 싶다. 하나님은 처음에 제사장과 레위 그리고 유다 지파, 그리고 백성들 전체에게 질책과 훈계하시나 그 말씀은 이스라엘족을 넘어 우리에게도 해당되는 말씀인 것이다.

---

121) 뉴톰슨 성경은 1331쪽 주 4:6에서 '공의로운 제물'은 신령과 진리로 드리는 영적 예배를 가리킨다.

# 10.

# 열림을 위한 맺는말

# (1) 구약성경을 읽고

구약성경은 하나님과 이스라엘 백성이 함께 이룩한 역사 그 자체라고 할 수 있다.

## 가. 하나님의 위대하심과 영광

시간과 공간을 초월하시면서 천지를 말씀으로 창출하신 하나님의 무한하신 능력을 좁다란 시공의 한계 속에서 살다가 가는 인간의 지능으로 가늠한다는 것은 불가능한 일이다. 인간은 하나님이 지으신 피조물을 통하여 그 능력의 극히 작은 부분을 확인할 수 있을 뿐이다.

하나님은 자신의 형상을 따라 사랑으로 인간을 지으시고 아브라함의 의를 보시고 이스라엘 민족을 성민으로 정하셨다. 중동 여러 민족 중 하나인 이스라엘은 그 자체로서는 살아남기 위한 힘과 부와 능력을 갖춘 나라는 아니었다. 그러나 이스라엘이 죄악에 빠지지 않고 하나님을 경외하고 하나님께 순종하는 동안은 하나님의 전적인 지원을 받은 이스라엘을 아무도 이길 수 없었다. 구약성경은 하나님의 위대하심과 영광을 드러내 보여 주는 역사적 교과서인 것이다.

## 나. 표본sample과 반면교사counter sample

하나님이 아브라함으로 시작되는 이스라엘 민족을 성민으로 택하시고 온갖 도움과 은혜를 베푸신 것은 어느 국가나 민족도 하나님을 경외하고 하나님께 순종하면 이스라엘과 같은 사랑과 보호를 받을 수 있으니 또 하나의 이스라엘이 될 수 있음을 보여 주시기 위한 표본으로 선택하신 것이다.

그러나 이스라엘 백성은 하나님께서 베푸신 은혜를 시간이 지나면 완전히 잊어버리고 솔깃한 우상숭배의 유혹과 여러 가지 죄악에 빠지고 하나님께서는 그것을 원칙과 교육의 차원에서 징계하신다. 이스라엘 백성들은 그것이 자기들의 죄악 때문에 받는 고통임을 깨닫고 하나님께 돌아와 회개한다. 긍휼의 하나님은 그들을 용서해 주시고 회복을 허락하신다. 그러니 죄악 → 징벌 → 깨달음과 회개 → 하나님의 긍휼과 용서의 반복이 계속 이어지는 것이 이스라엘의 역사이다. 결론적으로 이스라엘은 하나의 모순을 안고 있는 민족이다. 좋은 모범을 보여 주라고 표본으로서 성민으로 선택된 이스라엘은 하나의 모순을 보여 준다. 좋은 표본이 된 것이 아니라 나쁜 표본을 보여 준다. 그럼에도 이스라엘은 자기가 성민이기 때문에 언제나 하나님의 축복을 받아야 하고 이스라엘이 독점적이고 배타적 민족주의에 빠지게 된다.

결국 다른 민족과 나라들에게 이스라엘은 반면교사의 역할을 한다. 다시 말하면 이스라엘은 우리가 닮지 말아야 할 국가의 표본인 것이다. 70여 년의 바벨론 포로 기간은 출애굽 후 이스라엘이 겪은 가장 오랫동안 외국의 압제를 받은 기간이다. 포로귀환은 이스라엘 역사의 새로운 전환

점이 되어 학자들과 제사장 그리고 사관들은 고문서들과 성경자료들을 새로이 정비하고 정신적 종교적 부흥과 함께 새 출발하는 전환점을 이룬다. 그와 함께 이스라엘의 독선적 배타주의도 오히려 강화되었다고 할 수 있다.

## 다. 메시야의 오심

구약성경에서 가장 중요한 뉴스는 하나님이 죄악에 빠진 세상을 위하여 메시야를 보내신다는 예고를 하신 것이다. 한 때는 엘리야를 보내실 것을 생각하시고 일부 선지자들에게 비추신 적이 있으나 그것은 자기희생을 감내하여야 하는 막중한 임무를 수행하여야 하기 때문에 결국 자기 독생자를 보내시기로 결정한 것이다.

여러 선지자들은 하나님과의 소통을 통하여 메시야가 어떤 가문에서 태어나고 태어날 고장 이름을 알려 주기도 하고 메시야에 대한 부분적인 정보를 전하였으나 가장 다양한 사실들을 전한 것은 선지자 이사야였다. 그는 메시야가 이 세상을 이끄실 임무를 수행하기 위하여 동정녀에게서 태어나시고 우리 인간을 위하여 심한 고문과 고초를 겪게 될 것임을 예고하였다. 그러니 이 세상을 구원하기 위하여 오시는 메시야는 고대부터 행해진 희생제의에 바쳐지는 희생 대상인 것이다. 그 메시야의 탄생은 모든 인간들을 구원하기 위하여 오시기 때문에 더할 수 없는 복음이다. 모든 나라 모든 백성들은 그가 탄생한 날을 크리스마스 성탄이라고 축하하고 즐거워하지만 많은 사람들은 그 깊은 뜻은 아랑곳하지 않은 채 성탄을 즐거움을 위한 축제로만 생각하고 있다.

한 인문학자의 구약성경 스토리텔링

구약성경에서 메시야가 오신다는 소식은 구약과 신약을 이어주는 다리
이면서 구약성경이 신약성경의 뿌리임을 보여 주는 것이다.

# (2) 하나님, 이스라엘 그리고 세계

## 가. 이름 속의 역사

이스라엘은 하나님과 특별한 관계가 있다. 그러나 이스라엘 민족이 본래부터 존재하던 민족은 아니다. 당시 찬란한 문화를 꽃피운 우르에서 태어난 아브라함은 우상을 숭배하는 아버지 데라를 따라 오늘날 튀르키에의 하란으로 이주하며 많은 목축 떼를 키우며 살고 있었다.

어느 날 하나님께서 아버지를 떠나 하나님이 이르는 지역으로 가서 살라고 하면서 '내가 너로 하여금 큰 민족을 이루고 네게 복을 주어 네 이름을 창대하게 하리니 너는 복의 근원이 될지라.'(창세기 12:2) 그러니 아브라함의 하나님에 대한 순종으로 이스라엘 민족이 탄생하였으나 민족의 이름은 아직 없었다. 아브라함이 없었으면 이스라엘 민족도 있을 수 없었다. 본래 아브라함이 속한 종족이름은 알 수 없지만 사람들은 그를 '히브리 사람'이라고 부른다. (창세기 14:13)

히브리란 말은 hybrid 즉 '혼합의'를 의미한다. 그러다가 이삭과 야곱을 거치면서 야곱이 얍복강가에서 하나님의 사람과 밤새 씨름을 하였으나 천사가 그를 이기지 못하자 천사가 이제부터는 '(……) 네 이름을 야곱이라 부를 것이 아니요 이스라엘이라 부를 것이니.'(창세기 32:28)라고 하여

받음 이름이니 그것은 '하나님의 사람과 겨루어 이김'이란 뜻이다. 그 후 야곱이라는 이름이 쓰이기도 하고 이스라엘이라는 이름의 사용이 확대되기도 하였다.

그러나 하나님은 모세가 바로에게 '히브리 사람의 하나님 여호와께서 내 백성을 보내라(……)'(출애굽기 9:13) 하여 애굽에서도 이스라엘을 히브리라고 하였다. 여하튼 70여 이스라인들이 애굽에서 400여 년 살면서 약 200여만의 민족으로 성장하였는데 그중에는 함께 거주하던 이방인들이 꽤 많이 있었고 그들 모두 함께 하나님의 지시에 따라 40여 년간 광야를 떠돌다가 가나안에 이르니 그곳에는 이미 헷 족속 기르가스 족속 등 일곱 족속들이 먼저 와 살고 있었고 하나님께서는 '오직 네 하나님께서 네게 기업으로 주는 이민족들의 성읍에서는 호흡 있는 자를 하나도 살리지 말지니'(신명기 20:16)라고 명령하셨으나 이민족을 모두 진멸할 수는 없어 동거하게 된다.

모세는 숨을 거두기 전에 이스라엘 동포들에게 '너는 여호와 네 하나님의 성민이라 네 하나님 여호와께서 지상 만민 중에서 너를 자기 기업의 백성으로 택하셨나니.'(신명기 7:6)라고 하면서 지상의 다른 민족과의 차별성을 강조하고 하나님이 정하신 율법과 규례와 법도를 지키면 모든 민족 위에서 뛰어나게 하신다고 말하였다. 아울러 모세는 하나님의 말씀에 따라 '그들(이방인들)과 언약을 말 것이며 그들을 불쌍히 여기지도 말며.'(신명기 7:2) 혼인도 일체 말라고 이른다.

왜냐하면 이방인들은 결혼하고 나서 자기가 어릴 때부터 가정에서 익힌 우상숭배에서 떠나지 못하고 결혼 후에도 이방신에게 제사 지내고 이방신을 섬기면 자식들 역시 조금씩 빠져든다는 것이다. 그 좋은 예를 보여 주는 것이 솔로몬이다. 그는 하나님 경외심이 강하고 하나님에게 절대적인 순종을 보이는 왕이었다.

그러나 왕비가 300여 명 처첩이 700여 명이 되고 그중에 이방국가 출신이 많고 보니 왕이 처음에는 호기심으로 우상숭배를 바라보다가 차츰 조금씩 빠져들어 우상숭배에 동조하다가 음식도 함께 먹고 보니 하나님이 여러 번 경고하셨으나 우상숭배에서 빠져나올 수가 없게 되자 하나님은 언약을 주신 바가 있어서 솔로몬은 건드리지 않고 솔로몬의 아들 르호보암이 왕이 되자 통일왕국을 남북으로 나누어 적은 부분만 르호보암에게 남기셨다.

## 나. 백성들의 삶과 하나님

출애굽 세대가 모두 죽은 후 모세나 여호수아 같이 하나님께 순종하고 하나님을 깊이 경외하던 지도자도 없자 백성들은 하나님의 신실하신 배려와 사랑에도 불구하고 하나님 은혜와 모든 도우심을 감사드리기는커녕 장인들이 만든 바알상이나 아세라상을 가까이하고 죄악에 물든 상황을 보여 선지자들을 통하여 바른길로 인도하려고 해도 그것을 외면하자 징벌을 내리신다.

자연을 이용하여 농사를 흉년이 들게 하시기도 하고 국내적인 반란이 일어나게도 하시고 인접 국가를 강화시켜 이스라엘을 제압하고 국민을 포로로 잡아가게 하실 수도 있다. 바벨론이 이스라엘을 침략하여 값진 물건들을 가져가고 중건층을 포로로 데려간 것도 하나님의 징벌인 것이다.

그러나 하나님께서는 긍휼이 많으시어 백성들이 심한 고통을 받고 그

한 인문학자의 구약성경 스토리텔링

러한 징벌이 자기들의 죄악 때문인 것을 깨닫고 회개하니 사랑이 많으신 하나님께서는 바사의 고레스 왕을 감동시켜 포로들을 이스라엘로 귀환하게 하신다. 귀환 후 스룹바벨, 에스라, 느헤미야 등이 선지자들의 도움과 함께 성전을 재건하고 성벽을 중수하며 새로운 이스라엘을 외치며 백성들의 정신 개조와 하나님 경외를 외쳤다.

그 결과 정신적인 부흥이 이루어진 것이 사실이지만 부작용도 있었다. 그것은 외국인은 모두 이방인으로 그들과의 모든 관계를 부정적으로 보게 된 것이다. 그리하여 이방 여인과 결혼하여 자녀까지 둔 남편은 아내를 쫓아내고 이방 문화의 철저한 차단과 함께 이스라엘 우월주의와 배타적 국수주의로 흐르게 될 소지를 키웠던 것이다. 이방인의 배척보다도 이방인을 끌어안는 방향으로 이끌었으면 좋지 않았을까 하는 생각이 든다. 이스라엘 국민은 선민이고 성민이며 이방인은 하나님이 무조건 진멸하라고 명하셨다고 믿는 것이 문제이다. 그와는 반대로 하나님이 이스라엘을 사랑하고 위하는 것이 다른 나라들도 하나님을 경외하고 사랑하면 품에 안아 주시고 은혜를 베푸시겠다고 생각하시는 것을 이스라엘은 하나님을 배타적 전매특허로 생각한 것이다.

왜냐하면 하나님은 '세계가 다 내게 속하였다.'(출애굽기 19:5)라고 생각하시고 '(……) 형제들이 모든 나라에서 나의 성산 예루살렘으로 말과 수레와 낙타를 타고 여호와께 예물을 드릴 것이요/나는 그 가운데에서 택하여 제사장과 레위인을 삼으리라.'(이사야 66:20, 21)고 하신다. 다니엘은 환상 속에서 '인자같은 이(즉 예수님)가 옛적부터 항상 계신이(즉 하나님)에게 나아가 그 앞으로 인도되매/그에게 권세와 영광과 나라를 주고 모든 백성과 나라들과 다른 언어를 말하는 모든 자들이 그를 섬기게 하였으니 그의 권세는 소멸되지 않는 영원한 권세요 그의 나라는 멸망하지 아니할 것이니라.'(다니엘 7:13, 14)라고 하셨다.

또한 요나는 하나님의 명령을 받고 마음에는 내키지 않으나 니느웨로 가서 하나님을 믿지 않는 니느웨 사람들에게 '40일이 지나면 니느웨가 무너지리라.'(요나 3:4)고 선포하자 니느웨 사람들이 모두 '하나님을 믿고 금식을 선포하고 굵은 베옷을 입은지라.'(요나 3:5) 요나는 성공을 거둔 선교사가 된 것이다. 그러나 바벨론 포로에서 귀환한 이스라엘 백성들은 정신적인 부흥에도 불구하고 경제적인 어려움을 겪자 고향을 떠나는 사람들이 많이 생겼다. 하나님이 예언하신 '흩어짐' 디아스포라가 일어난 것이다. 북아프리카, 서유럽, 동유럽 등으로 가서 정착한 사람들 중에는 부지런한 노력으로 성공한 사람들도 있었으나 지역사회와의 교류나 기여가 없이 폐쇄적인 태도 때문에 환영받지 못하고 히틀러 같은 인물이 나와 수백만 명의 희생자를 낳게 된 것이다.

2차대전 후에 많은 이스라엘인들이 고국에 돌아왔으나 그 땅에는 이미 아랍계 팔레스타인인들이 2000여 년간 정착하여 살고 있었다. 미국과 일부 서방국가의 도움을 받고 독립국가를 출범시킨 이스라엘은 힘을 키워 팔레스타인 사람들이 차지하고 있는 땅을 무력으로 점령하여 UN에서는 수십 차례 그 부당성을 결의하고 원상 복구를 규정해도 아무런 효력을 발휘하지 못하였다.

문제는 땅을 어떻게 취득하였는가이다. 정상적인 토지 가격을 지불하고 땅을 양보받았으면 별문제가 없지만 무조건 살고 있는 집을 불도저로 밀어내고 철조망을 치고 주민을 쫓아내는 것은 하나님도 찬성하실 수 없는 방법이다.

출애굽 후에 하나님이 가나안 땅의 이방인들을 진멸하고 땅을 점령하라고 한 것은 하나님이 정하신 땅을 투쟁을 통하여 차지하라고 하셨는데 당시 가나안에 도착한 이스라엘인들은 이방민족들과의 공존을 통하여 가나안에 정착하였다. 그리고 그때와 지금은 여러 가지 상황에 큰 변화가 있는데도 이스라엘은 육억의 인근 아랍인들을 일시에 제압할 핵무기와 첨단 무기를 가지고 있으니 자국의 안보만 지키면 된다고 하는 생각이다. 이스라엘이 하나님도 긍정하실 수 있는 방식으로 평화를 구축할 때 세계의 칭찬과 축복을 받을 수 있을 것이다.

# (3) 메시야의 오심

메시야는 고대의 국제어였던 아랍어로 meschiha '여호와의 기름 부음을 받은 자'가 히브리어 mechiah가 되었다가 영어로 messiah 프랑스어로 messie가 되었다. 그러나 그리스어에서 kristor로 옮겨진 것이 신약성경에 그리스도가 되어 예수님 이름과 함께 예수 그리스도로 많이 쓰이고 주와 함께 주 예수 그리스도라고 부르기도 한다.

## 가. 왜 메시야인가

아담과 하와가 선악과를 먹은 후 에덴에서 쫓겨난 하나님에게서 멀어지게 되고 죄악에 가까워진다. 그 후 자손들이 불어나고 널리 흩어지면서 많은 성읍들이 생겨난다. 그러나 백성들은 하나님을 경외하고 감사드리는 삶에서 벗어나 욕망과 관능의 유혹에 이끌려 죄악과 음행에 빠져들게 된다. 인간을 지으신 것을 후회하신 하나님께서는 새로운 인간으로 이루어지는 세상을 소망하시면서 의인 노아에게 명하여 큰 방주를 짓고 가족과 생물들의 암수와 함께 방주에 들어가게 하고 큰 홍수를 일으켜 온 세상이 물에 잠기게 하고 인간들도 모두 사망하게 하였으나 그 후에는 소망하신 새 인간의 꿈이 사라지게 된다.

인간이 다시 죄악에 이끌리게 되자 대표적인 악과 음행의 성읍 소돔과 고모라만을 유황불로 파멸하셨으나 다른 지역의 인간들은 다시 우상숭배와 음행과 죄악의 유혹에 물들게 된다. 죄악을 징계하시면 인간은 잠시 죄악을 회개하고 근신하다가 다시금 죄악의 유혹에서 벗어나지 못하고 또 다시 징벌하시면 잘못을 깨닫고 회개하고 하나님께 돌아오면 긍휼이 많으신 하나님께서는 그들을 받아주시고 회복시켜 주신다. 그러나 시간이 흐르면서 모든 것이 '도로아미타불'이 되고 만다.

그런 악순환이 계속 반복되자 하나님은 하나님의 뜻을 직접 알리고 백성에게 하나님의 사랑과 진리를 전파할 수 있는 사자 즉 messenger를 보내실 구상을 하시게 된다.

## 나. 사자에서 메시야로

말라기를 비롯한 일부 선지자에게 지상에서 직접 하늘나라로 끌어올리신 하나님께서 엘리야를 사자로 보내실 의향이 있으심을 암시하기도 하신다. 그러나 사자가 하나님이 소망하시는 임무를 다하기에는 역부족일 것이라는 생각이 들어 이전의 생각을 바꾸신다. 인구가 팽창하고 지역이 방대해지고 죄악의 뿌리가 깊고 위험해지자 하나님은 인류의 죄악을 대신 짊어질 존재, 인간을 죄악에서 구원하기 위한 속죄양을 보내지 않으면 안 된다는 판단을 하신다.

그러나 그러한 임무를 아무에게나 짊어지게 할 수는 없다. 왜냐하면 모든 고난과 고통을 기꺼이 받아들이고 감내해야 하기 때문이다. 그리하여 하나님에게 가장 가까운 인물을 생각하시게 되고 그것을 하나님의 분신

곧 하나님의 아드님에게나 그 소임을 맡길 수밖에 없다는 결론에 이르신 것이다. 하나님은 자기의 분신을 비유적으로 자기의 '싹'이라고 표현하시는 것이 그러한 이유에서이다. '내가 내 종 싹을 나게 하리라.'(스가랴 3:8)

'종'과 '싹'은 하나님의 분신을 지칭하고 아들과 모두 동의어이다. 분신을 거룩한 산 시온에 세우신 하나님은 그 분신을 왕이라고 부르시며 '(……) 너는 내 아들이라 오늘 내가 너를 낳았도다/내게 구하라 내가 이 방나라를 네 유업으로 주리니 네 소유가 땅 끝까지 이르리로다.'(시편 2:7, 8) 하나님은 아들의 영역이 전 지구촌 끝까지 이르리라 예상하신다. 그리고 그의 자리는 하나님 오른쪽이고 그는 '뭇 나라를 심판하시리라.'(시편 110:5, 6)고 확언하신다.

인간으로 오실 메시야는 하나님이 제일 사랑하시는 다윗 집안에서 나온다고 예고하신다. '이새[122]의 줄기에서 한 싹이 나며 그 뿌리에서 한 가지가 나서 결실한 것이요/그의 위에 여호와의 영 곧 지혜와 총명의 영이요, 지혜와 총명의 영이요, 지식과 여호와를 경외하는 영이 강림하시리니.'(이사야 11:1, 2) 또한 '(……) 한 왕이 공의로 통치할 것이요 방백들이 정의로 다스릴 것이며.'(이사야 32:1) 여기에서 '공의로 통치할 것'은 정치적이나 사회적인 의미가 아니라 영적인 차원의 개념이다.

## 다. 메시야의 예상된 행로

선지자들은 하나님과의 대화를 통하여 메시야의 예상된 삶에 대하여 다양한 정보를 얻었으나 그 정보들은 선지자에 따라 다른 것이다. 그것들

---

122) 다윗의 아버지.

을 취합하여 정리해 보자.

하나님은 메시야가 다윗가문에서 나온다는 사실은 여러번 반복하셨으나 구체적 사실은 이사야에서 기록된다. '(……) 보라 처녀가 잉태하여 아들을 낳을 것이요 그의 이름을 임마누엘(곧 '하나님이 우리와 함께 하심')이라 하리라.'(이사야 7:14) 그리고 그의 임무에 대하여 '(……) 한 아들을 우리에게 주신 바 되었는데 그의 어깨에는 정사government를 메었고 그의 이름은 기묘자라, 모사라wonderful counselor 전능하신 하나님, 영존하시는 아버지라, 평강의 왕이라 할 것임이라.'(이사야 9:6, 7)

종교와 정치가 분리된 이스라엘에서 메시야가 정사를 위해 오신다고 government를 '정사(政事)'로 번역하는 것은 적절하지 않다. 백성에 대한 '정신적 영도'라고 할 수 있다. Wonderful Counselor도 그것을 '기묘자라 모사라.'고 두 단어로 번역하였는데 '기묘자'란 거의 쓰지 않고 잘 이해가 되지 않는다. 그보다는 '놀라운 상론자 혹은 인도자'라고 하는 것이 낫지 않을까.

하나님은 메시야에게 능력과 권세를 주시고 그의 행로에 영화가 있다고 말씀하지만 공의와 성실로 백성을 하나님 경외와 평강으로 이끌고자 하는 메시야의 앞길에는 험난한 고난이 기다리고 있다. 메시야는 그 고난을 기꺼이 감내한다. '나를 때리는 자들에게 내 등을 맡기며 나의 수염을 뽑는 자들에게 나의 뺨을 맡기며 모욕과 침 뱉음을 당하여도 내 얼굴을 가리지 아니하였느니라.'(이사야 50:6) 왜냐하면 메시야는 하나님에 대한 강한 믿음을 지녔기 때문이다. '주 여호와께서 나를 도우심으로 내가 부끄러워하지 아니하고 내 얼굴을 부싯돌같이 굳게 하였으므로 내가 수치를 당하지 아니할 줄 아노라/나를 의롭다하시는 이가 가까이 계시니

(……)'(이사야 50:7, 8)

그의 행로가 아무리 험하고 고난과 멸시와 배척이 있어도 그는 보내신 하나님의 큰 뜻을 알고 있고 그의 가장 큰 임무는 인간들의 죄악을 대신 짊어지고 감내하면 끝내는 모든 것을 극복하고 하늘의 영광을 되찾을 수 있다는 확신이 있었기 때문이다. 그리하여 이사야는 '그는 실로 우리의 질고를 지고 우리의 슬픔을 당하였거늘 우리는 생각하기를 그는 징벌을 받아 하나님께 맞으며 고난을 당한다 하였노라/그의 찔림은 우리의 허물 때문이요 그가 상함은 우리의 죄악 때문이라 그가 징계를 받으므로 우리는 평화를 누리고 그가 채찍에 맞으므로 우리는 나음을 받았도다/(……) 여호와께서는 우리 모두의 죄악을 그에게 담당시키셨도다.'(이사야 53:4-6) 그는 '범죄자 중의 하나로 헤아림을 받아' 힘든 고통 속에서 최후 순간을 맞게 되나 '범죄자들을 위하여 기도하였느니라.'(이사야 53:12)

## 맺는말

메시야는 인간의 죄값을 치르는 '희생양'으로 삶을 마치게 되나 죽음으로 그의 삶이 끝나는 것은 아니다. 그가 임무를 완수하고 부활하여 승천하고 하나님 곁으로 돌아가시고 세상에서는 큰 변화가 일어난다. 하나님께서 약조하신 대로 '이방 나라를 유업으로 받으시고' 그의 복음이 땅 끝까지 전해지기 때문이다. (시편 2:8) 그가 약속하신 바와 같이 '그는 궁핍한 자가 부르짖을 때에 건지며 도움이 없는 가난한 자도 건지며/그는 가난한 자와 궁핍한 자를 불쌍히 여기어 궁핍한 자의 생명을 구원하며 그들의 생명을 압박과 공포에서 구원하리니 그들의 피가 그의 눈앞에서 존귀히 여

김을 받으리로다.'(시편 72:12-14)

'그 영화로운 이름을 영원히 찬송할지어다. 온 땅에 그의 영광이 충만할지어다.'(시편 72:19)라고 노래한 솔로몬의 시와 같이 그의 사랑의 복음은 잠시 머무르다 사라지는 진리가 아니라 온 땅에서 인간의 마음속에 살아 있을 진리이다.

# (4) 구약성경과 나의 믿음

　나는 유아세례를 받았다. 아버님은 종교가 없으시고 어머님은 여학교 다닐 때 친구들과 교회에 다녔으나 믿음이 깊지 못하여 결혼 후에는 교회에 나가지 않으셨다. 그런데 내가 태어난 고장에서 장로교회 창설을 준비하시던 이 목사님이 우리 부모와 가까운 사이어서 내가 태어나자 부모님에게 '귀한 아들인데 하나님의 축복을 받게 하려면 유아세례를 받아야 한다.'고 하셔서 내가 유아세례를 받게 되었다는 것이다.

　초등학교에 입학하여 그 사실을 알게 되었는데 친구 중에 대전 감리교라 목사님의 작은아들이 있었다. 일요일에 같이 놀자고 했더니 주일학교에 가면 재미있으니 같이 가자고 하여 붉은 벽돌의 교회에 가서 찬송가도 부르고 선생님의 말씀도 들었다. 가끔 상으로 사탕도 받아서 재미있게 다녔다. 그러나 6·25 사변으로 인민군이 쳐들어오자 시내가 폭격으로 불바다가 되고 교회도 완전 파괴되었다. 목사님도 돌아가시자 그 가족은 모두 서울로 이사 갔고 나는 몇 년 동안 교회에 다니지 못하였다.

　다행히 우리 집은 초등학교 근처에 있어서 폭격은 면하였다. 고등학교에 입학한 후 같은 반 친구들이 학교 가까이에 있는 감리교회에 다니는 것을 알고 의식 속에 내가 유아세례를 받은 것을 한 번도 잊지 않은 나는 그 친구들에게 교회에 대해 물어보자 너도 유아세례를 받았으니 교회 나오라고 하여 고등학교 3년 동안 성가대에서 늘 기쁜 마음으로 찬송가와 헨델의 '메시야'를 영어로 불렀고 60여 년이 지난 지금도 악보 없이 부를 수 있다.

그러나 대학에 입학하기 위해 서울로 올라와 친척집에 기거하면서 믿음의 뿌리가 흔들리게 되었다. 아는 사람도 없고 주변에 교회 다니는 사람도 없어 주일이면 전차를 타고 광화문 쪽에 가서 이름 있는 교회들을 찾아갔다. 어느 날은 제동교회, 어느 날은 종교교회 어느 날은 새문안교회 그러다가 서울에서 제일 큰 영락교회 한경직 목사님의 설교도 들었다.

그렇게 교회 방랑자 생활을 하다가 한 가지 정보를 들었다. 프랑스 대사관은 매년 한국 학생 중에서 3-4명을 시험으로 선발하여 정부장학생으로 프랑스에 보낸다는 것이다. '이거야!' 하고 외친 나는 그날부터 프랑스어 공부에 더 한층 노력하였고 그것이 내 삶의 가장 중요한 목표가 되었다. 다행히 대학졸업과 함께 시험에 응시하여 프랑스에 유학하게 되었다.

나는 내가 기독교인임을 잊은 적은 없으나 프랑스는 카톨릭 국가여서 프랑스 개신교는 신도 수도 적지만 교회도 기숙사에서 너무 멀리 떨어져 있어 찾아가지 못하였다. 다행히 기숙사에서 그다지 멀지 않은 곳에 루터교회가 있어서 나가 보았다. 나그네인 나에게 관심 있는 사람은 없었고 마주치면 'Bonjour' 안녕하세요, 'Pardon' 미안합니다, 하면 그만이다. 카톨릭 교회에서는 외국 유학생들을 돌봐주는 사무실이 몇 개 있는데 그곳에서는 종교를 묻지 않고 유학생들의 여러 가지 애로사항을 해결해 주어 나도 도움을 많이 받았다.

공부를 마치고 귀국하여 유학생활 동안 만난 유학생과 결혼하였다. 아내도 학교에 봉직하게 되어 두 사람 모두 가정과 교육에 최선을 다하고 가족은 아내 학교의 대학 교회에 나갔으나 교회에는 재학생과 교직원들만 교인이고 주일예배에 참석하고 나면 모든 것이 끝난다. 그렇게 살던 중 아는 동료가 자기는 미국 루터교회에 다니는데 아이들 영어 익히는 데도 도움이 된다고 하여 우리도 한남동에 있는 미국 교회에 다니게 되었다.

미국 선교본부에서 파송된 목사님은 새 신자가 된 우리 가족에게도 관심이 많았고 우리 아들에게 예배 보조자로 수고해 달라고 하였다. 우리 부부는 루터교회에서 새로이 세례를 받으라고 권하여 동의하였고 세례받기 전에 6개월간 목사님이 우리를 위하여 루터교의 교리를 가르쳐 주었다. 세례와 함께 전도사들에게 주는 둥근 놋으로 된 마패도 받았다. 교회에서는 절기나 축일 때에 교인들이 함께 식사하는 경우가 자주 있었는데 테이블에 같이 앉은 교인들은 서로 자기소개를 하고 따뜻한 교류도 나누었다. 알게 된 교인들은 자기 집이나 식당으로 서로 초대도 하게 되어 교인들 간에 교류도 활발하였고 분위기가 좋았다.

그러나 시간이 지나면서 서운한 일들이 생겼다. 목사님이 새로 오시면 친교를 나누면서 가까이 지내고 귀국하게 되면 그동안 감사했다고 송별회도 해 드리는데 정작 출발 날짜가 되면 아무 말 없이 가버리고 떠난 후에는 연락도 없다. 그런데 그 목사님들은 미국에서 정년을 하고 3년간 한국에서 봉사하는 기간을 갖는 것이기 때문에 그 기간이 끝나면 바람처럼 가 버린다. 가깝게 지내던 가족들도 외국으로 발령이 나면 마찬가지였다. 그래서 느끼게 된 것이 '저분들은 역시 이방인이구나.'라는 생각이 들었다.

또 다른 이유는 아이들이 대학 준비할 나이가 되니 스케줄이 빡빡하여 교회 가는 것을 부담으로 느끼고 이런저런 사정을 대며 빠져야 한다고 양

해를 구하는 것이다. 그런데 그때는 AFKN이라는 미군 채널에서 미국 저명한 목사들이 설교를 하니 그것을 들으며 루터교회를 대신하게 되었다. 거기에다가 나이가 들면 고향으로 돌아가고 싶어 하는데 우리도 나이가 많아지니 외국어보다도 우리말이 더 쉽게 다가와서 여의도에 있는 크고 작은 교회를 순회하다가 여의도 침례교회에서 둥지를 틀기로 정하고 있는데 하루는 아파트 앞집에 사는 조 여사가 차나 한잔하자고 초대를 하였다. 차를 마시면서 기독교와 예수님 이야기를 하다가 같이 교회를 가자고 권하여 우리도 교인이고 여의도에서 몇 군데 다녀 보니 침례교회가 마음에 든다고 하자 다음주일부터 교회에 가서 등록교인이 되었다.

그와 함께 한 가지 근본적인 문제가 내 가슴에 떠올랐다. 내가 유아세례를 받았음을 아는 순간부터 나는 내가 기독교인임을 잊은 적이 없는데 아무도 우리가 왜 믿어야 하는지 그 이유를 밝혀 주지 않고 나는 그저 내가 교인이니 주일날에는 교회에 가서 목사님이 말하는 구절을 찾아서 읽고 끝나면 집에 돌아오는 겉으로만 교인이고 기계적인 교인이었던 것이다.

그런데 생각해 보니 천지 창조에 대한 의문 때문에 교회를 찾았고 주일학교 선생님이 성경 속에 하나님 말씀이 모두 들어 있으며 루터도 500여 년 전에 '오직 성경으로, 오직 믿음으로, 오직 은혜로'라고 하였으니 성경 속에 내 의문에 대한 해답도 들어 있지 않을까 그러니 성경은 처음부터 읽어야겠다는 생각이 들었다.

나는 책상을 비우고 여러 가지 종류의 성경을 펼쳐 놓고 읽기 시작하였다. 구약성경을 반복해서 읽어 보니 나는 하나님 말씀이 진리임을 몸으로 느낄 수 있었다. 구약성경은 하나님과 이스라엘 백성이 빚어낸 역사이고 하나님이 계시지 않으면 아브라함으로 시작되는 이스라엘은 존재하지 않았을 것이다.

나는 역사적 유물 탐사 관련 TV 보도를 흥미 있게 보는데 연구진은 아브라함이 목축을 하던 초목도 밝혀내고 여리고 성 유적, 요셉의 무덤, 엘리야의 집터, 다윗이 골리앗을 쓰러뜨린 계곡, 솔로몬과 관련 있는 유적, 르호보암의 성터 등등 한마디로 구약성경이 픽션이 아닌 역사이고 하나님이 얼마나 위대하신지를 깨닫게 해 주는 경전임을 보여 준다.

하나님의 무한한 능력과 영광을 보여 주는 역사적으로 가장 놀라운 사건은 모세가 애굽에서 종살이 하던 200여만 명의 이스라엘 백성을 이끌고 물 흐름이 멈춘 홍해 바다를 맨땅 위로 걷게 하신 것도 하나님이시고 그 많은 백성에게 광야에서 400여 년간 연단시키면서 매일 아침에는 만나를 내려주시고 저녁에는 메추리를 떨구어 먹게 하시고 가나안에 도착하면서 그것을 주시는 것을 멈추셨다. 뿐만 아니라 하나님께 순종하면 훈련도 받지 않은 이스라엘 군병이 수십만의 외국 침략군을 멸살시킬 수 있었다. 과연 석가모니, 공자, 마호메트 등 그 누가 이런 이적을 보여 줄 수 있었는가.

하나님의 말씀과 이루심을 그대로 보여 주는 구약성경을 몇 차례 읽어 보니 그것이 바로 진리임을 뼈저리게 느끼고 나는 나의 지나간 삶을 회상해 본다. 우리 집은 6·25 사변 1년 전에 대전 시내에서 초등학교 근방으로 이사를 하였다. 덕분에 전쟁 초기 비행기가 융단 폭격으로 대전 중심가를 불바다로 만들었을 때 우리 집은 아무 피해를 입지 않았다. 그러나 본래 농토를 소작을 주고 생활하던 우리 집은 농지 개혁으로 땅을 모두 잃게 되니 생활이 어려워졌다.

형제들이 중학교는 그럭저럭 나왔으나 고등학교에 입학하면서는 학교 등록금 내기도 힘들었는데 나를 잘 봐주신 담임선생님은 학교에 건의하여 등록금을 면제해 주셔서 상당히 도움이 되었다. 그리하여 대학은 서울로 가야 하니 나는 S대를 지원하였고 담임선생님도 내 성적이면 괜찮을 것이라고 하셨으나 수학이 수포자 수준에 가깝던 나는 다른 과목은 잘 쳤으나 수학이 과락으로 낙방을 하여 하는 수 없이 재수를 할까 생각했다. 마침 외국어 교육만 집중하는 대학이 추가 모집을 하여 응시하여 합격을 하였는데 S대 실패는 나에게 이중의 행운을 안겨 주었다.

우선 수학점수 미달은 나에게 수학의 중요성을 일깨워 주어 자식에게 일찍부터 수학을 강조하고 수학점수가 좋으면 충분한 포상을 하고 칭찬을 하니 아이들이 수학을 좋아하고 잘하여 교육에서 좋은 결과를 얻었고 만약 S대에 합격하였더라면 유학을 마치고 돌아와도 나에게 줄 자리가 없었는데 내가 졸업한 대학은 내가 돌아오기를 기다리고 있었고 돌아오자 즉시 나를 채용하여 정년까지 그 대학에서 봉직할 수 있었다. 그 당시에는 내가 운이 좋아 그런 행운을 얻었다고 생각하였으나 행운은 절대로 연거푸 일어나지 않는다. 오로지 하나님이 미리 예정하신 은혜에 의하여 이루어진 것임을 구약성경을 읽으면서 깨닫게 된 것이다.

다윗이 시편에서 자기를 하나님과 함께하는 나그네라고 한 것이 생각난다. 나 역시 하나님의 마음을 닮고 예수님 가신 뒤를 따라가고 싶지만 내가 여러 가지 삶의 굴곡을 헤치며 살아왔고 나도 나그네의 길을 걸어왔다. 그러나 하나님의 진리와 은혜를 깨우친 지금 나는 어떤 태풍에도 흔들리지 않는 배 위에서 하나님이 주신 은혜와 평강을 누리고 살면서 모든 분들과 함께 그 복락을 누리고 싶은 마음이 간절하다.

# 가. 건강문제

나는 50대 중반에 건강검진에서 당뇨 진단을 받았고 얼마 후 고혈압도 있다는 판정을 받아 성인병 2관왕이 되어 이 나이까지 주기적으로 검진과 약을 받고 있다. 검진과 약 복용으로만 끝나는 것이 아니라 식사도 다른 사람과 같지 않고 또 운동도 부지런히 해야 한다. 물론 이 모두가 일상적인 생활이 되었지만 나이 들어도 성인병이 없는 사람들을 보면 '저 사람들은 복 받은 사람들인데 나는 죄인인가.' 하는 생각이 든다. 특히 환절기나 유행병이 있으면 신문 방송은 성인병이 있는 노인들은 특히 위험하다고 야단이니 나는 하나님이 약간 원망스러울 때도 있다.

그러다가 평소에 내가 건강이 좋아 오래 살 것이라고 생각하던 사람들이 갑자기 심장마비나 정신을 잃고 세상을 떠나는 것을 보고 생각이 달라지게 되었다. 내가 성인병은 있지만 다른 치명적인 질병 없이 오늘날까지 사는 것은 성인병 때문에 내가 건강식만 먹고 귀찮아도 매일 운동하기 때문이 아닌가 하는 생각이 든다. 그러니 성인병이 고맙고 '이것도 하나님의 은혜'이니 오히려 감사드리기로 하고 열심히 살고 있다. 그러면서 눈앞의 현실로 하나님의 뜻을 알 수 없다는 것을 뼈저리게 느낀다. 그렇다. 현실의 어려움과 고난은 그것을 극복하면 하나님이 더 좋은 축복을 주시기 위해 있는 것이다. 아멘.

한 인문학자의
# 구약성경
# 스토리텔링
ⓒ 서정철, 2024

초판 1쇄 발행 2024년 5월 1일

지은이    서정철
펴낸이    이기봉
편집      좋은땅 편집팀
펴낸곳    도서출판 좋은땅
주소      서울특별시 마포구 양화로12길 26 지월드빌딩 (서교동 395-7)
전화      02)374-8616~7
팩스      02)374-8614
이메일    gworldbook@naver.com
홈페이지  www.g-world.co.kr

ISBN    979-11-388-3059-1 (03230)